丛书主编　丁见民
丛书副主编　付成双　赵学功

美 洲 史 丛 书

美国社会主义运动史

陆镜生　著

南闻大学出版社

天　津

图书在版编目(CIP)数据

美国社会主义运动史 / 陆镜生著. —天津：南开
大学出版社，2023.5
（美洲史丛书 / 丁见民主编）
ISBN 978-7-310-06259-1

Ⅰ.①美… Ⅱ.①陆… Ⅲ.①社会主义－政治思想史
－美国 Ⅳ.①D091.6

中国国家版本馆 CIP 数据核字(2023)第 060482 号

版权所有　侵权必究

美国社会主义运动史
MEIGUO SHEHUI ZHUYI YUNDONG SHI

南开大学出版社出版发行
出版人：陈　敬
地址：天津市南开区卫津路 94 号　　邮政编码：300071
营销部电话：(022)23508339　营销部传真：(022)23508542
https://nkup.nankai.edu.cn

雅迪云印(天津)科技有限公司印刷　全国各地新华书店经销
2023 年 5 月第 1 版　　2023 年 5 月第 1 次印刷
238×170 毫米　16 开本　21.5 印张　4 插页　361 千字
定价：198.00 元

如遇图书印装质量问题,请与本社营销部联系调换,电话：(022)23508339

南开大学中外文明交叉科学中心
资助出版

编者的话

自从 1492 年哥伦布发现"新大陆",美洲开始进入全世界的视野之内。不过,哥伦布认为他所到达的是东方的印度,故误将所到之地称为印度群岛,将当地原住民称为"印地人"。意大利航海家阿美利哥在随葡萄牙船队到南美洲探险后,于 1507 年出版的《阿美利哥·维斯普西四次航行记》中宣布哥伦布所发现的土地并非东方印度,而是一个新大陆。稍后学者为了纪念新大陆的发现,将这一大陆命名为"亚美利加",即美洲。此后很长时期内,欧洲人,无论是西班牙、葡萄牙还是英国、法国的探险家,都将这一大陆称为美洲。葡萄牙航海家费迪南德·麦哲伦,西班牙探险家赫尔南·科尔特斯、弗朗西斯科·皮萨罗,英国探险家弗朗西斯·德雷克、沃尔特·雷利无论在发给欧洲的报告、书信还是出版的行记中,都将新大陆称为美洲。甚至到 18 世纪后期,克雷夫科尔撰写的《一位美国农夫的来信》使用的依然是"America",而法国人托克维尔在 19 世纪 30 年代出版的名著《论美国的民主》也是如此。可以说,在"新大陆"被发现后的数百年中,美洲在欧洲人的观念中都是一个整体。

1776 年,随着英属北美 13 个殖民地的独立,美洲各区域开始走上不同的发展道路。首先独立的美国逐渐发展壮大,西进运动势如破竹,领土扩张狂飙猛进,到 19 世纪中期已经俨然成为美洲大国。接着,原在西班牙、葡萄牙殖民统治之下的广大拉丁美洲地区,也在 19 世纪 20 年代纷纷独立,建立了众多国家。不过,新独立的拉美各国在资源禀赋极为有利的情况下,却未能实现经济快速发展,社会问题丛生,现代化之路崎岖缓慢。现代学者在谈及拉美问题时,屡屡提及"现代化的陷阱"。最后,加拿大在 19 世纪中期经过与英国谈判才获得半独立地位,但此后其"国家政策"不断推进,经济发展和国家建设稳步提升,于 20 世纪初跻身经济发达国家之列。

表面上看,似乎美洲各国因为国情不同、发展道路各异而无法被等同视之，但当历史进入 19 世纪末期以后，美洲一体化的趋势却日渐明显，似乎应了"分久必合"的老话。1890 年 4 月，美国同拉美 17 个国家在华盛顿举行第一次美洲会议，决定建立美洲共和国国际联盟及其常设机构——美洲共和国商务局。1948 年在波哥大举行的第九次美洲会议通过了《美洲国家组织宪章》，联盟遂改称为"美洲国家组织"。这一国际组织包括美国、加拿大与拉丁美洲大部分国家。

除了国际政治联合外，美洲经济一体化也在第二次世界大战后迅速发展。美洲区域经济一体化首先在拉丁美洲开启。拉美一体化协会（Latin American Integration Association）是最大的经济合作组织，其前身是拉丁美洲自由贸易协会，主要成员国包括阿根廷、玻利维亚、巴西、智利、哥伦比亚、厄瓜多尔、墨西哥、巴拉圭、秘鲁、乌拉圭和委内瑞拉。此外，1969 年成立的安第斯条约组织（又称安第斯集团），由玻利维亚、智利、哥伦比亚、厄瓜多尔和秘鲁组成。1994 年，安第斯条约组织正式组建自由贸易区。1997 年，安第斯条约组织更名为安第斯共同体，开始正式运作。与此同时，加勒比共同体、中美洲共同市场、南方共同市场等区域经济一体化组织纷纷出现。其中，1995 年建立的南方共同市场是拉美地区发展最快、成效最显著的经济一体化组织。北美自由贸易区的建立，则是美洲一体化的里程碑。1992 年，美国、加拿大和墨西哥三国正式签署《北美自由贸易协定》。1994 年 1 月 1 日，协定正式生效，北美自由贸易区宣布成立。

时至今日，美洲各国在经济和政治上的联系日益紧密，美洲在政治、经济和文化等诸多方面依然是和欧洲、亚洲、非洲迥然不同的一个区域。无论是被视为一个整体的美洲，还是走上不同发展道路的美洲各国，抑或走向一体化的美洲，都值得学界从历史、文化、外交、经济等多维度、多视角进行深入研究。

南开大学美洲史研究有着悠久的历史和深厚的学术传统。20 世纪二三十年代，曾有世界史先贤从美国学成归来，在南开大学执教美国史，为后来美国史的发展开启先河。不过，南开美国史研究作为一个具有影响的学科则可以追溯到杨生茂先生。先生 1941 年远赴海外求学，师从美国著名外交史学家托马斯·贝利，1947 年回国开始执教南开大学，他培养的许多硕士生和博士生成为国内高校美国史教学和科研的骨干。1964 年，根据周恩来总理的指示，国家高教委在南开大学设立美国史研究室，杨生茂先生任主任。这是中国高校中最早的外国史专门研究机构。此后，历经杨生茂先生、张友伦先生和李剑鸣、赵学功教授三代学人的努力，南开大学美国史学科成为中国美国史研究一个颇具影响的学术点。2000 年，美国历史与文化研究中心成立，成为南开大学历史学院下属的三系三所三中心的机构之一。2017 年，以美国历史与文化研究中心为基础组建的南开大学美国研究中心，有幸入选教育部国别与区域研究（备案）基地，迎来新的发展机遇。不过，南开大学美国研究中心并非仅仅局限于历史学科。南开美国研究在薪火相传中一直都具有跨学科的多维视角特色，这可以追溯到冯承柏先生。冯先生出身于书香世家，数代都是南开学人。他一生博学多才，在美国研究、博物馆学与图书情报等数个领域都建树颇丰，在学界具有重要的影响，他为美国研究进一步开辟了交叉学科的宽广视野。在冯先生之后，南开美国研究的多学科合作传统也一直在延续，其中的领军者周恩来政府管理学院的韩召颖教授、美国研究中心的罗宣老师都是冯先生的杰出弟子。

南开大学拉丁美洲史是国家重点学科"世界史"主要分支学科之一，也是历史学院的特色学科之一。南开大学历史系拉丁美洲史研究室建立于 1964 年，梁卓生先生被任命为研究室主任。1966 年，研究室一度停办。1991 年，独立建制的拉丁美洲研究中心成立，洪国起教授为第一任主任，王晓德教授为第二任主任，董国辉教授为现任主任。2000 年南开大学实行学院制后，拉美研究中心并入历史学院。1999 年，中心成为中国拉丁美洲史研究会秘书处所在地。洪国起教授在 1991—1996 年任该研究会副理事长，1996—1999 年任代理理事长，1999—2007 年任理事长。2007—2016 年，王晓德教授担任研究会理事长，韩琦教授担任常务副理事长；2016 年后，韩琦教授担任理事长，王萍教授、董国辉教授担任副理事长。

此外，加拿大史研究也一直是南开大学世界史学科的重要组成部分。20 世纪 90 年代，张友伦先生带队编著并出版《加拿大通史简编》，开启研究先河。杨令侠、付成双教授分别担任中国加拿大研究会会长、副会长，先后担任南开大学加拿大研究中心主任。南开大学加拿大研究中心是中国加拿大研究的重镇之一，出版了众多加拿大研究成果，召开过数次大型学术研讨会。

深厚的学术传统结出丰硕的学术成果，而"美洲史丛书"就是前述研究成果的一个集中展现。这套丛书计划出版（或再版）18 部学术著作，包括杨生茂著《美国史学史论译》、张友伦主编《加拿大通史简编》、冯承柏著《美国历史与中美文化交流研究》、洪国起著《拉丁美洲史若干问题研究》、陆镜生著《美国社会主义运动史》、韩铁著《美国历史中的法与经济》、王晓德著

《拉丁美洲对外关系史论》、李剑鸣著《文化的边疆：美国印第安人与白人文化关系史论》、韩琦著《拉丁美洲的经济发展：理论与历史》、赵学功著《战后美国外交政策探微》、付成双著《多重视野下的北美西部开发研究》、董国辉著《拉美结构主义发展理论研究》、王萍著《智利农业与农村社会的变迁》、丁见民著《外来传染病与美国早期印第安人社会的变迁》、张聚国著《上下求索：美国黑人领袖杜波依斯的思想历程》、罗宣著《美国新闻媒体影响外交决策的机制研究》、王翠文著《文明互鉴与当代互动：从海上丝绸之路到中拉命运共同体》与董瑜著《美国早期政治文化史散论》。

与其他高校和科研机构的相关成果相比，这套丛书呈现如下特点：第一，丛书作者囊括南开大学老中青三代学者，既包括德高望重的前辈大家如杨生茂、张友伦、冯承柏、洪国起，又包括年富力强的学术中坚如王晓德、李剑鸣、赵学功、韩琦等，还包括新生代后起之秀如付成双、董国辉和董瑜等；第二，丛书研究的地理区域涵盖范围宽广，涉及从最北端的加拿大到美国，再到拉丁美洲最南端的阿根廷；第三，涉猎主题丰富广泛，涉及政治、经济、文化、外交、社会和法律等众多方面。可以说，这套丛书从整体上展现了南开大学美洲史研究的学术传统特色和专业治学水平。

为保证丛书的编写质量，南开大学历史学院与南开大学出版社密切合作，联手打造学术精品。南开大学中外文明交叉科学中心负责人江沛教授在担任历史学院院长时启动了"美洲史丛书"的出版工作，并利用中外文明交叉科学中心这个学术平台，提供学术出版资助。余新忠教授继任历史学院院长后，十分关心丛书的后续进展，就丛书的编辑、出版提出了不少建设性意见。南开大学世界近现代史研究中心主任杨栋梁教授对丛书的出版出谋划策，鼎力支持。此外，美国研究中心、拉丁美洲研究中心的博士及硕士研究生出力尤多，在旧版书稿与扫描文稿间校对文字，核查注释，以免出现篇牍讹误。

南开大学出版社的陈敬书记、王康社长极为重视"美洲史丛书"的编辑出版工作，为此召开了专门的工作会议。项目组的编辑对丛书的审校加工倾情投入，付出了艰巨的劳动。在此向南开大学出版社表示衷心的感谢！

丁见民

2022 年 4 月

目 录

前　言

　　美国社会主义运动史是整个国际社会主义运动史的重要组成部分。本书讲述 19 世纪 50 年代初至第一次世界大战结束为止的美国社会主义运动史，即从科学社会主义开始在美国传播至美国社会党的衰落这个时期的历史。这是美国社会主义运动史上的重要时期。虽然，美国没有出现像欧洲在 19 世纪 90 年代至第一次世界大战期间那样声势较大的社会主义运动，但在 1912 年的总统竞选中，美国社会党的总统候选人、著名工人领袖和社会主义者尤金·德布斯（Eugene V. Debs）获得了比英国工党更多的选票，在国会中取得了比法国社会党更多的席位。美国社会党在第一次世界大战结束后发生严重分裂，逐渐衰落下去。美国社会主义运动史是包括社会、经济、政治和文化等在内的整个美国历史的一部分，因此，对美国社会主义运动史的研究不能脱离美国的社会、经济、政治和文化的背景。美国社会主义运动发展过程中的起伏和内部的弱点以及思想上和策略上的错误也只有结合美国的社会、经济、政治和文化等外部因素的影响才能客观地加以理解，并进而做出评价。美国从一开始作为资本主义国家，其社会、经济和政治的发展与欧洲主要资本主义国家有共同性，但无论是美国的资产阶级民主革命，还是美国资本主义发展的道路以及工人阶级的构成和成长过程都有其特殊性。这对美国工人运动和社会主义运动具有很大的影响，使美国社会主义具有自己的特点。因此，很自然，美国社会主义运动史在整个国际社会主义运动史上具有独特的地位和重要性。

　　在 19 世纪，马克思和恩格斯以毕生的精力献身于国际社会主义运动。虽然他们的著述更多地侧重于欧洲，特别是英国、德国和法国，但他们一直密切地关注美国。他们在文章中，特别是在同美国友人的通信中，对美国社会的剖析，对美国有组织的劳工性质的分析，对美国工人运动和社会主义运动的发展有许多论述，给予我们启迪和指导，同时向我们提出了进一步研究美国社会主义运动史这一重要课题。

马克思和恩格斯论及美国时，既阐述了美国的特殊性，也指明了美国受资本主义发展一般规律的制约。马克思和恩格斯指出，美国不同于欧洲，一开始就是一个纯粹的资本主义国家。恩格斯说："美国是一个富裕、辽阔、正在发展的国家，建立了没有封建残余或君主制传统的纯粹资本主义的制度，没有固定的血统的无产阶级。这里每个人如果不能成为资本家，也一定能成为独立的人，可以用自己的资金从事生产或商业，由自己承担一切责任。"① 美国拥有广袤的未开垦的廉价土地。虽然铁路公司和土地投机者攫取了大量土地，但并不存在能与欧洲相比的土地贵族。马克思在 1869 年说："在美国，租佃制还没有发展起来。"② 马克思和恩格斯指出美国历史发展的特殊性的同时，也不时指出美国并非处于资本主义普遍规律之外。恩格斯在 1886 年指出："至于那些聪明的美国人，他们认为他们的国家能免除资本主义饱和的后果，看来，他们无知无识，不知道在某些州，如马萨诸塞、新泽西、宾夕法尼亚、俄亥俄等等都有劳动局这样的机构，从这种机构的报告中他们就会了解到一些相反的情况。"③ 马克思和恩格斯明确认为美国存在阶级对立和斗争。马克思于 1881 年指出，在美国，广大人民同欧洲相比比较容易得到土地，但"美国资本主义以及与之相联系的对工人阶级的奴役比其他任何一个国家发展得更迅速、更无耻"④。1886 年，恩格斯为 1886 年美国的八小时工作日运动欢呼，指出："美国是凌驾于阶级对抗和阶级斗争之上的"，"这种幻想现在破灭了。"⑤ 恩格斯在 1888 年论及美国工人运动和社会主义运动时，认为"在工人阶级和资本家阶级之间造成鸿沟的原因，在美国和在欧洲是一样的；消除这种鸿沟的手段到处也都是相同的"⑥。

---

① 中共中央马克思恩格斯列宁斯大林著作编译局编译：《恩格斯致弗·凯利-威士涅威茨基夫人（1886 年 6 月 3 日）》，《马克思恩格斯全集》第 36 卷，北京：人民出版社，1975 年，第 481 页。

② 中共中央马克思恩格斯列宁斯大林著作编译局编译：《恩格斯（1869 年 11 月 29 日）》，《列宁全集》第 58 卷，北京：人民出版社，1990 年 10 月，第 130 页。

③ 中共中央马克思恩格斯列宁斯大林著作编译局编译：《恩格斯致弗·凯利-威士涅威茨基夫人（1886 年 1 月 7 日）》，《马克思恩格斯全集》第 36 卷，北京：人民出版社，1975 年，第 409 页。

④ 人民出版社马列著作编辑室编：《马克思致弗里德里希·阿道夫·左尔格（6 月 20 日）》，《马克思恩格斯给美国人的信》，北京：人民出版社，1986 年，第 360 页。

⑤ 中共中央马克思恩格斯列宁斯大林著作编译局编译：《恩格斯致弗·凯利-威士涅威茨基夫人（1886 年 6 月 3 日）》，《马克思恩格斯全集》第 36 卷，北京：人民出版社，1975 年，第 482 页。

⑥ 中共中央马克思恩格斯列宁斯大林著作编译局编译：《恩格斯：美国工人运动〈英国工人阶级状况〉美国版序言》，《马克思恩格斯选集》第 4 卷，北京：人民出版社，1972 年，第 257 页。

马克思和恩格斯也论及美国资本主义社会发展的特殊性对美国的阶级结构有深刻的影响。首先，在美国资产阶级方面，恩格斯认为"美国从一诞生起就是现代的、资产阶级的"[①]，美国资产阶级更富有进取精神。恩格斯说："资产阶级的长期统治，只有在美国那样一个从来没有过封建制度而且社会一开始就建立在资产阶级基础之上的国家中，才有可能。"[②] 其次，在美国工人阶级方面，马克思和恩格斯指出美国工人阶级持有资产阶级偏见。恩格斯说："在这样一个从未经历过封建主义的，一开始就在资产阶级基础上发展起来的年轻的国家里资产阶级的偏见在工人阶级中也那样根深蒂固，这是令人奇怪的；虽然这也是十分自然的。"[③] 马克思和恩格斯也指出美国土生工人的特权化和存在"贵族工会"的情况。马克思说：即使在内战以后，在美国"有了非常迅速的资本集中"，"资本主义生产在那里已经以巨大的速度向前发展"，但"低微的工资和工资雇佣劳动者的从属地位，显然还远没有降到欧洲的标准水平"[④]。恩格斯于 1892 年说："我觉得，美国本地工人的特殊地位是你们美国的一个大障碍。1848 年以前，固定的、本地的工人阶级还只能说是一种稀罕的现象。……现在，这样一个阶级已经发展起来了，并且大部分人加入了工联。但它仍旧处于贵族式的地位，并且只要有可能，就把不需要掌握专门技术的低工资工作给移民去做……"[⑤] 而且，美国资产阶级"更善于挑拨一个民族去反对另一个民族"[⑥]，分裂美国工人阶级。

由于美国社会发展的特殊性影响了美国社会主义运动向纵深发展，所以迟至 1892 年，恩格斯认为"在美国，我觉得还没有第三党存在的余地"[⑦]。由于美国工人阶级持有根深蒂固的资产阶级偏见，在政治上不时追随资产阶级

---

① 中共中央马克思恩格斯列宁斯大林著作编译局编译：《恩格斯致尼·弗·丹尼尔逊（1893 年 10 月 17 日）》，《马克思恩格斯文集》第 10 卷，北京：人民出版社，2009 年，第 663 页。

② 中共中央马克思恩格斯列宁斯大林著作编译局编译：《〈社会主义从空想到科学的发展〉英文版导言》，《马克思恩格斯全集》第 22 卷，北京：人民出版社，1965 年，第 356 页。

③ 人民出版社马列著作编辑室编：《恩格斯致弗·阿·左尔格（1892 年 12 月 31 日）》，《马克思恩格斯给美国人的信》，北京：人民出版社，1986 年，第 647 页。

④ 马克思：《资本论（纪念版）》第 1 卷，北京：人民出版社，2018 年，第 886 页。

⑤ 中共中央马克思恩格斯列宁斯大林著作编译局编译：《恩格斯致海·施留特尔（1892 年 3 月 30 日）》，《马克思恩格斯全集》第 38 卷，北京：人民出版社，1972 年，第 316 页。

⑥ 中共中央马克思恩格斯列宁斯大林著作编译局编译：《恩格斯致海·施留特尔（1892 年 3 月 30 日）》，《马克思恩格斯全集》第 38 卷，北京：人民出版社，1972 年，第 316 页。

⑦ 人民出版社马列著作编辑室编：《恩格斯致弗·阿·左尔格（1892 年 1 月 6 日）》，《马克思恩格斯给美国人的信》，北京：人民出版社，1986 年，第 629 页。

政党，所以恩格斯要求要尽快地成立独立的工人政党。这样的政党的唯一要求是"使运动扩大，和谐地前进，扎下根子并尽可能地包括整个美国无产阶级，要比使它从一开始就按理论上完全正确的路线出发和前进要重要得多"①。

　　列宁在20世纪初期在分析美国和英国的社会主义运动时常同德国专制国家作对比，指出美国工人运动和社会主义运动的基本特点是："在无产阶级面前没有比较重大的全国性民主任务；无产阶级还完全受资产阶级政治的支配；一小群社会党人由于宗派主义立场而脱离了无产阶级；社会党人在选举中丝毫不受工人群众欢迎，等等。"②后来，列宁对帝国主义问题进行了分析研究，指出资本家"把资本输出到国外去，输出到落后的国家去，以提高利润。在这些落后的国家里，利润通常都是很高的，因为那里资本少，地价比较低，工资低，原料也便宜"③。资产阶级通过对殖民地的掠夺取得的经济利益使他们能收买工人，暂时克服政治上的危机。"在一切先进国家里，我们都能看到工人阶级的领袖和上层分子腐化堕落，出卖灵魂，倾向资产阶级。这是因为资产阶级施用小恩小惠，把'肥缺'赐给这些领袖，把自己的利润的零头赏给这些上层分子，把报酬最少的和最苦的工作重担放到由国外招募来的落后工人身上，不断增加'工人阶级贵族，比群众多享的特权'。"④而"美国托拉斯是帝国主义经济和垄断资本主义的最高表现"⑤。所以，在美国等发达国家没有强大的社会主义主要不是由于民族的特点，而是同机会主义的影响有关。机会主义"主张阶级合作，放弃无产阶级专政，放弃革命行动，无条件地承认资产阶级法制，不相信无产阶级而相信资产阶级"⑥。所以，列宁

---

① 中共中央马克思恩格斯列宁斯大林著作编译局编译：《恩格斯致弗·凯利-威士涅威茨基夫人（1886年12月28日）》，《马克思恩格斯选集》第4卷，北京：人民出版社，1995年，第679页。

② 中共中央马克思恩格斯列宁斯大林著作编译局编译：《〈约·菲·贝克尔等致弗·阿·左尔格等书信集〉俄译本序言》，《列宁选集》第1卷，北京：人民出版社，1995年，第713页。

③ 中共中央马克思恩格斯列宁斯大林著作编译局编译：《资本输出》，《列宁选集》第2卷，北京：人民出版社，1995年，第627页。

④ 中共中央马克思恩格斯列宁斯大林著作编译局编译：《资产阶级如何利用叛徒》，《列宁全集》第30卷，北京：人民出版社，1957年，第16页。

⑤ 人民出版社编辑部编：《帝国主义是垄断的资本主义》，《列宁论帝国主义是无产阶级社会主义革命的前夜》，北京：人民出版社，1960年，第3页。

⑥ 中共中央马克思恩格斯列宁斯大林著作编译局编译：《机会主义和第二国际的破产》，《列宁全集》第22卷，北京：人民出版社，1958年，第104页。

在 1920 年说："我们知道，你们美国工人同志们的帮助也许不会很快到来。"[1]
列宁认为，影响社会主义运动发展的另一因素是资产阶级统治手法的变化。
他指出："资产阶级利用'自由化'政策，往往能在一定时期达到自己的目
的。……一部分工人，一部分代表，往往被表面上的让步所欺骗。……资产
阶级策略上的转折，使修正主义在工人运动中间猖狂起来，往往把工人运动
内部的分歧弄成公开的分裂。"[2]列宁在谈及 1912 年美国总统选举的意义时指
出："选举的意义在于非常明显地出现了作为反对社会主义的工具的资产
阶级改良主义。"[3]在发达的资本主义国家，社会主义未能深入发展，"因为那里
高度的文化思想反对革命的无产阶级，而工人阶级在文化上处于受奴役的地
位"[4]。总之，在美国和欧洲发达资本主义国家，社会主义运动都受帝国主义
时代普遍规律的制约。

马克思、恩格斯和列宁对美国社会、美国工人运动和社会主义运动的论
述是我们研究美国社会主义运动史的指导思想。因此，对 20 世纪 20 年代初
以前的美国社会主义运动史的研究必须考察美国的政治、社会、经济发展的
特点及其对美国工人阶级的构成和社会主义运动发展的影响，逐步认识美国
社会主义运动历史中的规律性的东西。

19 世纪 40 年代末至 20 世纪 20 年代初的美国社会主义运动受到各种主
客观条件的影响，其中经济的前提和条件归根到底是决定性的，而政治等的
前提和条件，乃至那些存在人们头脑中的传统也起一定的作用。

一方面，美国的社会经济是循着资本主义规律发展的。随着工业发展，
早在 19 世纪 30 年代，美国部分工厂工人就意识到劳资的对立。例如，在工
业镇纽瓦克，工厂工人于 1834 年在一些行业中建立了工会。不久，一些工会
又联合组成纽瓦克工会，声称其目标是"改善纽瓦克雇员的普遍福利，保持其
经济利益"。纽瓦克工会同纽约城的总工会以及其他城市的工会联合成立了全
国工会。全国工会于 1835 年 2 月 7 日在其报纸《全国工会》（*National Trade*

---

[1] 中共中央马克思恩格斯列宁斯大林著作编译局编译：《给美国工人的信》，《列宁选集》第 3 卷，
北京：人民出版社，1972 年，第 598 页。

[2] 中共中央马克思恩格斯列宁斯大林著作编译局编译：《欧洲工人运动中的分歧》，《列宁选集》第 2
卷，北京：人民出版社，1972 年，第 396 页。

[3] 中共中央马克思恩格斯列宁斯大林著作编译局编译：《美国总统选举的结果和意义》，《列宁全集》
第 18 卷，北京：人民出版社，1959 年，第 397-398 页。

[4] 中共中央马克思恩格斯列宁斯大林著作编译局编译：《莫斯科工会和工厂委员会第四次代表会
议》，《列宁全集》第 27 卷，北京：人民出版社，1958 年，第 434 页。

Union）上明确指明雇主和工人的对立："雇员们不结成明显的团结的纽带是不可能公平而平等地同雇主打交道的。境况的不同造成了两个阶级的状况。……雇主比雇员拥有大量的好处，其中最主要的是财富——就是权力。我们知道，他们这类人怎样运用手中掌握的权力来提出他们自己的看法，而不惜损害他人。雇主掌握权力，并在许多情况下运用权力专横地改变或确定劳动力的价格，而不顾影响工资涨落的供求关系、钱的匮乏或丰裕和环境。"1835 年，纽瓦克的马鞍制作工人委员会揭露一家企业"三个人就瓜分了去年营业利润的六万美元，而一百多名艰苦劳动的雇员，即实际的生产者，只得到五千美元"[①]。19 世纪 50 年代初开始的科学社会主义在美国的传播正是以美国的劳资冲突和初期的产业工人运动为基础的。在 19 世纪下半叶，70 年代的铁路大罢工和 80 年代广泛开展的争取八小时工作日运动，1892 年的荷姆斯特德的钢铁工人大罢工，1894 年的普尔曼铁路工人大罢工和 1900 年、1902 年的煤矿工人大罢工等都是美国的激烈的阶级斗争，是美国社会主义运动赖以发展的前提。

另一方面，美国农业和工业的资本主义发展道路具有自己的特点，给美国社会主义运动带来了不利因素。美国农业主要是由独立农场主经营。马克思在《资本论》第一卷的《近代殖民学说》一章中谈到两种私有财产，一种是以生产者本人的劳动作为基础，另一种则是以对别人劳动的剥削作为基础。"后者不单单是前者的直接反对，而且也只是在前者的坟墓上长大起来的。"[②]近代工业的发展一般要迫使农民脱离土地，变成工资劳动者。但是在美国有广袤的公共土地，南北战争以前和以后，大多数农场主和手工工匠的私有财产在工业革命过程中并未被剥夺。来到美国的移民中的许多人也成为以生产者本人的劳动为基础的私有者。在内战前，东北部和西部的以一家一户为单位的农场主从事的农业不是自然经济，而是为市场生产粮食和其他经济作物。联邦政府公开出售公共土地，使土地成为商品，鼓励了土地投机。真正的耕植者不得不高价向土地投机公司或铁路公司购买土地。这促使农场主不断地

---

① Susan Hirsch, *Roots of the American Working Class*, Philadelphia: University of Pennsylvania Press, 1978, p. 89.

② 中共中央马克思恩格斯列宁斯大林著作编译局编译：《现代殖民理论》，《马克思恩格斯全集》第 23 卷，北京：人民出版社，1972 年，第 833 页。

把耕作专业化和提高农业生产率，并依靠商品流动来进行再生产。[①]运河的开凿和铁路的建设方便了农产品的流动，促进了农产品的商品生产。农业上的竞争不仅推动农场主提高农业生产率和不断进行技术改造，增加了建立农场的费用，加剧了农村的社会分化，使不少农场主破产，成为农业工人，而且消除了城市工人离开工厂前往西部定居和建立农场的可能性。因为即使在内战前夕，要在西部建立一个在商业上能生存下来的农场也是大多数收入高而节俭的技术工人所无能为力的。[②]

在美国的资本主义工业发展的同时，农村广泛地存在着独立农场主从事的商品生产，没有出现大量的从农村向城市的人口流动。美国的工人阶级是不断地由移民来补充的，而不是主要通过对小农户实行剥夺来补充的。这使得城市及其郊区的美国土生工人，特别是技术工人，能保持较高的工资。美国工人的工会组织中比较稳固的是由工资高的技术工匠和技术工人组成的行业性工会。这种情况一直持续到富兰克林·罗斯福"新政"时期。这也是美国劳工联合会能在工人运动中长期占据主宰地位的原因之一。美国劳工联合会和其他保守工会主要是在承认资本主义所有制和雇佣关系的基础上通过劳资之间集体议价，围绕提高工资率和改善劳动条件进行斗争，以便使雇佣劳动者争得比较有利的出卖自己劳动力的某些条件。

在美国资本主义发展过程中，一方面美国进行着争夺工业生产首位的斗争，另一方面其要完成开垦西部土地的任务。农场主同铁路公司和私人银行的矛盾十分尖锐，不断出现反托拉斯的斗争。而许多工厂设在城郊或小镇上，为农村所包围，因此，农场主和工匠的意识对工人有很大的影响。所以，在19世纪末以前，尽管工厂制已经确立，自由资本主义向垄断资本主义过渡，在城市工人中仍有许多人希冀恢复过去的工匠和小业主的独立经济地位。70年代的全国劳工同盟和80年代的劳动骑士团仍期望通过金融改革和建立工人生产和消费合作社来恢复工匠的小生产和小资产者的社会经济地位。在劳动骑士团内，有许多农场主。1893年起担任劳动骑士团总会长的詹姆士·索夫林就是一位人民党人。即使在20世纪初，西部一些农业州的农场主之所以支持美国社会党是因为他们把社会主义看作同人民党主义相似来支持的。所

[①] Paul Gates, "The Role of the Land Speculator in Western Development", in Gerald Nash ed., *Issues in American Economic History*, Boston: D. C. Heath and Company, 1964.

[②] Clarence Danhof, "Farm-Making Costs and the Safety-Valve: 1850-1860", *Journal of Political Economy*, 1941.

以，阶级斗争在很大程度上表现在反对托拉斯的运动上，而社会主义运动却相对弱小。

同样地，在美国工业发展过程中，工业资本家的产生有自己的特点，这对美国社会主义运动有较大的影响。马克思指出："向资本主义生产的过渡可以沿着两条道路：生产者变成商人和资本家……或者是商人直接支配生产。"①美国工业资本家的产生主要是通过工匠的分化，特别是在炼铁、农具制造和机器制造等工业部门是这样。著名的新左派史学家赫伯特·古特曼对新泽西州的工业城镇帕特森的炼铁、工具制造和机器制造的工厂主进行了研究，指出："典型的帕特森的成功的制造主是技术炼铁工人或技术工人或来到该城，在机器厂当学徒，学会技术的青年人。个人所有制和合伙制使他们摆脱依附地位，开办自己的企业。……在 1830 年至 1880 年期间，多数成功的帕特森的铁业、机器业和火车头制造主是作为工人开始其生涯的，是当学徒学会技术，然后开办自己的小厂或工厂。"②他还详细地介绍了许多工人成为制造主的过程。他最后说："这是帕特森的情况，诚然，在其他城市也存在这样的机会。"③哈特马特·凯布尔也指出："在 1800—1830 年期间出生的企业主中，出身农民，手工工匠和手工工人家庭的约占三分之一至二分之一。"④斯坦利·莱伯戈特引用 W. S. 拉特纳在《对美国豪富史的新看法》一书中说的 1893 年拥有百万美元以上的富翁中约有 84% 并非因继承遗产而致富，指出："数千人从非技术工人工作和农村上升到百万富翁的地位。"⑤

美国工业资本家主要来源于工匠的分化，这种情况对资本家和工人都具有特殊的影响。美国资产阶级比欧洲资产阶级更加踌躇满志，更具有开拓精神。美国资产阶级在南北内战后不断增强的经济权力迅速转化为政治权力，控制了政府，残酷地镇压工人罢工。美国工人，特别是美国土生工人，往往抱着通过自己的努力上升到资本家地位的幻想。这种资产阶级的偏见使工

① 中共中央马克思恩格斯列宁斯大林著作编译局编译：《资本论》（德文版）第 3 卷，《列宁全集》第 57 卷，北京：人民出版社，1990 年，第 25 页。

② Herbert Gutman, *Work, Culture & Society in Industrializing America,* New York: Alfred A Knopf, 1976, pp. 220-221.

③ Herbert Gutman, *Work, Culture & Society in Industrializing America,* New York: Alfred A Knopf, 1976, pp. 220-221.

④ Harkmut Kaolble, *Historical Research on Social Mobility*, London: Croom Helm, pp. 84-85.

⑤ Stanley Lebergott, *The Americans: An Economic Record*, New York and London: W. W. Norton and Company, 1984, pp. 378-379.

人，特别是土生工人，对社会主义的宣传不易感兴趣，或者在选举中不热诚投票支持社会主义政党的候选人。

美国西部工业城市如 1850 年后的匹茨堡、辛辛那提和芝加哥等是很快建立起来的。"阿勒根尼山以西的大多数工业地区，城镇并非先于工厂而建立的，是工厂造成城镇"①，这刺激了工人的地域流动。美国工人要比欧洲工人更多地、更大程度地通过地域流动来摆脱他们不满意的工作条件。这种频繁的地域流动不利于工人阶级反对资本主义剥削的集体行动，不利于社会主义运动的发展。斯坦福大学的布鲁斯·丹西斯对 19 世纪 80 年代旧金山的"国际工人协会"会员作了调查，指出 1880 年住在旧金山，10 年以后仍住在那里的会员占 53%，其中这个协会的领导人在这十年中仍留居旧金山的占 63%，而且一般来说，流动的多是半技术工人或非技术工人。②半技术工人和非技术工人的斗争性比技术工人强，他们的经常流动不利于社会主义运动的深入发展。

在 19 世纪末和 20 世纪初，美国和欧洲的发达资本主义国家进入帝国主义阶段。美国垄断资产阶级采取诸如计件工资、奖金、利润分享计划等手法来收买技术工人，作为阻挠广大非技术工人和半技术工人组织起来的缓冲器。美国劳工联合会完全成为依靠工人贵族和使工人同资本家进行阶级合作的改良主义工会组织。与此同时，美国统治阶级中一些有远见的政治家考虑到资产阶级的整体利益，一方面继续采用武力镇压工人运动和社会主义运动的手法，另一方面采用改良主义来反对社会主义，用改良来反对革命，用局部修缮资本主义制度来分化和削弱工人运动和社会主义运动，来保持和巩固资产阶级政权。西奥多·罗斯福和伍德罗·威尔逊的纲领及鼓动工作都是围绕怎样通过资产阶级改良来维护资本主义制度，来模糊工人认识的。统治阶级实行改良主义政策与当时的阶级斗争形势有关，但也还决定于当时已拥有的社会财富的丰裕程度。没有垄断资产阶级的超额利润，没有丰裕的物质条件也是无法实行改良主义的。列宁指出，"这几十亿超额利润，就是工人运动中机会主义的经济基础。美国、英国和法国的机会主义领袖、工人阶级的上层分

---

① R. H. Tawney, *The American Labor Movement and Other Essays*, New York: St. Martin's Press, 1984, p. 57.

② Bruce Dancis, "Social Mobility and Class Consciousness: San Francisco's International Workmen's Association in the 1880's", *Journal of Social History,* 1977.

子、工人贵族最顽固，他们对共产主义运动的抵抗最顽强"[1]。资产阶级实行改良主义是本阶级的统治需要，是出于本阶级的自觉行动。而部分工人相信它，则是缺乏无产阶级意识的表现。在资产阶级革命比较彻底的美国，部分工人错误地把改良看作自己斗争的胜利，错误地把它当作民主思想来加以肯定。

美国工人阶级的构成也有其特殊性。在 19 世纪 40 年代以前，工匠的分化和新英格兰地区一些农场主家庭的贫困产生了工资劳动者。但这些劳工人数很有限。因此，工业资本家特别是棉纺业中的资本家采取了各种方法如沃尔瑟姆制度和罗得岛制度，前者是雇佣一个个青年妇女，让她们住在公司的宿舍里；后者雇佣整个家庭，发给他们票证以代替货币工资，支付在公司商店所购的商品或公司住房的房租。在 40 年代和 50 年代，欧洲来了大量的移民，解决了劳动力缺乏的问题。由于种族的、宗教的、民族的区别，工人中形成不同的等级。例如，土生美国人是技术工人，是新教徒；而移民工人是非技术工人，多是天主教徒。他们之间在就业、消费、工会组织、法律权利等方面是不平等的。美国劳工联合会的领袖信奉社会达尔文主义和种族主义，歧视黑人工人，主张限制移民入境，分裂工人阶级，敌视社会主义运动。而且，大多数充当非技术工人的移民愈来愈难以上升成为技术工人。例如，斯拉夫钢铁镇中，在职业阶梯上向上升的比率 1886 年为 32%，到 1905 年下降为 9%。[2]美国工业的迅速发展并没有形成统一的工人阶级。美国工人阶级由于大量的工人如移民工人、流动工人和女工等没有选举权，削弱了工人阶级在美国民主制中的政治力量。没有选举权的移民工人往往通过支持这个或那个资产阶级政党来争取选举权。1870—1932 年的群众选举表明，种族的、宗教的分歧仍决定着许多工人对资产阶级政党的态度和选举的倾向性。[3]宗教不仅影响了工人阶级的团结，而且特别是天主教教会反对社会主义的立场，阻碍了许多天主教徒工人支持社会主义运动。现代宗教的根源是人们对资本盲目势力的恐惧。这种资本盲目势力使无产者和中小企业主随时随地都可能遇到突如其来的破产和失业。美国工人要摆脱宗教的影响不是短期内可以实

---

[1] 中共中央马克思恩格斯列宁斯大林著作编译局编译：《关于国际形势和共产国际基本任务的报告（7 月 19 日）》，《列宁选集》第 4 卷，北京：人民出版社，2012 年，第 271 页。

[2] John Bodnar, *Immigration and Industrialization*, Pittsburg: University of Pittsburg Press, 1977, p. 56.

[3] Paul Kleppner, "The Third Electoral System, 1853-1892", in Alan Berg ed., *Parties, Voters and Political Cultures*, Chapel Hill: University of North Carolina Press, 1979.

现的。只有当受资本的盲目势力摆布的工人群众逐步认识到并自觉地反对宗教的这种根源，才能摆脱宗教对他们的影响。工人阶级的不团结削弱了工人阶级与资产阶级进行斗争的力量，也削弱了美国社会主义赖以发展的基础。

美国的政治民主传统有着有利于社会主义运动的一面，也有不利于社会主义运动的一面。一方面，美国由于没有封建制度，只有资产阶级民主制度，外部没有民族压迫，所以美国工人阶级和社会主义者就有较多的开展阶级斗争的自由，使工人有可能逐步认识自己的历史地位和发展自己的阶级意识，建立自己的政党，逐渐自觉地为争取社会主义而斗争。另一方面，早在1750年美国在新英格兰就约有一半或 3/4 的白人成年男子享有地方上的普选权，1832 年，在安德鲁·杰克逊总统任期内，除了四个州外，其他各州都取消了选举权方面的财产资格限制。[①] 美国缺少像欧洲国家的工人阶级长期进行争取普选权和公民自由的斗争，如英国 1832—1848 年的宪章运动等，因此在工业革命发展过程中，美国许多工人把国家看作民主的化身，往往把政治"自由"同他们经济上受剥削对立起来。美国新左派史学家艾伦·道利研究了马萨诸塞州林恩镇的工业革命过程，说："在美国工业革命早期阶段建立的政治民主使挣工资的人在现行政治制度中拥有既得利益。"[②] 而欧洲工人则把国家看作"压迫他们的工具，是由敌对的社会和经济利益所控制的"[③]。因此，在 19 世纪 80 年代以前，美国工人阶级基本上没有形成独立的政治运动。80 年代后，美国虽然多次出现工人阶级的独立政治运动，但都未能巩固下来。许多工人对美国资产阶级政治民主的盲目信仰使他们在社会主义运动中趋于保守。

美国社会主义运动本身也反映了美国工人阶级的分裂状态。第一国际在美国的支部和中央机构大多是由外国移民组成的。1890 年以前的社会主义工人党党员多数是德国移民。在美国社会党内占统治地位的以维克托·伯格为首的改良主义派，从不批评美国劳工联合会领袖塞缪尔·龚帕斯的阶级调和政策，并同龚帕斯一起，主张限制移民，歧视黑人工人，不愿把尚未组织起

---

① Edward McChesney Sait, *American Parties and Election,* New York: D. Appleton-Century Co., 1939, pp. 21-31.

② Alan Dawley, *Class and Community: The Industrial Revolution in Lynn,* Cambridge, Mass.: Harvard University Press, 1976, p. 235.

③ Alan Dawley, *Class and Community: The Industrial Revolution in Lynn*, Cambridge, Mass.: Harvard University Press, 1976, p. 237.

来的工人，特别是移民工人组织起来。社会党内有不少各民族的社会主义者，"移民社会主义者是社会党同新的移民工人的传动带，但党从来没有发动这个传动带。相反地，部分地出于排外主义和种族主义，以及出于对他们的政治倾向的担心，党让移民社会主义者随波逐流，不把他们结合起来"[1]。移民加入社会党的人数不多。在纽约，"有六十五万意大利人，只有几百名社会主义者加入社会党"[2]。

我们承认在 1920 年以前美国存在着一些不利于社会主义运动深入发展的客观因素，但是美国是一个资本主义国家，只要存在着生产社会化与生产资料私人所有之间的根本矛盾，就会有工人运动和社会主义运动。在美国争取社会主义的斗争是长期的合法斗争，长期开展科学社会主义宣传，长期积聚力量，并且只有到了资产阶级处于真正无能之时，到了无产阶级大多数有了推翻资本主义制度和进行国内战争之时，到了中产阶级的动摇表现得最厉害之时，才能进行社会主义的革命。

美国社会主义运动内部的分化，同整个国际社会主义运动内部的策略分歧和分化一样。美国的社会主义运动内的派别基本上是国际社会主义运动内部的同一性质的派别。例如，在内战结束至 19 世纪 80 年代，社会主义运动内部的策略分歧主要围绕着同拉萨尔主义和无政府主义的斗争问题。拉萨尔主义的观点主要有两点：一是争取获得男子普选权；二是运用普选权制定立法，由国家资助合作社。在美国，因为已经有了男子普选权，所以美国的拉萨尔主义者企望通过政治行动争取从立法上确定由国家资助合作社。弗·阿·左尔格等马克思主义者认为，在把工人有效地组织进工会和开展日常的斗争以前，过早地开展政治行动是不会有成效的。他们主张大力开展组织工人的工作。第一国际北美联合会于 1874 年 4 月召开的第二次代表大会通过的决议指出，在强大得足以首先在市的范围内发挥看得出的影响之前，其将不进入真正的政治运动或竞选运动，强调组织工会作为北美联合会的工作中心。马克思主义者与拉萨尔主义者的这一策略分歧和引起的斗争时续时辍，始则在美国工人党，继则在社会主义工人党内持续了许多年。在 19 世纪 80 年代，无政府主义在美国的出现有国内和国际原因。美国的无政府主义者

---

[1] Charles Leinenweber, "The American Socialist Party and the New Immigration", *Science and Society*, 1968, p. 25.

[2] S. M. Tomasi and M. H. Engel ed., *The Italian Experience in the United States*, New York: Statten Island, 1970, p. 192.

和无政府工团主义者在 1883 年 10 月召开的匹茨堡大会上提出"和平的教育工作和革命的密谋能够，也应该是并行不悖的"[1]。社会主义工人党曾就社会主义与无政府主义问题同无政府主义者进行辩论。90 年代以后，美国社会主义运动内部在革命还是改良的重大问题上，存在着极左和右的两种错误倾向。极左的社会主义者如社会主义工人党的领袖丹尼尔·德里昂只主张抽象的革命，反对任何改良。他反对在社会主义政党的纲领中列入工人的当前要求。德里昂接受了拉萨尔的"工资铁律"的观点，认为在资本主义制度下，工人劳动所得的工资不会超过其生存和繁衍的需要；他认为在资本主义条件下，工人工资只会下降，"阻止工资下降的唯一途径是推翻现在的专制阶级和现存的专制制度"[2]。因此，德里昂领导下的社会主义工人党不注意在资本主义制度下为改善工人生活条件和劳动条件所做的斗争。他认为"这样规定，'当前要求'的政党大大模糊了它的'永恒的要求'或目标"，"在社会主义政纲中列入当前要求暴露了纯粹的政客作风——腐败或招致腐败"。[3] 社会党的左派尤金·德布斯也反对改良，认为改良是"欺骗的伪装"，会延宕推翻资本主义，而非推进社会主义事业。[4] 社会党左派威廉·海伍德持无政府工团主义观点，也反对在资本主义范围内进行改良，主张建立一个大的产业工会，举行全国范围内的革命总罢工，推翻资本主义，由工会管理新社会。在第一次世界大战期间崛起的新的左派，在 1919 年 3 月发表《美国社会主义运动左翼的宣言和纲领》批判了社会党右派的改良主义策略，但也忽视了关心工人的当前切身利益。列宁指出："假如有人认为，我们为了进行争取社会主义革命的直接斗争，似乎可以或者应当放弃争取改良的斗争，这种看法也是完全错误的。事实绝不是这样。我们无法知道，这个革命什么时候到来。我们应当支持任何改善，支持群众状况在经济上和政治上的真正改善。……但是不要把

---

[1] Albert Fried ed., *Socialism in America: From the Shakers to the Third International, a Documentary History*, New York: Columbia University Press, 1970, pp. 208-212.

[2] Daniel De Leon, *Socialist Economics in Dialogue*, New York: New York Labor News Company, 1935, p. 24.

[3] Daniel Bell, "The Background and Development of Marxian Socialism in the United States", in *Socialism and American Life*, edited by Donald Egbert and Stow Persons, Vol. 1, Princeton: Princeton University Press, 1952, p. 247.

[4] Ray Ginger, *The Bending Cross: A Biography of Eugene Victor Debs*, New Brunswick: Truman State University Press, 1949, p. 211.

自己的活动只限于这一点……"① 社会党右派主张改良，放弃革命。他们认为，托拉斯的国有化和公共设施的市政所有制不可避免地会导致社会主义；认为在资本主义制度上实行每一个改良都孕育着社会主义，社会主义就是所有改良的总和。维克托·伯杰等社会党右派的理论和实践是与德国的伯恩斯坦修正主义相类似的。伯杰被称为美国的伯恩斯坦。他们把阶级斗争看作在选举箱上同资产阶级较量。

此外，美国社会主义运动本身也有其特殊性。这种特殊性是与美国社会发展的特殊性相联系的。

第一，由于美国有广袤的疆土，自由土地的存在引起空想社会主义的不断出现。美国的空想社会主义的特点，是把自由土地平分或公共使用的主张与工人运动结合起来。工人对自由土地可以改善自己境遇的幻想，妨碍了阶级斗争的顺利进行。霍勒斯·格利雷和乔治·埃文斯在内战前主张的这种空想社会主义，长期对美国社会主义运动特别是对土生的美国社会主义者有影响，甚至著名的工人领袖和社会党的缔造人之一的尤金·德布斯曾支持和加入由诺曼·华莱士·勒蒙德等空想社会主义者于1895年成立的合作共和国兄弟会。这个兄弟会计划在人烟稀少的西部州建立社会主义殖民区；相信一旦社会主义者在一个州的人数超过非社会主义者，就可以选举通过社会主义宪法，成为一个社会主义的州，然后向其他州扩大，直到整个美国成为社会主义国家。德布斯领导成立的美国社会民主主义党的原则宣言就宣称，"考虑到立即解救人民，我们要竭尽全力使失业者自谋就业……为此目的，将决定选择一个州，把我们的支持者集中在那里，建立合作工业，并逐步扩大其范围，直到建立起全国性的合作共和国"②。自然，这种空想社会主义的殖民计划在资本主义制度下不可能实现，并且实际上成了泡影。

第二，美国开国时期杰斐逊的传统民主思想长期影响着美国的社会主义运动，无论是社会主义工人党还是社会党，都把传统的资产阶级民主作为一种理想。1889年社会主义工人党代表大会通过的新纲领，就是把论点建立在美国1776年的《独立宣言》的基础上，宣称："重申一切人对生活自由和追求幸福的不可让与的权利。我们和美利坚共和国的创立者抱有同样的意见，

---

① 中共中央马克思恩格斯列宁斯大林著作编译局编译：《关于战争问题的根本原则（1916 年 12 月 25 日［1917 年 1 月 7 日］以前）》，《列宁全集》第 28 卷，北京：人民出版社，1990 年，第 251 页。

② Nathan Fine, *Labor and Farmer Parties in the United States*, New York: Rand School of Social Science, 1928, p. 190.

认为政府的目的是保证一切公民享有这种权利……"[1] 1904 年第 2 次代表大会通过的纲领一开头，就宣称要维护美国建国时所阐明的自由和人民主权思想："社会党值此召开之际，作为这个国家诞生时提出的自由和自治的思想的捍卫者和保持者，作为制定主张个人的自由可以成为现实的纲领和原则的唯一政治运动，作为民主的可以实现整个社会民主化的唯一政治组织，向美国人民呼吁。"[2] 正是出于对美国资产阶级民主制的幻想，即使是美国社会主义运动中的左派都把开展政治行动，即竞选活动，作为实现社会主义的途径。

第三，美国社会主义运动的发展过程中，理解科学社会主义的人很少，许多人加入社会主义运动，是受爱德华·贝拉米的空想社会主义小说《回顾》的影响，或者是人民党人及同人民党人关系密切的人把社会主义看作人民党主义的新形式。1901 年美国社会党成立后发展很快，原因并非其得到美国工人阶级的广泛支持，而主要是得到许多中小产阶级分子特别是农村农场主的支持。社会党在竞选中从非工业州获得的选票，要大大的多于工业州，在德克萨斯、阿肯色、密苏里、内华达、爱达荷、华盛顿、俄克拉何马等州，特别是俄克拉何马州，得到大量选票。社会党力量大的地区往往是过去具有人民党主义传统的州，在全国影响大、发行量大的社会主义报纸——英文的《诉诸理性报》，主要也得到中西部广大中小农场主的支持，因此社会党左派提出的将一切土地实行社会化的要求在党内受到责难，1910 年社会党的纲领宣布："教条式地宣称一切土地最终必须成为社会财产，是多少有点乌托邦的味道，要求把一切土地所有制立即实行社会化，使我们贻笑大方。"[3] 社会党在具有人民党主义传统的州中得到农场主的支持，这是社会党在第一次世界大战以前一度兴旺的主要原因，也是 20 世纪初叶美国社会主义运动的一个特点。

第四，美国社会主义运动同美国工人运动结合得并不紧密，在 19 世纪 70 年代和 80 年代，主要的全国性工会组织、全国劳工同盟和劳动骑士团主张的是改良工会主义，并不热情支持社会主义运动。在 80 年代以后，美国劳工联合会（简称劳联）实行阶级调和政策，反对社会主义运动，美国社会主

---

[1]　Morris Hillquit, *History of Socialism in the United States*, New York: Funk & Wagnalls, 1971, p. 299.

[2]　William Mailly ed., *National Convention of the Socialist Party,* Chicago: National Committee Socialist Party, 1904, p. 306.

[3]　Nathan Fine, *Labor and Farmer Parties in the United States*, New York: Rand School of Social Science, 1928, p. 272.

义运动中的左派实行的双重工会主义，也在一定程度上使社会主义运动脱离了美国工人运动。另一方面美国社会主义运动没有被龚帕斯等劳联的工会领袖所操纵，所以在第一次世界大战期间当劳联疯狂地支持美国参战时，美国社会党整个说来坚持了反对战争和反对美国参战的立场，没有向欧洲主要国家社会党那样堕落到社会沙文主义的泥淖。

美国社会主义运动史是整个国际社会主义运动史的一部分。同欧洲主要国家的社会主义运动相比较，美国社会主义运动有其共性，也有其个性。了解美国社会主义运动及其历史经验和教训，对学习和研究整个国际社会主义运动的历史是十分必要的。

第一章　美国内战前社会经济和工人阶级

　　美国在南北内战以前基本上是一个以手工业和农业为主的国家，农业产值大于工业，在制造业中手工产品占大部分，工业中的多数部门是对农林产品进行加工。内战前，美国仍是一个手工工匠和小农户（小农场主）占多数的国家，80% 的人口居住在农村。资本主义的经济关系和阶级关系尚不成熟，是美国内战前工人运动不能广泛开展的重要原因。内战前，工会主要由手工工匠和技工组成，产业工人尚没有成为工人运动的主力。手工工匠和技工的工会主要是为恢复和保持手工工匠过去享有的社会上和经济上的"平等"权利和地位而进行斗争。整个工人运动处于资产阶级民主思想、乌托邦的改良思想和资产阶级政党的影响之下。所有这些情况，对于在美国传播科学社会主义和开展科学社会主义运动是很不利的。这也就是为什么在内战前虽然旅居美国的德国马克思主义者努力传播马克思主义，但其影响仍是很有限的。

第一节　社会经济和工人状况

　　在美国，科学社会主义运动是在 19 世纪 50 年代初开始的。"我们自己创造着我们的历史，但是第一，我们是在十分确定的前提条件下进行创造的。其中经济的前提和条件归根到底是决定性的。但政治等等的前提和条件，甚至那些存在于人们头脑中的传统，也起一定的作用，虽然不是起决定性的作用。"[1] "工人阶级的状况是当代一切社会运动的真正基础和出发点"。[2] 论述美

---

　　[1] 中共中央马克思恩格斯列宁斯大林著作编译局编译：《恩格斯致约·布洛赫（9 月 21—22 日）》，《马克思恩格斯选集》第 4 卷，北京：人民出版社，1972 年，第 477-478 页。

　　[2] 恩格斯：《英国工人阶级状况》，《马克思恩格斯全集》第 2 卷，北京：人民出版社，1957 年，第 278 页。

国 19 世纪 50 年代初开始的科学社会主义运动，需要研究和了解美国内战前的社会经济和工人阶级状况，需要粗略地了解 19 世纪上半叶美国工人运动的情况和特点，因为这是我们分析和了解 19 世纪 50 年代初开始的美国科学社会主义运动的出发点和基础。

在内战以前，美国基本上仍是一个以手工业和农业为主的国家，即便作为产业革命出发点的工具机使用比较早。在 19 世纪初，塞缪尔·斯莱特从英国引进新式纺织机，不久，美国首先在纺织业部门逐渐建立了工厂制。但截至 19 世纪中叶，蒸汽机的使用还不广泛。例如，美国的大城市费城使用蒸汽机和水轮机的工厂加起来也只占全部企业数的 10.8%，雇佣工人占全部工人数的 23.7%。美国的普查报告指出："直到 1850 年，美国一般制造业的大部分是在作坊和家庭中进行的，由家庭的劳动力或私人业主加上徒工从事。"[①] 1850 年，妇女在制造业中占很大比例，这也是因为制造业中包括大量的家庭制造作坊。1850 年，手工生产的制造品占制造业生产品的 70%。就当时的工厂规模而言，除了已实行机械化的棉纺工厂规模较大外，总的来说，1850 年制造业的企业平均雇佣 7.8 人，1860 年为 9.3 人。特别是"按人口计算的工业生产量缓慢增长上看，手工业生产体系仍在制造业中占统治地位"[②]。这说明在 19 世纪中期，美国工业中手工作坊和小企业占绝对优势。

从工农业的比重来看，内战以前，农业产值大大高于工业产值。1849 年，农业产值占 66%，工业产值占 34%。1859 年，农业占 63%，工业占 37%。

工业中大多数部门是利用农林产品进行加工的。1860 年，美国工业生产部门按产值排列次序是：面粉和肉类部门为 248.5 百万美元，棉制品 115.7 百万美元，刨锯木材为 104.9 百万美元，靴鞋 104.9 百万美元，生铁和机械为 88.6 百万美元，服装 88 百万美元，皮革 75.6 百万美元，羊毛制品 65.7 百万美元，酒 56.5 百万美元，蒸汽机 46.7 百万美元，铸铁 36.6 百万美元。在这里，除占第五位的生铁、机械和占第十位的蒸汽机，以及占十一位的铸铁外，其余部门都是依靠农业和林业资源加工的。当时雇佣工人最多的是靴鞋业、棉纺业和男子服装缝纫业。美国向欧洲输出的主要是棉花、粮食和木材等。在进口中，以 1850—1859 年为例，消费品占 51.85%，而制造业用原料（诸如矿砂、粗制化学品、毛皮、丝、羊毛和橡皮）只占 8.55%，半成品（诸

---

① Ernest L. Bogart, *Economic History of the American People*, New York: Harper Perennial, 1959, p. 554.

② Joseph Rayback, *A History of American Labor*, New York: The Macmillan, 1966, p. 52.

如铜、钢铁、熟皮和植物油）只占13.08%。可见在19世纪中叶，美国还是以手工业和农业为主的国家，在经济上带有欧洲殖民地的性质。美国地域广阔，经济发展极不平衡，北部资本主义和南部的奴隶制种植园经济同时并存，奴隶制继续不断扩张，影响并抑制了资本主义发展。

19世纪中期，美国是手工业工匠和农民占多数的国家。这是同美国仍然是一个以手工业和农业为主的国家的情况分不开的。而且，美国产业革命在各州是不平衡的。在内战前，工业与农业中就业人数的比例，在新英格兰诸州是1：8，在中部诸州是1：15，在南部诸州是1：48，在西部是1：82。

内战前的阶级关系尚不成熟。第一，因为普遍存在手工工场和家庭作坊，家庭作坊师傅具有两种权威，即一家之长的权威和生产上的权威。师傅与雇工之间的剥削与被剥削关系往往为个人关系所掩盖。由于手工业劳动仍然在作坊中进行，所以熟练工匠或技工掌握着很大权力。因此，"资本仍然不断要同工人不服从的性格进行斗争"[1]，而不能使劳动力完全受工场主或作坊主的支配。而且，雇工有可能成为师傅，非熟练工人可能成为熟练工人。1850—1860年期间，纽伯里波特的非熟练工人有1/6成为半熟练工人，近1/6成为熟练工人，5%转而从事非体力劳动。"在1800—1830年期间出生的企业主中，出身农民、手工工匠和手工工人家庭的占三分之一至二分之一"。[2]这正如恩格斯指出的，"在美国，有两种情况长期阻碍着资本主义制度的不可避免的后果充分显示出来。这就是：私人购买土地容易和廉价以及移民的流入，在许多年中，这使得大多数的美国本地居民在年轻力壮的时候就'退出'雇佣劳动，变成农场主、商人或雇主，而沉重的雇佣劳动，当一辈子无产者的境遇，多半落到移民身上"[3]。第二，女工在制造业中比例很大。在纺织业中，1848年女工有78000人。在马萨诸塞州的洛维尔工业镇，纺织厂的工人大多是妇女和儿童。少数男工主要是当监工、机工和驭手，或干其他重活或特殊技术（如印花）的工作。如新英格兰的纺织厂女工多来自农村的小康之家，很少来自破落的农民家庭。她们为了攒钱准备体面的嫁妆而来工作，等攒了足够的钱以后就离开工厂。在其他工业部门也有类似情况。第三，美国人口大部分在农村。1860年，美国人口有80.2%住在农村。产业工人和手工业工

---

① 马克思：《资本论》第1卷，北京：人民出版社，2004年，第392页。

② Joseph Rayback, *A History of American Labor*, New York: The Macmillan, 1966, pp. 84-85.

③ 中共中央马克思恩格斯列宁斯大林著作编译局编译：《〈英国工人阶级状况〉美国版附录》，《马克思恩格斯全集》第21卷，第296页。

匠以及小业主大多居住在小镇，而非栖身在大城市。代表一个国家工业发展程度标志的钢铁业中，内战前生铁主要由农村的小型炼铁炉生产，并多以木炭为燃料。这说明大量美国工人分散在农村或农村小镇。第四，在内战前，美国的社会财富主要掌握在外贸商人、土地投机者和同土地投机、铁路建设有密切联系的私人银行家手中。他们在美国政治经济生活中占有举足轻重的地位，而工厂主的经济实力尚不雄厚。另外，美国没有封建等级制度。这些情况使阶级划分不是很清楚。马克思说，在北美合众国那里，"虽然已有阶级存在，但它们没有完全固定下来，它们在不断的运动中不断更新自己的组成部分，并且彼此互换着自己的组成部分"[1]。内战前资本主义经济关系和阶级关系不成熟不利于工人运动的健康发展和科学社会主义在美国的传播。

第二节　工人运动状况

不成熟的资本主义经济关系和阶级关系明显地在美国工人运动中反映出来。内战以前，主要是在手工工匠和技工中产生了工人运动。工匠和技工为了保持技术上的尊严，反对削减工资和消除非熟练工人的竞争，在诸如印刷、木工、细木工、石工、制桶工、成衣等行业中成立了行业性的工人组织，并逐步成立了各自组织松散的全国性行业工会。这些工会在19世纪50年代以前主要是为了恢复工匠和技工过去享有的经济上的平等权利。概括地说，他们的斗争主要反映在下列几个方面的要求上。第一，要求实行十小时工作日制。这是40年代和50年代工人运动的主要要求。手工工场和工厂实行的是日出而作、日没而息的劳动制度。这种工作制度在工匠和技工看来有损他们的公民身份，而且使他们无暇享有教育和娱乐，有损他们的社会地位。为此，他们进行了罢工斗争，争取实现一天十小时工作制。第二，要求实行平等的普及教育。这种要求也是为了保持工匠和技工的社会地位而提出的。私立学校学费昂贵，只有富家子弟才能入学，没有社会地位的贫民子弟只能进由牧师控制的慈善学校。工匠和技工宁愿让自己的孩子失学，也不愿屈尊把孩子送到慈善学校就读，降低自己的社会地位。工人们要求公费普及教育，以便

---

① 中共中央马克思恩格斯列宁斯大林著作编译局编译：《路易·波拿巴的雾月十八日》，《马克思恩格斯选集》第1卷，北京：人民出版社，2012年，第677页。

在社会上享有平等的社会地位。工人经过斗争迫使政府在北方设立了普及初级教育的公立学校。第三，要求财产留置权。工人要求制定财产留置权法是为了在雇主破产时，留置一部分资产偿付工人的工资，不致因雇主的破产或死亡劳而无获。这是捍卫他们的正当权益。第四，要求实现没有财产限制的普选权。要求实现这样的普选权是为了使技工和工匠在社会中的政治利益和地位得到社会的承认。由于广大工人的斗争，19 世纪 40 年代，在罗得岛和康涅狄格，以后又在各州陆续废除和降低了担任政府官职的财产限制，按人口而非按财产资格分配官职通过了直接选举州官员的立法。第五，要求废除穷人因欠债而被处监禁的法律。这种法律使不少工匠因欠债而被投入牢狱成为罪犯。废除这一法律，才能保持工匠和技工原来的社会地位。经过工人长期的斗争，统治阶级才废除了这一法令。第六，要求废除民兵制度。民兵制度规定，达到一定年龄的公民必须参加一段时期的民兵训练。而工匠需要每日劳动才能养家糊口。参加民兵训练，除了要牺牲多天的工资，还得自备武器和生活必需品。当时规定不参加民兵训练者处以罚款，不支付罚款者处以监禁。富人常常付给罚款而不参加民兵训练。由于工人坚持斗争，罚款数额降低，后来取消了罚款。到内战时，在北方各州，民兵训练只限于志愿者。第七，要求废除特许独占公司。在内战前，商业资本家容易获得经营某种事业的特许证，创立独占公司，其中最恶劣的是银行独占。因为银行只向有事业成功希望的商人和企业主发放贷款，小雇主和工匠不容易得到贷款。银行扼制了小企业的发展，也阻碍了工匠上升为师傅或小企业主。工匠和技工要求废除特许独占公司，正是为了恢复他们原来的社会地位，或获得更高的社会地位。

总之，19 世纪 50 年代以前的工人运动目标主要是要求消灭社会的不平等，恢复工匠和技工昔日的社会地位。过去，在家庭作坊和手工作坊中，工匠和技工具有一定的独立性，主要表现在对每日生产活动的控制和支配上。随着手工工场的发展、工厂的增多，工匠和技工逐渐丧失对生产的控制权，使工匠和技工的权利平等思想所赖以存在的基础逐渐缩小，工匠上升为师傅或制造主的可能性逐渐减少。在马萨诸塞州的林恩镇，"1841 年的 145 个鞋匠中，到 1851 年有 5 个成为制造主（占 4%）"[1]。这说明，工匠和技工权利

---

[1] Alan Dawley, *Class and Community: The Industrial Revolution in Lynn,* Cambridge, Mass.: Harvard University Press, 1976, p. 55.

平等思想的现实基础在日益削弱。这种不符合历史潮流、希冀恢复昔日社会地位的愿望，仍在美国内战以后的工人运动中屡见不鲜。

在内战以前，美国工人处于《独立宣言》的民主和人权思想、乌托邦改良思想和资产阶级政党的影响之下。内战前工人运动的指导思想是《独立宣言》的民主和人权思想，《独立宣言》是工人运动的思想武器。工人把自己的斗争看作继续为实现美国大革命时期的理想而奋斗，只不过在独立战争中是为了反对宗主国的暴虐，现在是为了反对国内的暴虐。1828 年成立的纽约工人党于 12 月发表的由乔治·亨利·埃文斯起草的《工人独立宣言》、1831 年成立的新英格兰农民和技工及其他工人联合会于 1832 年发表的《向新英格兰工人的致词》、1836 年纽约工人和农民在纽约的尤蒂卡组织的平权党大会上通过的《权利宣言》等等都是重申《独立宣言》所宣布的人生来都是平等的精神，反对独占公司的特权，幻想有一个能代表技工和工匠利益的政府。他们认识不到《独立宣言》宣布的"人权"是资产阶级性质的，在资产阶级社会中充分享有人权的只是资产阶级。"被宣布为最主要的人权之一的是资产阶级的所有权"[1]，"平等地剥削劳动力，是资本的首要人权"。[2]

内战前，乌托邦改良思想对工人运动的影响也是很深的。以乔治·埃文斯为首的土地改良派或民族改良派，在 19 世纪 40 年代鼓吹乌托邦的改良主张，认为土地垄断是最主要的垄断，是最大的罪恶根源，解决美国工人困难的唯一途径是恢复他们对土地的所有权。许多工人支持埃文斯的土地改良纲领，希冀从工资奴隶制中解放出来。土地改良派同欧文等空想社会主义者有所区别。他们并不呼吁资本家给予他们支持，重视通过工人的政治行动向国会施加压力，以便能通过一项法律，保证每个人能使用公共土地。他们为此组织了全国改良协会。土地改良成了工人运动的一个组成部分，整个北方和西部，乃至南部地区的很多工人都参加了全国改良协会。广大工人的权利平等思想使他们易于接受乌托邦改良派的主张。在 19 世纪 50 年代，土地改良派在一定程度上控制了工会运动，工人对自由土地可以改善自己经济状况的幻想妨碍了阶级斗争的顺利开展。

内战前的工人运动也深受资产阶级政党的影响。19 世纪 20 年代和 30 年代美国工人运动，一般是在民主党的影响下开展活动。工人支持民主党，一

---

[1]　恩格斯：《反杜林论》，北京：人民出版社，1970 年，第 15 页。

[2]　马克思：《资本论》第 1 卷，北京：人民出版社，2004 年，第 338 页。

方面是因为民主党利用工人缺乏阶级意识的特点，把自己打扮成民权的捍卫者和工人的代言人。工人为杰克逊的民主党所吸引，还由于他们认为杰克逊是银行的敌人。工人认为银行是对美国民主政治的一种威胁，而杰克逊于1832年否决了重新授予合众国银行以特许权的议案，得到工人的拥护。在杰克逊时代，工人们的斗争目标是消除银行对美国政治生活的恶劣影响，要求废除享有特权的独占制度，要求有稳定的通货。他们选举资产阶级政党中所谓能代表他们利益的人进入国会和政府。40年代和50年代，民主党和辉格党为了骗取工人选票，往往接过工人党的某些主张，把自己打扮成工人的代言人和朋友。在内战前，总的来说，工人基本上没有摆脱资产阶级政党的操纵和影响。

内战前不成熟的资本主义经济关系及阶级关系，工匠在工人阶级构成中占多数的情况，工人运动中工匠为恢复昔日独立的社会经济地位而斗争的思想，以及工人运动处于资产阶级民主和人权、乌托邦改良思想及资产阶级政党影响下的情况，阻挠了美国19世纪50年代乃至以后的科学社会主义的传播和社会主义运动的开展。而且，内战前工人运动的这些特点，内战后在一定程度上继续有所反映，这也是内战后美国社会主义运动未能取得重大进展的重要原因之一。

第二章　早期科学社会主义在美国的传播

国际科学社会主义运动是在 19 世纪 40 年代马克思主义与近代西欧工人运动初步结合的基础上发展起来的。马克思和恩格斯最初提出科学社会主义的理论是在 1844 年，主要的一点"就是阐明了无产阶级这个社会主义社会创造者的具有世界历史意义的作用"①。1847 年 6 月，马克思和恩格斯创立了共产主义者同盟，1848 年初出版了他们为共产主义者同盟拟定的纲领《共产党宣言》。这是科学社会主义政党的第一个"周详的理论和实践的党纲"②，它给各国社会主义运动提供了理论指导。

在 1848 年的欧洲革命失败以后，许多参加这场革命的革命者，包括一些共产主义者同盟的成员都旅居美国。马克思和恩格斯的战友约瑟夫·魏德迈也于 1851 年来到美国，同阿道夫·克路斯等共产主义者同盟成员在极其艰苦的条件下，在美国宣传科学社会主义，开展组织美国工人特别是德国移民工人的工作，努力肃清威廉·魏特林的手工业空想社会主义在工人运动中的影响，批判德国小资产阶级民主派在美国发起的"德国公债"运动，反击卡尔·海因岑对马克思和恩格斯的攻击，揭露奥古斯特·维利希等人在科伦审判案中的阴谋活动。他们努力用马克思主义的基本原理阐明美国经济和政治问题，以及由此产生的美国工人运动的任务，先后建立了共产主义者同盟美国支部、无产者同盟和美国工人同盟，推动了美国工人运动和社会主义运动的发展。

---

① 中共中央马克思恩格斯列宁斯大林著作编译局编译：《致卡·伯·拉狄克（1915 年 8 月 4 日以前）》，《列宁全集》，北京：人民出版社，1990 年，第 156 页。

② 中共中央马克思恩格斯列宁斯大林著作编译局编译：《〈共产党宣言〉1872 年德文版序言》，《马克思恩格斯选集》第 1 卷，北京：人民出版社，1972 年，第 228 页。

第一节　德国马克思主义者在美国传播科学社会主义

　　内战前科学社会主义在美国的传播，是马克思和恩格斯的战友、马克思主义者魏德迈于 1851 年来到美国后，首先在德国移民中开始的。魏德迈在 1848 年德国革命失败后，在德国秘密居住了半年，后移居瑞士，因找不到工作，于 1851 年 7 月 27 日从瑞士的苏黎世写信给马克思，表示要移居美国。马克思于 1851 年 8 月 2 日给魏德迈的信中表示赞同："你既然要到美国去，再没有比现在去更合适了，既可以在那里谋生，对我们党也有帮助。"他还建议魏德迈住在纽约，因为"那离欧洲也不太远，因为德国对报纸加以绝对的压制，只有从美国才能在报纸上进行战斗"①。恩格斯于 1851 年 8 月 7 日给魏德迈的信中写道："在纽约也有许多事要做，那里非常需要一个受过理论教育的、我们党的代表。"恩格斯在信中指出了魏德迈在美国会碰到许多困难，"你还可以碰到各色各样的分子。你遇到的最大困难是：那些能干的、有点用处的德国人很容易就美国化了，放弃了回国的希望；其次，还有美国特殊情况：过剩的人口很容易全部被吸收到农场里去。美国的必然迅速的和迅速增长的繁荣，使资产阶级的境况看来好像是一种'美好的理想'等等"。恩格斯还建议："要是你能设法自己办一份报，那就好极了。"②

　　魏德迈于 1851 年 11 月 7 日抵达美国纽约。他原来只想暂时旅居美国，但自此却久居美国，献身于美国的工人运动和社会主义运动。

　　内战前，美国不仅是欧洲资本寻求有利投资的场所，也是逃避政治和宗教迫害以及寻求生计的欧洲移民的栖身之地。从 1790 年至 1820 年期间，移居美国的欧洲人不到 234000 人。但自 19 世纪 40 年代始，移民急剧增多，1841—1850 年期间移民数达 1713251 人，1851—1860 年期间达 2598214 人。在移民中，德国人占较大比例，仅 1840—1860 年期间就有 2000000 人。其中，德国 1848 年革命失败后，涌入美国的德国移民每年达 200000 人左右。这样，德国移民在移民总数中几乎达到 1/2，并且许多人留居东部地区，特别是在纽

---

　　① 马克思、恩格斯：《恩格斯给魏德迈尔的信（1851 年 8 月 7 日）》，《给美国人的信》，北京：人民出版社，1958 年，第 25-27 页。
　　② 马克思、恩格斯：《恩格斯给魏德迈尔的信（1851 年 8 月 7 日）》，《给美国人的信》，北京：人民出版社，1958 年，第 27-28 页。

约、马里兰、宾夕法尼亚和俄亥俄等州。1848 年，在美国一些最重要的经济中心就已经有 1/3 的居民是德国移民了。众多德国人移居美国的原因是 19 世纪上半叶德国经济落后，政治动荡，农民遭受沉重的封建剥削。大多数工人从农村来，他们不仅受资本家和包买商的剥削，而且还得向地主缴纳贡赋和职业税。所以，德国工人反抗和罢工活动频仍。遭到政治迫害的手工业工人和小资产阶级知识分子逃往英、法和瑞士。在那里，许多德国人同当地的无产者和从其他国家来的流亡者交往，逐渐了解了革命民主思想和社会主义思想，他们之中不少人移居美国。1848 年革命失败后，随之而来的是欧洲各国政治上的反动时期，使得大量的德国移民流入美国，正如马克思后来指出："在 1848 年革命失败后，大陆上工人阶级所有的党组织和党的机关报刊都被暴力的铁腕所摧毁，工人阶级最先进的子弟在绝望中逃亡到大西洋彼岸的共和国。"[1] 德国人早在 19 世纪 30 年代初期就在纽约城成立了日耳曼尼亚协会，其目标是把政治流亡者组织起来，一旦德国爆发政治革命，立即返回德国。此外，德国人在美国还有体育协会和合作社团等组织。德国移民工人在美国一些地方的工人运动中占据重要地位。魏德迈来到美国以后，在马克思和恩格斯的指导下，肩负着宣传科学社会主义，领导美国工人运动和社会主义运动的重任。

魏德迈来美国后，立即为创办一份马克思主义理论刊物而奋斗。他在共产主义者同盟会员阿道夫·克路斯和朋友们的支持下，创办了《革命》周刊。他给《革命》周刊规定的任务是"清晰地介绍阶级斗争，而阶级斗争在旧大陆更加集中，并最终将废除一切阶级区别"。[2] 1852 年元旦的纽约《体操报》报道了《革命》周刊的消息，《革命》周刊由魏德迈主编，由《新莱茵报》的编辑马克思、恩格斯和费迪南德·弗莱里格拉特等人撰稿。《革命》周刊由魏德迈和古斯塔夫·克勒尔合编，于 1852 年 1 月 6 日和 13 日出了两期，刊载了《共产党宣言》第二章《无产者和共产党人》、卡尔·马克思的《从 1845 年至 1847 年的商业危机史》、魏德迈的《政治评论》和《欧洲的党派》等文章。不久，《革命》周刊停刊。除因资金短缺外，主要是因为当时许多德国移民不了解 1848 年革命失败的原因，受到哥特弗利德·金克尔的蛊惑宣传而支

---

① 中共中央马克思恩格斯列宁斯大林著作编译局编译：《国际工人协会成立宣言》，《马克思恩格斯选集》第 2 卷，北京：人民出版社，1995 年，第 603-604 页。

② David Herreshoff, *The Origins of American Marxism: From the Transcendentalists to De Leon*, New York: Wayne State University, 1967, p. 59.

持德国公债运动，使马克思主义刊物未能在德国移民中征得较多的订户，未能在德国移民工人中占据应有的地位。魏德迈于 1852 年 1 月底给马克思的信中谈到不能继续出版《革命》周刊的原因："现在这里的工人们在许多方面受到利用，首先是金克尔，其次是科聚斯（指路易斯·科聚斯，一位匈牙利革命的领袖）。他们大多数宁愿给这种敌对的宣传捐献一个美元，也不愿为表达自己的利益拿出一美分。美国的土壤对人民具有一种腐蚀作用，同时使他们傲慢自大，好像他们远比旧大陆的同志要优越得多。"① 这说明，科学社会主义一开始在美国传播就遇到了极大的困难。

魏德迈在不能继续创办自己的理论刊物的情况下，设法在受小资产阶级影响的诸如《体操报》《纽约德意志总汇报》和《纽约民主主义者报》以及其他城市的德文报纸上刊登马克思、恩格斯的文章和他自己撰写的文章。1853 年 4 月，魏德迈在纽约的《改革》报编辑部谋得一个编辑职务。他考虑到当时纽约的德国移民工人觉悟水平，感到利用这家色彩比较温和的报纸比具有马克思主义鲜明立场的报纸，能得到更多工人的支持。于是，他利用这家报纸作为宣传科学社会主义的阵地。魏德迈抓住一切机会，把马克思在《纽约每日论坛报》上发表的文章译成德文，刊登在美国的德文报刊上。比如，《改革报》在 1853 年 8 月 27 日、10 月 19 日、24 日、25 日和 11 月 19 日都转载了马克思的文章，《体操报》则转载了恩格斯在《新莱茵报》上发表的《德国农民战争》。魏德迈在马克思主义著作在美国销售极为困难的情况下，出版了马克思的《路易·波拿巴的雾月十八日》，也曾打算以小册子形式用德文出版恩格斯在《纽约每日论坛报》上发表的《德国的革命和反革命》。魏德迈当时在资金匮乏、自己又得为生计奔波和工人运动弱小的情况下，出版马克思和恩格斯的著作所遭到的困难，是我们现在难以想象的。

魏德迈在努力出版马克思、恩格斯著作的同时，自己也写文章阐述马克思的学说。他在 1852 年 1 月 1 日的《体操报》上发表了《无产者专政》的文章。② 马克思在 1850 年写的《1848 年至 1850 年的法兰西阶级斗争》一文中首先明确提出无产阶级专政问题。他写道："这种社会主义就是宣布不断革命，就是无产阶级的阶级专政，这种专政是达到消灭一切阶级差别，达到消灭这些差别所产生的一切生产关系，达到消灭和这些生产关系相适应的一切

---

① David Herreshoff, *The Origins of American Marxism: From the Transcendentalists to De Leon*, New York: Wayne State University, 1967, p. 59.

② Hal Draper, "Joseph Weydemeyer's 'Dictatorship of the Proletariat'", *Labor History*, 1962, pp. 214-217.

社会关系，达到改变由这些社会关系产生出来的一切观念的必然的过渡阶段。"①魏德迈深刻地理解无产阶级专政是无产阶级革命的精髓，撰写了《无产者专政》的文章。这篇文章指出，只有无产阶级才能打破资产阶级统治，宣告无产阶级的统治。他针对魏特林的手工业空想社会主义言论，指出小资产阶级处于崩溃的边缘，工匠企图重建他们的行业，解散大工业，使社会变成大的工匠协会是一种幻想。推翻资产阶级的统治，不是为了回到中世纪去，或是分享资本，或破坏机器，而是使社会上的所有人能从工业发展中得到好处。他在文章中还驳斥了所谓无产阶级政权会破坏经济和文化的无耻责难，指出无产阶级的统治与破坏文化艺术的野蛮主义毫无共同之处。相反地，无产阶级是唯一具有继承整个资产阶级遗产地位的阶级，因为无产阶级自己的幸福有赖于继续发展这种遗产。

魏德迈为了指导美国的工人运动和社会主义运动，非常注意研究美国经济和世界经济问题。他在《体操报》上发表了诸如《税率问题》《澳大利亚的棉花和美国的奴隶制》等文章，用马克思主义基本原理阐明美国的经济和政治事件，指出美国的棉花产业在世界市场上的垄断地位被打破之后，会促使美国全国性的发展。他说，南方的地方性倾向，其特殊性不再会起作用。那种认为美国人不像欧洲人那样受工业化影响的情况已一去不复返了，那种农业利益优于工业利益的情况同样将成为历史的陈迹。这些将促进美国政治中真正的全国性无产阶级政党的兴起。

魏德迈经常同马克思和恩格斯通信。马克思让魏德迈了解他的研究成果。比如，马克思在 1852 年 3 月 5 日的信中，阐明了他所认为的阶级、阶级斗争和无产阶级专政在历史上的作用的新结论："我的新贡献就是证明了下列几点：（一）阶级的存在，仅仅同生产发展的一定历史阶段相联系；（二）阶级斗争必然要导致无产阶级专政；（三）这个专政不过是达到消灭一切阶级和进入无阶级社会的过渡……"②马克思和恩格斯给魏德迈的信件不仅帮助他提高了马克思主义理论水平，也使他和其他马克思主义者在美国进行的思想上、政治上和理论上的斗争，同马克思、恩格斯领导的在国际范围内反对敌对社会主义派别的斗争紧密联系起来。

① 中共中央马克思恩格斯列宁斯大林著作编译局编译：《致〈新德意志报〉编辑的声明》，《马克思恩格斯全集》第 10 卷，北京：人民出版社，1998 年，第 449-450 页。

② 中共中央马克思恩格斯列宁斯大林著作编译局编译：《马克思致约·魏德迈》，《马克思恩格斯选集》第 4 卷，北京：人民出版社，1995 年，第 547 页。

第二节　同敌对的社会主义派别和阴谋集团的斗争

魏德迈在宣传科学社会主义的同时，同敌对的社会主义派别，如赫尔曼·克利盖的"真正的"社会主义和魏特林的手工业空想社会主义、海因岑对科学社会主义的攻击、金克尔的德国国家公债运动和维利希的阴谋集团展开了论战和斗争。而魏德迈在美国开展的这一斗争在实质上是马克思主义创始人马克思、恩格斯同敌对的社会主义派别论战和斗争的组成部分。

在 19 世纪 40 年代和 50 年代初，"真正的"社会主义者①克利盖和正义者同盟②的领导人、手工业空想社会主义者魏特林曾先后控制了德国移民工人运动。当时，德国移民工人运动在美国一些地方的工人运动中占据重要地位。德国移民工人许多原是技术工人，如细木工人、面包师、雕刻匠、室内装潢工人、镀金工人、印刷工匠、钢琴制造工匠等。他们移居美国后重操旧业，不久就在这些行业中居于优势地位。由于工厂主和工场主在政治上和经济上软弱，不可能实行"开放工厂制"（即招收非工会会员当工人），也没有大量的钱雇用打手来镇压工匠和工人，因此德国移民工人的工会比较稳固。

德国移民工人运动一开始就孤立于美国土生工人的运动之外，这是德国移民工人对土生工人采取宗派主义态度使然。典型的德国激进移民把自己看作美国文化上的优秀人。他们喜饮葡萄酒，厌恶禁酒主义者喝冷水的怪习惯。他们恪守欧洲大陆上礼拜日休息的习惯，不喜欢严守安息日主义（即不准在星期日工作和娱乐）的当地美国人。他们蔑视 19 世纪中期美国人的宗教狂热，自认是纯粹的民主派。

---

①"真正的"社会主义者是德国小市民，即小资产阶级利益的代表，其力图在生产中保留宗法小资产阶级关系，并反对势必破坏这种关系的资本主义在德国的发展。"真正的"社会主义者打着社会主义旗号，但害怕阶级斗争，企图用所谓普遍和平、博爱和人道主义的美丽的、虚伪的词汇，来代替革命的阶级斗争，企图用超阶级的"博爱"和"人道主义"来作为社会主义和共产主义的"最高统一"。马克思和恩格斯在《共产党宣言》、《德意志意识形态》第 2 卷《对各式各样先知所代表的德国社会主义的批判》中对"真正的"社会主义进行了批判。列宁在指出"真正的"社会主义的实质时写道："它既不了解阶级斗争和政治自由的意义，也不会区分现时政治斗争中资产阶级这一阶层或那一阶层的作用。"（《列宁全集》第 10 卷，北京：人民出版社，1987 年，第 437 页）。

② 正义者同盟的前身是德国侨民在巴黎创立的流亡者同盟（小资产阶级民主共和主义者的密谋组织），后来，其中最激进的工人和手工业者于 1836 年重组了正义者同盟，它以空想的、平均的共产主义为指导思想，企图用密谋的手段和发动少数人起义的办法在德国建立"共产主义"。

　　克利盖原是正义者同盟的成员，1845 年 9 月其以正义者同盟的特使自居来到美国。他开始力图把原正义者同盟的成员组织成一个社会主义协会。但不久，他和德国移民工人感到通过乔治·亨利·埃文斯领导的土地改良运动，有更大的可能性来实现他的社会主义主张，便加入了土地改良运动。埃文斯的思想是托马斯·杰斐逊和托马斯·裴因民主思想的直接继承。他认为人人都有同等的天赋权利和分享一份土地的权利，正如分享空气和阳光一样。他主张从公共土地中免费分授给每个定居者一块自耕农田，规定每人占有土地的限额。自耕农不论是否出于耕作自食，其土地一律不得转让。由于立法控制着土地的分配，因此他主张通过选票箱来取得人们对土地的平等权利。他提出的口号是："为你自己有一个农庄而投票！"他主张土地改良，首先是为了解决工人的问题。他的理论原则是土地垄断是一切垄断之王，是一切巨大灾难的基本原因。他认为唯一能解决美国工人所面临问题的方法是恢复他们对土地的所有权。因此，他发动了土地改良运动，争取由立法规定给予每位公民一份他们应得的遗产——一份公共土地。他认为，土地改良可以从东部制造业地区疏散过剩工人。一旦东部地区工人减少，房租就会下跌，工人就可以保持较高的工资，改善劳动条件。他组织了全国改良协会，目的是征集选民，特别是工人的签字，选举他们信任的、支持土地改良的人进入国会。他认为，这些人"如果当选，会利用他们的地位，防止美国的公共土地进一步非法买卖，把土地拨给农庄，使真正的开垦者自由地、绝对地使用这种土地"[1]。

　　埃文斯的土地改良主张吸引了许多工人领袖。在全国改良协会第一届中央委员会的委员中就有 12 名机工。当时，支持土地改良的人很多，"1845 年，在美国有 2000 家大小报纸，而在 1850 年其中就有 600 家报纸支持土地改良"[2]。德国移民中也有许多人支持土地改良运动。诚然，许多工人并不希冀得到一块土地，即使他们想去西部，多数人也难以筹措足够的旅费和创立农场的资金。他们支持这一运动，是希望可以从中间接地得到好处。他们相信，土地改良运动可以把东部土地上的农民吸引到西部去，而不致涌入城镇成为工人的竞争者；也可以把一批一批来到美国的移民吸引到西部去，不致在东部滞留下来。他们认为，这有助于工人争取缩短工作日和提高工资。

---

　　① Joseph Rayback, *A History of American Labor*, New York: The Macmillan, 1966, p. 98.
　　② John R. Commons and Associates, *History of Labor in the United States*, Vol. I, New York: Oxford University Press, 1921, p. 532.

克利盖来到美国以后不久，一批德国移民的土地改良者由富裕的德国人带头，组成纽约德国人协会，成立了德国人改良协会，想与埃文斯的全国改良协会合作。德国移民工人有时召开会议讨论土地改良问题。克利盖应邀参加了会议，热烈鼓吹土地改良。在他们的第二次会议上，成立了社会改良协会，目的是在德国移民工人中开展土地改良运动。克利盖以"美国青年"为名，重新组织了他的正义者同盟，并把它作为社会改良协会的核心。1846 年1 月 5 日，他开始出版《人民论坛报》作为社会改良协会的机关报。当时，在密尔沃基、辛辛那提、波士顿、纽瓦克、费城、芝加哥和圣路易斯等地，德国移民工人也组织了土地改良协会。

克利盖在他的《人民论坛报》上宣传土地改良主张。他赞同埃文斯的民族改良派的计划，即每个农民不管来自哪一个国家，都可分得 160 英亩的美国土地供其耕种，维持生计。他认为，如果纽约城把长岛的 52000 英亩土地交出来，就会马上永远地消除纽约的一切贫穷、困苦和犯罪现象。他声称："这样，欧洲人自古以来的梦想就会实现。大洋的这边会给他们准备好土地，他们只要把这块土地拿来，并用自己的双手劳动使它肥沃起来，就可以在世界一切暴君面前自豪地声称'这就是我的小屋，而你们从来没有建造过'；这就是我的家园，它使你们的心充满羡慕。"[1]克利盖把土地改良称为"共产主义"，说成是共产主义运动最终的、最高的目的。克利盖把美国农民看作实现美好社会的代表。他认为，大多数美国农村的农民能起救世主的作用，农民是唯一"能适合于从蔚蓝色的天空中获得美好社会，并把它置于坚实的地球上"[2]的角色。与此同时，克利盖以德国共产主义代表自居，在《人民论坛报》上胡言乱语，把共产主义变成了关于爱的呓语，把共产主义描绘成某种充满爱而同利己主义相反的东西，并且把有世界历史意义的革命运动归纳为几个词，包括爱和恨，共产主义和利己主义，并把共产主义变成新的宗教。

克利盖在美国开展的宣传活动，成为马克思、恩格斯所发动的反对"真正的"社会主义的导火线。1846 年 5 月 11 日，马克思、恩格斯在布鲁塞尔通讯委员会的会议上，讨论了克利盖的活动。会议通过了马克思、恩格斯起草题为《反克利盖的通告》的决议和决议说明。马克思、恩格斯指出，克利

---

[1] David Herreshoff, *The Origins of American Marxism: From the Transcendentalists to De Leon*, New York: Wayne State University, 1967, p. 49.

[2] David Herreshoff, *The Origins of American Marxism: From the Transcendentalists to De Leon*, New York: Wayne State University, 1967, p. 50.

盖宣传的不是共产主义，只会败坏共产主义运动的声誉；如果工人接受克利盖在纽约以"共产主义"的名义所鼓吹的"荒诞的伤感主义梦呓，就会使他们的意志颓废"。他们以唯物主义的态度分析了美国土地改良运动的历史内容，承认美国改良主义运动的历史合理性，指出："虽然这个运动所力求达到的结果在目前会促进现代资产阶级社会工业制度的发展，但是，它既然是无产阶级运动的成果，是对一般土地私有制，特别是美国现存条件下对土地私有制举行的攻击，其结果必然会导向共产主义。"即承认这一运动是无产阶级共产主义运动的特殊初步形态。[1]这里马克思、恩格斯所说的意思是，这个土地改良运动可以促进美国资本主义的发展和资本主义国内市场的扩大，而一个国家的资本主义发展越迅速，工人阶级运动会兴起和发展得越快，对争取社会主义斗争就越具有重要意义。埃文斯的土地改良运动作用仅限于此。但是，克利盖不了解美国的具体社会特点，没有弄清土地改良运动小资产阶级农业改良的本质，而把土地改良运动这种"只有次要意义的运动形式夸大为全人类的事业。克利盖把这件事说成一切运动的最终最高目的（虽然他知道这是违反真实的），从而把运动的特定目标变成十分荒唐的胡说"[2]。马克思、恩格斯指出，克利盖及其同道者的观点不是反映信仰共产主义工人的愿望，而是反映破产小店主、师傅和无地农民的愿望，他们希望在美国重新成为小资产者和农民。因为土地改良运动的目标即使实现也不是共产主义，只能把一切人变成私有者。农民得到的土地并不是不可让与的，土地会卷入商业周转，不会打击大土地投机者，而会扩大资本主义发展的基地。因此，克利盖及其同道者把土地平分称为"共产主义"是极为荒谬的。

1846 年 5 月 11 日的通讯委员会会议通过了《反克利盖的通告》，当时只有魏特林一人投票反对。他认为克利盖创办的《人民论坛报》是"完全适合美国情况的共产主义刊物"。他于 1846 年 5 月 16 日写信给克利盖，攻击诽谤马克思和恩格斯，与"真正的"社会主义者克利盖合流，同马克思和恩格斯彻底决裂。当时，魏德迈尚未来美国，在布鲁塞尔参加了对克利盖在美国活动的批判。这为魏德迈不久后来美国，亲自批判活跃在德国移民中敌对的社会主义派别作了准备。

---

① 中共中央马克思恩格斯列宁斯大林著作编译局编译：《马克思论美国的"土地平分"》，《列宁全集》第 10 卷，北京：人民出版社，1987 年，第 55 页。

② 中共中央马克思恩格斯列宁斯大林著作编译局编译：《马克思论美国的"土地平分"》，《列宁全集》第 10 卷，北京：人民出版社，1987 年，第 54 页。

恩格斯后来在于 1885 年 10 月写的《关于共产主义同盟的历史》一文中回忆说，《反克利盖的通告》"立即发生了作用，克利盖从'同盟'舞台上消失了"①。后来，克利盖曾返回德国参加 1848 年革命。在革命失败后，他再次来美国，并于 1851 年去世。

魏特林在思想上同马克思、恩格斯决裂后，于 1846 年 5 月离开布鲁塞尔去德国，1846 年 12 月来到美国，"想在那里完成他预言家的使命"②。1850 年，魏特林掌握了德国移民工人运动和社会主义运动的领导权。

魏特林曾是世界上第一个无产阶级政党共产主义者同盟的前身——正义者同盟的领导人之一。他是手工业空想社会主义者。他的观点基础是从 18 世纪空想社会主义者，首先是从巴贝夫的观点中吸取来的粗俗平均社会主义思想，并适应 19 世纪 30 年代到 40 年代以手工业为基础的德国这个手工业国家手工业无产者的需要，提出手工业工人的空想社会主义。他比英法空想社会主义者前进一步，承认雇主和雇工之间的阶级差别，提出无产者不能仰仗资产者的帮助，必须自己为推翻可憎的制度和建立新社会而斗争。但他认为，争取社会主义制度的优秀战士不是产业无产阶级，而是流氓无产者，甚至窃贼和盗匪，即现代社会中最贫穷和铤而走险的阶层。他"本身还不是真正的无产者，而不过是刚刚向现代无产阶级转变的、附属于小资产阶级的一部分人，还没有同资产阶级即大资本处于直接对立的地位"③。他不了解无产阶级受剥削的真正根源，不了解无产阶级的历史使命和无产阶级解放的历史条件，而只是从自由平等和正义出发，批判旧社会制度，要求全体人类绝对自由和平等，实行财产共有。同时，魏特林的社会主义思想是从早期基督教思想中推论出来的，他认为"一切民主观念都是由基督产生"，基督原则"是共产主义的至善尽美状态的前提"④，"他把共产主义归结为早期基督教"⑤。

---

① 中共中央马克思恩格斯列宁斯大林著作编译局编译：《恩格斯：关于共产主义者同盟的历史》，《马克思恩格斯选集》第 4 卷，北京：人民出版社，1995 年，第 198 页。

② 中共中央马克思恩格斯列宁斯大林著作编译局编译：《恩格斯：关于共产主义者同盟的历史》，《马克思恩格斯选集》第 4 卷，北京：人民出版社，1995 年，第 198 页。

③ 中共中央马克思恩格斯列宁斯大林著作编译局编译：《恩格斯：关于共产主义者同盟的历史》，《马克思恩格斯选集》第 4 卷，北京：人民出版社，1995 年，第 196 页。

④ Wilhelm Weitling, *Das Evangelium des Armen Sünders*, Hamburg: University of Hamburg Press, 1971, pp. 17-21.

⑤ 中共中央马克思恩格斯列宁斯大林著作编译局编译：《关于共产主义者盟的历史》，《马克思恩格斯选集》第 4 卷，北京：人民出版社，1972 年，第 195 页。

1846 年 3 月 10 日，布鲁塞尔共产主义通讯委员会在马克思家里讨论组织共产主义宣传问题。在这次会议上，魏特林同马克思、恩格斯发生了直接冲突。马克思批判了他的手工业空想社会主义。1847 年 1 月，正义者同盟的领导人邀请马克思、恩格斯加入同盟，帮助改组同盟和草拟同盟纲领。1847 年 6 月，他们在伦敦召开了正义者同盟大会，建立了共产主义者同盟，公开抛弃了魏特林的主张，通过了把魏特林开除出同盟的决议。

魏特林没有接受马克思、恩格斯对他的批判，坚持自己的错误。他接受了在美国的德国移民中土地改良派的邀请，于 1846 年 12 月到达美国，拟负责编辑《人民论坛报》。但他抵美后《人民论坛报》停刊。不久，他返回德国参加 1848 年革命。革命失败后，他于 1849 年 5 月再次来到美国。1850 年 1 月，他创办了《工人共和国》杂志，目的是在德国移民工人中宣传他的主张。这份杂志在德国移民工人中产生了广泛的影响，使他攫取了德国移民工人运动的领导权。在他的领导下，1850 年 4 月，"联合的各行业中央委员会"在纽约成立，委员会由面包工人、鞋匠、家具工人、成衣匠、室内装修工人、雕刻工匠、技工、制帽工人和毛皮工人等德国移民工人组织的代表组成，会员有 2000—2500 人。

魏特林在美国把他的空想社会主义结合美国的情况，设计了一种"劳动交换银行"计划。他认为，现存的货币制度一方面使富人和有权势的人财产不断增加，另一方面加深了劳动者的贫困和灾难。魏特林把劳动交换银行作为解除工人困苦的唯一手段。他认为，"交换银行是一切改良的灵魂，是一切合作社的基础。现行货币制度造成和增加了我们所蒙受的一切社会弊病，交换银行则代替作为新的货币制度。它是反对骗人的货币制度的强大武器"[①]。劳动交换银行是魏特林用以改造资本主义社会和建设社会主义社会的方案。在劳动交换银行中，每个生产者可以将其产品存入中心仓库，并换得同等价值的票据，凭此票据可以按票面价值在这个银行的商店里按成本购买一切商品。他也提出了以合作社工业作为劳动交换银行的补充。魏特林认为这一计划有几点好处：第一，工人的产品有一个稳定的市场，这样可以消灭失业及其伴随的弊病；第二，过去由中间商人所攫取的利润，现在可以归生产者所有；第三，当所有生产者成为银行的成员时，他们就成为唯一控制市场的力量，

---

① John R. Commons and Associates, *History of Labor in the United States*, Vol. I , New York: Oxford University Press, 1921, pp. 513-514.

就能制定他们的生产计划，从而能平衡供求关系；第四，交换的集中将大大缩小开支，因而可以免除现行商业制度下所需要的众多商业机构。魏特林在美国已放弃了通过暴力推翻现行社会制度的思想，他相信在美国可以通过这种经济改良来消灭商业资本家的垄断，可以使工人得到解放。魏特林的计划得到一些德国移民工人组织的赞同，甚至在土生的美国工人和农民中也有不少人支持这一计划。

1850 年 10 月 22 日至 28 日，德国移民工人第一次全国代表大会在费城召开。魏特林是这次大会的领导人。大会成立了德裔美国工人总同盟，通过了魏特林关于劳动交换银行的方案和成立共产主义居住区的决议。

魏特林的劳动交换银行空想计划在美国并未实现，他的信徒在艾奥瓦州创立的康缪尼亚居住区也遭失败。但是，他的思想并没有在美国工人运动和社会主义运动中消失。这是因为 19 世纪 50 年代的美国是一个手工业和农业仍占优势的国家，手工工匠和工人容易对魏特林反映手工业者世界观的空想社会主义产生共鸣。魏德迈来到美国以后，为肃清魏特林的思想影响，对其进行了理论上的批判。

魏德迈在 1853 年发表的《经济学概论》中，向工人们说明经济和政治发展的相互关系，并指出对社会发展条件缺乏理解是近几年来工人运动失败的主要原因，而这首先是魏特林的罪过。魏德迈引用恩格斯《英国工人阶级状况》中的重要例证，说明了机器的采用所引起的社会变化，详细地论述了缝纫业工人的境况，以批判那种在资本主义工业生产背景下手工业工人的幻想。魏德迈的论断直接以美国资本主义的发展事实为依据，指出了工业发展和产业工人人数的增长，不容许有魏特林思想的手工业者的幻想。魏德迈在 1853 年 5 月号《改革》报上指出经济与政治决不能分割开。针对魏特林宣扬政客们总是要出卖工人而否定工人参加政治斗争的说法，魏德迈认为工人必须积极参加政治运动，但这种政治运动不同于一般政客们所搞的政治运动。工人阶级必须要领导人民中的其他阶层来进行经济和政治改革方面的斗争。他强调，工人阶级是一切一般的或特殊的改革运动所必需的基石。魏德迈运用历史唯物论的原理分析美国经济和政治问题，并阐明了由此产生的美国工人运动的任务，正确地批判了魏特林的手工业者空想社会主义。

魏德迈来美国以后不久也对卡尔·海因岑攻击共产主义的谰言进行了驳斥。海因岑是德国的激进派政论家、小资产阶级民主主义者。他早在 1848 年革命以前就对共产主义进行过攻击，而且"过去任何一个党派的非难从没有像海因岑现在对共产主义者的非难这样荒唐、这样庸俗"[1]。恩格斯于 1847年 9 月写的《共产主义者和卡尔·海因岑》、马克思于 1847 年 10 月底写的《道德化的批评和批评化的道德》就海因岑对共产主义的攻击进行了有力的驳斥。海因岑在参加 1849 年巴登—普法尔茨起义后,先后流亡到瑞士和英国,1850年秋迁居美国。他在美国掀起了针对马克思、恩格斯和共产主义的反对浪潮。他宣传只有君主才是一切灾祸的根源,而把阶级斗争说成是"共产主义无聊的捏造",并嘲笑为"玩弄阶级"。魏德迈奋起对海因岑进行了反击。他于 1852初在德文报纸《纽约民主主义者报》上发表了驳斥海因岑的文章。1852 年 3月 5 日,马克思在给魏德迈的信中赞扬了他的文章:"你驳斥海因岑的文章写得很好——它写得既泼辣又细腻,把两者巧妙地结合起来,称得上名副其实的论战。"[2]马克思、恩格斯在 1852 年 5—6 月合写的《流亡中的大人物》中对海因岑等人进行了揭露。同年,马克思的著作《路易·波拿巴的雾月十八日》在美国出版时,魏德迈在给该书写的序言中也驳斥了海因岑对马克思的攻击。

魏德迈对哥特弗利德·金克尔为首的一伙人在美国发动的所谓"革命"借债运动也进行了坚决的斗争。金克尔是德国的小资产阶级民主派,在参加1849 年巴登—普法尔茨起义中受伤被俘,被普鲁士法庭判为无期徒刑。他在向普鲁士政府哀求饶恕、公开表示拥护普鲁士君主制以后被释放,暴露了他这个小资产阶级民主派的叛徒嘴脸。但是,"'暴君'的胜利却挽救了他们,把他们扔到了国外,使他们变成了受难者和圣徒。反革命挽救了他们"[3]。

金克尔流亡到美国以后,发动了称为"德国国家公债"的革命借债运动,企图靠外国的钱和力量在德国制造革命。移居美国的许多德国人不了解 1848年革命失败的原因,盲目地支持了小资产阶级民主派的革命借债运动。

马克思曾向魏德迈建议,对鼓吹德国公债运动的金克尔集团活动进行调查,以便揭穿他们的阴谋诡计。1852 年 3 月 1 日,魏德迈在《体操报》上开始发表关于《流亡者中的革命鼓动》的一组文章。他指出,几个月来,前所

---

[1] 中共中央马克思恩格斯列宁斯大林著作编译局编译:《共产主义者和卡尔·海因岑》,《马克思恩格斯全集》第 4 卷,北京:人民出版社,1958 年,第 297 页。

[2] 中共中央马克思恩格斯列宁斯大林著作编译局编译:《马克思致约瑟夫·魏德迈(1852 年 3 月 5日)》,《马克思恩格斯全集》第 49 卷,北京:人民出版社,2016 年,第 75 页。

[3] 中共中央马克思恩格斯列宁斯大林著作编译局编译:《流亡中的大人物》,《马克思恩格斯全集》第 11 卷,北京:人民出版社,1995 年,第 318 页。

未有的革命鼓动席卷新大陆，从各地募集流亡者的钱也不知是援助匈牙利革命，还是援助德国革命，或者仅仅是为了重新唤起这些革命。他揭露了德国公债运动的本质，指出这些人大吵大嚷的目的只有一个，就是得到一笔钱，靠这笔钱来"制造"革命。他说："革命不是'制造'出来的，相反地，革命是由个人不能控制的形势出现而造成的。如果欧洲各国人民的命运可以靠募集微不足道的少许美元来解决的话，对他们来说就糟了。"①金克尔之流有组织的宣传，只能起到把进行这种宣传的政党在政治上的无能公之于众的作用。金克尔一伙的德国公债运动也造成了德国移民工人运动的分裂。为了让在美国的德国流亡者了解1848—1849年革命的教训，魏德迈曾发表了马克思写的《路易·波拿巴雾月十八日》，并努力把恩格斯在《纽约论坛报》上发表的《德国的革命和反革命》译成德文，以小册子的形式发表。金克尔一伙掀起的"革命"借债运动在受到魏德迈等马克思主义者的批判以后，为时不长，到1852年底就烟消云散了。1852年12月，魏德迈在《体操报》上发表《国家公债的破产》的文章指出，几个月前，他预言了这些充斥在新大陆上小资产阶级鼓动家的可悲命运，很快这件事被证实了。他告诫工人说："但愿国家公债运动的遭遇至少使工人们能吸收有益于未来的教训，以免他们微薄的财产今后再遭到类似的浪费。无产者们，你们要力争你们革命的胜利，要在自己组织的行列里战斗，不要同只想剥削你们的其他阶级妥协。"②

魏德迈等马克思主义者在美国开展对敌对社会主义派别和小资产阶级民主派的斗争，在伦敦博得了一致的赞扬。1852年3月24日，在共产主义者同盟伦敦区部的每周例会上，马克思报告了有关魏德迈和克路斯两人在美国活动的情况，特别是驳斥了海因岑和金克尔的情况。与会者一致赞扬了这些马克思主义者富于成效的、坚韧不拔的工作。

1852年10—11月，在德国发生的科伦共产党人案件中，魏德迈始终站在马克思、恩格斯一边，并对流亡在美国的维利希集团阴谋活动进行了揭露。在1848—1849年革命失败以后，马克思、恩格斯在得出了"革命在最近不会发生"的结论以后，为共产主义者同盟制定了用科学社会主义精神教育群众，为未来的革命积聚力量的策略，以适应新的形势。马克思、恩格斯的新策略

---

① David Herreshoff, *The Origins of American Marxism: From the Transcendentalists to De Leon*, New York: Wayne State University, 1967, p. 61.

② Karl Obermann, "The Communist League: A Forerunner of the American Movement", *Science and Society*, 1966, pp. 202-203.

遭到了维利希、沙佩尔及他们在共产主义者同盟中的拥护者反对。维利希一伙的观点反映的是小资产阶级流亡者和还没有摆脱小资产阶级幻想的手工业无产者落后阶层的愿望，他们主张马上发动革命，导致了共产主义者同盟的分裂。科伦共产党人案件是历史上第一次对共产主义者的审判，是反动派第一次反对国际无产阶级和科学社会主义的阴谋。在美国的德国流亡者，包括不久前移居美国的维利希，再度掀起了反对马克思的浪潮。1853 年初，在美国的德文报刊上激烈地展开有关科伦共产党人案件的论战，实质上是马克思、恩格斯与维利希—沙佩尔集团之间由来已久的争论。魏德迈和克路斯奋起捍卫马克思，坚决反击在美国掀起对马克思的诽谤运动。他们利用《美文学杂志和纽约刑法报》，刊登从伦敦得到的有关科伦共产党人案件材料，使美国人民了解科伦共产党人案件进展的全部详情。其他美国的德文报纸也摘录转载了一部分《美文学杂志和纽约刑法报》的报道。这些通讯报道揭露了普鲁士政府迫害被告和他们朋友的阴谋诡计，同时也是对美国维利希集团反共产主义宣传的反击。

魏德迈和克路斯所著关于科伦共产党人案件文章的主要打击目标，是维利希及其对马克思和共产主义者的诽谤行径。魏德迈于 1853 年 1 月 15 日在《体操报》上发表的《秘密社团和共产党人案件》一文中，总结了案件的教训，并把维利希及其一伙称作"只想靠无产阶级飞黄腾达，而迫不及待地要把自己重新打扮成挥舞马刀的革命英雄冒险主义者"。他指出，共产主义者同维利希一伙的斗争对于美国工人运动和国际工人运动的发展具有重要的意义。他写道："在共产主义者没有实现其目的以前，在工人政党还没有宣告最后胜利和确保胜利以前，盟员即使遭到种种迫害和判决，同盟也将存在。维持党，使党存在下去，这对大洋此岸的工人，也像对大洋彼岸的无产阶级一样，有利害关系，因为无产阶级的利益，也只有无产阶级的利益，在各个国家都是一致的。"[①]

马克思于 1852 年 10 月至 12 月初写的《揭露科伦共产党人案件》[②]，详尽地阐明了科伦共产党人案件的问题。马克思不仅揭露了普鲁士反动派的卑鄙行径，而且论证和发展了科学社会主义的基本原理。在这篇文章的第六部

① Karl Obermann, "The Communist League: A Forerunner of the American Movement", *Science and Society,* 1966, pp. 207-208.

② 中共中央马克思恩格斯列宁斯大林著作编译局编译：《马克思恩格斯全集》第 8 卷，北京：人民出版社，1961 年，第 461-536 页。

分，揭露了维利希—沙佩尔集团在科伦案件审理期间的所作所为。

在科伦案件结束以后，沙佩尔承认了错误，但维利希在美国仍四处奔走，作报告，组织集会，处处把自己打扮成英雄。魏德迈和克路斯把有关维利希卑劣行径的材料寄往伦敦，使马克思得以在 1853 年秋写了批驳维利希的文章——《高尚意识的骑士》。[①] 在魏德迈的协助下，这个小册子于 1854 年 1 月在纽约发表。1853 年 11 月，魏德迈和克路斯在《美文学杂志和纽约刑法报》发表了驳斥维利希行径的长篇声明，不仅痛斥了维利希，迫使他沉默起来，而且正确地评价了马克思为工人阶级作出的杰出贡献。马克思的文章和魏德迈、克路斯的声明挫败了维利希在美国所策划的反马克思的诽谤攻击。魏德迈和克路斯对科伦案件中被判刑者及其家属还做了大量的援助工作。

马克思在科伦共产党人案件过了二十多年以后，即 1875 年，写的《揭露科伦共产党人案件》一书第二版跋中，指出了维利希—沙佩尔集团犯错误的原因：“对革命的暴力镇压给革命的参加者，尤其是给那些被迫离乡背井流亡在外的人的震动是那样大，甚至使那些坚强的人在一个较长的时期内也都失去了自制力。他们看不清历史的进程，不想了解，运动的形式已经改变。这就使他们在玩弄秘密阴谋和革命，从而使他们自己以及他们为之服务的事业，都同样声誉扫地；这就是促成了沙佩尔和维利希失策的原因。……在危急关头，轻举妄动会成为一种要求公开赎罪的反党罪行。”[②]

第三节　创立无产阶级政党的努力

魏德迈等马克思主义者在美国宣传科学社会主义，同敌对的社会主义派别和阴谋集团进行斗争的同时，积极为建立无产阶级政党做出了努力。

比魏德迈较早来到美国的共产主义者同盟盟员克路斯，在 1852 年 1 月 20 日给住在纽约的魏德迈的信中写道：“我愿同你谈谈在美国成立同盟组织

---

① 中共中央马克思恩格斯列宁斯大林著作编译局编译：《马克思恩格斯全集》第 8 卷，北京：人民出版社，1961 年，第 537-571 页。

② 中共中央马克思恩格斯列宁斯大林著作编译局编译：《〈揭露科伦共产党人案件〉一书第二版跋》，《马克思恩格斯全集》第 18 卷，北京：人民出版社，1964 年，第 625 页。

和组织我们的党。我迄今尚未得出明确的结论，但很重视这个问题。"[1] 1852年2月，克路斯同魏德迈第一次晤面时，同意在美国建立共产主义者同盟支部。1852年2月6日，魏德迈写信给伦敦的马克思："再者，看到这里的工人变得资产阶级化，足以使人发疯。为了控制工会，这里绝对需要成立同盟组织。因此，从速寄给我们一切必要的文件。遗憾的是，我这里一份也没有。" 1852年2月9日，魏德迈写信给恩格斯表达了同样的心情："我们在这里施加影响和控制工会的唯一办法，是把同盟组织移植到美国土地上。关于这个问题我和克路斯已在重要点上持相同看法。"[2] 经过一段时间的筹备，他们于1852年夏天成立了由五人组成的共产主义者同盟美国支部，这五人都是旅美的原同盟盟员。这是美国第一个马克思主义组织。但是，同盟支部要从工人中吸收新盟员很难。1852年5月18日，魏德迈写信给马克思，表示"这里不利于扩大我们的同盟。因此，我愿组成一个单独的团体，由社会改良协会的优秀会员组成。如果可能，就建立起一个名叫无产者同盟的组织。以后共产主义者同盟就从这个无产者同盟中吸收党员"[3]。1852年下半年，魏德迈在纽约组织了无产者同盟。1852年11月，根据马克思的建议，共产主义者同盟宣布自行解散，但共产主义者同盟美国支部没有解散，继续积极开展工作，因为推动弱小的美国社会主义运动和工人运动的发展，需要有一个坚强的马克思主义小组。后来，在费城也成立了一个共产主义者同盟支部。

　　魏德迈为了推动美国工人运动和社会主义运动的发展，提出了一个重要问题，即工人阶级必须有自己的斗争纲领。他在1852年11月15日《体操报》上发表题为《让工人也参加总统选举工作》的文章中指出，在民主党和辉格党以及小党的纲领中很少反映工人的要求，因此，要"建立他们自己的党，制定工人的纲领是必要的，再不能推迟了"[4]。1852年12月1日和15日，在《体操报》上魏德迈发表了题为《政治经济评述》的文章，通过对政治经济的分析，阐明了美国同世界市场的联系，以及工人对政治和经济问题应持

---

[1] Karl Obermann, "The Communist League: A Forerunner of the American Movement", *Science and Society*, 1966, p. 434.

[2] Karl Obermann, "The Communist League: A Forerunner of the American Movement", *Science and Society*, 1966, p. 434.

[3] Karl Obermann, "The Communist League: A Forerunner of the American Movement", *Science and Society*, 1966, p. 435.

[4] Karl Obermann, "The Communist League: A Forerunner of the American Movement", *Science and Society*, 1966, p. 440.

的态度。他指出，美国工人不能孤立地进行争取改善生活水平和政治权力的斗争，应该把他们的斗争同各国工人阶级的斗争联系起来。魏德迈的这些文章为在美国建立科学社会主义政党做了思想上的准备。无产者同盟也就工人问题进行了讨论。

随后，魏德迈发起无产者同盟和各行业的德国移民工人工会代表聚会，为建立一个大的工人组织成立了一个筹备委员会。1853 年 3 月 18 日的德文日报《纽约州时报》发表了呼吁书，呼吁在纽约城的技工大厅举行群众大会，"如果工人阶级不团结起来，就不可能实现其一切权利"，"只有所有行业团结起来，按照一个确定的计划开展活动，我们才可能消除一切使工人日益降低到牛马地位的各种罪恶现象"，"向大的工人组织迈进，这不仅是为了争取提高工资和实现政治改革而进行斗争，而且是为了制定能够使所有工人为了工人阶级的幸福而团结一致的纲领。起来，团结成像一个人一样。大家为一人，一人为大家"。3 月 21 日，约 800 名德国移民工人出席了大会，会上成立了美国工人同盟，这是一个半政党、半工会性质的组织。在魏德迈的积极参与下，筹备委员会制定了纲领草案，在指出社会主义目标的同时，强调了实现美国工人当时的政治和经济要求。这个纲领规定了美国工人同盟的任务是"组成一个坚强的独立政党来提出和实现工人的权力"，指出"工人夺取政权是解决一切社会和政治问题的手段"。①纲领宣称，所有的劳动者不论其职业、语言、肤色或性别，均有完全平等的权利加入美国工人同盟；一切工会组织，不论宗旨为政治性的、商业性的、慈善性的，或者仅仅是社交性质的，只要承认美国工人同盟的目标均可加入。纲领宣称，美国工人同盟独立于现有的一切政党。

魏德迈领导美国工人同盟的成立及其宣布的纲领，对推动纽约和其他城市土生的美国白人工人组织起来产生了一定的作用。1853 年 4 月在华盛顿，山姆·布里格斯领导成立了工人全国协会，并创办了英文报纸《工人全国辩护士报》。不幸的是，工人全国协会不久就夭折了。美国工人同盟虽存在了数年，但实际上德国移民工人把它看作工人的互助协会，它未能起到工人政党或中央工会的作用。尽管魏德迈竭尽全力给予其帮助，但成效甚微。魏德迈于 1853 年给恩格斯的信中说明了原因："在这里，工人运动还处于很低级的

---

① David Herreshoff, *The Origins of American Marxism: From the Transcendentalists to De Leon*, New York: Wayne State University, 1967, p. 63.

发展阶段。使工人们理解独立政党的必要性很不容易。但是，即将来临的危机势必加速和迫使在这里采取共同的行动。目前在提高工资方面几乎普遍获得了胜利，这在很大程度上妨碍了共同行动。"[1]魏德迈等马克思主义者尽管在发动工人方面遇到种种困难，但仍不断推动着美国工人同盟开展工作。他利用当时油漆工人反对削减工资的罢工斗争，敦促美国工人同盟中央委员会制定新的纲领，并亲自进行修改。1853年9月9日召开的美国工人同盟中央委员会非常会议讨论并通过了新纲领。纲领的序言写道："社会关系同共和国成立时已不相同了。大工业的建立和发展引起了新的革命。这个革命消灭了旧的阶级，特别是产生了我们这个阶级，即无产的工人阶级。新关系需要新的制度。只要工业只为资本服务，我们的状况必然日趋恶化。……当我们要靠我们的力量去改变事物发展的进程时，难道我们继续无动于衷地坐视我们的孩子过贫穷苦难的悲惨生活，遭受比我们更恶劣的命运吗？让我们来确保我们的幸福，让我们掌握政治权力。我们采取了改善我们状况的第一步，随后必然会采取其他步骤。"[2]新章程的第一段规定了美国工人同盟的任务："美国工人同盟努力把工人阶级组成一个紧密的、独立的党，以实现和确保工人的权利。"[3]

1853年10月11日，在纽约城的技工大厅召开了几百名工人出席的群众大会，讨论和通过了新纲领和章程。魏德迈在大会上发表了长篇演说，强调工人要联合成工人政党，认为当时的时机比任何时候都有利于建立工人党；分析了当时的国际经济局势，繁荣的贸易已开始进入衰退时期，欧洲即将爆发危机，势必波及美国；指出所有希望通过罢工来改善自己状况的人应认清，罢工取得的微小成果容易丧失，唯一出路是联合一切工人和建立工人政党；工人阶级单是通过工会斗争不可能取得持久的、决定性的胜利，必须把所有工人联合成为政党，共同进行政治斗争。

美国工人同盟在通过新纲领以后仍然没有取得多少进展。这个时期的德国移民工人和土生的美国工人也没有团结起来。其中的原因，一是美国产业

---

[1] Karl Obermann, "The Communist League: A Forerunner of the American Movement", *Science and Society*, 1966, p. 220.

[2] Hermann Schlüter, *Die Anfang der Deutschen Arbeitersbewegung in America*, Stuttgart: Stuttgart University Press, 1907, p. 142.

[3] Hermann Schlüter, *Die Anfang der Deutschen Arbeitersbewegung in America*, Stuttgart: Stuttgart University Press, 1907, p. 144.

工人阶级刚刚产生；二是统治阶级煽动起民族沙文主义和种族主义，分裂工人阶级，阻碍了工人阶级的团结。统治阶级煽动民族沙文主义，使土生的美国工人把他们经济上的不满情绪转向德国移民工人和爱尔兰移民工人（他们占移民的多数），利用土生的美国工人同德国移民工人和爱尔兰移民工人宗教信仰的不同，不断挑起争端和械斗。民族沙文主义情绪强烈的美国党，即无所知者党，在19世纪50年代对德国移民和爱尔兰移民进行袭击和烧杀。而德国移民的反教权主义和对爱尔兰移民的傲慢态度，引起这两个种族集团互相仇视，削弱了他们共同对无所知者党暴行的抵抗。统治阶级煽起的种族主义也阻挠了北方工人与南方"自由"黑人和黑奴的团结。

总的来说，虽然魏德迈等马克思主义者在19世纪50年代在美国开始传播科学社会主义，努力推动工人运动的发展和建立工人的政党，但科学社会主义在美国的传播是很有限的，其影响也是有限的。这主要是因为当时美国经济关系和阶级关系尚不成熟，还不具备无产阶级革命的条件。威廉·福斯特（曾任美共主席）在《美国共产党史》一书中说："在南北战争以前的十年间科学社会主义的学说传到了美国。这个学说所需要的客观条件，当时已经成熟。"他所指的客观条件是美国工业发展很快，工人阶级人数日益增多，阶级关系日趋尖锐。他还说："美国工人阶级经过两次严重的经济危机（指1837年和1851年的危机）以后，马克思主义在美国扎下了根。"[①]福斯特的这种看法和结论缺乏事实根据。马克思对这个问题的看法则是科学的、客观的。他指出，在北美合众国，"在那里，虽然已有阶级存在，但它们还没有完全固定下来，它们在不断的运动中不断更新自己的组成部分，并且彼此互换着自己的组成部分；在那里，现代的生产资料不仅不和经常的人口过剩的现象结合，反而弥补了头脑和人手的相对缺乏，最后，在那里，应该开辟新世界的物质生产所具有的狂热而充满青春活力的进展，没有给予人们时间或机会来结束旧的幽灵世界"[②]。马克思在于1852年3月5日致魏德迈的信中也指出："美国的资产阶级社会还很不成熟，没有把阶级斗争发展到显而易见和一目了然的地步。"[③]马克思、恩格斯也指出西部自由土地起缓解阶级矛盾的作用。他

---

① William Z. Foster, *History of the Communist Party of the United States*, New York: International Publisher, 1952, pp. 26-27.

② 马克思：《路易·波拿巴的雾月十八日》，北京：人民出版社，2015年，第18页。

③ 中共中央马克思恩格斯列宁斯大林著作编译局编译：《马克思致约瑟夫·魏德迈（1852年3月5日）》，《马克思恩格斯全集》第49卷，北京：人民出版社，2016年，第79页。

们在 1850 年 4 月写的《新莱茵报·政治经济评论》中说："在北美，阶级矛盾还没有获得充分的发展；阶级冲突每一次都由于过剩的无产阶级人口遣送到西方而得到平息。"① 关于魏德迈等人在美国对敌对社会主义派别的批判所取得的成效也不能做过高的估计。事实上，在内战后，魏特林的手工业者空想社会主义思想仍有影响。19 世纪 70 年代的全国劳工同盟和 80 年代的劳动骑士团改良工会主义思潮，仍然反映了手工业者等小生产者和小资产者的世界观。要消灭各种小生产者、小资产者的社会主义思想或社会改良思想，往往不单靠原则性的论战来解决，同时也需要随社会经济生活本身的发展而得到解决，需要事变过程本身把错误主张完全抛在一边，这无疑需要时间。

---

① 中共中央马克思恩格斯列宁斯大林著作编译局编译：《〈新莱茵报·政治经济评论〉第 4 期上发的书评》，《马克思恩格斯全集》第 7 卷，北京：人民出版社，1959 年，第 339 页。

第三章　旅美德国社会主义者在内战中的贡献

在 19 世纪 50 年代，因美国北方资产阶级与南方奴隶主之间的矛盾，两种制度即自由劳动制度与奴隶制度之间的斗争日益激烈。资产阶级与奴隶主在关税、国立银行、开发内地和兴建铁路等一系列问题上发生冲突。特别是随着向西部不断扩张，在建立自由州或蓄奴州的问题上，统治阶级内部的矛盾非常尖锐。北方资产阶级主张在新占领的西部领土上限制奴隶制的扩张，而南方奴隶主认为限制向西部扩大奴隶制就等于从经济上宣告奴隶制的灭亡。同时，南方奴隶主意识到，在西部领土上自由州数目的增多，也就等于削弱了他们在联邦政府中的权力。在奴隶主活动猖狂的形势下，反奴隶制的势力加速集合。1854 年，具有废奴主义色彩的共和党成立。在南北两种社会制度矛盾不断加剧的情况下，奴隶主与资产阶级的阶级矛盾进一步激化，最后导致南北内战。旅美德国社会主义者在反对奴隶制的斗争、推动共和党采取较激进的反奴隶制政策、支持林肯当选总统当中起了重要的作用。他们积极参加了反对奴隶制的战争，做出了杰出的贡献。

第一节　内战前旅美德国社会主义者
参加反对奴隶制的斗争

魏德迈等马克思主义者和移居美国的 1848 年革命分子协助建立起来的工会及创办的报纸，成为推动美国人民反对奴隶制和南方奴隶主猖狂活动的有效工具。1848 年欧洲革命失败后，旅居美国的许多德国流亡革命者就宣传废除奴隶制。他们之中不少人从人道主义角度宣传废奴主义。魏德迈等马克思主义者则认识到奴隶制的经济根源和废除奴隶制会促进美国的工人运动。他们通过阅读马克思、恩格斯撰写论述波兰、爱尔兰、意大利和欧洲其他被压迫民族及人民争取自由斗争的文章,通过与科学社会主义的缔造人马克思、恩格斯的通信,认识到废除美国奴隶制的重大意义。早在 1851 年 9 月 11 日,马克思在给魏德迈的信中,就批评了意大利资产阶级革命家马志尼的错误:"他忘记了:他应面向多少世纪以来一直深受压迫的那部分意大利人,即农民,他忘记了这一点,就是在为反革命准备新的后援。马志尼先生只知道城市以及城市中的自由派贵族和有教养的公民。意大利农村居民(他们同爱尔兰的农村居民一样,都遭到了敲骨吸髓的压榨,经常被弄得筋疲力尽、愚昧无知)的物质需要,对马志尼的世界主义的、新天主教的、痴心妄想的宣言里的那一套高谈阔论来说,当然是太卑下了。但毫无疑问,要向资产阶级和贵族说明:使意大利获得独立的第一步就是使农民得到完全的解放,并把他们的对分租佃制变为自由的资产阶级所有制。"[1]这无疑给魏德迈等旅居美国的马克思主义者反对奴隶制的斗争提供了思想武器。

在美国的德国马克思主义者、1848 年革命分子和北方土生美国工人中的先进分子及废奴主义者在 19 世纪 50 年代初期开展反对奴隶制的斗争时,1854年 1 月,美国国会通过了参议院地域建立委员会主席、北方民主党人斯蒂芬·道格拉斯秉承南方奴隶主意旨提出的《堪萨斯—内布拉斯加法》。这个法案规定新地域是否允许奴隶制存在,由当地多数居民决定,从而使奴隶主得到了法律保证,即承认奴隶制的区域是无限的。这一法案也阻止了工人和贫苦的农民移居这些地方。因此,该法案激起了整个北方人民的反对。魏德迈等马克思主义者和许多德国移民站在这一斗争的前列。1854 年 3 月 1 日,在纽约召开的美国工人同盟会议上,魏德迈谴责了这一法案,并提出了下列决议:

鉴于堪萨斯—内布拉斯加法案牺牲人民群众的利益,再次有利于资本主义和土地投机;

鉴于这个法案在未来的宅地法中让出或得不到广袤的地区;

鉴于这个法案批准进一步扩大奴隶制,我们曾抗议过,现在抗议,并且继续断然抗议白人和黑人奴隶制;

最后鉴于我们期望考虑和实现我们自己的幸福,而不受立法者、幕后操纵者和其他的御用者的支配;

---

[1] 中共中央马克思恩格斯列宁斯大林著作编译局编译:《马克思和恩格斯:书信》,《马克思恩格斯选集》第 4 卷,北京:人民出版社,1972 年,第 331-332 页。

　　我们决议：我们庄严抗议这一法案，并把支持这一法案的人看作背叛人民及其幸福的人。[①]

　　1856 年初，魏德迈为了养家糊口，举家离开纽约，迁居中西部的威斯康星州密尔沃基，后又移居芝加哥。魏德迈在密尔沃基和芝加哥居住期间，美国工人同盟一度活跃起来，并于 1857 年 11 月成立了工人总同盟。但不幸的是，工人总同盟的领导权为小资产阶级民主派所掌握；而且工人总同盟的报纸《工人》于 1858 年成为唯一一家主张把奴隶制扩大到墨西哥和中美洲的德文工人报纸。1857 年成立且已加入工人总同盟的芝加哥工人协会在魏德迈的协助下，开展了反对奴隶制的斗争。魏德迈一度担任芝加哥工人协会创办的报纸《人民呼声报》编辑，在报上揭露奴隶制的罪恶，进行反对奴隶制的鼓动工作。在这段时期里，魏德迈努力钻研美国经济问题。1859 年他在德文报《伊利诺伊州报》上发表了一些有关经济的论文。他分析了美国经济的发展，提示了北方工业资本家同南方奴隶主之间的长期斗争是反对奴隶制斗争的经济根源。他指出，南北的矛盾基于劳动形式的不同和南方的棉花仍在世界市场占有垄断地位。奴隶制排斥了工业的发展，反对奴隶制斗争的胜利将为自由劳动制度的发展开辟道路，将为工人阶级争取政治和社会权利的斗争提供更好的条件。中西部的德文报纸在反对奴隶制运动中起了重要作用。其中值得一提的是受到马克思主义影响的阿道夫·杜埃在得克萨斯州发行的废奴主义周刊《圣安多尼报》。

　　当时组织独立无产阶级政党的可能性遥遥无期，而美国政治舞台上各派政治势力正在重新组合，由于民主党受南方奴隶主及其北方的同盟者控制，辉格党对奴隶主采取妥协态度，因此，建立一个以废除奴隶制为己任的政党的时机已经成熟。《堪萨斯—内布拉斯加法》的通过引起的全国震动推动了共和党于 1854 年 2 月 28 日成立。旅美德国社会主义者和 1848 年革命分子支持共和党，并努力推动共和党采取较激进的反奴隶制政策。1856 年 2 月 22 日，在伊利诺伊州迪凯特召开了由 25 位反奴隶制的伊利诺伊州德文报纸编辑出席的会议。《伊利诺伊州报》编辑奥尔格·施奈德尔提出了一项反对反动的种族主义决议案。他指出，反对奴隶制的斗争只有以各种族享有平等的民主权利为出发点，才能获得成效。出席会议的阿伯拉罕·林肯极力主张通过这项

[①] Hermann Schlüter, *Lincoln, Labor and Slavery:A Chapter from the Social History of America*, New York；Hard Press, 1950, p. 76.

决议。这次会议对共和党纲领的制定起了重要作用。1857 年 5 月 29 日，伊利诺伊州第一次共和党代表大会在布隆明顿召开，施奈德尔代表德国移民参加了会议。代表大会通过了施奈德尔提出的决议。

魏德迈在土地问题上的看法并没有影响他对共和党的支持。魏德迈对 1854 年的宅地法曾持不同看法，认为工人们不能满足于分配到的土地，因为大部分小土地会重新落入大土地投机分子的掌握之中。他主张在国家的支持下，以劳工协会的形式联合起来，集体耕种这些土地，并把工业和农业结合起来，以便采用机器节约人力。1860 年，魏德迈在土地问题上改变了态度，认为废除奴隶制是当时政治生活中的中心问题，通过宅地法有利于争取废除奴隶制的斗争。芝加哥的工人协会同伊利诺伊州共和党和林肯保持着良好的关系。旅美德国社会主义者和德国移民工人推动共和党反奴隶制的斗争对林肯是有影响的。林肯在于 1859 年 5 月 17 日给《伊利诺伊州报》编辑卡尼西乌斯的信中写道："我在同情黑人被压迫状况方面稍有名气，如果我赞成剥夺白人（即使是诞生在不同的国土，讲与我不同语言的白人）现有权利的计划，我岂不是前后不一致了。"①

在 19 世纪 50 年代末期，共产主义俱乐部在推动德国移民工人开展反奴隶制的斗争方面起了一定的作用。当魏德迈等旅美德国社会主义者在中西部地区领导工人斗争和开展反对奴隶制的斗争的同时，在纽约的 1848 年革命分子为了加强对工人的教育和组织工作，由阿尔贝特·康姆普倡议，并同魏德迈进行了联系，于 1857 年 10 月 25 日在纽约成立了纽约共产主义俱乐部，弗里茨·卡姆任主席，康姆普任副主席，弗里德里希·阿道夫·左尔格是俱乐部的成员。纽约共产主义俱乐部当时尚没有以科学社会主义理论为指导，会章宣称："共产主义俱乐部不信任任何形式的宗教，不接受任何非直接感受的观点。"②会章要求全体会员"承认一切人的完全平等，不论其肤色或性别"，"竭力消灭资产阶级的财产制度……以一种合理的制度来代替它。在这种制度下，每个人有机会，而且尽可能按其需要，去享受世界上一切物质和精神上的幸福"。会章规定："本俱乐部将使用一切它认为合适的办法，包括私人谈话、群众会议与美国及欧洲的共产主义者保持通信联系以及依靠适当的报刊

---

① A. E. Zucker, *The Forty-Eighters*, New York: Columbia University Press, 1950, p. 132-133.

② David Herreshoff, *The Origins of American Marxism: From the Transcendentalists to De Leon*, New York: Wayne State University, 1967, p. 69.

或书籍的发行来宣传本俱乐部的目标。"[1] 共产主义俱乐部主张通往美好社会的途径并非通过阶级斗争，而是通过启蒙教育。左尔格在这个时候还没有接受马克思主义。纽约共产主义俱乐部主席卡姆于 1857 年 12 月给马克思寄去了共产主义俱乐部的会章，并写信告诉他，共产主义俱乐部已有 30 名成员，表示希望得到他的支持。共产主义俱乐部同魏德迈、伊利诺伊州瑞武的伊卡利亚移民区建立了联系。共产主义俱乐部作为一个教育协会同情工人，但在工人罢工和组织问题上没有起作用。俱乐部的大多数成员是小资产阶级激进派，而不是无产阶级革命派。他们在政治上反对奴隶制，大多数会员加入了共和党的激进派一翼。魏德迈在 1858 年 2 月 28 日给马克思的信中，希望马克思支持纽约共产主义俱乐部："康姆普建立的俱乐部想和你们的组织取得联系，请协助一下。据我所知，他们之中，说实话，革命者不多，但是康姆普本人是唯一一位在经济方面有学识的人。正如他给我写的那样，这些人充满了良好的愿望，因此，也可能干出点什么事来。"[2] 共产主义俱乐部在推动德国移民工人反对奴隶制方面做了不少工作。左尔格在他于 1890 年写的《美国工人运动》一书中说，在 19 世纪 50 年代，"工人阶级对奴隶制问题的态度是模棱两可的"[3]。他指出，由于在 1848 年以后爱尔兰移民大量增多，加剧了其同德国移民工人在工作上的竞争，使一些德国移民工人不关心奴隶制问题。而在 50 年代末期，共产主义俱乐部在纽约德国移民工人中宣传废奴主义，在推动德国移民工人积极投身于废除奴隶制的洪流方面起了一定的作用。

魏德迈和其他旅美德国社会主义者如阿道夫·杜埃，积极支持林肯当选总统。1860 年 5 月 14 日至 15 日，在芝加哥的"德国人之家"举行了各个德国移民组织和共和党人俱乐部的代表会议。会议由 1848 年革命分子领导，魏德迈和杜埃出席了会议。魏德迈代表芝加哥工人协会出席。魏德迈和杜埃在会议上起了重要作用。大会指定杜埃和另一名代表起草决议。这次代表大会的决议宣称：（一）我们坚决遵循共和党于 1856 年在费城制定的纲领原则，希望这些原则在非常敌视奴隶制的意义上加以应用；（二）我们要求在国内和

---

① Philip S. Foner, *History of the Labor Movement in the United States, Vol.1: From Colonial Times to the Founding of the American Federation of Labor*, New York: International Publishers, 1947, p. 233.

② Karl Obermann, "The Communist League: A Forerunner of the American Movement", *Science and Society*, 1966, p. 249.

③ Friedrich A. Sorge, *Labor Movement in the United States: A History of the American Working Class from Colonial Times to 1890*, Westport: Greenwood Press, 1977, p. 80.

国外充分地和有效地保护所有阶级公民的一切权利,而不论其原籍;(三)我们赞成由国会立即通过宅地法,使联邦的公共土地成为人民的宅地,反对投机者的贪得无厌;(四)要求堪萨斯地域成为没有奴隶制的州;(五)保证支持坚持这一纲领和不反对 1858 年共和党纲领的人当总统和副总统。大会要求代表在共和党全国代表大会上坚决主张废除奴隶制和保障国内各种族平等的民主权利。后来,共和党全国代表大会采纳了这一决议的第二点和第三点,并提名林肯为总统候选人。魏德迈积极参加工人集会,发表演说,鼓励工人选举林肯。魏德迈于 1860 年举家迁回纽约,每天晚上同纽约共产主义俱乐部的成员一起,在工人会议上为争取林肯当选总统进行鼓动。同魏德迈一直保持联系的芝加哥工人协会也积极参加了支持林肯的竞选活动。林肯最终获胜。旅美德国社会主义者和 1848 年革命分子全力动员德国移民,特别是德国移民工人支持林肯,对林肯的竞选成功起了一定的作用。

第二节　旅美德国社会主义者在内战中为废除奴隶制战斗

林肯当选总统时,南方奴隶主控制的各州先后宣布脱离联邦并挑起内战。林肯在这一关键时刻,领导了维护统一、反对分裂、摧毁奴隶制的战争。南北战争是美国历史上的"第二次革命",割除了美国资本主义发展的赘瘤——奴隶制。

当时,魏德迈等旅美德国社会主义者和其他有远见的人们认识到,废除奴隶制是消灭妨碍美国资本主义广泛、自由、迅速发展所需要的,对工人阶级是有利的。对工人阶级来说,资产阶级革命进行得愈充分、愈坚决、愈彻底,无产阶级反对资产阶级、争取社会主义的斗争就愈有保证。要摧毁南方的奴隶制政权、废除奴隶制,必须组织强大的军事力量。对于内战,许多工厂工人和没有组织工会的非熟练工人持不关心的态度。熟练工人和工匠,如成衣工人、鞋匠、木匠和铁匠等组织起来的行业工会工人态度也不尽相同,有的谴责奴隶制,有的则反对废奴主义。1861 年 2 月在费城召开的工会全国大会通过了决议,支持北方进行的正义战争;而在波士顿召开的工人群众大会却通过决议反对废奴主义。旅美德国社会主义者和一些有远见的工人领袖开展了教育和动员工作,推动了许多工会的工人走上前线。

内战开始后不久，许多旅美德国社会主义者和德国移民勇敢地参加了联邦军。魏德迈由于过去担任过普鲁士炮兵军官和土地丈量员，参军后在西部军团总司令约翰·弗里芒特麾下担任炮兵上尉。1861 年 11 月，弗里芒特被免除职务后，魏德迈担任中校。1862 年，他指挥密苏里志愿军的炮兵团，在密苏里南部与叛乱分子作战，保卫了密苏里。魏德迈还转战阿肯色、肯塔基和田纳西等州。马克思在于 1861 年 10 月 29 日给恩格斯的信中曾指出保卫密苏里等边疆州对北部作战胜利所具有的重要性："整个斗争又是以各边界州为转移的。谁掌握这些州，谁就能统治联邦。"① 这说明了魏德迈在内战中的杰出贡献。1863 年他调往圣路易斯的驻防军，后一度离开部队。1864 年 9 月，魏德迈再度加入联邦军，担任密苏里志愿军第 41 步兵团的上校团长。奥古斯特·维利希在内战爆发后也参加了联邦军，很快晋升为中尉和上校，1862 年他被任命为陆军准将。马克思后来说他"在北美内战中证明，他比一个纯粹的幻想家要好一些"②。共产主义俱乐部送出一半以上的会员参加联邦军。这一俱乐部的成员罗伯特·罗萨在纽约第 45 团服役，晋升为少校。共产主义俱乐部年轻的弗里茨·雅科比在参加联邦军后提升为中尉，在弗雷德里克斯堡战役中牺牲。博伊斯特医生、阿洛伊斯·提耳巴赫以及许多社会主义者都参加了德侨志愿军，为联邦军作战。当时在一定程度上同情社会主义（其中包括科学社会主义）运动的德国移民体育协会，也派遣了一半以上的成员参加联邦军。

马克思自南北内战开始起，就深刻地指出了南北战争的性质，"当前南部与北部之间的斗争不是别的，而是两种社会制度即奴隶制与自由劳动制度之间的斗争。这个斗争之所以爆发，是因为这两种制度再也不能在北美大陆上一起和平共处。它只能以其中一个制度的胜利而结束"③。战争开始以后，林肯政府竭力设法在宪法范围内解决奴隶制问题，不敢接触奴隶制的实质问题，唯恐边界州脱离联邦倒向南部同盟。这种想法妨碍了他们在奴隶问题上采取坚决果敢的步骤，对战争的发展极为不利。马克思提出了正确的路线："简单

① 中共中央马克思恩格斯列宁斯大林著作编译局编译：《马克思致恩格斯（1862 年 10 月 29 日）》，《马克思恩格斯全集》第 30 卷，北京：人民出版社，1975 年，第 290 页。

② 中共中央马克思恩格斯列宁斯大林著作编译局编译：《〈揭露科伦共产党人案件〉一书第二版跋》，《马克思恩格斯全集》第 18 卷，北京：人民出版社，1964 年，第 625 页。

③ 中共中央马克思恩格斯列宁斯大林著作编译局编译：《美国内战》，《马克思恩格斯全集》第 15 卷，北京：人民出版社，1963 年，第 365 页。

地说，或认为这种战争必须按照革命的方法进行，而北方佬至今却一直试图按照宪法进行。"[1]他批评北方资产阶级对南方奴隶主的妥协，号召武装黑人奴隶，提出"只要有一个由黑人组成的团就会使南部大伤脑筋"[2]。在马克思的领导下，1864 年 9 月成立的第一国际常务委员会曾在伦敦组织了一连串的工人大会，以抗议英国政府对美国联邦政府所采取的敌对政策，有力地支援了林肯领导的正义战争，也鼓舞了美国的社会主义者和美国人民战胜南方奴隶主政权的士气。

魏德迈等社会主义者从内战一开始就提出了坚决的口号：解放奴隶，武装奴隶，没收奴隶主的田产，把土地分给无地的黑人和白人。这一正确的路线使南北内战这一资产阶级民主革命得以彻底进行，使这个革命不只是局限在有利于资产阶级的范围，还要保证工人阶级、黑人和农民在这一革命中获得利益。魏德迈等社会主义者在参军作战的同时，也在维护共和党的团结和推动林肯政府下决心解放奴隶方面起了一定的作用。比如，激进共和党人弗里芒特反对林肯与仍忠于联邦的奴隶主妥协，林肯派与弗里芒特派的关系紧张。如果林肯派和弗里芒特派分裂，对共和党参加 1864 年的大选和争取战争的胜利都将不利。魏德迈虽然同弗里芒特关系亲密，但主张弗里芒特与林肯避免分裂，并做了不少工作。1864 年 9 月 22 日，弗里芒特为保持共和党的统一，宣布放弃当总统候选人。魏德迈从全局考虑问题，也符合工人阶级的长远利益。

在内战期间，由于社会主义运动的力量弱小，社会主义者没有能有效地领导工人的斗争。林肯政府因缺乏足够的志愿军，颁布了义务兵役法，规定支付 300 美元罚款就可以免除兵役。对于富家子弟来说，支付这笔罚款并非难事，但这对于工人和贫苦农民来说，则无疑是很大的一笔款项。在一些地方，工人和农民反对这一不公正的法律举行了暴动，遭到林肯政府的武力镇压。施留特尔描述了纽约城的暴动遭到镇压的经过：一开始，警察使用警棍无情地袭击暴动群众，随后则将汉密尔顿堡、西点和其他郊区的驻军召来镇压。荷枪实弹的士兵向群众开枪，用炸弹驱散群众。警察和士兵虽然接到逮捕暴动者的命令，但却仍用警棍猛击群众，枪杀群众。士兵们盲目射击，竟

① 中共中央马克思恩格斯列宁斯大林著作编译局编译：《恩格斯致马克思（1862 年 8 月 8 日）》，《马克思恩格斯全集》第 30 卷，北京：人民出版社，1975 年，第 273 页。

② 中共中央马克思恩格斯列宁斯大林著作编译局编译：《恩格斯致马克思（1862 年 8 月 8 日）》，《马克思恩格斯全集》第 30 卷，北京：人民出版社，1975 年，第 272 页。

然误伤了警察。这种镇压从星期一延续到星期五。有 50 栋建筑物被焚烧，损失的财产估计达 120 万美元。被警察和士兵枪杀的群众人数按不同的估计约为 400 人或 500 人至 1200 人，因为死者尸体被他们的亲属取走，所以很难确定实际数字。[①]同样地，林肯政府对工人罢工或抗议物价上涨的斗争也采取了武力镇压的措施，罢工工人被当作叛徒治罪。纽约和马萨诸塞州的立法机构竟企图把工会说成是非法组织，只是慑于工人的强烈抗议，才没有通过这样的法律。工人和农民群众对林肯政府与边界州奴隶主的妥协，无视人民群众立即解放黑奴的要求也非常不满。1861 年底《辛辛那提新闻报》给财政部部长的信中写道："政府知道西部正在酝酿着革命吗？假如你能和民众在一起，目击当时的骚动；假如你能看到一向稳重的人民把总统肖像从墙上扯下，放在脚下践踏；假如你能在今天听到小阶层民众的呼声，你一定会感到……惭愧。"[②]如果不是工人考虑大敌当前，对政府的政策采取节制态度，否则一定会酿成大的动乱。威廉·西尔维斯（铸铁工人工会领袖）的态度具有代表性。他说："让那些践踏这个国家劳动人民权利的人了解，我希望向全国，特别向当权的人指出，我们接近了使我们颇为伤心的境地。在平时，冲突会是不可避免的。而现在只是人民的爱国主义和他们不希望为难政府，才避免了冲突。"[③]

　　1862 年 9 月 22 日，林肯颁布了解放奴隶的宣言。这一宣言是南北战争的转折点，使战争发展成为一个实现奴隶解放的战争。当战争形势稍微好转，林肯即下令开始寻求与奴隶主妥协，并在不损害他们利益的前提下重建南部。1863 年 12 月 8 日，政府发布了大赦和重建宣言，规定除南方同盟政府和军队中高级官员以及联邦政府中弃职投敌者外，南方同盟人民都可得到大赦；只要有 1860 年选民的 10% 宣誓效忠，即可重建新的州政府。解放后的黑奴虽然成了自由民，但他们并没有从林肯手中得到公民权，也没有获得土地。随着战争形势好转，林肯对南方同盟采取了一系列的和解步骤。他急于使叛乱州回到联邦，甚至认为不必对南方进行任何重大的改变。重建是内战的继续，是资产阶级民主革命的深入。但林肯并不希望发生一次社会革命，只希

① Hermann Schlüter, *Lincoln, Labor and Slavery:A Chapter from the Social History of America*, New York: Hard Press, 1950, pp. 206-207.

② Louis M. Hacker, *Triumph of American Capitalism*, New York: Simon and Schuster, 1940, p. 1281.

③ Hermann Schlüter, *Die Anfang der Deutschen Arbeitersbewegung in America*, Stuttgart: Stuttgart University Press, 1907, p. 223.

望废除奴隶制，原封不动地使南方同盟各州返回联邦。林肯逝世后，继任的安德鲁·约翰逊在重建问题上宽容奴隶主，拒绝给予黑人公民权和土地。一般说来，资产阶级不可能实行彻底的民主主义。对资产阶级有利的是在资产阶级民主方面必需的种种改革进行得比较缓慢、渐进、谨慎和不坚定，用改良的办法，而不用革命的方法。但对于工人阶级来说，资产阶级民主方面必需的种种改革，恰恰不是经过改良道路，而是需要通过革命的道路来实现。马克思于 1865 年 5 月 2 日为国际工人协会（第一国际）起草的《国际工人协会致约翰逊总统的公开信》中，指出了南方重建的马克思主义路线，"借助法律来根除那些曾用刀剑砍倒的东西，领导政治改革和社会复兴的艰巨工作"[1]。内战结束后，魏德迈留在圣路易斯。他在 1865 年 4 月 24 日致恩格斯的信中，谈到他对必须要求新任总统约翰逊实施各项政治措施的意见。他对约翰逊存有幻想，称约翰逊为"宅地法之父"，认为约翰逊目前有责任在南部也推行这一宅地法，并通过"没收大地产"，将国家的财富和资源提供劳动人民使用。他认为"在目前条件下，这是开发这些资源财富或从中重新获得利益，使南部还未加使用的劳动力得以就业的唯一途径。封建领地的解体为资产阶级大规模的生产准备了条件"[2]。他认为，只有南部各州的社会结构发生根本变化，才有可能消除产生奴隶制经济的基础。社会改革是取得胜利的前提和保证。魏德迈的看法基本上符合马克思主义理论。但是，由于当时工人阶级在政治上不成熟，科学社会主义者人数极少，共产主义者同盟美国支部的活动早已停顿，因此，魏德迈等科学社会主义者在南方重建上的影响微乎其微。后来的第一国际在美国的支部、北美中央委员会和北美联合会没有关注南方的重建问题。只是由于共和党内激进派在国会中势力壮大，才阻止了约翰逊在南方重建上的后退做法，通过了具有一定资产阶级民主意义的民权法案、宪法第十四条修正案，承认了黑人的公民权。重建南方法案也只是从政治上提出建设民主南方的办法，并没有在保障黑人和劳动人民的经济权利方面提出根本改革，只是使黑人和贫苦白人成为谷物分租制下的佃农。

---

[1] 人民出版社马列著作编辑室编：《马克思：国际工人协会给约翰逊总统的公开信（5 月 2 日和 9 日之间）》，《马克思恩格斯全集》第 16 卷，北京：人民出版社，1986 年，第 167 页。

[2] Karl Obermann, "The Communist League: A Forerunner of the American Movement", *Science and Society*, 1966, p. 277.

第四章 美国内战后社会经济发展和阶级关系的变化

南北战争解决了两种社会制度的矛盾，铲除了阻碍美国资本主义发展的奴隶制，推动了生产力的发展。内战后，重工业崛起，其在整个工业结构中的比重增加。在中西部，制造业和采矿业发展很快，形成了新的工业区，出现了新的工业城市。内战后，工人阶级与资产阶级的矛盾逐渐上升为主要矛盾。

虽然银行和运输业早已有了公司的组织形式，但在内战后，在制造业中除纺织业外，很少具有公司形式，工厂的规模也普遍较小。在采矿业中，多数企业雇工人数也不多。工厂多数分布在小城镇和农村的社区里，产业工人也多数居住在城市的郊区。在工人阶级的组成上，在产业工人增多的同时，仍存在大量的手工工匠；工厂工人中，女工和童工占不小的比例；移民工人在工人中占较大比重，一个大的工厂往往雇用操数种语言或方言的移民工人。这些情况使组织工人的工作相当困难，直接影响了工人运动和社会主义运动的开展。

在农村，虽然 1862 年的《宅地法》使西部农民的愿望得到了部分满足，但由于政府把大量优质土地无偿赠给大铁路公司，许多小农户不得不向铁路公司或土地投机者购买土地。他们在运输农产品方面又被铁路公司勒索高价运费，在贷款上受银行的高利盘剥。这使得小农户与资产阶级的矛盾明朗化。在南方，黑人成为种植园分成租佃制的佃农，以高利率向商人贷款购买种子、肥料、工具和食品，结果负债累累，成为"债务奴隶"。在内战后，西部和南部兴起了农民运动。因此，社会主义组织也面临着怎样对待农民运动的问题。

第一节　内战后的社会经济发展

　　四年的南北战争铲除了阻碍美国资本主义发展的奴隶制度，使生产力得到解放。美国的经济发展有了一个重要转折，标志着美国资本主义发展的新开端。内战后逐步建立的以重工业为主体的工业体系，使美国工厂制从初具规模转向成熟的发展时期。农业也有了进一步的发展，农业机械化程度日益提高。在南方重建时期，由于美国政府对南方逐步进行资本主义改造，使南方的工农业开始纳入整个资本主义轨道。

　　在内战期间，一方面，美国一些工业部门受到战争的严重影响，南北交通和贸易受阻，南部原料来源断绝，工人参军入伍者达100万人，劳动力缺乏，国家金融一度陷于混乱，联邦政府债台高筑，战争最后一年公债高达267700万美元。南部是战争的主战场，工农业生产损失惨重，棉花大幅度减产。另一方面，战争刺激了一些工业部门的生产，战时的通货膨胀和物价上涨使资本家有利可图，刺激了资本家增加投资，更新设备，扩大经营。整个国民经济收入1858年为431000万美元，到1865年达683000万美元。整个工业除棉纺业等减产外，其他诸如制造业、毛纺织业、冶金业、食品加工业、采矿业和交通运输业等都不同程度地得到发展。

　　战后，美国经济进一步发展，重工业迅速崛起，在整个工业结构中的比重增加，其中以矿产原料、燃料和钢铁尤为突出。美国西部和中部的矿产资源十分丰富，战前开采量小，战后矿业生产有了新的飞跃，新的重工业城市逐渐出现。具体而言，在采矿业方面，1860年铁矿开采量为287.3万吨，到1870年增加到380.2万吨。煤的开采量1860年为1300万吨，1870年达3000万吨。战后，制造业发展也较迅速，1860年美国制造业工厂有140433个，雇佣人数1311000人，资本超过10亿美元，产值18.8亿美元。1870年，工厂数增至252148个，雇佣人数增至2054000人，资本为16.94亿美元，产值为33.85亿美元。在1860—1870年期间，重工业增长率超过了轻工业。轻工业中除毛纺织品生产增长117%外，其他轻工业品增长率都不高，棉纺织品增长22.7%，制鞋增长58.1%，男子服装增长47.1%。但在重工业部门，生铁产量增长166.9%，农具增长99.9%，机器增长113%。

　　对研究工人运动和社会主义运动更有意义的是，1860—1870年期间，工

业发展不平衡，而且各地区工业发展速度差别很大。在 19 世纪 60 年代，主
要工业州的纽约、宾夕法尼亚、马萨诸塞、俄亥俄和康涅狄格中，除宾夕法
尼亚州外，制造业和矿业的生产增长率均低于全国的平均增长率。有两个广
阔的地区经济飞跃发展：一个是匹茨堡和路易斯维尔之间的俄亥俄河谷；另
一个是从布法罗至密尔沃基的下大湖流域。在 19 世纪 60 年代下半期，矿业
生产出现高涨，生铁产量增长迅速，推动了这两个地区的经济发展。俄亥俄
州的匹茨堡及其周围地区的卫星城镇起了带头作用。俄亥俄州 1/6 的制造业
和矿业位于这个州的南半部，特别是在辛辛那提及其周围。而 60 年代以来，
煤、铁、石油的生产和公路的建设，也把克利夫兰提高到突出地位。在俄亥
俄和密歇根两州，制造业产品产值在 1870 年都超过了农产品产值。在 19 世
纪 60 年代，伊利诺伊州制造业和矿业的总产量增长 262%，使它成为全国第
六大工业州。密苏里州虽然主要人口从事农业，但非农业部门的生产增长
394%，使它代替了康涅狄格州而成为第五大工业州。战后，这些地方工人运
动和社会主义运动比较活跃并不奇怪。

　　企业和公司的规模和组织形式，也是对工人运动和社会主义运动有影响
的因素。内战以前，银行和运输业已经有了公司的组织形式。19 世纪 60 年
代，除纺织业外，制造业很少具有公司的形式。1869 年，多数工厂由一位雇
主或同合伙人（合伙人往往是商人）经营，工资收入者平均为 8.15 人。纺织
业早就由进出口商人的协会创建了公司。在 60 年代，位于缅因州比德福的佩
珀雷尔制造公司雇用 1600 名女工，位于缅因州刘易斯顿的安德罗斯科金雇用
1000 名女工，位于马萨诸塞州新贝德福德万姆苏达雇用 1050 人。在采矿业
方面，在无烟煤矿区（如怀俄明州和宾夕法尼亚州利哈伊地区）的采矿权包
括在运河公司的特许状中，在 19 世纪 40 年代以前就有了合股公司。但在 60
年代，煤矿企业平均雇佣 20 个男工。1873 年，"芝加哥、威尔明顿和弗米伦
煤业公司"在伊利诺伊州的布雷德伍德雇用 900 个男工，算是大公司了。在
冶金业方面，1865—1870 年生铁产量增长 100%，共有 808 个企业，雇用 77555
名工人；10 年以后，企业数减为 792 个，雇佣人数却增至 140798 人，显然
该行业开始有了生产集中的趋势。全国最大生产铁轨的工厂坎布里亚铁工厂
是家合股公司，其于 1872 年雇佣 6000 名男工和童工。建筑业雇用的工人比
城市的其他任何职业都要多，但都是由企业经营。建筑业在战后很兴旺，并
促进了锯木厂、刨木厂的发展。值得注意的是当时工厂主和矿主的资金都有
限。从各地的资本投资额看，1870 年，马萨诸塞州每个制造业工厂的平均资

本投资额为 17536 美元；在宾夕法尼亚州则为 10936 美元。全国平均资本投资额为 8400 美元。

工厂的分布也是同工人运动和社会主义运动的发展密切相关的因素。虽然美国非农业人口的增长速度比农业人口快，1860—1870 年，农业雇佣人数由 6207634 增至 6849772 人，在整个劳动力中的比例，由 58.9% 降到 53%；非农业雇佣人数由 4325116 增至 6075176 人，在整个劳动力中的比例由 41.1% 增至 47%。但是，城市人口的增长速度相对而言并不快，只有 1/4 的人口在城市。1860—1870 年，农村人口由 25266803 人增至 28656010 人，在人口总数中由 80.3% 降为 74.4%；城市人口由 6216518 人增至 9902361，在总人口中由 19.1% 增至 25.6%。产业工人大多住在大城市的郊区，居住在大城市的大多数劳动人民从事商业劳动和运输业。即使是在大城市工厂劳动的工人，如波士顿、费城的工人，也多在城外安家，每日清晨到城里劳动，晚上返回；或周初去城里，住在供工人和新来的移民工人居住的寄膳宿舍里，周末返回。有许多城市，如曼彻斯特、伯明翰、东伯明翰、孟农加希拉和劳伦斯维尔，许多工厂都设在城外的小镇里。在匹茨堡和阿勒格尼，许多工厂设在城外的社区里。1870 年，马萨诸塞州有一半居民住在一万人口左右的镇上。这种距离大城市的农村式和半农村式的工厂布局和工人居住情况，影响了美国工人运动及其组织形式。这种工厂分布不集中的情况使工人难以组织成大的产业工会。

第二节　阶级关系的变化

内战后，阶级关系发生了新变化。导致南北内战的北方资产阶级（包括工业资本家、铁路资本家和银行资本家）与南方奴隶主的矛盾得到了基本的解决。工人阶级与资产阶级的矛盾逐渐上升为主要矛盾。同时，农民、黑人也结束了与资产阶级的同盟，其与资产阶级的矛盾也日渐明朗化。

在工人内部结构上，第一，前文所讲的非农业雇佣人口数是一个含糊的数字，它包括工厂主、职员、独立经营的工匠、自由职业者和工厂工人等。在制造业中，雇佣人数在 1860 年为 1311000 人，1870 年增至 2054000 人，这个数字中包括监工和职员。由于这个时期家庭手工作坊和工场在制造业中仍占重要地位，所以在工业无产阶级形成和增长的同时，还存在大量的工匠类型小生产者。第二，在工人队伍中，女工和童工占不小的比例。1870年，在非农业劳动中，每4个工资收入者中有一个妇女。这些妇女中70%是家仆。她们在工业劳动力中占10%，而其中4/5从事服装、衣饰的生产。童工在劳动力中也占不小的比例，在马萨诸塞州的工厂里，13%的劳动力是16岁以下的儿童。在宾夕法尼亚州，童工的比例是21.8%，在南卡罗来纳州其比例是29%。当时在纺织业中全家受雇是普遍现象。第三，移民工人在工人阶级中占一定比重。移民工人在1870年占全国产业工人总数的1/3，土生美国工人占2/3。平均来说，每20个工厂工人中有13个是土生的美国人，2个或3个是爱尔兰人，2个是德国人，1个是英格兰人或威尔士人，1个或2个是瑞典人（也许是法国人、苏格兰人、中国人或来自其他国家的人）。但在各地、在不同行业中，移民工人与土生美国工人的比例差别很大。在纽约城，移民工人与土生美国工人的比例是12∶1。在马萨诸塞州的毛纺和棉纺业中，移民工人人数超过土生美国工人。在美国的35个行业中，外国出生的工人占多数。矿业中共有152107名矿工，其中94719人是外国出生的工人。在纽约城制造业工人中，移民工人有93160人，土生美国工人有52125人。在芝加哥，土生美国工人在各行业受雇人数中占34%，在制造业中只占26%，而移民工人在工厂中的人数超过土生美国工人1至2倍。在克里夫兰，2/5的人口是从国外移居来的。在圣路易斯，德国移民多于土生的美国人。在美国的六大城市中，只有费城制造业中土生美国工人多于移民工人。移民工人给美国工人运动和社会主义运动带来了复杂性：其一，土生美国工人为保住他们的职业而排斥移民工人；其二，各族工人因文化、宗教信仰不同等原因而难以团结起来；其三，工人阶级中的种族划分往往掺杂党派偏见，有的种族移民工人倾向共和党，有的靠近民主党。

在农业方面，1862年国会通过的《宅地法》，使西部农民的愿望得到部分满足，为农业中资本主义的迅速发展奠定了基础。《宅地法》规定，只要付出10美元登记费，即可得到160英亩的土地，耕种5年后就可成为土地所有者。廉价的土地吸引了大批新定居者和欧洲移民。1860—1870年的10年中，农场数增加64万个，但大多是小农场。资本主义农场的经营方式有利于农业向机械化和科学种田模式发展，使美国农业逐步发生了根本性的变化。但与此同时，内战后小农户（小农场主）与资产阶级的矛盾逐渐明朗化。许多小农户得到的是贫瘠的土地，政府把大量优质土地无偿地赠予了各大铁路公司。联邦太平洋铁路公司和中央太平洋铁路公司先后获得国家拨给的铁路沿线两侧 20—40 英亩土地，并发给它们使用沿线国有土地上的森林等特许状。北太平洋铁路被赠予的土地面积比新英格兰的六个州加起来的面积还要大。19 世纪 70 年代初，大铁路公司总共从联邦政府和州政府得到赠予土地 21500 万英亩，而移居西部的小农户在 1868—1880 年期间共获得的土地总计仅 6500 万英亩。许多小农户不得不高价向铁路公司购买土地。联邦政府为保护资产阶级利益实行的保护关税政策也严重损害了小农户的利益。小农户还受各大铁路公司高价运费以及银行高利息贷款的盘剥。在内战重建期以后，西部已经约有 75% 的独立小农场成为举债的抵押品，这是内战后农民运动兴起和发展的根本原因。

在南方重建时期，黑人虽然获得了选举权，但在经济上，资产阶级并没有以民主的方式来解决土地问题，也没有没收奴隶主的土地无偿地分给黑人和贫苦白人，而是按资产阶级的利益，对南方奴隶主种植园经济进行资本主义改造，把它纳入国内统一的资本主义市场。一部分种植园奴隶主转化为农业资本家，奴隶制种植园转变为在一定程度上体现资本主义生产关系的租佃制种植园经济，即"那里过去由奴隶劳动耕作的许多种植园，现在多半都已分为小的地段（小块土地），出租给佃农"，"靠佃农，主要是靠黑人佃农经营的制度代替了靠奴隶劳动经营的制度"。[1]这种租佃制，"可以看成是由地租的原始形式到资本主义地租的过渡形式⋯⋯在这里，从一方面说，租地农民没有足够的资本去实行完全的资本主义经营。从另一方面说，土地所有者在这里所得到的部分并不具有纯粹的地租形式"[2]。同时，北方将领、土地投机者和高利贷者乘机购买土地，或承包整个种植园，成为南方新的资本主义农场主。北方的银行资本和工业资本逐步进入南方，促进了南方工业的发展，从而出现了新兴的资产阶级。另外，过去南方农村的商人和种植园监工获得了一部分土地。少数黑人和贫苦白人购得一些土地而成为小农场主。民主党在南部各州重新执政以后，各州相继采取了一些反动措施，剥夺了广大黑人在内战和南方重建时期取得的成果。"美国资产阶级在'解放'了黑人之后，就

---

① 中共中央马克思恩格斯列宁斯大林著作编译局编译：《关于农业中资本主义发展规律的新材料》，《列宁全集》第 22 卷，北京：人民出版社，1958 年，第 13 页。

② 马克思：《分成制和农民的小块土地所有制》，《资本论（纪念版）》第 3 卷，北京：人民出版社，2018 年，第 907 页。

竭力在'自由的'、民主共和国的资本主义基础上恢复一切可能恢复的东西，做一切可能做的和不可能做到的事情，来达到它最可耻最卑鄙地压迫黑人的目的。"①因此，南部也是农民运动活跃的地区。

---

① 中共中央马克思恩格斯列宁斯大林著作编译局编译：《关于农业中资本主义发展规律的新材料》，《列宁全集》第 27 卷，北京：人民出版社，1990 年，第 156 页。

第五章　第一国际在美国

第一国际（国际工人协会）是在 19 世纪 60 年代初期国际工人运动高涨、各国工人阶级迫切要求加强国际团结的基础上产生的。自 1864 年 9 月 28 日成立以后，这一组织就关注美国工人运动和社会主义运动的发展，很快地同美国内战后崛起的第一个全国性工人联合会——全国劳工同盟进行联系，推动以全国劳工同盟为代表的美国工人运动同欧洲的工人运动加强联系。但是，全国劳工同盟一直未能加入第一国际。在纽约共产主义俱乐部左尔格的推动下，第一国际在美国的支部得以建立，继后又成立了国际工人协会北美中央委员会。左尔格等马克思主义者一方面在一定程度上宣传了马克思主义，特别是第一国际的原则和精神，批判了拉萨尔主义，推动组织工会，帮助美国工人开展争取当前要求的日常斗争，积极组织和参加了争取八小时工作日的示威游行和斗争；另一方面其同第一国际在美国支部中以伍德赫尔女士为首的资产阶级和小资产阶级改良派妄图取消北美中央委员会的集中领导、搞"独立"的阴谋进行了坚决的斗争。在伍德赫尔女士为首的改良派分裂出去以后，北美中央委员会改名为北美联合会。第一国际海牙会议以后，其总委员会迁至美国纽约，左尔格任总书记。左尔格在总委员会同第一国际欧洲各支部和联合会差不多失去联系且极其困难的条件下，承担了领导总委员会的重任。与此同时，在 1873 年经济危机席卷美国以后，其又积极参与领导了美国各地失业工人的斗争。凡此种种都对美国工人运动和社会主义运动做出了贡献。

第一节　第一国际和内战后美国工人运动的联系

马克思于 1864 年 11 月以第一国际的名义在《致美国总统阿伯拉罕·林肯》的信中，曾预言"正如美国独立战争开创了资产阶级取胜的新纪元一样，美国反对奴隶制的战争将开创工人阶级取胜的新纪元"。马克思预言的"工人阶级取胜的新纪元"是一个漫长的历史过程。

在南北战争前，1857 年的经济危机使美国 19 世纪 50 年代建立的工会几乎荡然无存，只有 1859 年成立的两个工会组织，即威廉·西尔维斯领导的铸工国际同盟与机工和铁匠全国同盟继续存在。在 1861—1862 年，这两个工会组织也一度销声匿迹了。直到 1862 年年底，工会运动才开始复苏。战时的物价上涨是促使工会复苏的主要原因。1862 年美国政府发行绿背纸币达 3 亿美元，1863 年达 7.5 亿美元。投机之风盛行，资产阶级攫取了巨额利润。而生活必需品价格扶摇直上，工人的生活费增长 70%，工资只增长 30%，这使得工人的生活每况愈下。1863 年 12 月，美国共有 79 个地方工会，涉及 20 个不同行业。1864 年 12 月，工会数目增加到 270 个，涉及 53 个行业，16 个州。1865 年 11 月，美国约有 300 个地方工会，涉及 61 个行业，并且还出现了一些全国性行业工会。

在内战期间方兴未艾的工人运动中，著名工人领袖、铸工国际同盟主席西尔维斯为了统一全国的工会运动，主动与一些工人领袖接触会晤，力图建立一个包括美国所有工会在内的全国性工会同盟。1866 年 3 月，在纽约城，11 个工会领导人召开了预备会议，讨论了召开全国劳工大会的计划，并决议把争取八小时工作日问题作为会议的主要内容。1866 年 8 月 20 日，在马萨诸塞州的巴尔的摩召开了全国劳工同盟第一次大会。魏德迈没有参加大会的筹备工作，但他同纽约共产主义俱乐部和芝加哥工人协会的朋友们讨论过在这次大会上应采取的态度。从圣路易斯去巴尔的摩开会的三名代表都同魏德迈有联系。可惜的是，魏德迈在全国劳工同盟召开大会的同一天因感染霍乱与世长辞了。他的不幸早逝对美国当时兴起的工人运动和社会主义运动是巨大损失，使美国工人运动和社会主义运动失了一位卓越的马克思主义领导人。在这次大会上，美国成立了全国劳工同盟，通过了几项决议：一是要求组织非技术工人并令其直接加入全国劳工同盟。二是号召采取独立的政治行动。芝加哥工人协会主席爱德华·施列格尔在大会上发言，号召工人阶级从资产阶级政党的影响下解放出来。大会通过的一项决议指出，"以往的历史和立法表明，产业阶级（指工人阶级）按其利益，是不能对现有政党抱有信心的。美国工人要断绝与这些党的联系和对这些党的偏爱，自己组成全国劳工党的时候已经到来"。^①三是提出八小时工作日问题。大会决议提出争取由国会和州立法机关通过八小时工作日为合法工作一日的法律。缩短工作日是工人在道德上、政治上和文化上的发展所必要的。四是关于土地问题。大会的决议指出,"工具应给予那些有能力和技术使用工具的人们,土地应属于那些致力垦殖的人们"^②。五是保证帮助工厂女工改善劳动条件。六是主张劳工团结,不论劳工的种族和国籍,要求争取黑人工人参加劳工运动。

与此同时,大会还采取了反对罢工的政策。大会的工会和罢工委员会认为罢工"会对劳工阶级造成巨大的损害"。大会建议建立仲裁委员会来处理工人与雇主之间的冲突。这就放弃了无产者与资产者进行日常斗争的重要武器。大会还宣扬了阶级合作,在致美国工人的信中说:"一切组织起来的工会,远不是鼓励对雇主的敌对精神,而是承认雇主和雇员之间利益的一致性,给予雇主和雇员同样多的好处。……正因为这样,在确定所做劳动的价值方面,雇员至少与雇主之间拥有同等的权利。"^③这种反对罢工和主张阶级合作的言论,说明战后资本主义经济关系和阶级关系尚不够成熟,一般工人还认识不到工人与雇主之间不同的阶级利益,也说明小资产阶级社会改良派一开始就在影响全国劳工同盟。

1866年9月,马克思阅读了在巴尔的摩召开的美国全国劳工同盟大会工作报告。他对会议的工作成果,特别是大会发出的为争取八小时工作日(这是第一国际提出的基本要求之一)而斗争的号召给予了很高的评价。马克思兴高采烈地写道:"南北战争的第一个果实,是八小时运动。这个运动,以特别快车的速度,由大西洋传布到太平洋,由新英格兰传布到加利福尼亚。在巴尔的摩召开的工人全体大会(1866年8月16日)宣言说:'要从资本主义的奴隶制把这个国家的劳动解放出来,现在头一件要做的大事,就是公布一种法律,使美国所有各州,都以八小时为标准劳动日。我们誓以我们全体所有的力量,来争取这个光荣的结果'。"^④关于第一国际与美国的全国劳工同盟纲领上的某些相似,左尔格认为,这"不仅是由于他们的观点自然是一致的",而且也可以说是"事先商量过的,是伦敦的国际总委员会的某些成员同一些

---

① John R. Commons and Associates, *History of Labor in the United States*, Vol. II, New York: Oxford University Press, 1918, pp. 99-100.

② Anthony Bimba, *The History of the American Working Class,* Westport: Hyperion Press, 1976, p. 146.

③ Philip Taft, *Organized Labor in American History*, New York: Harper and Row, 1964, p. 61.

④ 马克思:《资本论》第1卷,北京:人民出版社,2004年,第313页。

有影响的美国工人彼此之间进行的程度不同的活跃的通信所决定的"①。1868年，全国劳工同盟大会号召妇女加入工会，采用一切正当手段敦促或强迫工厂主公正地对待妇女，实行同工同酬。马克思曾表示，全国劳工同盟的这种进步立场已使它成为世界劳工运动中一个最重要的组织。他在给一位美国友人的信中写道："上一届美国劳工同盟代表大会明显地有了大的进步。尤其是它曾以完全平等的地位对待女工。而在这方面，英国人，甚至善于向妇女献殷勤的法国人，思想都非常狭隘。任何一个明白历史的人都知道，没有女性的鼓舞，任何巨大的社会变革都是不可能的。女性的社会地位可以说是衡量社会进步程度的精确标尺。"②

在全国劳工同盟成立以后，马克思、恩格斯领导的第一国际就立即同它进行联系。马克思在1864年11月29日给魏德迈的信中，将有关国际工人协会创立的事告诉魏德迈，并给他寄去了四份马克思写的第一国际开幕词。他指出："新成立的国际工人协会（开幕词是以它的名义发表的）不是没有意义的。"③魏德迈在于1865年1月2日给马克思的信中说，他把国际工人协会的事告诉了几个朋友，并设法更广泛地加以传播。第一国际成立六个月以后，圣路易斯的工人报纸《圣路易斯日报》发表了社论，并摘登了马克思的开幕词。费城的工会报纸《国际铸铁工人报》也评价了第一国际及其对美国工人运动的意义。在伦敦庆祝国际工人协会成立一周年的盛大集会上，与会者出于对美国工人的关心，宣读了告美国工人书，指出"打碎一切束缚自由的最后的枷锁，那时你们的胜利将是彻底的胜利"。约翰·菲利普·贝克尔从1866年1月1日起开始在日内瓦出版第一国际的第一份德文杂志《先驱》时，认为把这杂志寄给美国朋友们是具有重大意义的。第一国际总委员会先后指定了一些人担任通讯书记同美国进行联络。

第一国际与全国劳工同盟首先在阻止美国资本家从欧洲招募劳工方面开展联系。美国工人领袖西尔维斯和威廉·杰塞普坚信，只有工人的国际团结才能阻止雇主用外国劳工来代替美国工人。于是，第一国际同全国劳工同盟进行了协商。第一国际总委员会通过美国的通讯书记，邀请全国劳工同盟参

---

① Friedrich A. Sorge, *Labor Movement in the United States: A History of the American Working Class from Colonial Times to 1890,* Westport: Greenwood Press, 1977, p. 103.

② Philip S. Foner, *From Colonial Times to the Founding of the American Federation of Labor*, New York: International Publishers, 1947, p. 385.

③ 人民出版社马列著作编辑室编：《马克思恩格斯给美国人的信》，北京：人民出版社，1986，第75页。

加下届第一国际大会。全国劳工同盟的领导人西尔维斯、理查德·特勒弗里克和杰塞普都主张劳工的国际团结。西尔维斯宣称"全世界劳工的利益是一致的,他们的胜利就是我们的胜利"[1]。杰塞普在给第一国际总委员会的信中也写道:"我认为旧国家和新国家的工人在劳工运动方面应该密切联系。这具有重大意义,因为我相信,这对大家都是互有好处的。"[2]

　　在 1867 年的全国劳工同盟大会上,杰塞普提议加入第一国际,西尔维斯表示支持。大会通过了下列决议:"鉴于欧洲的工人阶级为获得政治权力,为改善他们的社会地位和其他方面的地位,为摆脱他们所处的制度和法律加于他们身上的奴役而努力奋斗,这令人满意地表明了公正、启蒙和人道感方面的进步,兹决议,全国劳工大会赞同与他们合作,反对政治的和社会的弊病;决议,要求我们去欧洲的代表在履行其使命时,向他可能会晤的工人阶级表达我们的同情和合作。"[3]但大会没有决定全国劳工同盟加入第一国际,只是决定派特勒弗里克参加第一国际下一届大会。可惜的是因经费匮乏,特勒弗里克未能成行。第一国际总委员会也因付不起旅费而未能派人到美国出席1870 年举行的全国劳工同盟大会。1870 年的全国劳工同盟大会宣布"它支持国际工人协会的原则",并希望"在不远的将来加入国际工人协会"[4]。这一决议是由左尔格起草的,他作为德裔工人总工会的代表出席大会。然而,全国劳工同盟却始终未加入第一国际。现在,我们分析起来大概有四点原因。第一,1869 年西尔维斯的早逝使全国劳工同盟失去了推动它加入第一国际的重要领导人。第二,当时美国关于"阿拉巴马号"的赔偿要求,引起了美国与英国的分歧,在两国之间笼罩着重启战争的阴云。而一些欧洲强国也迫不及待地想挑起美国和英国的战争。第一国际和全国劳工同盟有联合起来反对战争重启的要求。战争重启对美国及欧洲的工人运动和社会主义运动是不利的,这正如马克思起草的第一国际《致合众国全国劳工同盟的公开信》中指出,"现在轮到你们来阻止战争了,因为这个战争的直接结果将使大西洋两岸正在兴起的工人运动倒退若干年","没有崇高目的和社会需要的跟旧世界历

---

① James C. Sylvis, *The Life, Speeches, Labors and Essays of William H. Sylvis*, Philadelphia: University of Pennsylvania Press, 1972, pp. 186-187.

② Samuel Bernstein, *The First International in America*, New York: Augustus M. Kelley Publishers, 1962, p. 28.

③ Samuel Bernstein, "American Labor and Paris Commune", *Science and Society*, 1951, p. 145.

④ Samuel Bernstein, "American Labor and Paris Commune", *Science and Society*, 1951, p. 147.

次战争一样的另一次战争，其结果将不是粉碎奴隶的锁链，而是为自由的工人锻造新的镣铐。新战争所带来的贫困的增长，马上会给你们的资本家找到借口和手段，利用常备军的无情的刀剑来使工人阶级放弃他们勇敢的和正义的愿望"。① 但不久，关于"阿拉巴马号"赔偿要求的争端以和平方式解决。第三，全国劳工同盟加强与第一国际联系的主要目的是想借助第一国际限制欧洲国家向美国移民，以减少其与美国工人在就业上的竞争。1869 年，全国劳工同盟派安德鲁·凯默隆参加了第一国际的巴塞尔会议，表达了美国工人与欧洲工人团结的愿望，但他在大会上提出的实质问题是希望总委员会阻止欧洲向美国移民。总委员会指定一个委员会就移民问题制定计划，还表示在美国罢工时，将竭力阻止欧洲工人为美国资本家所利用来反对美国工人，但实际上成效不大。原因无他，比如英国工会历来把输出劳工看作提高国内工人生活水平的方法。而且，全国劳工同盟的这种要求也与当时美国鼓励移民的形势相悖。1860—1880 年期间就有 550 万移民来到美国。第四，全国劳工同盟在历史上的进步作用表现在它强调在全国范围内加强劳工团结的重要性，主张不论种族和国籍所有工人的团结，努力组织非技术工人，推动工厂女工改善劳动条件的斗争，在美国历史上第一次提出男女工人同工同酬和男女工人完全平等的要求，开展争取八小时工作日运动等等。但是，从 1867年 8 月在芝加哥举行第二次大会开始，全国劳工同盟要求通过建立合作社和实行金融改革等途径进行社会改良的思想在全国劳工同盟中占据了统治地位，甚至第一次全国劳工同盟代表大会的决议就宣称合作制是"提高劳工地位和实现财富公平分配的最有力的手段"②。以后几次代表大会都认为合作制是"医治现行工业制度弊病的长期有效良方"③。西尔维斯认为合作制可以通过消灭阶级冲突的根源即工资制度，来消灭阶级冲突，合作制不诉诸暴力就可以打碎这种罪恶的工资制度。因此，合作制就成为解决阶级冲突的工具。自然这只是一种幻想，一种手工工匠的幻想。因为"土地巨头和资本巨头总是利用他们的政治特权来维护和永久保持他们的经济垄断。他们不仅不会赞

---

① 人民出版社马列著作编辑室编：《马克思恩格斯给美国人的信》，北京：人民出版社，1986 年，第184 页。

② Jonathan Philip Grossman, *William Sylvis, Pioneer of American Labor*, New York: Columbia University Press, 1973, p. 205.

③ Jonathan Philip Grossman, *William Sylvis, Pioneer of American Labor*, New York: Columbia University Press, 1973, p. 205.

助劳动解放事业，而且恰恰相反，会继续在它的道路上设置种种障碍"[1]，"合作社现在准备着的未来的生产和交换的作用，只有在资本家被剥夺以后才能发挥出来"[2]。全国劳工同盟把金融改革作为社会改良的一个途径，是因为运输业、金融业的垄断和工业规模的扩大，使劳工的经济平等受到威胁；这些垄断的产生是受到联邦政府金融政策的鼓励，只有实行金融改革才能打破这些垄断，保护劳工利益；内战后通货收缩及其伴随的经济弊病，根源在现行金融制度，因此要求建立人民金融制度，创立民主货币，实行低利息率，可以给合作社提供低息贷款。当然这也是乌托邦性质的。全国劳工同盟开设的合作工厂相继倒闭，它的社会改良主张也脱离了工人争取当前要求（提高工资和缩短工时等）的斗争，在 1872 年后就衰落了。全国劳工同盟这个内战后第一个各业联合的全国性工会的衰落，对第一国际来说，其严重性在于使第一国际在美国的活动失去了工会运动的基础，特别是土生美国人工会的基础。

第二节　第一国际美国支部和北美中央委员会的成立

第一国际的成立及其在欧洲的活动鼓舞了美国的马克思主义者和美国工人阶级中的先进分子。在内战后，纽约共产主义俱乐部逐渐恢复了活动。1867年 6 月，左尔格写信给马克思，表示他要建立第一国际美国支部的愿望，并得到了马克思的支持。自此，他们开始了长达 16 年的通信联系，直到马克思在 1883 年逝世。在马克思、恩格斯的教育和帮助下，左尔格成长为一位马克思主义者。马克思在《国际工人协会成立宣言》中宣称"夺取政权已成为工人阶级的伟大使命。工人们似乎已经了解到这一点，因为英国、德国、意大利和法国都同时活跃起来了，并且同时都在努力从政治上改组工人政党"[3]。正是在马克思阐明第一国际精神的鼓舞下，纽约共产主义俱乐部和德裔工人

---

① 中共中央马克思恩格斯列宁斯大林著作编译局编译：《马克思：国际工人协会共同章程》，《马克思恩格斯选集》第 2 卷，北京：人民出版社，1995 年，第 612 页。

② 中共中央马克思恩格斯列宁斯大林著作编译局编译：《哥本哈根国际社会党代表大会关于合作社问题的讨论》，《列宁全集》第 19 卷，北京：人民出版社，1989 年，第 345 页。

③ 中共中央马克思恩格斯列宁斯大林著作编译局编译：《马克思：国际工人协会成立宣言》，《马克思恩格斯选集》第 2 卷，北京：人民出版社，1995 年，第 606 页。

总工会于1868年1月暂时合并组成了纽约及其近郊社会党,左尔格担任主席。德裔工人总工会于 1865 年 11 月由拉萨尔派分子在纽约成立。拉萨尔主张由国家帮助建立生产合作社,认为投票箱是使劳工摆脱资本桎梏的工具。德裔工人总工会遵循拉萨尔的"工资铁律",轻视工会和罢工斗争,只把工会看作投票箱上进行斗争的手段,在组织上重视吸收手工工匠,不重视工厂工人。左尔格曾批评过拉萨尔主义的"工资铁律"和轻视工会与罢工的谬论,指出"拉萨尔主义在美国是没有前途的"[①]。在 1868 年的竞选中,纽约及其近郊社会党没有获得多少选票。1868 年 7 月,第一国际授权左尔格以它的名义在美国活动。1869 年初,纽约及其近郊社会党以纽约第 5 号劳工同盟资格加入全国劳工同盟,出席了全国劳工同盟的 1869 年和 1870 年代表大会,推动全国劳工同盟与伦敦的第一国际总委员会加强联系。由德裔工人总工会举办、阿道夫·杜埃编辑的机关报《劳工同盟》于 1868 年 12 月成为全国劳工同盟的机关报。在左尔格的推动下,纽约及其近郊社会党于 1869 年 12 月改组为第一国际(国际工人协会)美国第一支部,左尔格任书记。

约翰·菲利普·贝克尔于 1867 年 5 月 30 日给左尔格的信中,就传达了国际工人协会关于如何在美国推动第一国际事业的指示:"我们的支部要在涉及劳工问题的事务上保持主动性。他们必须是能鼓舞人心的、组织起来的和能进行宣传工作的人们。"[②]第一国际美国第一支部在 1869 年虽然只有 50 名会员,但遵循第一国际总委员会的指示,积极地在工会特别是德裔工人中开展工作。当时,左尔格等马克思主义者相信通过把工人组织成工会,并为当前要求开展斗争,是提高工人的阶级觉悟和进一步开展争取社会主义斗争的必要一步。他们出席工人的集会,筹措罢工基金,收集关于工资、工时和生产方面的统计资料。第一支部与宾夕法尼亚的矿工、制鞋工人、机工、砌砖工、雪茄工人、木工和家具工人均有联系。他们对一些行业的全国性工会的成立作出了贡献。家具工人联合会主要是由第一国际美国支部会员组织起来的。雪茄制造者联合会的成立也同第一国际美国支部会员的努力分不开。塞缪尔·龚帕斯(后来的美国劳工联合会主席)称这两个工会是在美国组织起来的"第一批建设性的"和"有效的"工会,为这个时期的劳工运动发展树

---

① Friedrich A. Sorge, *Labor Movement in the United States*: *A History of the American Working Class from Colonial Times to 1890*, Westport: Greenwood Press, 1977, p. 8.

② Philip S. Foner, *The Workingmen's Party of the United States*: *A History of the First Marxist Party in the Americas*,Minneapolis: MEP Publications, 1984, p. 15.

立了组织上的楷模。① 第一支部还指派了一个委员会去推动黑人工人的组织
工作。1869 年 12 月，全国有色人种劳工大会决议派代表出席第一国际定于
1870 年在巴黎召开的第五次代表大会（大会因普法战争推迟）。第一支部与
芝加哥、圣路易斯和密尔沃基的德裔工人工会也有通信联系。第一支部成员
出席过争取八小时工作日的工人会议，并遵循第一国际的原则，批评德裔工
人脱离土生美国工人的倾向。左尔格和第一国际美国支部也努力宣传马克思
主义。比如，左尔格把马克思的《资本论》寄给著名的八小时工作日运动斗
士艾拉·斯图尔德。斯图尔德曾说，他和另一名主张八小时工作日的乔治·麦
克尼尔对马克思主义著作有深刻的印象，并计划让其他主张八小时工作日运
动的人了解马克思的著作。他说："我将从马克思博士的著作中摘录一些段落，
以有助于让我们的读者熟悉他的名字。我从未对他关于劳动日的论述了解得
这么多。"② 左尔格写道，纽约第一支部的数百名工人会员 "没有一个人没有
读过《资本论》"③。

　　1870 年 8 月由第一国际总委员会批准，在法国移民中成立了第一国际在
美国的法国人支部，即第二支部。法国移民在内战前许多人是废奴主义者，
在内战中参加了联邦军。内战以后他们先在圣路易斯组成了 "弗利芒特阵线"，
继而组成了 "法国人激进俱乐部"。1868 年 11 月，其组成了 "法语共和同盟"，
并在纽约、纽瓦克、帕杜卡和旧金山建立了分部。"法语共和同盟" 的半月刊
《公报》于 1869 年 11 月开始发表支持第一国际的文章。"法语共和同盟" 虽
然尊敬马克思，但它对未来的看法则是乌托邦的。有的人主张建立伊卡利亚
社区，有的推崇蒲鲁东，有的崇尚傅立叶的法郎吉，有的主张创办生产和消
费合作社。在黑人问题上，他们认为不给予黑人以完全的平等，就不能解决
劳工问题。"法语共和同盟" 中的许多人持落后的手工业者观点，企图把手工
业制度应用于工业资本主义环境中。他们只看到伴随资本主义工业的发展所
出现的社会弊病，而不了解工业资本主义的历史作用。1870 年 5 月，总委员
会的一位通讯书记克吕塞雷与 "法语共和同盟" 在纽约的两个分部协商，不
久联合组成了第一国际在美国的法国人支部，此后称第二支部，该支部约有

---

① Samuel Gompers, *Seventy Years of Life and Labor*, New York: E. P. Dutton & Company, 1925, p. 87.

② David Montgomery, *Beyond Equality: Labor and the Radical Republicans, 1862-1872*, New York: Alfred A. Knopf, 1967, p. 251.

③ Friedrich A. Sorge, *Labor Movement in the United States: A History of the American Working Class from Colonial Times to 1890*, Westport: Greenwood Press, 1977, p. 115.

100 名法国移民成员。

美国支部与第一国际的联络并不与总委员会直接进行，而与总委员会不同国籍的书记进行联系，即法国人支部与法国书记欧·杜邦联系，德国人支部与卡尔·马克思联系。这种通信联络方式容易引起不同支部之间的矛盾。为了统一领导第一国际在美国的支部，欧·杜邦代表第一国际总委员会建议美国支部组成中央委员会。1870 年 10 月 2 日，纽约德国人支部和法国人支部举行会议讨论了这个问题。1870 年 12 月底，美国的德国人支部、法国人支部和捷克人支部组成了国际工人协会北美中央委员会。中央委员会的三个主要委员是德国人支部的左尔格、法国人支部的布·休伯特和捷克人支部的维·詹德斯。左尔格任书记，中央委员会的临时章程规定，吸收承认第一国际原则和章程的个人及工人协会加入第一国际。一个地方有两个以上的支部即可组成小组委员会。

中央委员会成立以后，相继又成立了几个支部，其中重要的有爱尔兰人支部。1871 年 1 月，有 5 名被释放的爱尔兰芬尼亚党人到达纽约，北美中央委员会派左尔格和休伯特前往迎接。在欢迎仪式上，左尔格在讲话中指出，爱尔兰人如果单独战斗，搞秘密协会，是不能战胜英国政府的。他们应该与国际工人协会团结在一起。他相信全体工人的团结将会解放爱尔兰人。中央委员会不失时机地在纽约爱尔兰人中组成了第 7 支部。1871 年 11 月，其又成立了两个爱尔兰人支部，即第 24 支部和第 28 支部。

在中央委员会成立以后，第一国际在美国的影响明显增长。1871 年 9 月，支部的数目增加到 19 个，其中 3 个是土生美国人的支部，其他的是德国人支部、法国人支部和爱尔兰人支部等。1871 年 10 月，第一国际有 27 个支部，其中 4 个是土生美国人支部，在 1871 年年底，北美中央委员会宣称第一国际在美国已有 35 个支部。虽然大部分支部是在纽约及其近郊，但在其他一些大城市诸如波士顿、费城、华盛顿、芝加哥、圣路易斯、新奥尔良和旧金山也有了支部。在这些支部中，有 6 个是土生美国人组成的，其他的都是外国移民的支部。1871 年 12 月，美国支部有会员约 2000 人。如果加上与北美中央委员会没有联系的 12 个支部，则估计有 2700 人。如果再加上未设支部地区的会员，估计总数近 3000 人。1872 年上半年，会员又有所增多，但估计不会超过 4000 人。莫里斯·希尔奎特在《美国社会主义史》一书中估计最多达

5000 人。[①]

中央委员会在成立后的一年中积极开展活动，派代表出席了全国劳工同盟、纽约州工人同盟和其他一些工会的会议；它支持工人的罢工斗争，特别是支援宾夕法尼亚矿工的罢工斗争，并呼吁各地工会给予支持，德裔工人协会甚至保守的纽约工人同盟都响应了北美中央委员会的号召，给予宾夕法尼亚矿工的罢工斗争以财政援助；它支持了波士顿、芝加哥、纽约和旧金山开展的八小时工作日运动。北美中央委员会在纽约的支部参加了 1871 年 9 月 13 日在纽约举行的争取缩短工作日群众性示威游行。这次示威游行是纽约的石匠工会和其他地方工会发起的。这一天尽管大雨滂沱、道路泥泞，却有 20000 名工人列队游行。一时间万人空巷，街道的两旁聚集着欢呼的人群。北美中央委员会在给伦敦的总委员会的报告中说，第一国际的会员在游行中受到工会的热烈欢迎。当他们高擎着红旗在群众中出现时，呼声雷动。同样有意义的是黑人组织第一次参加了操英语的美国人工会的示威。示威后召开了群众大会，大会主席、全国劳工同盟的领导人威廉·杰塞普发表了演说，呼吁劳工团结来实现这次示威所争取的伟大目标。八小时运动的倡导者艾拉·斯图尔德也从波士顿赶来参加。大会通过的决议要求政府颁布八小时工作日法律，禁止罪犯劳工，抑制垄断（指独占公司）的扩大，废除给予少数人特权的法律等。在这次群众大会上，会员们散发了几千份载有马克思《资本论》中《劳动日》一章的传单。

在普法战争爆发以后，第一国际在美国的支部散发了马克思起草的第一国际总委员会于 1870 年 7 月 23 日发布的宣言和北美中央委员会谴责这场战争及保卫法兰西共和国的宣言，并在纽约的库柏讲习会召开群众大会，左尔格为大会主席，阿道夫·杜埃等人发表了讲话。大会通过了决议，对蒙受普法战争——这场不义战争灾难的法国人民和普鲁士人民表示同情；谴责吞并阿尔萨斯—洛林是野蛮暴虐的行径；呼吁所有的公民要求美国政府施加影响，支持法兰西共和国并结束这场战争，要求美国政府建议废除常备军，邀请一切希望自由和永久和平的国家组成联盟，保证各国取得真正的自治。

在巴黎公社失败以后，欧洲的报纸甚至美国的报纸对巴黎公社和社会主义大肆诬蔑和中伤。第一国际的北美中央委员会和支部坚定地站在巴黎公社一边。1872 年，第一国际的美国会员在纽约、波士顿、纽瓦克、帕特森、芝

---

① Morris Hillquit, *History of Socialism in the United States*, New York: Funk & Wagnalls, 1971, p.197.

加哥、圣路易斯和新奥尔良等城市举行会议，呼吁声援巴黎公社社员。特别是在纽约，这里是第一国际美国支部和会员人数最多的地方，同时也有不少巴黎公社社员流亡在这里，北美中央委员会和支部举行了多次声援大会。最大的一次集会于当年 12 月 17 日举行，有一万多名群众参加了游行。披着红布和缀满花环的灵柩车在黑人卫队的鼓乐声中，从第 5 号街威严地缓缓而过。著名的第一国际美国成员参加了游行。参加游行的还有高举蓝白旗的古巴人协会、高擎红旗的法国流亡者；有芬尼亚党人率领的爱尔兰人，以及德国移民、意大利移民和土生的美国人。事后，左尔格给伦敦的总委员会的报告说，这次游行引起了轰动。公众对巴黎公社的颂扬扩大了第一国际在美国的影响。

第三节　北美中央委员会的分裂

19 世纪 70 年代初，第一国际威望的提高和影响的扩大，吸引了各种各样的改良派。美国的改良派在 19 世纪 60 年代和 70 年代初，把诸如合作制、低息贷款、金融改革、土地改革等看作消除美国资本主义弊病的万应灵药。他们在有组织的劳工中间势力和影响都不小。他们希冀加入第一国际，把第一国际变成宣传和实行他们社会改良主张的阵地。在美国的第 1 支部（德国人支部）和芝加哥的德国人支部中存在着马克思派和拉萨尔派，在纽约以法国人为主的第 2 支部中一些会员的主张则是各种空想社会主义的大杂烩。新奥尔良和旧金山的法国人支部也是这样。由土生美国人或英国移民组成的"英语"支部中许多人主张金融改革。在内战以后，社会改良派成立了组织。在 19 世纪 60 年代末和 70 年代初，著名的改良派组织有"新英格兰劳工改革同盟""世界主义大会"和"新民主"。这些改良派组织主张金融改革，限制银行、公司和大土地所有者等等。它们的目标不是废除私有制和资本主义制度，而是企图通过金融改革和诸如此类的改良来"公平地"分配财富。这些改良派组织主动地接近第一国际。当时，有两位小有名气的女士——维多利亚·伍德赫尔和田纳西·克拉夫林鼓吹妇女解放及自由性爱。她们于 1870 年 5 月出版了《伍德赫尔和克拉夫林周报》。1871 年，纽约的支部印刷出版了几版马克思写的《法兰西内战》，每版一千册，伍德赫尔和克拉夫林赠款印刷了一版。她们企图通过第一国际来提高自己的政治地位，在 1871 年 7 月，其同"新民主"的成员组成了第 12 支部和第 9 支部。伍德赫尔领导第 12 支部，克拉夫林领导第 9 支部。《伍德赫尔和克拉夫林周报》成了第 12 支部和第 9 支部的机关报。恩格斯在《国际在美国》一文中写道："国际在欧洲显得愈可怕，美国报纸的记者们把国际描写得愈加骇人听闻，在美国人们就愈相信，现在可以利用国际捞一笔资本——货币资本和政治资本。""这首先是两位美国太太（指维·伍德赫尔和田·克拉夫林）的发现，她们企图利用国际来做一笔生意。"[①] 不久，伍德赫尔领导的第 12 支部与巴枯宁主义者的汝拉联合会发生联系，支持巴枯宁主义者主张的"支部自治"和"自由联合"的无政府主义货色。在《伍德赫尔和克拉夫林周报》上，其常常发表与第一国际原则相悖的意见，引起第一国际美国支部中具有领导地位的第 1 支部恼怒，劝告这家周报的编辑不要发表不真实的新闻。第 12 支部公开同北美中央委员会闹分裂以 1871 年 8 月 30 日发表一篇由第 12 支部书记威·威斯特署名的宣言为标志。这篇宣言宣称，"国际的最终目标很简单，通过夺取政权解放男女工人。这首先包括男女的政治平等和社会自由。政治平等就是人人亲自参与一切人都必须遵守的法律拟订、通过和实行。社会自由就是充分保障每个人在一切纯属个人性质的问题上，例如宗教信仰、男女关系、服装式样等等，不受任何无理的干涉。其次，它还包括建立一个全世界的总政府。不言而喻，这个纲领也要求消灭一切语言差别。"这一宣言认为国际的使命不是推翻现存国家的基础，而是利用现存国家。它宣扬："尽可能在每个选区都要设有自己的支部来促进政治活动。……在每个城市必须有一个相当于现存市议会的城市委员会，在每个州必须有一个相当于州立法机关的州委员会，而在全国范围内，则必须有一个相当于合众国国会的全国委员会……国际的任务不外乎在现有形式内建立一种新的管理形式，以代替旧的管理形式。"这种观点和做法与巴枯宁主义的汝拉联合会是一致的。伍德赫尔和克拉夫林及其拥护者把自己的支部同"外国人支部"（德国人支部、法国人支部等），特别是左尔格领导的纽约第 1 支部对立起来，企图把第一国际在美国的组织置于自己的控制之下。第 12 支部背着北美中央委员会，在给总委员会美国通讯书记约翰·埃卡留斯的信中向总委员会提出，要承认它是第一国际在美国的领导支部。同时，第 12 支部在其周报上大肆鼓噪，反对第一国际在美国的那些坚持

---

① 中共中央马克思恩格斯列宁斯大林著作编译局编译：《弗·恩格斯：〈国际在美国〉》，《马克思恩格斯全集》第 18 卷，北京：人民出版社，1964 年，第 106-107 页。

第一国际路线的支部。当然，资产阶级的和小资产阶级的改良派钻入第一国际在美国的组织毫不奇怪。这正如马克思、恩格斯在《社会主义民主同盟和国际工人协会》一文中指出，"国际工人协会的目的是要把全世界无产阶级的分散的力量团结在一起，从而使工人们联合起来的共同利益的生动的体现者，因此，它必然要对形形色色的社会主义者敞开门户。国际的创造者和新旧大陆各个工人组织的代表，在历次国际代表大会上批准了协会的共同章程，他们没有注意到，国际纲领的广泛本身有可能让游民钻进来，并且在它内部建立不是竭力反对资产阶级和各国现存政府，而是竭力反对国际本身的秘密组织"①。

　　第12支部的阴谋活动在北美中央委员会引起了争论。在北美中央委员会的两次会议上，第1支部提出的指责第12支部动议因多数支部不赞成而搁置。约翰·格奥尔格·埃卡斯在总委员会会议上宣读了第12支部致"说英语"美国人的信并提交常务委员会。在马克思的主持下，常务委员会起草了《关于国际工人协会美国各支部中央委员会的决议》，并于1871年11月5日由总委员会通过。这一决议指出："鉴于：（一）美国的每一个支部都有权派代表参加纽约的美国联合会委员会，于是该委员会便具有真正的代表机构的性质；（二）国际在美国的组织与成就，在很大程度上应归功于纽约的联合会委员会；（三）无论在协会的章程中或者在国际为美国特别规定的组织原则中，都没有任何条文妨碍任何支部在本民族中护大协会的影响，总委员会建议继续维持纽约的美国中央委员会的职权，直到国际在美国由于扩大而必需召集美国所有支部来选举新的联合会委员会为止。"②这个决议实际上拒绝了第12支部的无理要求，并确认了北美中央委员会的职权。但是，这一决议并没有解决第一国际在美国组织中的分歧。第12支部继续攻击北美中央委员会，而且还企图把总委员会的决议解释为对它要求的支持。北美中央委员会在1871年11月份给总委员会的报告中说，中央委员会在其宣传实践中遵循第一国际的章程及其历届代表大会的决议；认为第一国际应是工人的组织，而非其他组织，必须警惕阴谋家利用第一国际作为他们抬高自己地位的工具；第一国际为了将来吸收有组织的工人工会，应保持纯洁性，不同受到诸如主张性爱

---

　　① 中共中央马克思恩格斯列宁斯大林著作编译局编译：《马克思恩格斯全集》第18卷，北京：人民出版社，1964年，第369页。

　　② 中共中央马克思恩格斯列宁斯大林著作编译局编译：《总委员会关于国际工人协会美国各支部中央委员会的决议》，《马克思恩格斯全集》第17卷，北京：人民出版社，1963年，第716页。

自由及世界政府等冒险思想和行动污染的组织发生联系。

最后在 1871 年 11 月 19 日的北美中央委员会会议上发生了公开的分裂。在这次会议上通过了一项决议，每一个支部只有由 2/3 以上的雇佣工人组成才有权派代表参加中央委员会。这项决议以 19 票对 5 票通过。投反对票的是第 6 支部、第 9 支部、第 13 支部、第 14 支部和第 30 支部的代表。他们公开分裂出去，另行成立了一个中央委员会，史称第二委员会，而左尔格领导的委员会称第一委员会。第一委员会和第二委员会，即两个联合会委员会的对峙，是无产阶级支部与资产阶级、小资产阶级改良派支部的公开分裂。这两个中央委员会都自称是第一国际在美国的代表，并且都要求伦敦的总委员会对其予以承认。

伦敦的总委员会由于集中力量处理巴黎公社失败后出现的问题，无暇顾及美国问题而延宕了许多时日。在这个时期，两个对立的联合会委员会各行其是。一开始，第二委员会在数量上占一定的优势，宣称拥有 38 个支部。它成员中的一些改良派领袖在社会上有一定的影响，特别是 1871 年 12 月 17 日第 9 支部和第 12 支部迫使警察收回禁止游行的禁令，举行了有万人参加的纪念巴黎公社殉难社员游行，这件事被一些人吹嘘为维护集会自由的勇敢行为。第一委员会几乎流失了所有的土生美国人会员。虽然在 1872 年初，第一委员会的组织发展在加利福尼亚、宾夕法尼亚、伊利诺伊和纽约有一定的进展，但由于全国劳工同盟和其他工会组织的衰落，使得其从工会组织中吸收会员组成新的支部更难了。

1872 年 3 月 5 日，总委员会讨论了美国问题，马克思亲自参加。1872 年 3 月 5 日和 12 日的总委员会会议通过了马克思起草的《关于合众国联合会的分裂的决议》，在决议中，"总委员会号召纽约的两个临时联合会委员会重新团结起来，并在不久将要举行的美国全国代表大会召开之前，作为合众国的统一的临时联合会委员会进行活动"。决议建议于 1872 年 7 月 1 日召开美国各支部和所属团体的全国代表大会，并在代表大会上选举合众国联合会委员会。决议指出，"鉴于纽约第 12 支部不仅正式决定'每个支部'有'独立地'任意解释'各次代表大会的决议'以及'共同章程和条例'的'权利'，并且它又把这一原则彻底付诸实施。而如果这一原则被所有的人接受，国际工人协会就会只剩下一个空名称"。"鉴于这一支部经常利用国际工人协会来实现同国际的任务和宗旨格格不入或者直接对立的目的"，总委员会暂时开除第 12 支部。决议"建议今后仍不接受新的美国支部加入协会，除非它的会员至少有三分之二是雇佣工人"①。恩格斯指出，"尽管由于可以理解的原因，这些决议只是以建议的形式提出的，但是它们对国际在美国的命运具有决定的意义。这些决议实际上承认了第一委员会是正确的，这就使得第二委员会的资产者们不可能滥用国际的名义来达到他们自己的目的了"②。总委员会关于美国事务的决议一提出就遭到埃卡留斯等人的反对。他们主要是反对决议中提出的每一支部必须有 2/3 的雇佣工人的要求，认为不应阻拦任何阶级的人加入第一国际。马克思对他的老朋友埃卡留斯进行了批评。不久，埃卡留斯辞去了美国通讯书记职务。

美国的两个联合会委员会在接到了伦敦的总委员会的决议后举行了会谈，但双方未能达成协议。以第 1 支部为首的联合会委员会坚持在国际工人协会的原则和组织的纯洁上没有妥协的余地。以第 12 支部为首的联合会委员会则认为总委员会的决议是极为武断的，是违背"公正"精神的；每一个支部的成员必须有 2/3 是雇佣工人的规定背离了国际工人协会的章程，甚至指责总委员会把"外国制度"强加于美国。第二委员会的机关报《伍德赫尔和克拉夫林周报》在 1872 年 5 月 4 日的文章中写道："总委员会在自己的指令中大言不惭地建议，今后不接受任何一个不是起码由三分之二的雇佣奴隶组成的美国支部。各支部的成员是不是也应该成为政治上的奴隶呢？二者没有什么区别。对于'假改革派和慈善家、资产阶级骗子手和政治投机分子'的渗入最感担心的，恰恰是那个由仅仅依靠雇佣奴隶的劳动所得的工钱过活而别无其他谋生手段的公民组成的阶级。"恩格斯对这种胡言乱语评论道："看来第二委员会已经把话说绝了。把国际工人协会看作工人的联合组织原来是一种绝大的蠢事；不仅如此，这个协会只有开除全体工人、全体雇佣奴隶，或者至少宣布他们是可疑分子，才能达到自己的目的。"③

在 1872 年 5 月中旬会谈破裂。第一委员会和第二委员会决定于 7 月分别在纽约和费城召开各自的代表大会。

在竞选美国总统的日期临近的时候，第二委员会为了推选伍德赫尔为总

---

① 中共中央马克思恩格斯列宁斯大林著作编译局编译：《卡·马克思》，《马克思恩格斯全集》第 18 卷，北京：人民出版社，1964 年，第 56-58 页。

② 中共中央马克思恩格斯列宁斯大林著作编译局编译：《弗·恩格斯》，《马克思恩格斯全集》第 18 卷，北京：人民出版社，1964 年，第 110 页。

③ 中共中央马克思恩格斯列宁斯大林著作编译局编译：《国际在美国》，《马克思恩格斯全集》第 18 卷，北京：人民出版社，1964 年，第 111 页。

统候选人，急不可耐地向工人问题和土地问题方面的改良派、向一切和平主义者和禁酒运动的拥护者、向国际的拥护者和妇女投票权的保卫者以及向一切认为实现真正的道德和宗教准则的时候已经来临的人发出呼吁书，于 1872年 5 月 10 日在纽约举行大会。这一天，有来自 22 个州的 500 名代表在纽约的阿波罗大厅举行大会，成立了"平权党"，并选出维·伍德赫尔为总统候选人、黑人领袖弟雷德里克·道格拉斯为副总统候选人。"平权党"的纲领充斥着社会改良的主张。平权党的成立使第二委员会内部矛盾加剧。由法国人组成的第 2 支部和第 10 支部认为平权党的纲领与第一国际的原则相抵触，宣布退出第二委员会。第 6 支部和第 13 支部表示，如果第 12 支部不按总委员会的决议暂停其活动，它们将退出。在这次大会以后，第二委员会中至少有 8个支部（法国人支部和德国人支部）退出第二委员会。剩下的 34 个支部约有1500 名会员，其中有些支部实际上名存实亡。"这样一来，第二委员会现在所代表的仅仅是那些在加入国际以前实际上就已经结成一伙的美国的可疑分子——维多利亚·伍德赫尔女士及其周围的人们。现在，他们宣称，他们要建立一个特殊的、完全由美国人组成的国际。"[1] 1872 年 7 月 9 日和 10 日，第二委员会在费城举行代表大会，有 13 个支部的 13 名代表出席。这次大会宣布该组织的名称为"国际工人协会美国同盟"。它宣称独立于伦敦的总委员会，坚持其"自治"原则，强调各支部和各支部成员要有最大的自由。它在致劳动人民的信中宣称一切人，雇主和雇员，一切职业和一切阶级的人都可以加入国际工人协会美国同盟。这个组织到 1873 年年底就逐渐衰落了。但它与于 1872 年 9 月第一国际海牙大会后巴枯宁主义者匆忙拼凑的无政府主义的国际有着良好的关系。

　　第一委员会于 1872 年 7 月 6 日至 8 日在纽约举行了代表大会，有代表22 个支部和 950 名成员的 23 名代表出席。其中，有 12 个支部是德国人支部，4 个是法国人支部，3 个是爱尔兰人、意大利人和斯堪的那维亚人的支部，只有 3 个是"说英语"的支部。这说明第一委员会的支部主要由外国出生的人组成。代表大会决定成立"北美联合会"，并制定了章程。章程规定，北美联合会的中央机构——联合会委员会每年选举一次，有权在国内外代表北美联合会，有权收纳会费，按月和按季度发布报告，有权向总委员会建议暂停某

---

　　[1] 中共中央马克思恩格斯列宁斯大林著作编译局编译：《弗·恩格斯》，《马克思恩格斯全集》第 18卷，北京：人民出版社，1964 年，第 112-113 页。

一支部的活动，在重要问题上征求各支部的意见，召开年会，等等。章程规定，支部的活动要遵循第一国际关于保护、推动和完成劳动人民的解放事业为目的，组织劳动群众的原则。地方委员会是支部与联合会委员会之间的桥梁，支部是基层组织。支部必须向它们的地方委员会每月提交一份报告，提供有关工人情况和劳工统计资料。章程强调各支部必须与工会相结合，推动工会的发展。

这次大会的决议指明了第一国际在美国的组织与美国政党的关系，把民主党、共和党、自由党和激进党都列为"统治阶级"的政治代表；指出美国第一国际组织的任务首先是联合工人，并为了他们的利益采取独立的行动。

大会上，对于出席即将举行的第一国际海牙代表大会的代表问题，德国人支部和法国人支部发生了争执。德国人支部主张代表由这次代表大会选举产生，而法国人支部坚持各支部都有派出代表的权利。最后，大会以 18 票对 4 票选出左尔格和西蒙·德雷尔（巴黎公社被镇压后流亡到美国）为出席海牙大会的代表。北美联合会将支付他们的旅费。大会也同意各支部派代表参加海牙大会。在这次大会上，对选派代表参加海牙大会的意见分歧并没有完全得到解决，主张各支部派代表参加海牙大会的第 2 支部拒绝为北美联合会派出的代表出钱，第 10 支部和第 29 支部也持同样意见，这件事一直闹到海牙代表大会上。北美联合会代表大会的代表表示支持第一国际总委员会，主张强有力的集中，因为没有集中，就无力同日益集中化的统治阶级作斗争。北美联合会的联合会委员会开始有 9 名委员，后来增至 11 位，其中有 10 名居住在纽约城或临近纽约城，说明北美联合会的力量主要是在纽约城及其周围地区。

第四节　海牙会议后美国在第一国际中的突出地位

第一国际第五次代表大会于 1872 年 9 月 2 日至 7 日在荷兰的海牙举行。这是一次最具国际性的代表大会，有来自 15 个国家的 64 名代表出席。马克思和恩格斯出席了大会。美国代表是第一次参加。在正式会议举行以前，资格审查委员会对代表的资格证书进行审查。在审查美国代表的资格时，美国纽约第 2 支部的代表阿尔塞纳·索瓦指责左尔格和德雷尔没有资格作代表。左尔格针锋相对地指责索瓦不具备代表资格。最后，《在海牙举行的全协会代表大会的决议》在第四项《关于接受和开除支部的决议》中指出，"北美联合会第 2 支部（纽约，法国人支部）。——该支部曾被美国联合会委员会开除。总委员会也不承认它是独立支部。代表大会也不允许这个支部参加"①。对于由美国第 12 支部派出的代表威廉·威斯特的代表资格问题，马克思代表资格审查委员会提议取消他的代表资格。马克思指出，取消威斯特的代表资格证，"因为他：（一）是被暂时开除的第 12 支部的成员；（二）是费拉得尔菲亚代表大会的参加者；（三）是亲王街委员会的成员。此外，威斯特的代表资格证是由维多利亚·伍德赫尔签发的，这个女人为了当合众国的总统，多年来一直进行阴谋活动，她是降神派的主席，鼓吹自由恋爱，并且拥有一个银业企业，等等"②。马克思指出，第 12 支部几乎由资产者组成，把妇女问题放在工人问题的前面，反对关于每个支部应有 2/3 雇佣工人的要求，费城代表大会和亲王街委员会都拒绝承认总委员会，而同汝拉联合会保持联系。左尔格也对第 12 支部进行了抨击。最后，代表大会取消了威斯特的代表资格，并在上述《关于接受和开除支部的决议》中写道："被总委员会暂时开除的北美联合会第 12 支部（纽约，美国人支部）在讨论关于第 12 支部的代表资格证问题的过程中，在 47 位代表投票赞成，无人反对，9 票弃权的情况下通过了下列提议：以消灭阶级的原则为基础的国际工人协会不能接受任何资产阶级的支部。"③大会决定开除第 12 支部。

海牙代表大会胜利地完成了三项重要工作。马克思说："它宣布，工人阶级在政治领域内必须像在社会领域内一样，同正在崩溃的旧社会进行斗争。""海牙代表大会赋予总委员会以新的、更为广泛的权力。""最后，海牙代表大会把总委员会的驻地迁往纽约。"④在这次大会上，左尔格坚定地站在马克思一边，同巴枯宁分子取消总委员会作为领导中心一切职务的主张进行了斗争。左尔格在发言中强调："如果说总委员会不是领袖，那么它无论如何是一个调兵遣将的总司令部。如果吉约姆希望国际工人协会是无头的，那么他就把国

① 中共中央马克思恩格斯列宁斯大林著作编译局编译：《卡·马克思和弗·恩格斯》，《马克思恩格斯全集》第 18 卷，北京：人民出版社，1964 年，第 169-170 页。

② 中共中央马克思恩格斯列宁斯大林著作编译局编译：《卡·马克思关于威斯特的代表资格证的发言记录》，《马克思恩格斯全集》第 18 卷，北京：人民出版社，1964 年，第 726-727 页。

③ 中共中央马克思恩格斯列宁斯大林著作编译局编译：《卡·马克思和弗·恩格斯》，《马克思恩格斯全集》第 18 卷，北京：人民出版社，1964 年，第 170 页。

④ 中共中央马克思恩格斯列宁斯大林著作编译局编译：《卡·马克思》，《马克思恩格斯全集》第 18 卷，北京：人民出版社，1964 年，第 180 页。

际工人协会降低到了低等动物肌体的水平。我们则希望它不光有一个头，而且有一个大脑发达的头（与会者的眼光一齐注视马克思），如果敌人开炮的话，我们决不会只用霰弹回击。"①大会把总委员会的驻地迁往纽约，原因在于，一是当时敌人的种种迫害，使第一国际在欧洲的正常活动极为困难，而且总委员会继续留在伦敦，有被工联主义者和布朗基主义者篡夺的危险；二是相信美国工人的潜在力量，并以美国工人的力量为后盾，使第一国际在世界上发挥重要作用。马克思相信，"美国正在成为一个以工人为主的世界，每年有50 万工人迁移到这个第二大陆上来；国际必须在这块工人占优势的土地上深深地扎根"②。恩格斯认为，在纽约，"我们的党比在任何其他地方都更具有真正的国际性质。只要看一看纽约联合会委员会就够了，它是由爱尔兰人、法国人、意大利人、瑞典人、德国人（不久还会有美国人）组成的"③。大会根据总委员会成员必须在美国居住的原则，选出了新的总委员会，左尔格被选为总书记。马克思和恩格斯从此不再担任总委员会的委员。自此以后，左尔格肩负着领导总委员会和北美联合会的重任。

在海牙代表大会以后，巴枯宁主义者不甘失败，于 1872 年 9 月 15—16 日在瑞士的圣依米叶召开了一个所谓"反权威主义会"的国际代表大会。美国参加大会的有第 3 支部和第 22 支部。这次大会成立了无政府主义的新国际，并宣称其为国际工人运动的"真正代表"，以此向马克思主义的国际宣战。纽约的总委员会否认了无政府主义的新国际，并责令它改变政策。恩格斯写的《论权威》以及马克思、恩格斯合写的《社会主义民主同盟和国际工人协会》和马克思写的《巴枯宁"国家制度和无政府状态"一书摘要》驳斥了巴枯宁主义的反动谬论。

在海牙代表大会以后，同第一国际北美联合会相对立的国际工人协会美国同盟，把它的命运系在与无政府主义的汝拉联合会的合作上。不过，美国同盟实际上在 1873 年无政府主义国际的日内瓦代表大会召开时已经衰落了。加上维·伍德赫尔进入美国同盟的联合会委员会，引起了联合会委员会的分

---

① 克里沃古斯、斯切茨凯维奇：《第一国际和第二国际》，北京：生活·读书·新知三联书店，1961年，第 113 页。

② 中共中央马克思恩格斯列宁斯大林著作编译局编译：《卡·马克思》，《马克思恩格斯全集》第 18卷，北京：人民出版社，1964 年，第 180 页。

③ 中共中央马克思恩格斯列宁斯大林著作编译局编译：《弗·恩格斯关于总委员会驻在地的发言记录》，《马克思恩格斯全集》第 18 卷，北京：人民出版社，1964 年，第 731 页。

裂。油漆工人工会的西奥多·班克斯反对她进入联合会委员会，理由是她作为自由性爱和降神派的领袖会损害美国同盟的信誉，甚至威·威斯特也不支持她。因此，在伍德赫尔坚持进入联合会委员会以后，班克斯和另一位委员退出联合会委员会，这使美国同盟失去了原来就不多的工会的支持。美国同盟的新机关报《工人报》在出版到第八期以后就停刊了。1873 年秋季，经济萧条开始席卷美国时，美国同盟也只剩下一个空架子了。纽约的总委员会虽然努力同国际的各支部和联合会进行联系，但总委员会财政极为困难。到1873 年 3 月 2 日，欧洲的各支部和联合会都没有交纳会费。左尔格在于 1873 年 4 月 25 日给各支部和联合会的信中写道："总委员会完全缺少资金，没有收到会费，因此不得不停止重要的工作。"[1]总委员会在 1873 年 1—5 月穷得无钱支付邮资。虽然北美联合会近 1000 名会员交了会费，但这些钱需要用来维持《工人报》的出版、援助巴黎公社社员的家属和国内外的罢工工人。根据海牙代表大会上关于责成新的总委员会建立国际工公职合会的决定[2]，总委员会从 1873 年 1 月就号召各国工会考虑它提出的国际工会联合会的草案——《国际工人协会致所有工会和劳工协会》。但是，由于有的国家的工会态度冷淡，有些国家的工会未予答复，甚至美国的工会除纽约的少数工会外，也都态度冷淡。因此，总委员会在这方面的努力没有取得什么成效。

　　第一国际最后一次代表大会于 1873 年 9 月 8 日在日内瓦举行。北美联合会和英国、德国、葡萄牙、西班牙、法国的支部都没有派出代表。这正如由恩格斯起草、以奥·赛拉叶的名义发出的《告国际工人协会第六次代表大会的代表公民们》中所说："在法国……形势不允许直接选派代表；西班牙目前正处于危急关头，如果我们西班牙的会员们这时离开本国，就会被劳动群众看作一种怯懦的表现；由于西班牙事件的结果，我们在葡萄牙的朋友们的财务负担大大加重了，以致他们除间接选派代表以外，再也没有别的选择；最后，在意大利，警察当局对国际会员横加迫害，在德国，接二连三地进行逮捕，在哥本哈根，中央支部被强迫解散，在奥匈帝国，对一切工人运动的镇

---

① Samuel Bernstein, "American Labor and Paris Commune", *Science and Society*, 1951, p. 166.
② 马克思和恩格斯：《在海牙举行的全协会代表大会的决议》的第三项《关于各抵抗团体之间的国际联系的决议》，中共中央马克思恩格斯列宁斯大林著作编译局编译：《马克思恩格斯全集》第 18 卷，北京：人民出版社，1964 年，第 169 页。

压日益变本加厉——这一切使得工人无法选派真正的国际代表。……"①出席代表大会的 2/3 的代表都是代表瑞士各支部，并主要是日内瓦各支部的，这次代表大会已不具有国际性。纽约的总委员会决定"不派总委员会委员作为代表，而是在欧洲选出一位全权代表，委托他把章程所规定的正式报告和内部报告提交代表大会审查，并提出关于会议议程中各个问题的决议案"②。这次代表大会的工作是在约·菲·贝克尔领导下进行的。代表大会听取了总委员会的报告和各地方的报告，讨论了国际工会联合会问题和关于工人阶级政治斗争的问题。

马克思认为这次大会是一次大的失败。他建议左尔格不必重视这次大会的决定。在马克思看来，这次代表大会唯一有价值的决定，是把下一届代表大会推迟到 1875 年。

这次代表大会以后，第一国际在欧洲的活动终止，只有北美联合会继续活动。总委员会在与欧洲各国支部的联系中断以后，虽然积极地领导了美国工人的斗争，但已不具有国际性。北美联合会在海牙会议后，有的老支部解散，有的支部会员减少。不过，也有新的支部成立并加入北美联合会。在波士顿，美国人成立了一个新支部；德国人在匹茨堡、斯塔腾岛和芝加哥，法国人在波士顿、帕特森、纽约和新奥尔良都成立了新支部。没有机关报的北美联合会于 1873 年 2 月出版了德文的机关报《工人报》，这一报纸坚持了第一国际的原则，以组织劳工、宣传社会主义原则、促进工人提高阶级觉悟为宗旨，并遵循国际工人协会共同章程，为"工人阶级的解放应该由工人阶级自己去争取"而奋斗。该报在发行一个月后，发行量为三千份，其影响只限于德国移民。但是，正如恩格斯指出："海牙代表大会实际上是一个结尾——对于两派说来都是一样。唯一还能用国际名义干出点事情来的国家就是美国。因此就本能地想到把最高领导机关移到那里去。可是现在国际在美国的威信也衰落了。"③国际在美国衰落的原因，首先是北美联合会中各个支部在思想上不统一。虽然社会改良派的人数不多，但他们的影响比较大，芝加哥的支部成立了"贷款和宅地协会"。有的地方支部也主张社会改良，甚至主张伊卡

---

① 中共中央马克思恩格斯列宁斯大林著作编译局编译：《告国际工人协会第六次代表大会的代表公民们》，《马克思恩格斯全集》第 18 卷，北京：人民出版社，1964 年，第 741-742 页。

② 中共中央马克思恩格斯列宁斯大林著作编译局编译：《告国际工人协会第六次代表大会的代表公民们》，《马克思恩格斯全集》第 18 卷，北京：人民出版社，1964 年，第 741 页。

③ 马克思、恩格斯：《马克思恩格斯给美国人的信》，北京：人民出版社，1958 年，第 134 页。

利亚主义。波士顿的第 1 支部搞了个非兑换货币和共有银行的计划,并在 1873 年 2 月 23 日"新英格兰劳工改革同盟"的大会上提出了这个计划。这个支部曾征求联合会委员会对这计划的意见,联合会委员会认为这一计划是不适宜的,以共有银行为基础的非兑换货币完全脱离实际,因为这种计划对美国经济发展的看法是错误的;其没有注意到资本与劳工的对立。资本家决不容许把可兑换货币改为非兑换货币,并由此而丧失利息和利润;资本是劳动的剩余价值,并积聚起来用于再生产。雇主只支付给工人工资价值的一部分而攫取了其他部分。资本家只是让工人按适合于资本家的价格出卖其劳动力;国际工人协会的伟大事业是解放劳工,即废除工资劳动。对于有些支部主张生产者合作社的问题,联合会委员会指出,这同非兑换货币一样,是在资本主义制度下想摆脱资本主义的虚幻计划。合作生产只能从劳工的解放中产生,而不是劳工的解放产生于合作生产,在资本主义制度下要创造一种没有人受剥削的生产是不可能的。但是,波士顿的支部和其他支部并没有接受联合会委员会的批评。其次,在组织上,有些支部不遵从联合会委员会的领导。北美联合会第一次代表大会通过的章程规定,在一个地区有两个以上的支部,会员在 50 人以上的,可以成立地方委员会。纽约城因有 5 个支部,所以成立了地方委员会,选举了乔治·斯蒂贝林为通讯书记。后来,这个地方委员会的多数成员不尊重联合会委员会的领导。于是,纽约第一支部对第一次代表大会通过的章程提出了修改意见,即在联合会委员会驻地不成立地方委员会。但是,纽约的其他 4 个支部表示反对。斯蒂贝林说,只有在北美联合会的年会上有 2/3 代表投票赞成,才有权修改章程,拒绝解散地方委员会。这件事预示着北美联合会内部分歧正在扩大。随着 1873 年经济危机的出现,北美联合会也趋于衰落。1873 年底,北美联合会的支部和会员数分别减少到 16 个支部和 750 人。

1873 年的经济危机开始于 1873 年 9 月杰伊·库克公司的银行倒闭,并迅即席卷美国。经济危机给工人带来了灾难性的影响。首先,工会遭受打击。1870—1872 年有 32 个全国性工会,1873 年全国性工会减少到只有 8 个或 9 个。其次,失业工人增多和伴随失业现象而来的工人工资下降、劳动时间加长。自 1873 年 11 月始,失业工人在一些城市集会,要求当局采取措施解决失业工人的问题。纽约城是失业工人斗争的中心,北美联合会积极地参与领导失业工人的斗争,于 1873 年 11 月 29 日在《工人报》上发表了《致北美劳动人民的宣言》,同时译成英文以小册子形式散发。这一宣言把铁路巨头和工业资本家比作强盗，靠别人的劳动过活；认为由于他们垄断了政权，把他们非法所得合法化，而工人所得到的是失业、苦难和削减的工资。宣言指出："在资本和劳工之间没有协调一致，只有斗争，不断的斗争……为了避免奴隶的命运，所有的工人必须组织起来，把他们的力量联合起来。……"宣言提醒工人警惕像"自由"和"法律面前平等"等字眼的虚伪性，劝告工人要蔑视那种"仁慈"的说教，工人们"不要施舍，要工作。他们蔑视派济，而要求他们劳动的产品，或者劳动产品的等价物"。宣言提出了首先组成街段委员会，然后由街段委员会组成行政区委员会，再然后由行政区委员会派代表参加城市的中央委员会，以此组织失业者。宣言向地方政府和州政府提出了包括三点要求的当前纲领：（一）按通常的工资率和八小时工作日，给一切身体健康的人提供工作；（二）贷给贫苦工人和工人家属足够维持一星期生活的现金或食品；（三）从 1873 年 12 月 1 日至 1874 年 5 月 1 日期间缓交房租。这一宣言由于提出了失业者最迫切的要求，因而为不同信仰的失业者联合起来提供了共同基础。

北美联合会和第一国际总委员会的所在地——纽约城第 10 行政区，首先开始了组织失业工人的工作：统计失业者人数，对失业工人进行家访，召集会议等等。其他行政区也都仿效第 10 行政区的办法开展工作。第一国际的会员积极参加了组织失业者的工作。北美联合会的宣言在其他城市，如费城、坎登、纽瓦克、波士顿、辛辛那提、芝加哥和路易斯维尔也产生了很大影响。这些城市的工人或是把北美联合会的宣言作为自己的斗争纲领，或是提出了与北美联合会的宣言相似的纲领。这些城市的第一国际支部都在组织失业工人方面起了积极的作用。当时，各城市的市政府都无视失业工人的要求，促使第一国际会员、工会领袖及广大工人工会于 1873 年 12 月 11 日在纽约的库柏讲习会大厅举行了群众大会，参加者达 5000 人。这次大会发表了《致美国人民书》，文章从天赋人权出发，指出按照杰斐逊的精神，判断一个政府的好坏，要看它是否实现劳动权，因为劳动权是人民权利中的首要权利。大会通过八项决议，如失业者在获得工作并得到工作报酬以前不清偿债务；要求工作，保持原工资水平；八小时工作制和征收所得税；等等。其他城市如芝加哥、路易斯维尔、匹茨堡和辛辛那提，都举行了集会和示威游行，芝加哥于 12 月 21 日和 22 日举行的示威游行人数最多。北美联合会芝加哥支部成员和拉萨尔分子一起组成了临时的劳工委员会，并为失业工人提出了四点要求：（一）给所有的有能力工作而没有工作的人提供工作，并付给足够的工资；

（二）由国库开支，给有困难的人们以现金或食物资助；（三）一切资助的分配计划由工人指定的委员会来制定，以便公平分配；（四）如果金库现金不足，可采取城市贷款。大约有 6000 人在这个要求书上签字。劳工委员会于 12 月 21 日在特纳大厅举行了群众集会，规模在芝加哥历史上是空前的。大会批准了当前要求书，并指派代表团于翌日递交市长和城市委员会。12 月 22 日，约有 20000 名工人陪同代表团前往城市委员会。工人们高擎着星条旗和红旗，高呼"全世界无产者联合起来""一人为大家，大家为一人"和"团结就是力量"的口号。

震撼全国的失业者示威游行由北美联合会支持，纽约的安全委员会组织在纽约汤普金斯广场举行。纽约的安全委员会是 1873 年 12 月 11 日成立的，委员会的 50 名成员中有 3 名第一国际成员，委员会的主席是乔治·布莱尔（制箱工人联合会主席）。安全委员会号召在 1874 年 1 月 13 日在汤普金斯广场举行失业者的示威游行。资产阶级报纸攻击安全委员会，说它企图步巴黎公社的后尘，在美国的城市建立公社。这使得安全委员会中的一些人害怕起来，连乔治·布莱尔也辞去了委员会的主席职务。国际的代表也根据第一支部的命令退出了安全委员会。但是，北美联合会的联合会委员会保证支持预定的示威游行。

在汤普金斯广场举行集会的前两天，安全委员会针对所谓即将发生骚乱的谣言进行了驳斥，说明 1 月 13 日集会的唯一目的是重申失业者的要求。在 1 月 13 日集会的前夕，警察先是限制游行的路线，继则企图禁止集会和游行。安全委员会内部对集会问题产生了意见分歧，决定取消示威游行。但是，这一决定没有及时通知广大群众。1 月 13 日上午 10 时 30 分，约有 10000 人来到广场和邻近的街道，广场中心是来自第 10 行政区的群众。15 分钟以后，警察冲入广场，从四面八方向集会的群众发动突然袭击，用警棍殴打群众。来自第 10 行政区的群众对警察进行了反击，但因寡不敌众而被驱散。警察的暴行持续了一整天，约有几百人受伤，有 35 人被捕。

在警察暴行发生以后的第二天，安全委员会派出 5 名代表会见市长。市长说给失业者提供工作是外国的一套做法，完全不符合美国的生活方式。安全委员会向警察专员请愿，也遭到轻蔑的对待。汤普金斯广场的警察暴行激起了广大工人的义愤，他们于 1 月 20 日在库柏讲习会大厅举行了有 5000 人参加的大会。第一国际的成员也出席了大会，大会谴责警察的暴行，并通过决议，谴责侵犯人民自由的行为。第一国际北美联合会参与领导失业工人的斗争，在美国工人运动和社会主义运动中写下了光辉的一页。

第五节　北美联合会的分裂和第一国际的解散

　　北美联合会领导和参加的失业工人斗争受到挫折，使北美联合会中的拉萨尔分子势力有所增强。拉萨尔分子认为工会、罢工和失业者的示威游行是无用的。他们遵循拉萨尔的"工资铁律"，坚持认为在资本主义制度下，工人不可能把工资提高到超过维持生命的最低需要，工人摆脱贫困和奴役的唯一途径是创立合作企业，通过选举箱上的胜利来取得国家对合作社的资助。拉萨尔分子参加工会只是为了把工会从为提高工资、缩短工时和改善工人境遇的组织转变为争取成立合作社和国家资助的组织。左尔格等马克思主义者对拉萨尔分子进行了批评。他们遵循马克思的观点，即"工人阶级的政治运动当然是以夺取政权作为最后的目的，所以自然就先要有一个发展到某种程度的、在其经济斗争中成长起来的、工人阶级的组织"，"另一方面，凡是工人阶级作为反对统治阶级的一个阶级而出现、并企图用外部压力来压制统治阶级的运动，都是政治运动。例如，在某个工厂、甚至某个行业中，企图用罢工等等的方法来强迫个别的资本家缩短工作时间，那就是纯粹经济运动；可是，强迫通过八小时工作制的法律等等的运动，就是政治运动了。这样，工人们的各个经济运动中到处发生着政治运动，也就是阶级的运动，其目的在于用一种普遍的形式，用一种具有普遍的社会强制力量的形式，取得本阶级的利益。虽然这些运动事先要有某种程度的组织，但它们本身也是发展这种组织的手段"[①]，进而批驳了拉萨尔分子的观点。与此同时，在纽约城，第1、第4支部与第8、第6支部之间发生了争夺北美联合会领导权的斗争，在1874年1月底，第1、第4支部与第6、第8支部相互对立，前两个支部在总委员会中占多数，后两个支部在北美联合会的联合会委员会中占多数。纽约城各支部之间的对立，发展成为总委员会与北美联合会的联合会委员会之间的斗争。结果，联合会委员会中第1支部的代表康拉德·卡尔和弗雷德·波尔特辞去了联合会委员会中的工作。最后，总委员会召开了特别会议，宣布开除第6支部。

　　在内部分裂的情况下，北美联合会于1874年4月11日在费城召开了第

---

　　① 马克思、恩格斯：《马克思恩格斯给美国人的信》，北京：人民出版社，1958年，第109-110页。

二次代表大会。这次代表大会召开的前夕，北美联合会共有 23 个支部，其中 16 个是德国人支部，4 个是法国人支部，2 个是美国人支部，1 个是斯堪的那维亚人支部。这些支部分布在 14 个州，最活跃的支部在纽约、费城、芝加哥和巴尔的摩。然而，在 23 个支部中，只有 15 个支部缴纳会费，而其中只有 11 个支部缴足了会费。

在这次代表大会上，大多数代表坚持要求取消纽约城的地方委员会，暂停不服从中央领导的支部的活动，直到它承认自己的错误，开除违背第一国际章程的会员。大会决议，鉴于第一国际日内瓦代表大会的记录不全，重申海牙会议的决议具有约束力。大会提出，由于北美联合会的职权已由总委员会所承担，因此不需要同时存在两个委员会。关于政治行动的决议，大会根据国际工人协会共同章程规定的"工人阶级的解放必须由工人自己去争取"的原则，宣称"北美联合会拒绝与有产阶级所组织的政党进行一切合作和发生一切关系，不论他们自称是共和党人或民主党人，或独立党人，或自由党人，或工业互济会员，或农民互济会员，或改革者，或他们可能采用的别的名称。因此，凡是北美联合会会员都不再可以做这种政党的党员"，"联合会的政治行动一般限于努力获得有利于工人阶级本身的法律条例，并且始终如一地使工人政党同有产阶级的一切政党划清界限"，"在具有足够强大的力量而发挥可以看得见的影响之前，联合会将不参加真正的政治运动或选举运动，而首先是对市、镇或城（行政区）发挥可以看得见的影响，这个政治运动可以按照情况并始终依据国会的决议从那里转移到更大的社区（县、州、合众国）"。[①]争取有利于工人阶级的立法包括八小时工作制、雇主对生产事故负责、财产留置权、废除童工、视察卫生条件、建立劳工统计局和废除间接税等。大会的决议把组织工会作为北美联合会的活动中心。这是考虑到要为工人的当前利益奋斗，开展独立的政治运动必须有强大的工会作为基础。

北美联合会中的反对派，特别是拉萨尔分子不同意第二次代表大会关于政治行动的决议。不久，他们脱离了北美联合会，于 1874 年 5 月成立了北美社会民主工人党。

北美联合会在第二次代表大会以后进一步衰落。1875 年 2 月，其支部数减少到 18 个，而其中有 5 个名存实亡，其他 13 个支部共有会员 231 人。支

---

① Morris Hillquit, *History of Socialism in the United States*, New York: Funk & Wagnalls, 1971, pp. 185-186.

部的组成仍然存在固有的弱点，几乎所有的会员都是外国出生的，在 13 个支部中有 10 个是德国人支部、3 个是法国人支部，一个美国人支部也没有。在地理分布上，纽约城有 4 个支部，芝加哥有 4 个，旧金山有 3 个。最大的支部是在马萨诸塞州劳伦斯由纺织工人组成的支部，有 40 名会员，多数是德国人。1875 年春，北美联合会出现了一点复兴的迹象，在坎登、费城、匹茨堡、大拉皮兹和密尔沃基建立了新的支部。这一年，弗·波尔特和詹·麦克唐东推动成立的旨在统一全国劳工组织的"美国联合工人协会"加入了北美联合会。

第一国际在 1873 年日内瓦代表大会上的决议规定总委员会的驻地仍在纽约。但是，总委员会与欧洲的工人运动联系中断，北美联合会是它唯一具有重要性的联合会，总委员会已经不能继续起到国际工人协会的首脑作用。在这种情况下，左尔格于 1874 年提议，总委员会暂停工作一年，届时再进一步研究总委员会有无存在的必要，并建议由三人委员会负责第一国际的档案。这一提议是实事求是的。但是，左尔格的提议遭到总委员会委员康拉德·卡尔的反对。卡尔诽谤左尔格的提议是要求更大权力的计谋。左尔格愤然辞去了总书记的职务和总委员会的委员职务。卡尔·斯派尔被选为总书记。恩格斯在于 1874 年 9 月 12 日和 17 日给左尔格的信中指出："……在你退出以后，国际就完全结束了。"与其同时，左尔格对《工人报》的办报方针提出了批评。为改进报纸，左尔格建议邀请威廉·李卜克内西为该报的"每周欧洲社会"和"政治专栏"撰文。可是，康拉德·卡尔作为该报的编辑，认为左尔格的建议是对他的干预。在《工人报》管理委员会的会议上，左尔格与卡尔和波尔特的意见相左，左尔格遂辞去管理委员会中的职务。在第 1 支部和第 4 支部的联席会议上，卡尔和波尔特要求接受左尔格的辞职，但出席会议的其他一些人不同意左尔格辞职。控制了第 1 支部的卡尔和波尔特竟然带领第 1 支部的 10 个人占据了《工人报》的编辑室。总委员会为此暂停了第 1 支部的活动，并把卡尔和波尔特开除出第一国际。第 1 支部则把左尔格和斯派尔开除出第 1 支部作为报复。总委员会向法庭控告卡尔非法占有第一国际的财产胜诉。不久，该报于 1875 年 3 月停刊。

总委员会在左尔格辞去总书记职务后，有名无实地存在了两年以后，召开一次会议来解散第一国际已是理所当然。1876 年 7 月 15 日，总委员会在费城召开了会议，有 10 名代表出席，其中有左尔格、卡尔·斯派尔、奥托·魏德迈（约瑟夫·魏德迈之子）和艾伯特·柯林等，会议只开了一天。总书记斯派尔做了报告，指出总委员会已经同欧洲工人运动失掉了一切联系，经费无着，第一国际应宣告解散。斯派尔提出四点决议，并为会议所通过：第一，取消总委员会；第二，号召在美国建立统一的党；第三，如果形势需要，要召开代表大会，以重建国际组织；第四，责成左尔格和斯派尔保管总委员会的档案。会议通过了国际告世界全体工人的最后一个宣言。宣言宣布"取消了国际工人协会总委员会"。宣言指出，"我们放弃'国际'的组织，是目前欧洲政局所使然，但是在我们看到该组织的原则已为整个文明世界的进步工人所承认、所拥护的时候，我们觉得已经得到了补偿。如果我们给欧洲工人同志们一点时间去加强他们的国内事务，他们一定能够铲除存在于他们自己和世界其他地区工人之间的障碍。""同志们！你们已经以真诚热爱的心情接受了'国际'的原则；你们会设法甚至在没有组织形式的情况下扩大热爱该原则的人的圈子。你们将争取到一批愿意为实现我们协会的目的而工作的新战士。美国的同志们向你们保证，他们决心忠实地保卫和珍视'国际'在这个国家所已经获得的成就，一直到更有利的条件将再度把各国工人团结起来进行共同的斗争，那时将空前嘹亮地再度响彻这样的呼声：'全世界无产者，联合起来！'"①

出席第一国际最后一次会议的 10 名代表又于 1876 年 7 月 16 日召了北美联合会的第三次也是最后一次代表大会，共有代表 17 个支部的 13 名代表出席。当时北美联合会共有 22 个支部 625 名会员。这次代表大会主要是决定委派左尔格和奥托·魏德迈作为代表参加将于 7 月 19 日举行的北美联合会与北美社会民主工人党和伊利诺伊州工人党的统一大会。7 月 18 日，代表们倾听了左尔格的讲话，他建议要在土生美国工人中宣传国际的思想，强调要避免外国的模式，特别是德国的模式，要与工会建立密切的联系。他建议在美国工业的重要中心——新英格兰加强工作，指明新英格兰的纺织工人正准备组织起来。大多数代表在原则上同意左尔格的意见。

第一国际在美国宣传了马克思主义，同拉萨尔主义和资产阶级、小资产阶级的改良派进行了斗争，积极组织工人工会，参与领导了争取八小时工作制的斗争和失业工人的斗争，做出了一定的贡献。但是，第一国际在美国并未取得很大的成就。分析起来，原因很多，但主要有两个：一是第一国际在

---

① Morris Hillquit, *History of Socialism in the United States*, New York: Funk & Wagnalls, 1971, pp. 187-188.

美国缺乏强大的工人运动作为基础。虽然第一国际努力同内战后第一个全国性的劳工联合会及会员达几十万的全国劳工同盟联系，但由于主张加入第一国际的全国劳工同盟领袖西尔维斯早逝和全国劳工同盟后来为社会改良派所控制而逐渐衰落，使第一国际在美国的活动失去了工会运动的坚实基础。二是第一国际在美国的领导人和北美中央委员会及之后的北美联合会中存在宗派主义，从而脱离了土生美国工人的群众基础。第一国际在美国的活动从一开始就局限在外国移民工人中，联合会委员会的委员都是外国人。在陆续成立的美国支部中土生美国工人的支部极少。到 1876 年，北美联合会中连一个能开展活动的、说英语的支部都没有了，说明第一国际在美国是脱离土生美国工人的。这同土生美国工人在工人总数中占多数（如 1870 年，在工业工资收入者中，土生美国人占总数的 65.1%）的情况不相适应。而且，第一国际在美国的中央机构一直没有一份宣传第一国际政策的英文机关报。第一国际在美国忽视组织土生美国工人的重要性，放弃对土生美国工人的领导权，给资产阶级和小资产阶级的社会改良派以可乘之机，把土生美国工人置于他们的影响之下。正如马克思指出的："一个由外国人的支部组成的组织，在美国是不会有多少影响的。"[1]

---

[1] Stuart Bruce Kaufman, *Samuel Gompers and the Origins of the American Federation of Labor, 1848-1896*, Wesrport: Greenwood Press, 1896, pp. 26-27.

第六章 美国工人党

在第一国际于 1876 年 7 月 15 日宣布取消总委员会和北美联合会，并于 7 月 16 日召开最后一次代表大会数日以后，北美联合会同拉萨尔分子控制的北美社会民主工人党和伊利诺伊州工人党统一组成了美国工人党。德国工人运动中对立的两派——爱森纳赫派和拉萨尔派合并成立了德国社会民主党，推动了德国人占优势的北美联合会同北美社会民主工人党和伊利诺伊州工人党的联合。而北美社会民主工人党和伊利诺伊州工人党在 1874 年的竞选活动中的败绩，在一定程度上改变了他们以往否认工会作用的政策，修改了对工会的立场，承认了组织工会的必要性，使它们同北美联合会的分歧减少，提供了联合的基础。美国工人党的纲领尽管对拉萨尔派做了一些让步，但基本上是一个符合第一国际原则的纲领。不过，从一开始，拉萨尔派就控制了美国工人党的全国执行委员会。不久，美国工人党内马克思主义者与拉萨尔分子之间关于工会和政治行动问题上的固有分歧再次爆发，两派之间进行了大辩论。在 1877 年的铁路大罢工中，党内的马克思主义者和拉萨尔分子都支持了罢工，但马克思主义者强调建立强大工会的重要性，拉萨尔分子强调通过政治行动即竞选活动，在投票箱上取得胜利来解决工人问题。马克思主义者和拉萨尔主义者之间的分歧，由于拉萨尔分子首先发难导致了分裂。拉萨尔分子控制的全国执行委员会召开党的全国大会，按拉萨尔的原则修改了党的纲领，并把美国工人党改名为美国社会主义工人党。

第一节 美国工人党的成立

1876 年 7 月在费城的统一代表大会上，美国工人党正式成立。它是美国历史上第一个在一定程度上接受马克思主义的社会主义政党。在国际上，美国工人党的成立仅略迟于 1875 年成立的德国社会民主党。美国工人党由左尔格等马克思主义者领导的北美联合会与拉萨尔分子领导的北美社会民主工人党和伊利诺伊州工人党合并组成。

北美社会民主工人党于 1874 年 5 月由 9 个小的组织合并组成,有 4 个是从第一国际北美联合会退出的,其中 3 个是德国人的,1 个是法国人的,其党员多数是与第一国际持不同政见的人,少数是正统的拉萨尔分子。这个党名义上虽有"北美"的字样,实际上只是美国东部的一个组织。[①]1874 年 7月 4 日,这个党在纽约城召开会议,决定创办机关报,并表示要同伊利诺伊州工人党加强团结,强调它的目标是通过政治行动"掌握政权作为解决劳工问题的先决条件"。1874 年 11 月,该党的机关报《社会民主主义者》开始出版。伊利诺伊州工人党仅比北美社会民主工人党成立早六个月,是在 1873年 12 月 21 日芝加哥的失业者大会以后成立的,其同样不重视工会的作用。1874 年 2 月,该党出版了德文机关报《先驱》报,由拉萨尔分子卡尔·克林格编辑。《先驱》报强调拉萨尔主义的基础要求,即建立国家帮助的合作社会;根据拉萨尔的原则,宣称该党与工会主义没有关系;认为在一些行业中工会从来没有持久地改善过工人的境遇。在普法战争结束以后,德国来美国的移民大大增加,其中有不少拉萨尔分子。他们加入了北美社会民主工人党和伊利诺伊州工人党,从而加强了美国拉萨尔派的力量。北美社会民主工人党还参加了 1874 年的竞选,但完全失败。这使马克思主义者和工会主义者在党内扩大了影响。北美社会民主工人党在 1875 年 7 月举行的第二次代表大会上修改了对工会的立场。决议指出:"在目前情况下,把劳动人民组织到工会中去是必不可少的。每个党员有义务成为他所在行业工会的会员,或者在没有工会的地方要帮助建立工会。"[②]该党在纽约出版的英文报纸《社会主义者》报上发文支持这一决议,号召在任何情况下,其党员都要保护工会及其原则,这样才能迅速地完成对社会的改造。该党的第二次代表大会通过这样的决议有助于缩小与第一国际北美联合会的分歧。同样的,伊利诺伊州工人党在芝加哥的竞选中所得选票少得可怜,表明拉萨尔主义关于政治行动的主张不可能实现,使得它对工会的态度有了转变。随后,《先驱》报开始发表工会的消

---

① John R. Commons ed., *A Documentary History of the of American Industrial Society*, Vol.Ⅸ, Cleveland: The Arthur H. Clark Company, 1910, pp. 376-378.

② John R. Commons and Associates, *History of Labor in the United States*, Vol.Ⅱ, New York: Oxford University Press, 1918, p. 233.

息，并且聘请左尔格为撰稿人。同时，在美国的一些德国的工会主义者加入了伊利诺伊州工人党，推动这个党参加了一些工人斗争。1875年春，伊利诺伊州工人党支持木材运输工人、运煤工人和砌砖工人反对削减工资的斗争。罢工工人对帮助雇主来镇压罢工的警察和民兵进行了英勇的斗争。在砌砖工人罢工期间，伊利诺伊州工人党邀请罢工者在芝加哥的特纳厅举行集会，约有2000名工人出席。在集会上，说德语、英语和捷克语的发言人谴责资本家进一步削减工人已难以维持温饱的工资，要求公平分配劳动果实。虽然有的发言人侈谈拉萨尔的主张，贬低工会和罢工的作用，强调迅速参加竞选行动，但是多数发言人强调了工会和罢工的重要性。几乎所有的发言人一致认为，为防范警察和民兵的袭击，需要严密地组织起来，并取得武器来保卫和解放自己。在1875年的工人斗争中，伊利诺伊州工人党举行了多次会议支持罢工工人，并同捷克裔工人、德裔工人、波兰裔工人和爱尔兰裔工人一起组成了一个委员会；同雇主和警察交涉，出面声援在与警察和民兵的冲突中被捕的罢工者；乃至发动群众出庭为被审讯的罢工者辩护；以及在市政厅集会，代表罢工者提出工人的当前要求。最后，罢工工人的斗争粉碎了雇主削减工资的阴谋。原来宣扬只有政治行动是解决劳工问题真正途径的拉萨尔分子，在事实面前不得不承认罢工，即使是在经济萧条时期的罢工也不是无用的。1875年秋，伊利诺伊州工人党修改了其纲领。第一国际总委员会认为，它的纲领"虽然没有使用国际的名称，但已成为国际式的了"[1]。伊利诺伊州工人党与北美联合会开始和解。

自1875年开始，北美社会民主工人党和伊利诺伊州工人党在工会政策上的改变，德国工人运动中对立的两派——爱森纳赫派、拉萨尔派在哥达城联合举行的代表大会上实行合并，推动美国各社会主义组织的统一。因为美国的社会主义组织中大多数成员是德国移民，《先驱》报和《社会主义者》报都报道了德国社会民主党的情况。1875年秋，关于美国社会主义组织的统一问题，成为第一国际北美联合会、北美社会民主工人党和伊利诺伊州工人党党员最关切的事。1876年初，第一国际总委员会建议，在费城召开所有独立社会主义组织参加的统一代表大会，任命一个委员会起草新的党纲；新的党纲应根据第一国际章程来制定，北美联合会第二次代表大会的决议应作为新党

---

① Samuel Bernstein, *The First International in America*, New York: Augustus M. Kelley Publishers, 1965, p. 251.

政策的基础；国际工人团结和统一应为首要原则。伊利诺伊州工人党和北美社会民主工人党同意总委员会的建议。北美社会民主工人党于 4 月 16 日在匹茨堡召开了特别会议，各社会主义组织的代表进行了协商，最后于 4 月 19 日起草并通过了《统一宣言》（实际上是新党的纲领草案）。宣言为新党拟名为"北美利坚合众国社会主义工人党"，号召于 1876 年 7 月底在费城召开统一代表大会。北美联合会、北美社会民主工人党、伊利诺伊州工人党和辛辛那提社会政治劳工协会按 500 名会员派一名代表的比例选派代表出席了统一代表大会。从《统一宣言》的发表至代表大会的召开这一期间，社会主义者对新党纲领草案提出了修改意见，对党的名称也提出了一些建议。有些人不同意党的名称带有"社会主义"字样，理由是这会使说英语的工人不敢加入党。第一国际在美国的密尔沃基第 3 支部唯一由妇女组成，该支部不满意《统一宣言》中关于女工的内容，认为宣言中虽提出了男女同工同酬，但没有提出妇女的政治平等和社会平等。1876 年 7 月 19 日，统一代表大会在费城开幕。出席的有 7 个组织派来的代表，但只有 4 个组织的 7 名代表经过审查被认为具有代表资格。他们是北美联合会的左尔格和奥托·魏德迈，伊利诺伊州工人党的康拉德·康泽特，北美社会民主工人党的阿道夫·斯特拉瑟、A. 加布里埃尔和彼得·麦圭尔，以及辛辛那提社会政治劳工协会的查尔斯·布朗。这 7 名代表代表了美国近 3000 名有组织的社会主义者，即北美联合会的 635 人，伊利诺伊州工人党的 593 人，北美社会民主工人党的 1500 人和辛辛那提社会政治劳工协会的 250 人。统一大会开了四天，成立了统一的社会主义党——美国工人党，通过了《美国工人党原则宣言》，宣称："工人阶级的解放应该由工人阶级自己去争取，独立于一切有产阶级的政党。""为解放工人阶级所进行的斗争，不是要争取阶级特权和垄断权，而是要争取平等的权利和义务，并取消一切阶级统治。""劳动者在经济上受劳动资料即生活源泉垄断者的支配，是一切形式的奴役即一切社会贫困、精神屈辱和政治依附的基础。""因而工人阶级的经济解放是一切政治运动作为手段应服从的伟大目标。""为达到这个伟大目标所做的一切努力至今没有收到效果，是由于每个国家里各个不同劳动部门的工人彼此间不够团结，由于各国工人阶级彼此间缺乏联合行动。""劳动的解放既不是一个地方的问题，也不是一个民族的问题，而是涉及存在有现代社会的一切国家的社会问题，它的解决有赖于最先进各国在实践上和理论上的合作。""美国工人党是按这些理由建立起来的。""它将同其他国家的工人建立适当的关系和联系。""没有经济独立的政治自由不过是一句空话。我们首先要努力解决经济问题。""我们要求一切劳动资料（土地、机械、铁路、电报和运河等）成为全体人民的共同财产，以便废除工资制度，代之以公平分配报酬的合作生产。""党的政治行力一般限于获得有利于工人阶级的立法。在尚不能足以施加可觉察的影响以前，不进入政治运动。在足以施加可觉察的影响时，首先在镇或城进行地方的政治运动，提出纯粹地方性质的要求，而这些要求应与党的政纲和原则不相抵触。""我们为在全国的和国际的基础上组织工会而工作，以改善劳动人民的境况，并寻找机会在工会中宣传上述原则。"该宣言提出了改善工人阶级条件的十一点措施："（一）把八小时作为正常的劳动日，对一切破坏八小时劳动日的人予以法律上的惩罚；（二）对劳工的一切条件，包括衣食住房，进行卫生检查；（三）在各州政府和全国政府中设立劳工统计局，这些局的官员应为劳工组织的成员，并由劳工组织选出；（四）禁止私人雇主使用囚犯劳工，（五）制定禁止在工业部门雇佣 14 岁以下儿童的法律；（六）一切教育机关实行免费教育；（七）制定严格的法律，规定雇主对造成雇员伤残的一切事故负责；（八）所有法庭实行免费审判；（九）废除一切阴谋罪法；（十）铁路、电报和一切交通工具由政府接管；（十一）一切工业企业应尽速由政府控制，为了全体人民的利益，由自由合作工会经营。"[1]

大会还通过了一项关于妇女权利的决议，它承认"两性权利的完全平等"，但没有谈及妇女的政治权利，而是强调"妇女的解放将随着男子的解放而得到实现。所谓妇女权利问题将同劳工问题一起得到解决"[2]。

统一代表大会还通过了美国工人党的章程，规定了代表大会、执行委员会和监督委员会的职权。代表大会至少每两年举行一次，规定党的政治立场，最后解决党内的一切分歧，确定下届代表大会的召开时间和地点，指定执行委员会和监督委员会的驻地，等等。执行委员会由 7 名委员组成，并在他们中间指定一名通讯书记、一名记录书记、一名财务书记和一名司库。执行委员会由指定为该委员会的驻地的支部选出。它的责任是：执行代表大会的一切决议，并务使所有支部和党员严格遵守决议；组织和集中宣传工作；在国内外代表党的组织；与其他国家的工人党建立联系；就有关本组织的组织情

---

① Philip S. Foner, *The Formation of the Workingmen's Party of the United States*，New York：Routledge, 1976, p. 25.

② Philip S. Foner, *The Formation of the Workingmen's Party of the United States*, New York：Routledge, 1976, p. 34.

况及其财务状况向各支部提出季度报告；为召开代表大会和代表大会上关于党务的报告作一切必要的准备。它的权力是：与监督委员会一起可以拒绝个人和集体加入本组织以及暂时开除有损党的利益的成员和支部，直到下届代表大会召开；在紧急情况下，执行委员会可以提出适当的建议，这种建议如在两个月内经党内多数党员同意，则具有约束力；执行委员会有权为党报应遵循的政策制定规章制度，监督执行情况，以及在编辑缺额时，指定临时编辑。监督委员会的责任是：监督执行委员会和整个党的行动；监督党的机关报经营和编辑管理，以及在必要时进行干预；在接到必要的证据后4周内调解党内发生的一切分歧，并最后由代表大会的决议来裁决；向代表大会详细报告他的工作。章程规定，说同一语言的工资劳动者，只要承认党的原则、纲领和代表大会的决议，不属于有产阶级政党的，达到10人就有权组成一个支部；每个支部至少有3/4的成员应是工资劳动者；每个支部必须与工会保持友好关系，推动工会的组成。

总的来说，原则宣言在政治行动和工会等重要问题上采取了第一国际的政策，但也有对拉萨尔分子的让步。原则宣言具体措施中的第11条，即"一切工业企业应尽速由政府控制，并为了全体人民的利益，由自由合作工会经营"，就是拉萨尔主义关于在国家帮助下建立合作社的主张。在统一大会上，由麦圭尔提出的一项决议遭到了左尔格、斯特拉瑟、奥托·魏德迈和泽特的反对，该决议指出授权执行委员会在认为环境有利的时候，可允许地方支部进入政治运动。这一决议是对拉萨尔分子的进一步让步。而且，拉萨尔派的大本营芝加哥被选定为执行委员会的驻地，让拉萨尔派操纵了执行委员会。

芝加哥的德文《先驱》报和纽约的德文《社会民主主义者》报被指定为党的机关报。《社会民主主义者》报后来改名为《工人之声》。原来的北美社会民主工人党的英文报《社会主义者》报也成为美国工人党的机关报，并改名为《劳工旗帜》报，由麦克唐纳编辑。阿道夫·杜埃为这三家报纸的助理编辑。

统一代表大会于1876年7月22日闭幕，一个统一的社会主义政党首次在美国出现。美国工人党是继1875年5月成立的德国社会民主党之后，世界上的第二个社会主义政党。这两个党的建立都是马克思主义者和拉萨尔主义者合作的产物。但是，在哥达城两派合并为德国社会民主党时，李卜克内西对拉萨尔派做了重大的让步，以致通过了一个充满拉萨尔机会主义理论和口号的纲领。马克思在《哥达纲领批判》中对纲领草案中所反映的拉萨尔理论和口号进行了严肃的批判。而在费城的统一大会上通过的美国工人党原则宣言，则基本上遵循了第一国际的原则，在重大问题上并没有对拉萨尔派做出让步。

美国工人党在成立以后，立即通过党报号召党员与工会及劳工协会接触，使工会接受美国工人党的原则和政策。《劳工旗帜》报每一期都发表关于如何开展工会工作和实现工人解放的文章。美国工人党发表了左尔格写的《社会主义与工人》和杜埃写的《更好的日子》两个重要的小册子，作为党的宣传教育活动的材料。左尔格的这篇文章是他唯一用英文写的，最早由第一国际北美联合会于 1876 年 6 月出版，这次是由美国工人党再版。在这本小册子中，左尔格指出，社会主义概念被维护特权和垄断的人们所攻击、歪曲，甚至使一些工人对社会主义也产生了误解。因此，他首先阐述了什么是共产主义，什么是财产，澄清了当时流行的一些关于社会主义的错误看法，如社会主义就是平分财产等。他指出，"共产主义就是社会共同利益的原则"，共产主义不是一般地反对个人财产，而是反对资本对劳动者的剥削和奴役，工人享有他们劳动成果是天然和神圣的权利。左尔格接着描述了社会主义社会的性质和优点，"在这时候，自由和平等不再是空洞和廉价的词语，而是具有一种意义：当所有的人真正是自由的和平等的时候，他们将相互尊敬和提高。工人的劳动成果和财产在这个时候不再被剥夺，每个劳动的人将比现在有更多的食品、衣服、住房、娱乐、乐趣和教育"。与此同时，他指出，社会主义者必须在当前资本主义制度下开展争取改善工人状况的斗争，"如果社会主义者只给受苦受难的人民提供安慰，说什么共产主义将在未来才有所帮助，那么在目前生活状况几乎不堪忍受的时候，这种安慰会是可怜的。……他们要求生活的改善，不是口头上的，不是诺言，而是事实。他们不会无可奈何地希望在死后有什么结果。他们要求改变目前在地上生活所蒙受的不幸"。因此，左尔格号召开展提高工资和减少工时的斗争。为了成功地进行这一斗争，他强调工人必须组织起来。他最后指出，社会主义在美国正在成长起来，已经在工人的工会中扎根；在美国，社会主义的未来与工会的未来联结在一起。[①]

杜埃的小册子《更好的日子》于 1877 年 10 月出版。他在文章的开头问道："好日子！什么时候会有好日子？我们怎样使好日子来临？"接着，他详

---

① Albert Fried ed., *Socialism in America: From the Shakers to the Third International, a Documentary History*, New York: Columbia University Press, 1970, pp. 198-207.

细地叙述了目前的苦日子，指出这种苦日子是资本主义制度造成的。现在的经济危机是资本主义制度下不可避免的。只有通过社会主义，人类才能得到新生。他说："如果今日通过一些奇迹或革命，从我们国家铲除掉一切大私有资本家及其公司，那么明天我们会不会更穷呢？不，我们会更富。""这是因为大资本家是公共所有制和合理使用社会的巨大经济资源的主要障碍。"但他马上补充说："目前，实际上，我们并不提倡这样的革命。我们的劳工并不残酷，而是比我们的合法剥夺者人道得多。……我们准备与他们达成各种妥协，只要他们同意在适当的时期以后，取消一切资本主义称号或虚伪的价值。"与此同时，他还提出与资本家在普及教育和八小时工作日方面达成立法上的妥协。是什么东西可以使资本家做出这样的历史的妥协呢？杜埃以德国社会民主党在竞选上的成果和英国工会的进展为例论证说，"在文明世界可以听到群众的呼声。工资劳动必须让位于劳动者（仅是脑力劳动者和体力劳动者，不包括资本的代表）的合作化"。杜埃怀着一种幻想，以为劳工运动通过工会和竞选行动不断增强的力量，会迫使资本家同意在目前改善工人生活，在比较遥远的将来以社会主义代替资本主义。显然，杜埃的想法是一种不切实际的幻想。杜埃在工会问题上肯定了组织工会的必要性，"工会应该在它们的领域收集劳工统计资料，注意使他们的工会会员相信我们党的纲领，加入我们的党"，"应该在我们自己的基础上建立相应的工会，并劝说老的工会参加我们工会的活动"[1]。这两本由美国工人党出版和散发的小册子在工人中产生了一定的影响。

经过一段时间的宣传组织工作，美国工人党的力量有所增强。1876 年 10月，美国工人党有 55 个支部，其中 33 个支部是德国人支部，16 个是英语支部，4 个是波希米亚人支部，1 个是斯堪的那维亚人支部和 1 个法国人支部。到 1877 年 7 月党的一周年前夕，支部增至 82 个，党员数达 7000 人，其中，英语支部有 23 个。美国工人党力量的增长也反映在宣传工作上，除了有《先驱》《工人之声》和《劳工旗帜》三家周报作为机关报外，还得到了 21 家报纸的支持，其中包括 12 家德文报纸、7 家英文报纸、1 家波希米亚文报纸和1 家瑞典文报纸。在这 21 家报纸中有 8 家是日报。在这些报纸中，《劳工旗帜》报影响最大，它开始时由彼得·麦克唐纳编辑，每周发行 2400 份，有1800 个订户。《劳工旗帜》报第一年发表的主要文章有艾拉·斯图尔德写的

① Adolph Douai, *Better Times,* Second edition, New York: The Executive Committee of the Socialistic Labor Party, 1884, P.26.

关于八小时工作日的文章、约翰·格奥尔格·埃卡留斯写的《工人批判约翰·斯图尔特·穆勒的国家经济原则》和奥托·魏德迈节译马克思的《资本论》，以及恩格斯专门为该报写的报道《1877 年欧洲的工人》等。

第二节　美国工人党内的大辩论

美国工人党的组成只是暂时弥合了马克思主义者与拉萨尔主义者之间的分歧，不久两者在工会和政治行动问题上的固有分歧又再次出现。这正如左尔格后来于 90 年代初在德国社会民主党的理论刊物《新时代》上写的题为《美国工人运动》的文章中指出，在统一代表大会上统一美国的社会主义运动时，"在根本不相同的成分之间并无真正的统一，即统一不是基本原则和策略的一致。因此，分歧很快再度出现"①。1876 年 9 月 16 日，美国工人党的纽黑文支部提出，当地的特别情况可以允许他参加竞选活动，"施加可以觉察到的影响"，要求党的执行委员会同意他开展竞选活动。执行委员会批准了这一要求。党内的马克思主义者觉察到党内有一种恢复政治行动的倾向，于是发动了一次教育运动，教育党员遵循党的原则宣言和党的工会政策。1876 年 10 月 21 日，《劳工旗帜》报的编辑彼得·麦克唐纳在该报发表了一篇社论，指出工人阶级在摧毁现行制度以前，必须摆脱工时长和工资低的状况，采用有效的工会方法为立即改善工人的状况而战斗。他警告说，政治改良者只关心他们自己的利益，不能企望他们为了工人的利益而放弃他们自己的利益。只有工人才关心工人的事，而政客们、银行家们、商人们、律师们或雇主们不会关心工人的利益。工人只有组织起来才能解放自己。过去的经验表明，各种类型的政治方案严重地损害了许多劳工组织，或是阻碍了一些工人组织的发展，或是使一些工会完全遭到破坏，这种情况应该结束。工人阶级没有别的选择，只有组织起来，这是工人阶级的唯一希望。只有组织起来，才能摆脱贫穷和没有止境的绝望。这篇社论不久在一些刊物上转载。10 月 28 日，麦克唐纳又发表了题名为《工资》的社论，指出要求提高工资并不意味着支持工资制度。相反地，反对低工资有助于摧毁工资制度。他说，在全国各地有成千上

---

① Philip S. Foner, *The Great Labor Uprising of 1877*, New York: Cambridge University Press, 1977, p. 113.

万的人失业的时候，为增加工资进行斗争不会有成效，因为失业者会被雇主用来与工人作对。只有工人组建工会，失业人数大大减少的时候，工人才有希望提高工资。而直到工时减少时，失业工人才会明显减少。因此，联合失业者应一起为共同事业奋斗，使他们加入我们的工会。这样，工人才能为争取提高工资和减少工时进行大搏斗，才会有更多的就业机会和更高的工资。因此，所有的工人，特别是美国工人党的党员，必须按他们最神圣的利益组织起来，并为缩短工时和提高工资而斗争。

麦克唐纳的文章发表揭开了美国工人党内马克思主义者与拉萨尔主义者之间的大辩论。1876 年 10 月，在美国工人党的纽约美国人支部召开的一次会议上，以麦克唐纳为首的马克思主义者，与斯特拉瑟和一些原北美社会民主工人党的党员通过了一项决议："鉴于工会是为保护工人阶级反对雇主阶级的巧取豪夺而组织起来的，兹决议：我们承认工会是工人阶级谋求经济解放的杠杆。我们认为支持和推动工会的发展是美国工人党所有党员的责任，兹决议：在全国的和国际的基础上组织工会是非常必要的。"①总之，党内的马克思主义者认为，根据美国工人党成立大会上通过的原则宣言，该党应该加强工会工作，不要在条件不成熟的情况下进行政治行动参加竞选。

以麦圭尔为代表的拉萨尔派则鼓吹进行政治行动，参加竞选活动。他和他的支持者，如辛辛那提的威廉·哈勒，也在《劳工旗帜》报上发表文章。他们的论点主要是：第一，通过竞选活动可以阐明党的纲领和原则。麦圭尔在 1876 年 11 月 25 日的《劳工旗帜》报上写道："在竞选活动中我们比一年前的鼓动更多地宣传了我们的原则，给聪明的和有远见的工人头脑里留下了很好的印象。……在竞选中我们在这个城市（纽黑文）散发 5000 份通告，阐述我们的纲领和原则。我们多次举行群众会议，向工人表明我们为什么应该联合起来，用我们的选票支持我们的候选人，反对资产阶级的御用工具。"第二，他们举出纽黑文竞选的结果，说明他们进行政治行动是对的。在 1876 年的竞选中，纽黑文的两名美国工人党候选人分别得到 600 多张选票。麦圭尔认为，如果不是因为选举作弊，美国工人党的候选人可以分别得到 1000 张选票。第三，他们认为选票是工人阶级最有效的武器。麦圭尔说："我们的人已经取得了有利的和宝贵的经验，不参加竞选和着手这一新的工作，是永

---

① Philip S. Foner, *The Workingmen's Party of the United States: A History of the First Marxist Party in the Americas*, Minneapolis: MEP Publications, 1984, p. 57.

远不能取得这种经验的。我们必须在薄弱点打击资本，而打击资本最有效的地方是选票箱。"威廉·哈勒认为选票是工人阶级武器库中最有效的武器，"我们要从不公正和压迫中解脱出来，除了选票，不需要其他权力。……曾为王公贵族所享有的特权，只有通过选票才能转到选民手里"，"我们必须把政府掌握在我们手里。要做到这一点，必须求助于选票"。第四，他们进行诡辩，说什么马克思主义者歪曲了美国工人党成立大会上通过的关于工会和政治行动的原则。"对于我们应该赞同在社会主义基础上在国际上组织工会的提法，我们不能理解为赞成现有的工会形式。过去和现在它们都是我们最大的对手。为什么工会不支持党的原则，并且在党花了金钱、时间和精力组织工会以后，党却被它所创立的工会组织所抛弃呢？如果工会与党站在一起，工会这样做是为了把党纳入保守的路线，自己的行动局限于鼓动诸如八小时工作日之类软弱无力的措施上。我们所需要的是通过选票箱竭力实现社会主义。政治行动是组织工人争取解放的最重要方法"。第五，他们认为在艰难时期，工人无钱交纳工会会费。他们认为工人党员每月交纳 10 美分的党费已很困难，他们怎能支付三倍于党费的工会会费呢？第六，他们混淆工人党和工会的不同作用。他们说，工人会问，支持两种形式的组织有什么用处。如果工会有助于工人解决他们的问题，工人党有什么用呢？

美国工人党内的马克思主义者，特别是原第一国际的成员，同麦圭尔等人进行了辩论。他们在《劳工旗帜》报上发表了许多篇文章。他们指出，第一，工会主义和政治行动之间并不存在冲突，两者相互补充。工会并非与社会主义敌对。在美国工人党的指导下，工会认识到提高工资、缩短工时及改善工人状况的斗争，不能从根本上解决资本主义制度下工人阶级的问题，但是这一斗争的重要性在于一方面可以改善工人的状况，另一方面在争取社会主义的运动过程中可使工人得到锻炼。特别是工会为争取八小时工作日的斗争，并非如麦圭尔所讽刺是软弱无力的措施，而是一切措施中最具有政治性的。第二，承认现有工会尚没有包括所有工人，但社会主义者的责任是扩大工会的规模。虽然实际上工会没有听取社会主义者的劝告和建议，但不能因此而否定工会。为了不重蹈过去一些社会主义者的覆辙，他们提出各种乌托邦的改良方案，而忽视了工人阶级的迫切问题，因此应该从过去的经验中接受教训。第三，他们承认单单工会不能解决工人阶级的一切问题。这需要把经济斗争和政治斗争结合起来，需要社会主义政党与工会的结合。在没有建立扎实的工会基础以前就急于进行政治行动，注定会重蹈像 19 世纪 60 年代末和 70 年代初全国劳工同盟的错误覆辙。当时，中产阶级的货币改良者控制了这个组织，使工会纷纷离去，这个组织也迅速衰落。现在，拉萨尔派在条件不成熟的情况下进行政治行动，将会招致同样的命运。为了避免运动为中产阶级改良派所掌握，组织者必须遵循美国工人党的原则宣言。这个原则宣言明确地写道："我们应为在全国和国际的基础上组织工会而工作。……""没有经济自由的政治自由只是一句空话！因此，我们首先把我们的精力放在经济上"。总之，"得到工人党的帮助和合作的工会，是防止改良派可能侵入党，并使党的权力掌握在工人阶级手中最好的手段"。第四，如果认为改善工人状况，如缩短工时、提高工资进行斗争是没有价值的；如果只有废除工资制度才值得为之奋斗；如果只有接受社会主义的工会才值得支持；如果只为了吸收党员和吸引工会参加政治运动，这种政策只能使美国工人党完全脱离美国工人阶级的一个重要部分。

美国工人党内马克思主义者和拉萨尔主义者之间的大辩论关系到美国社会主义运动和工人运动的路线问题。自 1873 年经济危机开始以来，美国工会运动衰落，有一些行业工会完全消失，有些工会则人数剧减。例如，雪茄制造工人联合会人数 1869 年有 5800 人，到 1877 年减为 1016 人；制桶工人联合会于 1872 年有 7000 人，1879 年减到 1500 人；砌砖工人联合会 1873 年有 43 个地方分会 5332 人，1880 年只剩下 3 个地方分会；印刷联合会 1873 年有 9797 人，1878 年减为 4260 人。马克思主义者提出恢复和扩大已有工会和组织新工会的政策适应当时客观形势的要求。没有坚实的工会运动作基础，是不可能有强大的社会主义运动的。但是，拉萨尔派和热衷于竞选的人没有接受党内马克思主义者的意见，主要原因是纽黑文、芝加哥和辛辛那提社会主义者候选人在竞选中取得了不少选票，在密尔沃基有 6 名社会主义者在竞选中获胜担任了公职。因此，拉萨尔派就更加无视党的纲领。1877 年 2 月 10 日，美国工人党在辛辛那提的组织所制定的城市政纲内容完全是关于政治行动和立法要求方面的，一字不提工会和把未组织起来的工人吸收进工会。该政纲宣称，在辛辛那提，美国工人党如果掌握了城市的权力，就能解决辛辛那提工人面临的一切问题。

与此同时，拉萨尔派控制的执行委员会也不遗余力地反对马克思主义者掌握《劳工旗帜》报，否认《劳工旗帜》报是美国工人党的正式机关报，说服说英语的党员阅读由主张政治行动的人在辛辛那提出版的《解放者》报。但是，麦克唐纳在前第一国际成员的支持下，没有屈从执行委员会的压力，

号召美国工人党党员从事组织工人的工作。《劳工旗帜》报继续刊登恩格斯和
埃卡留斯介绍欧洲的工会活动和工人斗争情况的文章。

　　由于党内在工会和政治行动问题上的分歧,美国工人党内部分成了三派:
一是马克思主义派,即麦克唐纳-左尔格集团;二是拉萨尔派,即麦圭尔-
范·帕顿集团;三是芝加哥集团,其以地方社会主义运动中的青年工人——
印刷工人艾伯特·帕森斯、制桶工人乔治·希林和机工托马斯·摩根为领导
人,他们是美国工人党在芝加哥"英语"支部的核心人物。在党内马克思主
义派与拉萨尔派就工会和政治行动问题进行辩论的时候,芝加哥集团积极从
事工会活动和政治行动。帕森斯、希林和摩根都是芝加哥积极而能干的工会
组织者,是他们各自行业的工人领袖。同时,他们与老拉萨尔分子卡尔·克
林格和雅各布·温纳一样,都同意全国执行委员会做出的美国工人党参加
1877年春季竞选活动的决定。芝加哥集团既了解马克思主义者担心不成熟的
工人运动会在竞选中为政客所利用,也了解拉萨尔主义者担心美国工人党成
为工会的党,只为当前要求而斗争。因此,他们企图弥合这两派的分歧。不
过,这两派的矛盾是很难调和的。在一般情况下,社会主义政党应该努力把
工人组织进工会,同时参加竞选活动,通过竞选活动宣传党的政策。但是,
拉萨尔派参加竞选的主要目的是把竞选作为解决劳工问题的唯一途径,这种
根本错误损害了美国的社会主义运动。

第三节　美国工人党和 1877 年铁路工人大罢工

　　在 1873 年到 1880 年的经济萧条时期,美国大批工人失业。资本家利用
大量失业后备军的存在,削减工人工资,工人奋起进行了英勇的斗争。1875
年,福尔河(新英格兰纺织工业中心)的纺织工人举行了罢工。同年,宾夕
法尼亚无烟煤矿区工人举行了罢工。1877 年的铁路工人大罢工,是在美国工
人阶级斗争日益高涨的情况下爆发的。到 1877 年,经济危机使美国工人处于
赤贫之中,全国工人中有 1/5 完全失业,2/5 的工人一年工作不超过 6—7 个
月,只有 1/5 的工人完全就业。1877 年冬至 1878 年冬,失业者人数达 300
万。由于美国建筑铁路的盲目性和投机性,铁路公司受到这次经济危机的打
击较之其他企业更甚,对工人的剥削更为残酷。1877 年,美国约有 50 家铁
路公司,其中宾夕法尼亚铁路公司是美国最大私人企业,其雇佣职工达 20

万人。铁路巨头掌握着巨大的经济实力，在一些州完全控制了政府，并且与联邦政府官员相勾结。他们通过贿赂和收买，使州议会和国会给予他们特权、津贴和赠地，阻止对铁路公司的秽行进行调查。1873—1877 年，铁路公司将职工的工资平均削减了 21% 至 37%，巴尔的摩-俄亥俄铁路削减了工人工资的 50%。但是，铁路巨头在经济危机时期并没有减少给股东的红利。例如，纽约中央铁路于 1873 年和 1874 年都支付了 8% 的现金红利，1875 年支付了 10% 的现金红利；宾夕法尼亚铁路和巴尔的摩-俄亥俄铁路自 1873 年至 1876 年每年支付 10% 的现金红利。

铁路系统的工会组织得比较晚，迟至 1873 年，铁路工人还没有工会，只有铁路修配厂的少量机工参加了"机工和铁匠国际联合会"。少数技术工人组织了兄弟会，比如铁路司机兄弟会、铁路司炉兄弟会和铁路列车员兄弟会。铁路司机兄弟会由保守的工会主义者查尔斯·威尔逊领导，其反对罢工，甚至主张工人与雇主具有共同利益，与雇主组织"美国铁路协会"合作。铁路司炉兄弟会和铁路列车员兄弟会则是温和的"共济性"铁路工人组织。

在经济危机的第四个年头，即 1877 年 7 月中旬，备受剥削压榨的铁路工人爆发了大罢工。1877 年铁路大罢工的导火线是宾夕法尼亚铁路公司通知，自当年 6 月 1 日起，进一步削减工资 10%。铁路工人忍无可忍，自发地举行了罢工。美国工人党并没有事前鼓动过罢工，但不久就卷入了这次伟大的罢工运动，并在一些地方掌握了罢工的领导权。

罢工于 1877 年 7 月 17 日在西弗吉尼亚的马丁斯堡开始，铁路工人罢工并阻止货车通过。铁路公司召来民兵，但不少民兵对铁路工人表示同情。宾夕法尼亚州长请求海斯总统派联邦军镇压。海斯应州长的要求派出 200 名武装士兵镇压了罢工。马丁斯堡的铁路工人罢工虽然被镇压，但它的星星之火很快在巴尔的摩-俄亥俄铁路燃起了燎原之火。海斯总统又派联邦军进行镇压，但罢工却迅即扩展到西弗吉尼亚、马里兰、宾夕法尼亚、纽约、新泽西、俄亥俄、印第安纳、肯塔基、密苏里和艾奥瓦各州，估计有 8 万多铁路工人和 50 万其他行业的工人卷入了罢工。7 月 19 日，在匹茨堡及其近郊的罢工斗争最为激烈。民兵同情罢工，这个城市许多行业的工人乃至居民都站在工人一边。当联邦军袭击罢工工人时，罢工工人进行了自卫，英勇地与联邦军搏斗，并迫使联邦军撤出了匹茨堡城。在圣路易斯，工人曾一度控制了城市。在纽约、新泽西、俄亥俄、印第安纳、伊利诺伊和其他州都爆发了工人与前来镇压的军队搏斗的英勇斗争。虽然工人团结一致，并在小商人、农民和城市居民的支持下顽强斗争，但最终还是被资产阶级及其政府所镇压。

1877 年的铁路工人大罢工表现了美国工人阶级的阶级团结和战斗性。恩格斯评论这次罢工事件时写道："罢工事件使我非常高兴。美国人参加运动同大洋彼岸的工人完全不同。废除奴隶制总共不到十二年，而运动已经这样猛烈。"① 在 1877 年铁路工人大罢工以后，美国资产阶级开始强化国家机器，在重要的城市都设立了大的武器库，驻扎联邦军，以便随时镇压工人运动。

美国工人党由于党内两派忙于辩论，事先不了解铁路工人的动向，更没有鼓动铁路工人罢工。罗伯特·布鲁斯曾研究过霍博肯和费城美国工人党的会议记录得出结论，美国工人党"党员……对伟大的劳工起义事先一点也不知情"②，其他支部也是这样。新成立的美国工人党在它存在的第一年，与铁路工人没有多少接触。只有辛辛那提支部于 1876 年夏曾通过决议，谴责俄亥俄-密西西比铁路公司的劳工政策，当时这一线路的工人正在罢工。这个支部把一份决议交给了罢工工人。但在拉萨尔分子控制了这个支部以后，该支部就只关注政治行动，不再同铁路工人接触了。在 1877 年大罢工开始时，美国工人党只有一个名叫哈里·伊斯门的东圣路易斯机工，与铁路工人保持密切的联系。不过，罢工爆发后不久，美国工人党很快地卷入了这场伟大的斗争。

1877 年 7 月 22 日，设在芝加哥的美国工人党全国执行委员会召开会议，发表《告工人书》，呼吁所有的工人援助"现在正在为保卫正义和平等权利而斗争"的罢工者。与此同时，全国执行委员会给火车司机兄弟会的主席彼得·阿瑟打电报，承诺美国工人党会支持这个兄弟会。同日下午，全国执行委员会向所有支部发出通知，要求它们给予罢工者"一切可能的道义和物质的援助"③，还提出了争取实现八小时工作日以及铁路和电报线路国有化的要求。美国工人党各个城市的支部主动地参加了罢工斗争，但各支部在铁路罢工中所起的作用大小不一。不过，有一点是共同的，各个城市的支部都不主张武装暴动。

美国工人党在一些城市只限于召开会议，对罢工者表示同情，谴责铁路公司和政府的暴行。旧金山的美国工人党领导人于 1877 年 7 月 23 日在市政

---

① 中共中央马克思恩格斯列宁斯大林著作编译局编译：《致马克思（1877 年 7 月 31 日）》，《马克思恩格斯全集》第 34 卷，北京：人民出版社，1972 年，第 63 页。

② Robert V. Bruce, *1877: Year of Violence*, Indianapolis: Ivan R. Dee, 1959, p. 228-230.

③ Philip S. Foner, *The Great Labor Uprising of 1877*, New York: Cambridge University Press, 1977, pp. 115-116.

厅开会，谴责铁路公司，支持东部的铁路罢工工人。会议通过决议，对罢工者表示同情，反对赠予私人集团土地、特权和津贴，抨击资本对人民权利的侵害，要求州政府和联邦政府立即采取行动，开办公共工程，给失业者提供就业机会。在波士顿、帕特森和纽瓦克，美国工人党的支部举行了同情罢工者的集会。波士顿的集会还重申了美国工人党全国执行委员会通告中的主张。费城支部召开的会议被市长威廉·斯托克利取缔，党的领导人约瑟夫·斯坦纳被指控煽动骚乱遭逮捕。在纽约城，7月25日晚，约两万人参加了美国工人党在汤普金斯广场举行的集会，市政当局如临大敌，当天下午就有 200名警察进入广场，还有 600 名警察在附近集结待命，1000 名海军陆战队枕戈待发，随时准备镇压。在这次集会上，美国工人党纽约支部的书记利安德·汤普森宣读了美国工人党关于支持铁路大罢工的决议，表示纽约工人衷心同情全国各地罢工的铁路工人，指出所有的公司是工人阶级最专制的敌人；号召全国工人为了解放自己，尽快地团结到他们自己的政党中来；美国工人党一旦掌握政权，就要为了工人的利益，没收公司的财产。集会上通过了致海斯总统的信，指出全国有 300 万人失业，到处流浪，大多数就业的人也处于饥饿的边缘，政府迄今能给这些不幸的美国人提供的只是"吊死鬼的绳索和士兵的铅弹"；派出军队介入铁路工人和矿工与公司的斗争一事表明政府只是为公司的利益服务，政府代表资本的利益而忽视劳工的利益是大罢工的根本原因；要避免将来发生像铁路大罢工的事件，唯一的途径是由国家控制交通、通信系统和银行。不制止有利于资本的倾向，国家就会面临"北方的白人工资奴隶"的革命。在肯塔基州的路易斯维尔，英语支部和德语支部于 7 月 24日主持了大规模的群众集会，为罢工者募集资金。但这两个支部没有参加 7月 25 日和 26 日的示威游行。在 7 月 27 日由英语支部举行的会议上，讲演人强调，美国工人党"反对全国所表现出来的暴力精神"，反对"骚乱和暴徒的暴力"，建议"温和地、和平地抵抗资本的压迫"。在辛辛那提，德语支部、英语支部和波希米亚语支部举行群众集会时通过决议，反对铁路公司削减工人工资，谴责西弗吉尼亚、宾夕法尼亚、马里兰等州政府和海斯总统不顾人民的愿望，为了垄断公司的利益，动用武装部队屠杀无辜的男人、妇女和儿童。保证使用一切合法手段，支持正在罢工的、被蹂躏的工人。

在一些城市，铁路罢工扩大到其他许多工业部门，芝加哥和圣路易斯更为明显。在这两个城市，美国工人党参与了对罢工的领导。芝加哥和圣路易斯都是铁路的枢纽。7 月 21 日下午，美国工人党的芝加哥支部组织了群众集会，约有两万名工人参加。在集会上讲话的有美国工人党的领导人乔治·希林和艾伯特·帕森斯，其要求将铁路和电报线路国有化。美国工人党指定了一个委员会发出通知，号召所有工人罢工与铁路工人联合行动。美国工人党的领导人帕森斯一直在罢工工人中间活动，同时吸收了几百名工人入党。罢工使芝加哥全城陷于瘫痪。不久，帕森斯和希林以及美国工人党的全国书记菲利普·范·帕顿因参与罢工而被捕。7月26日，在哈尔塞街的高架桥上，警察与罢工者之间发生了战斗，芝加哥成了第二个匹茨堡。随后，芝加哥的罢工被镇压，约有30—50名工人惨遭杀害，约有100人受伤。

在圣路易斯，美国工人党于7月24日主持召开了群众集会，至少有一万人参加，其中铸工和机工约有1500人，集会以后举行了示威游行。亨利·阿伦以美国工人党全国执行委员会的名义，号召工业各部门举行总罢工，要求制定和实施八小时工作日法，对违反该法者严惩不贷，要求禁止雇佣14岁以下的儿童。美国工人党一度控制了整个城市。黑人也参加了总罢工和美国工人党组织的示威游行及群众集会。本来，美国工人党在圣路易斯领导的罢工形势很好，但由于圣路易斯没有强大的工会，美国工人党只能通过举行群众集会来保持与工人的联系。最后，罢工为联邦军镇压。

1877年的铁路大罢工中，美国工人面临着强大的对手，这种情况是过去美国工人运动中所未见的。铁路巨头与政府相勾结，动用联邦军镇压了罢工。美国资产阶级及其政府残暴地镇压罢工，一方面是担心1871年的巴黎公社在美国重演，因此甘冒天下之大不韪，对罢工进行疯狂的镇压；另一方面，在70年代经济危机时期，工会大多瓦解，原来30个全国性工会到1877年只剩下9个，会员总数只有5万人，地方性工会也大多消失，资产阶级利用这个有利时机，企图一举摧毁整个工会运动。

在1877年的铁路大罢工中，美国工人党中的马克思主义派和拉萨尔派都支持罢工，但各自对美国工人所面临的问题提出了不同的解决方法。马克思主义派提出要重建工会和组织新的工会，进而建立强大的全国性工会联合会。美国工人党纽约支部的马克思主义者在7月24日晚举行群众集会。会上，麦克唐纳强调工人必须组织起来，不同行业的工人必须在工会的旗帜下联合起来。美国工人党和雪茄制造工人联合会的阿道夫·斯特拉瑟号召工人，"你们要组织起来，组织你们的工会，组成州的中央委员会和所有工会的联合会。这样，我们就能成功地抵抗暴虐的资本家"。集会上通过的决议，除了强烈抗议政府动用民兵来反对人民，对正在罢工的铁路工人表示同情外，还指出，

"所有工人的紧急任务是组成工会，协助建立所有行业的全国联合会，这样才能成功地抵抗和征服联合的资本"。与此同时，拉萨尔派主张立即采取政治行动，强调只有通过选票箱才能解决劳工的问题。美国工人党的路易斯维尔支部通过的决议，宣扬"选票箱是我们与资本之间的媒介"。在 7 月 27 日举行的集会上，该支部主张"通过投票箱来医治一切弊病"。美国工人党在芝加哥举行的声援铁路工人的群众集会上，帕森斯说，"到选票箱那里去"，让"美国政府占有这个国家的所有的铁路。如果人民……占有了铁路和电报，我们就拔掉了杰伊·古尔德和汤姆·斯科特嘴上的刺，他们就不再能把我们刺死"。美国工人党党内两派在对待美国工人运动的政策上的分歧，使美国工人党未能集中全力支持 1877 年的铁路大罢工。

第四节　美国工人党的分裂

在 1877 年铁路大罢工期间，美国工人党通过举行群众集会和示威游行，特别是在芝加哥和圣路易斯，通过领导工人罢工，有了更多的机会接触美国工人。工人们在集会上听到美国工人党抨击资本主义制度，宣传社会主义。所以，在铁路大罢工后，工人党的党员人数大幅度增加，特别是有不少土生的美国工人入党。其中值得一提的是底特律的年轻印刷工人约瑟夫·拉巴迪和贾德森·格里内尔。他们创办了《社会主义者》周报，在土生的美国工人中间宣传社会主义。

在铁路大罢工后，美国工人党中的马克思主义者认为，迫切的任务是建立工会的全国联合会，把实现八小时工作日作为主要的要求。1877 年大罢工的失败证明，只有建立强大的工会才能抵御雇主的进攻。大罢工后，全国的资产阶级采用黑名单的手法，开除罢工者和工会会员。弱小的工会无力反击有组织的资产阶级进攻。1877 年底仅存的 9 个全国性工会中，有的尚能开展一点活动，但多数已名存实亡了。

随着 1877 年大罢工的失败，美国工人党中的拉萨尔派关于政治行动的鼓噪甚嚣尘上，其鼓吹采取政治行动，依靠选票箱来解决工人的问题。拉萨尔派控制的党的机关报《工人之声》于 1877 年 8 月连篇累牍地发表文章，宣传他们的主张。他们说，法律在公司一边，公司掌握立法机关，控制了大多数报纸，可制造不利于工人的公共舆论。如果公司通过这样来控制立法机关、报纸，能召来武装部队粉碎工人的斗争，那么工会有什么用呢？

拉萨尔派大肆鼓吹政治行动，同大罢工失败后整个工人运动中发生的新倾向有密切联系。大罢工的失败、工会的瓦解和政府对劳资纠纷的干预，使一些工人运动的领导人认为，政府反对工人的要求是因为政府里没有代表工人利益的官员，工人必须把能代表自己利益的人选进政府和国会，才能实现工人的要求。因此，他们也宣扬工人与剥削者进行斗争的唯一途径是选票箱；工人必须要组成自己的政党，把自己的代表选入政府。因此，他们也寄希望于独立的政治行动上。于是，全国各地特别是工业中心，都纷纷建立了劳工党。他们不懂得工人阶级必须在经济和政治两个战线上联合起来，才能争取自己的解放。由于在铁路大罢工期间，农民和小商人出于对铁路公司的不满，同情和支持了罢工工人，所以一些新成立的劳工党与农民的绿背纸币党联合起来。绿背纸币党成立于1875年，其因反对1875年1月联邦政府颁布的恢复金本位条例，拒绝使用新币，主张继续使用已经贬值的旧绿背纸币而得名。绿背纸币党运动要求维持廉价通货，反对货币升值，以便债务人能迅速还清债务，并希望具有一定资金和少量资金的人在事业上能同富有的竞争者具有平等的机会。早在1876年，绿背纸币党就邀请劳工代表参加该党在印第安纳波利斯举行的会议，提名了总统和副总统候选人，但竞选结果只获得81000张选票。铁路大罢工后，工人运动中出现了与绿背纸币党运动建立工人和农民联合政党的要求，主要是两者都寄希望于投票箱。1877年底至1878年初，在纽约、宾夕法尼亚、俄亥俄等州都出现了工人和绿背纸币党人联合行动的情况。

美国工人党中的马克思主义者反对工人同绿背纸币党联合。早在1876年4月，在匹茨堡举行的全国劳工大会上，奥托·魏德迈就表示，反对在条件不成熟时进行政治行动，反对与绿背纸币党的币制改革者联系。他认为，美国工人应该首先组织工会和工会联盟。绿背纸币党曾呼吁美国工人党的英文机关报《劳工旗帜》报支持绿背纸币党运动，遭到了拒绝。但是，绿背纸币党在美国工人党，特别是一些英语支部中有一定的影响。麦圭尔公开号召工人参加工人运动同绿背纸币运动相联合的绿背劳工运动。1877年4月末，美国工人党的英语支部和绿背纸币党在匹茨堡举行会议，研究在即将来临的大选中联合开展政治行动。但是，匹茨堡及阿勒根尼的德语支部和波希米亚语支部反对与绿背纸币党联合。在1877年9月2日举行的会议上，奥托·魏德迈指出，绿背纸币党想与工人联合只是一个骗局，目的是争取工人的选票和支持货币改革。马克思主义者考虑到在过去小资产阶级改良派，特别是货币改良派削弱和致使一些工人组织瓦解的历史教训，坚决反对与绿背纸币运动联合，主张美国工人党把力量放在组织工会上。

美国工人党内的分歧越来越扩大。主张政治行动的不仅有拉萨尔派，还有土生美国人党员中的小资产阶级改良派，这两部分人不谋而合。土生的美国工人长期以来深受杰斐逊的民主思想的影响，对资产阶级民主制抱有希望。几十年来，其常常在组织工会、进行罢工失败以后，转向政治行动，把自己置于小资产阶级改良派的影响之下。因此，在党内不仅马克思主义者与拉萨尔分子意见相左，同时大多数人也与主张立即参加竞选活动的土生美国人党员意见不一致。

党内拉萨尔派认为开展政治行动的时机已经成熟，竭力要修改限制政治行动的党的纲领。由拉萨尔派控制的全国执行委员会不顾党内马克思主义者反对在条件不成熟时进行政治行动和同绿背纸币运动联合的意见，鼓励美国工人党的地方支部参加竞选活动。1877 年 8 月，路易斯维尔的美国工人党支部带头参加竞选活动。它制定的竞选纲领，除了主张八小时工作日、义务教育、禁止雇佣 14 岁以下童工和废除罪犯劳工外，还加上了与之联合的绿背纸币主义者的主张，即要求一个比过去好的金融政策。在竞选中，该支部取得了总票数 13578 张选票中的 8050 张。由于受到路易斯维尔支部竞选成功的鼓舞，美国工人党支部一个接一个地在它们的城市提名候选人。在匹茨堡，美国工人党同绿背纸币党共同提出候选人名单。在费城和巴尔的摩，美国工人党力量薄弱，鼓励工人投绿背纸币党的票。在 1877 年秋季选举中，美国工人党在一些城市中取得了一定程度的成功：在芝加哥取得 7000 张选票，在辛辛那提取得 9000 张选票，在布法罗取得 6000 张选票，在密尔沃基取得 1500 张选票，在纽约取得 1800 张选票，在布鲁克林取得 1200 张选票，在纽黑文取得 1600 张选票，在底特律取得 800 张选票。由于取得了较好的竞选结果，美国工人党的大多数支部起来反对 1876 年通过的美国工人党原则宣言，支持拉萨尔派提出修改党的纲领的要求，以便自由地参加竞选活动。特别严重的是，美国工人党在加利福尼亚州的一些领导人和许多党员放弃了过去反对排华并把华工和其他工人一起组织进工会的正确主张，与排华急先锋丹尼斯·卡尼领导的加利福尼亚工人党联合起来。

1877 年 10 月 14 日，拉萨尔派控制的全国执行委员会和监督委员会联合发出通知，于 11 月 11 日在新泽西州的纽瓦克召开代表大会。后来，大会推迟一个多月，于 12 月 26 日举行。出席大会的有 29 个支部的代表，其中 17

个是德语支部，7 个是英语支部，3 个是波希米亚语支部，1 个法语支部和 1 个妇女支部。但据全国执行委员会的报告，该党共有 72 个支部，7000 名党员。由于当年秋季竞选获得了较好的结果，拉萨尔派加强了在美国工人党各个支部中的地位。由于党内马克思主义派的左尔格、麦克唐纳、奥托·魏德迈和斯派尔拒绝出席大会，主张政治行动的人完全控制了大会。他们修改了美国工人党的纲领，删除了妨碍立即进行政治行动的内容，并把党的名称改为社会主义工人党，从而结束了美国工人党的历史。拉萨尔派完全控制了社会主义工人党。大会指定《工人之声》和在克里夫兰出版的波希米亚文日报《工人日报》为党的机关报，并决定创办一家英文报纸来代替《劳工旗帜》报。芝加哥的《先驱》报因宣传马克思主义者的工会政策而被取消了机关报的资格。党的全国执行委员会的驻地迁往辛辛那提，范·帕顿继任全国书记，全国监督委员会仍在纽瓦克，并确定了阿勒根尼城为下届代表大会的地点。

绿背纸币运动和工人运动联合的倾向在 1878 年达到高峰。1878 年 2 月，绿背纸币党在俄亥俄州的托莱多举行大会，一些工会和劳工党的领导人出席。大会提出了以货币改革为主要内容的政纲，也提出了四项劳工要求：制定减少劳动时间的法律、建立全国和州的劳工统计局、废除罪犯劳工和禁止输入劳工。在这次大会上，绿背纸币党改名为绿背纸币劳工党。这个党主要由小资产阶级改良派操纵。绿背纸币运动与工人运动的联合是短暂的，农民的主要兴趣在于货币改革，而工人主要关心他们的劳动和生活状况的改善。而且，在资本主义制度下，货币制度的任何改变都不能解除农民的苦难。在 1878 年最后几个月，经济危机结束，经济开始复苏，农产品价格不断回升，许多农民对货币问题失去了兴趣，纷纷退出运动，绿背纸币运动就开始衰落了。

美国工人党存在的时间不长，但它对美国社会主义运动和工人运动作出了一定的贡献。它支持 1877 年铁路大罢工，在芝加哥和圣路易斯领导了罢工；党内马克思主义者在同拉萨尔派的大辩论中，进一步阐述了工人阶级经济斗争和政治斗争相结合的原则，并且在工会主义者和社会主义者中产生了一定的影响。美国工人党吸收了一些黑人党员。彼得·克拉克是美国工人党时期出现的第一位著名黑人社会主义者。在美国工人党存在时期，许多各种文字的社会主义报纸在美国出版，直接或间接支持美国工人党的至少有 24 家报纸，这些报纸扩大了美国工人党的政治影响，使社会主义思想进一步传播。美国工人党作为美国的第一个社会主义政党，在美国社会主义运动中是有其功绩的。

第七章　向垄断资本主义过渡时期的
社会经济情况

美国从 19 世纪 70 年代起即由自由资本主义开始向垄断资本主义过渡。这一过渡过程与美国由农业国转变为工业国的过程交叉进行。在 80 年代，工厂制在美国全国范围内取得了决定性的胜利。在 19 世纪 80 年代、90 年代和 20 世纪初，工业垄断资本和金融资本迅速发展，垄断资产阶级的经济权力迅速转化为政治权力，控制了美国政府，其对外进行扩张，对内加强对工人的剥削；同时不择手段地兼并中小企业，这引起了劳资矛盾的激化，工人罢工斗争迭起，也引起了中小企业和农场主对垄断势力的反抗。

美国的社会和经济发展在 19 世纪 80 年代以后的新变化，带来了美国工人运动和社会主义运动的新情况和新特点。垄断资本由于攫取了大量的超额利润，在工人阶级队伍中培植了工人贵族，代表工人贵族利益的美国劳工联合会的领导人实行阶级调和及改良主义的路线，对美国工人运动和社会主义运动起了严重的破坏作用。

资产阶级在思想上借用社会达尔文主义腐蚀美国人民和工人，反对社会主义。在政治上，资产阶级改变统治手法，在对工人运动和社会主义运动进行暴力镇压的同时，采取改良主义政策，用资本主义改良来反对革命，用局部修缮资本主义制度来反对社会主义，同时缓和与中小企业家的矛盾。

在国际上，在恩格斯于 1895 年逝世后，各国出现了伯恩斯坦修正主义、全面修正马克思主义，这也给美国的社会主义运动带来了不良影响。

第一节　社会经济情况

美国从农业国转变为工业国与自由资本主义向垄断资本主义过渡交叉进行。在 19 世纪 70 年代末，工业在国民经济中的地位超过了农业，1879 年工业总产值（采矿业和加工工业）为 56.71 亿美元，1880 年农业产值为 41.29 亿美元，工业产值超过了农业产值。在 80 年代，工厂制在美国全国范围内取得了决定性胜利，1890 年现代工厂生产的产品在制造业总产量中占 80%，占了绝对优势。1894 年，美国工业在世界上取得了领先地位。在美国，从 70 年代起，自由资本主义开始向垄断资本主义过渡，美国第一个联合制企业出现于 1870 年的铁路部门，在工业部门则开始于 1876 年成立的密歇根食盐协会。托拉斯的兴起以 1879 年石油托拉斯的组成为肇端，它于 1882 年控制了全国 90% 的炼油设施。不久，许多工业部门的托拉斯组织相继成立。洛克菲勒于 1899 年创立的美孚石油公司资本达 11000 万美元，每年利润达 4500 万美元。接着，他插手钢铁业、制铜业、航运业和银行业，每年利润达 8100 万美元，他的家产总计达 20 亿美元。卡内基这个钢铁大王，1880 年每月生产一万吨钢，每年利润达 150 万美元，1900 年利润达 4000 万美元。同年，他将他的钢铁公司出售给摩根，价钱是 49200 万美元。摩根组建了美国钢铁公司，把卡内基的公司与其他公司合并，出售的股票和债券达 13 亿美元。在 19 世纪结束时，美国电话电报公司垄断了全国的电话系统，国际收割机公司生产了美国 85% 的农机。

为了攫取巨额利润，垄断资产阶级不仅加强了对工人的剥削，而且不择手段地兼并中小企业，使中小企业处境困难。中小企业这个"中间阶层"是资本主义生产中一个动摇不定的、成分复杂的集团，易于被垄断资本的强大竞争所粉碎。1873—1878 年的经济危机中，有大量资本薄弱的企业破产。1878 年这一年中，在一万家企业中有 158 家破产；在 19 世纪 80 年代中期，一万家企业中有 120 家破产；在自 1895 年起的持续五年的经济危机中，一万家企业中有 133 家破产。垄断组织在吞并中小企业和贿赂报纸及立法机关方面是不择手段的。查尔斯·比尔德谈及美孚石油公司的历史时写道："在这整个具有戏剧性的历史中……不诚实、欺诈、撒谎、粗野和金钱欲等，是同能建立庞大的面对公众的经济业务的机构的智慧相结合的。"① 正是由于中小企业和农民反对垄断，迫使国会不得不在 1890 年通过了反托拉斯的《薛尔曼法》。但是，这一法令并没有扼制垄断公司的发展。《薛尔曼法》的唯一真实作用是最高法庭可任意解释该法，把工会说成违背了"劳工自由"，并在工会举行罢工时按该法指责罢工破坏了州际贸易，对罢工进行镇压。

在 19 世纪 90 年代，美国金融资本迅速发展起来。其时，全国大部分铁路分为六大系统，其中四个系统全部或部分地由摩根财团所控制，而其他两个系统则由库恩-罗比财团等控制。摩根在 1900 年控制了 10 万英里铁路，相当于全国铁路总长的一半。1895 年，美国黄金储备情况不佳，但纽约的 26 家私人银行却拥有价值 12900 万美元的黄金。约翰·摩根公司、奥古斯特·贝尔蒙特公司、花旗银行和其他银行组成的银行家辛迪加向政府提出以黄金交换政府债券。总统克里夫兰同意后，银行家以高价将政府债券出售，牟利达 1800 万美元。摩根财团控制的三家保险公司拥有 10 亿美元资产。他们利用人民支付保险的钱来进行投资，一年投资额达 5000 万美元。银行家与许多垄断公司相结合，银行家成为许多大垄断公司董事会的重要董事。摩根是 48 家公司董事会的董事，洛克菲勒是 37 家公司董事会的董事。这正如列宁指出，"银行资本与工业资本已融而为一，因而在这个金融资本基础上造成了金融寡头"②。

随着垄断资本主义的迅速发展，资本家开始贿赂政府官员和议员，政府与资本家沆瀣一气，政府成为资本家的代言人。例如，最高法院于 1895 年对《薛尔曼法》的解释有利于垄断公司。其声称炼糖垄断公司是制造业的垄断，而非商业垄断，不受该法的限制。最高法院却利用该法反对 1894 年的州际罢工，指责罢工阻碍了州际贸易。过几年后，最高法院反对取缔美孚石油公司和美国烟草垄断公司，胡说什么《薛尔曼法》只禁止"不合理"的限制贸易的公司合并。宪法第十四修正案本来是由于黑人的斗争迫使国会以法律形式肯定黑人的某些权利，但最高法院不仅破坏这一修正案的实施，而且利用这一修正案来保护垄断公司的利益。1890—1910 年之间，最高法院受理的涉及第十四修正案的案件，有 288 件是关于垄断公司的，只有 19 件是关于黑人的。

---

① Charles Beard and Mary Beard, *Rise of American Civilization*, Vol. Ⅱ, New York: The Macmillan, 1941, p. 178.

② 中共中央马克思恩格斯列宁斯大林著作编译局编辑：《列宁选集》第 2 卷，北京：人民出版社，1995 年，第 685 页。

1895 年，在一次宴会上，一位纽约的银行家向最高法院的人祝酒，称赞他们为"美元的保护人和财产的保卫者，抢劫行为的敌人，共和国的副锚"①。"在1900 年的参议院中，16% 或 18% 是企业主。事实上，在 1910 年宪法修正案规定直接选举以前，参议院中企业主的人数很多，而被称为百万富翁俱乐部"。②在"进步时期"，罗得岛的企业主、小约翰·洛克菲勒的岳父内尔森·奥尔德里奇是参议院的五大巨头之一。大资本家阿朗索·汉纳为提名和选举威廉·麦金莱当总统而提供大笔钱款。大资本家约翰·沃纳梅克任邮政部长，投资银行家利瓦伊·莫顿任副总统。随后，任美国总统的伍德罗·威尔逊于1912 年毫不讳言地说："美国政府的主人是美国联合的资本家和制造主。"③

第二节　社会主义运动面临的新形势

美国社会和经济的发展在 19 世纪 80 年代以后所产生的急剧变化，对美国工人运动和社会主义运动有深刻的影响。19 世纪 70 年代以后，美国工人阶级的情况是：第一，在工人内部结构中，移民工人、女工和童工占一定比例。在 1873 年、1882 年、1892 年和 20 世纪初，移民流入达到高潮，移民多为男子，充当非技术工人。1870 年，外国生人占矿业劳工的 53.3%，在纺织业中占 37.6%，在一些地区的钢铁业中占 43.4%。1890 年，矿业和钢铁业中的外国生人比例稍有下降，分别为 49.1% 和 37.9%，但在纺织业中上升到42.8%。1900—1914 年有 1300 万移民到达美国。因此，工业部门和矿业中多数工人是外国生人。在土生劳工中，妇女就业率增加。1870 年妇女占劳动力的 14.6%，1900 年上升为 18.3%。在整个劳动力中，妇女人数由 1870 年的1800 万人增至 1900 年的 5300 万人。多数妇女从事家务劳动或教书。在制造业工人中女工占 16%，在纺织业和服装业中约占 70%，在雪茄和烟草业中约占 35%，在造纸和印刷业中约占 25%。1900 年，10—15 岁的童工在劳动力中占 20%。第二，在工人阶级内部，技术工人同非技术工人的境遇不同。1900年，钢铁业和其他工业部门的技术工人每周工资为 18 美元，而非技术工人仅

①　Howard Zinn, *A People's History of the United States*, New York: Harper Perennial, 1980, p. 254.

②　Herman E. Krooss and Charles Gilbert, *American Business History*, New Jersey: Prentice Hall, Inc., 1972, p. 163.

③　Herbert Aptheker, *Laureates of Imperialism*, New York: Masses & Mainstream, 1954, p. 10.

为 8.80 美元。第三，由于美国自 19 世纪 70 年代开始向垄断资本主义过渡，生产和资本逐渐集中，导致出现工人集中的趋向。例如，在 20 世纪初，大公司占全国工业企业总数的 26%，但所雇佣的工资劳动者占 75% 以上，生产总值占 79%。第四，过去不少工人有机会通过自己的努力上升到资产者的地位，可开办小商店或小的工业企业，但到了 19 世纪末和 20 世纪初，大资本具有控制一切的权力，任何人要在工业中成为雇主，需要有大笔资本，因此工人成为资产者的可能性极小。相反地，小企业主在垄断资本的竞争下破产而被抛到工人行列的情况增多，不少农场主也因破产而成为工人。

垄断资本家竭力加强对工人的剥削，工人劳动时间长、工资低。1909 年，多数工人每周劳动 50 至 60 小时，有些行业工人劳动时间更长，如水泥工业约 71% 的工人每周劳动 72 小时，钢铁工人每周也工作 72 小时，每天两班倒，每班工人劳动 12 小时，每周劳动 6 天。从统计数字看，工人工资有所增长。1860—1890 年，工资收入者的工资增长了 49%。但这是平均数，掩盖了不同工业部门管理人员与一般工人、技术工人与非技术工人以及不同地区工人之间的工资差别。例如，太平洋沿岸工资较高，而南方工资最低。在制造业中，1900 年工资收入者每年平均工资为 435 美元，在煤气和电力工业中平均为 200 美元，农业工人为 247 美元。由于当时美国正处于自由资本主义向垄断资本主义过渡的时期，竞争极为激烈，为了在竞争中取胜，资本家往往压低工资，延长工作时间，并在生产上采用"加速"制度，以便生产价廉质高的产品击败竞争者，这也加剧了劳资矛盾和冲突。工人为改善劳动条件和提高工资、缩短工时进行了英勇的斗争。在 1881—1900 年之间共发生 22793 次罢工，涉及 117000 个企业。仅在 1894 年就有 75 万名工人参加了罢工。有一些罢工取得了胜利，但许多罢工特别是反对垄断公司的罢工往往以失败而结束。19 世纪 80 年代的争取八小时工作日运动遭到镇压。在 90 年代，最重要的罢工——荷姆斯特德的钢铁工人大罢工和德布斯领导的铁路工人大罢工都在雇主和政府的联合镇压下失败了。

在 19 世纪 70 年代至 20 年代初，美国资本家对劳工的政策是不妥协地反对工会运动和社会主义运动。为了反对工会，资本家联合了起来。第一个全国性的雇主协会是 1886 年成立的全国炉具铸造主保卫协会，其目的是"联合同仁，反对劳工不公正的、非法的和没有根据的要求"。1895 年成立了全国制造主协会，资本家及其协会采用黑名单、"黄狗契约"、劳工探子、法庭禁令、雇佣工贼等各种手段破坏工会。许多公司还雇佣私人警察，以武力镇压工人罢工。

与此同时，资本家开始采用所谓福利资本主义和产业民主的改良主义手法来笼络技术工人，分裂工人阶级和瓦解工人的斗志。美国垄断资本主义的发展具有比欧洲国家更多的优越性。例如，有丰富的原料资源；有移民作为劳动力，不需要像欧洲那样花费一定资本来训练工人；有广袤的土地，资本家得到国家赠予的土地，不支付地租，不必把一部分剩余价值分给地主；利用新的技术和工艺，不断改进生产技术，提高生产率；保护关税使美国资本家独占国内市场；铁路等交通运输的改善使国内市场不断扩大。因此，美国资本家能以更快的速度积累和扩大资本，能从工人身上榨取比欧洲更多的剩余价值。例如，在 19 世纪末叶，两个美国工人的生产量相当于五个英国工人的生产量。这一切使得美国资本家可以对一部分工人支付较欧洲国家工人更高的工资，这就可在土生的美国白人技术工人中形成较富裕的阶层，形成工人贵族。例如，1913—1914 年的科罗拉多州矿工罢工被武力镇压后，小约翰·洛克菲勒就实施了福利计划，包括养老金、事故和健康保险、利润分享、设立俱乐部、体育场等。在 1914 年以前，这种福利计划只是在大企业中实施。资产阶级交替使用这两种统治手法，目的是破坏工人运动和社会主义运动。

美国的工会运动在 19 世纪 80 年代以后发生了重要变化。劳动骑士团是继全国劳工同盟后一个规模较大的全国性劳工组织。它在经历过 1869—1879 年的秘密组织时期以后，从 1879—1886 年为组织发展时期，1886 年会员数达 70 万人。但是，由于它组织上的松散、思想上的混乱，特别是后期，它的领导人反对罢工斗争，实行阶级调和，幻想在资本主义制度下搞货币改革和企图以建立合作社来代替雇佣劳动制度，致使其内部斗争迭起，加上方兴未艾的美国劳工联合会与它争夺工人运动的领导权，在 1886 年以后就急剧衰落了。而 1886 年在"美国及加拿大有组织的各业及工会联合会"的基础上成立的美国劳工联合会，曾在争取八小时工作日运动中起了重要作用。但它竭力维护技术工人的特权地位，主要是组织技术工人的行业工会，以集体议价的方式与资本家进行斗争；用支持限制移民的办法对付移民工人的竞争；用学徒制和非工会会员不得雇佣的制度来排斥非技术工人；支持保护关税制来对付外国商品的竞争。美国劳工联合会实行的是改良主义路线，工人贵族是它的社会基础，它只是在现存的资本主义范围内组织工人开展争取日常经济利益的斗争。它的口号是"做一天公平的工作，得一天公平的工资"①；它奉行阶级合作政策，认为劳资对立是不必要的，资本和工人是相互依存的。美国劳工联合会的领导塞缪尔·龚帕斯和约翰·米歇尔于 1901 年参加了美国公民协会的资产阶级御用组织，以处理劳资矛盾为名，扼杀革命的工人运动。龚帕斯和米歇尔每年从美国公民协会得到 6000 美元的薪俸。它主张纯经济斗争方法，反对独立的政治运动，在竞选中与共和党或民主党达成协议，以获得保证在议会中保护工会的利益，它的口号是"惩罚你的敌人，酬报你的朋友"；它只是按行业原则组织工会，反对按产业组织工会；它征收高额的入会费和会费，目的是建立雄厚的基金用于本工会的救济和保险，闭门不纳收入低的非技术工人，防止战斗性强的工人开展激烈的罢工斗争和反对美国劳工联合会的阶级合作政策；它实行种族歧视，排斥有色人种工人，以巩固白人技术工人的特权阶层地位。由于该联合会采取改良主义和机会主义路线，使得 90% 的工人没有组织起来，受到资本家的沉重剥削。劳工联合会对美国社会主义运动起了破坏作用。

　　19 世纪末和 20 世纪初，由于生产趋于集中，工人集中程度增加，这为按产业组织工人特别是非技术工人提供了条件。世界产业工人同盟在一定程度上开展了产业工会运动，但由于它受无政府工团主义的影响，未能取得多大的成效。

　　在广大农村，19 世纪末叶长期的世界性农业危机使农民处境更加恶化。小农户（小农场主）的收入下降，承租和负债现象急剧增加。在 90 年代，有 27% 的农场抵押出去。承租现象在 1880 年为 25%，1910 年增至 37%。铁路垄断组织提高运价，拥有谷仓和仓库的人提高租金，银行提高贷款利息甚至取消了许多农场赎回抵押品的权利。银行家和粮食投机商以低价收购谷物，致使谷贱伤农。因此，1890—1896 年，人民党运动蓬勃发展，反对垄断资本和中介商人的剥削。

　　垄断资产阶级在思想上竭力宣传社会达尔文主义，腐蚀广大人民和工人，

---

　　① 恩格斯曾批判过这一口号，指出："按照我们通常所说的公平，工人的工资应该相当于他的劳动产品。但是按照政治经济学，这并不是公平的。相反，工人劳动的产品落到了资本家手里，工人从中得到的仅仅是生活必需品。所以这种不平常的'公平'的竞赛结果就是，劳动者的劳动产品不可避免地积累在不劳动者手里，并变成他们手中最有力的工具，去奴役正是生产这些产品的人。"（中共中央马克思恩格斯列宁斯大林著作编译局编译：《马克思恩格斯全集》第 19 卷，北京：人民出版社，1963 年，第 275 页。）

消弭他们对垄断资本的斗争精神。达尔文主义认为在自然界存在"生存竞争"和"适者生存"。社会达尔文主义把这种观点用于社会，主张在竞争的社会中，只有最佳的竞争者才能取得胜利；认为事物发展是缓慢的、渐进的，因此主张维持社会现状，反对一切改革，反对一切社会变革。英国哲学家、社会达尔文主义者赫伯特·斯宾塞在19世纪70年代至90年代的美国影响很大。自19世纪60年代至1903年12月，他的著作在美国出版数达368755册，这在当时哲学和社会学著作出版方面是罕见的。斯宾塞反对国家帮助穷人。他说，穷人不是适者，应该消灭。"从世界上把他们消灭掉，给适者留下发展的余地"，"如果他们足以竞争而生存，那他们就生存好了。诚然，他们应该生存。如果他们不足以竞争而生存，他们死了算了。他们应该死。这是最好不过的事"。[1]他反对某些社会主义者所主张的由国家管理生产和分配，认为这不利于工业的发展，不利于优秀公民及其后代，而有利于劣等公民。斯宾塞于1882年秋访问美国时，美国钢铁大王卡内基在他写的《财富》一文中称赞斯宾塞的理论，说这种理论保证了在各个部门使适者生存。当斯宾塞在码头上告别欢送的人群时，他握着卡内基等人的手，称卡内基等人是他在美国最好的朋友。这一言道破了斯宾塞的社会达尔文主义与美国资产阶级的关系。美国最有影响的社会达尔文主义者是威廉·格雷厄姆·萨姆纳，他在19世纪70年代、80年代和90年代连篇累牍地发表文章，宣扬社会达尔文主义，反对革命，反对社会主义，反对国家对资产阶级企业的干预。他的主要观点来自斯宾塞和马尔萨斯。他认为"文明的过程就靠淘汰，靠没有限制的竞争。竞争是自然法则"[2]。他毫不讳言地为资产阶级涂脂抹粉。他说"资本家的巨富是其指挥工作的合法工资。在生产竞争中，金钱是成功的标志"[3]。他认为百万富翁是党争文明的开花结实。他攻击社会主义，指责社会主义者是"渺小的爱管闲事的人和社会的庸医"。他说，"历史将教训他们，革命是绝不会成功的"[4]。

　　社会达尔文主义在当时的资产阶级和中产阶级中甚为流行，并影响了工人。这种理论在美国由自由资本主义向垄断资本主义过渡的时期，攻击社会

---

① Herbert Spencer, *Social Statics*, New York: Robert Schalkenbach Foundation, 1897, pp. 79-80.

② William Graham Sumner, *What Social Classes Owe To Each Other?*, New York: Harper & Brothers, 1883, p. 17.

③ William Graham Sumner, *What Social Classes Owe To Each Other?*, New York: Harper & Brothers, 1883, pp. 54-55.

④ W. G. Sumner, *The Challenge of Facts and Other Essays*, New Haven: Yale University Press, 1914, p. 58, 219.

主义，反对革命和社会变革，起了垄断资产阶级辩护士的作用，使社会舆论不利于工人运动和社会主义运动的发展。

在政治上，这个国家的资产阶级民主制度和两党制也影响了工人阶级觉悟的提高。资产阶级政党，无论是共和党或是民主党，为了骗取工人的选票，往往在他们的竞选纲领中吸收工人的一些要求，采取一些改良措施，满足工人一部分当前利益要求，以缓和工人的不满。

19 世纪下半叶到 1913 年，共和党控制了美国的政治生活，其中除了民主党的克里夫兰于 1885—1889 年和 1893—1899 年任总统外，全是共和党人当总统。在参议院，共和党在 44 年中有 38 年占多数，在众议院有 24 年占多数。这个党之所以能稳固地控制政局，主要是因为它声称过去反对奴隶制，拯救了国家，标榜是伟大的政治家林肯的党。它得到了银行家和工业资本家的支持，充作他们政治上的代表。宾夕法尼亚的一个参议员博伊斯·彭罗斯供认：“我相信分工。……你们把我们送到议会。我们在议会通过法律，你们根据法律赚钱。你们从你们的利润中拿出钱来进一步给我们提供竞选经费，再把我们送到议会，通过更多的法律，使你们赚更多的钱。把我们留在议会是你们的责任，而立法是我们的责任。……”[1] 共和党也得到西部农民的支持，因为至少是共和党颁布的宅地法给部分农民提供了宅地。各级官员和退役军人也支持共和党，因为共和党通过法律，给他们退休金。这样，共和党得到了工业资产阶级、农民、官员、退役军人和已解放的黑人的支持。

在政治上，特别重要的是统治阶级手法的改变。在 19 世纪末以前，自由资本主义从 70 年代向垄断资本主义过渡时，统治阶级对工人运动采取以武力镇压为主的统治方法，无情地派遣民兵和联邦军镇压工人的罢工。而从 20 世纪初开始，统治阶级的统治方法开始改变，其注意采取改良主义的手法来维持其统治和抵制社会主义运动。这是同 19 世纪末和 20 世纪初美国发生的一次声势浩大的“进步运动”即“改革”运动分不开的。参加这次改革运动的主要是中小资产阶级分子，也有代表垄断资产阶级利益的统治阶级头子，如西奥多·罗斯福和伍德罗·威尔逊。这些改革者在政治上要求实行直接初选、创制权、复决权和罢免权等，在经济上要求对垄断组织进行限制，主张实行雇主责任法和工人赔偿费法等社会福利措施。这场“改革”运动持续十

---

[1]　Gilbert C. Fite and Jim E. Reese, *An Economic History of the United States*, Atlanta: Routledge, 1973, p. 287.

几年之久，资产阶级中有远见的政治家西奥多·罗斯福和伍德罗·威尔逊从整个资产阶级利益出发，通过立法，诸如1903年的《艾尔金斯法》、1906年的《海伯恩法》以及1914年的《克莱顿反托拉斯法》等，调和了中小资产阶级同垄断资产阶级在托拉斯问题上的矛盾，在承认托拉斯出现的必然性基础上争取垄断组织做出一些让步，适当增加中小资产阶级的机会。与其同时，"改革"运动，特别是西奥多·罗斯福的进步党在政纲中除了包括政治改良方案外，主要罗列了劳工方面的立法方案，如工人受到工伤、疾病和死亡时的保护法，以及固定最低工资和健康标准的法律。这个政纲要求每个工厂都公布工人的工资、工时和劳动条件，还要求废除童工，对女工、青工和夜班工作的工人实行八小时工作日制和每周一个休息日。政纲中还包括社会福利计划，其中有失业的保险和老年人的抚恤金等。政纲中甚至还提出废除罢工禁令和审讯工人须有陪审团等要求。进步党的改良主义纲领，以及民主党和共和党的纲领中的改良主义内容，对工人都具有蛊惑作用和欺骗作用。

从国际上看，19世纪80年代和90年代是欧洲的社会主义运动持续得到发展的时期。在国际工人运动和社会主义运动发展的基础上，在恩格斯的领导下，第二国际于1889年7月得以创立。1889年的巴黎代表大会、1891年的布鲁塞尔代表大会、1893年苏黎世代表大会和1896年伦敦代表大会都清算了无政府主义，制定了一些工人运动的方针政策。与其同时，恩格斯及各国左派对机会主义进行了坚决的斗争，捍卫了马克思主义的路线。在1895年恩格斯逝世以后，出现了伯恩施坦修正主义。伯恩施坦狂妄地宣称马克思主义已经"过时"，妄图修正马克思主义。以伯恩施坦为代表的修正主义对美国社会主义运动也产生了消极影响。

19世纪80年代以后到20世纪初的美国社会主义运动就是在这样的历史条件下进行的。

第八章　社会主义运动中的不同倾向

控制了美国工人党的拉萨尔分子把美国工人党改名为社会主义工人党，修改了党的纲领，全力进行政治行动，参加地方的竞选活动，并一度同绿背纸币党合作，在竞选中支持绿背纸币党的候选人。

与此同时，退出社会主义工人党的左尔格、麦克唐纳和奥托·魏德迈等马克思主义者，同八小时工作日运动的鼓吹者艾拉·斯图尔德等人，在承认"缩短工作时间是走向劳工解放的第一步"这一原则的基础上，联合起来成立了国际劳工同盟，在19世纪70年代末和80年代初代表了在马克思主义影响下的工人运动潮流。

社会主义工人党企图通过政治行动来实现社会主义和国际劳工同盟力图开展的包括一切工人在内的工会运动。与此同时，无政府工团主义和无政府主义分别在芝加哥等中西部城市及纽约等东部城市崛起，并成立了革命社会党。德国无政府主义者莫斯特来美国后，成为美国无政府主义运动的领导人。接着，美国的无政府主义者成立了美国的"国际劳动人民协会"，自此美国的无政府主义运动真正形成。

无政府主义运动削弱了社会主义工人党已经衰弱的队伍。社会主义工人党明确反对莫斯特和无政府主义，并同无政府主义者就社会主义和无政府主义问题展开了辩论，对无政府主义进行了一定程度的斗争。

在1886年争取八小时工作的运动中，芝加哥发生了秣市广场事件，知名的无政府主义者被捕，有的被判处绞刑，导致了美国无政府主义运动的衰落。

在太平洋沿岸和落基山地区的"国际工人协会"则企图对已解散的"国际工人协会"（第一国际）的革命原则与巴枯宁分子的国际劳动人民协会（黑色国际）的无政府主义思潮加以调和，但以失败告终。

第一节　社会主义工人党的政治行动

1877 年 12 月成立的社会主义工人党是拉萨尔分子控制的党。大会上通过的纲领把第一国际的章程和美国工人党的纲领,以及 1875 年 5 月成立的德国社会民主党的纲领(哥达纲领)的一些内容拼凑起来,浸透了拉萨尔主义的言论。纲领宣称,"劳动是一切财富的源泉,而有益的劳动通过人们的联合努力才是可能的。所以,劳动的成果应当不折不扣地属于社会。社会现在赖以组织起来的制度是不完善的,是与普遍的福利相敌对的,因为少数人通过这个制度主宰劳动的人,他们能在竞争中实际上垄断一切劳动资料,即垄断了为人民生产和供给人民需要的一切机会。因此,群众处于穷困和依附地位。劳工的产业解放必须由工人阶级自己来实现,只能依靠自己的政党,不能靠其他政党。因此,这是一切政治运动作为手段都应服从的伟大目标"[①]。这个纲领把原美国工人党纲领和章程中有碍于进行政治行动的内容全部删掉,明确规定党的目标是动员工人阶级开展政治行动。这次大会明确宣布党的指导原则是"科学是兵工厂,理性是武器,选票是弹药"。纲领中包括十七点要求,并宣称这些要求是"在当前竞争制度下改善劳动人民状况和逐步废除这种制度的措施"。在这些要求中,除抄自原美国工人党纲领外,又增加八条:(一)禁止在对妇女健康有害和对她们有伤风化的劳动部门中雇佣女工,女工和男工同工同酬;(二)工资应以国家的合法货币支付,工资支付的间隔时间不应超过一周;(三)应以累进所得税代替直接税;(四)绝不应剥夺普选权;(五)实行直接的人民立法,使人民按其意愿,提出或否决任何法律;(六)可以罢免政府官员;(七)银行业和保险业实行国有化;(八)应立即禁止契约苦力的输入,当时在美国受契约束缚的苦力应解除契约。关于工会问题,大会只是在补充声明中宣称,党应该同工会保持友好的关系,应该推动在社会主义原则上建立工会。

在组织结构上,该党的章程规定,在一个地方只能有一个支部,支部可以再分为选区组织。一个州的所有支部应组成一个州的组织,在州的竞选以

---

① Philip S. Foner, *The Workingmen's Party of the United States: A History of the First Marxist Party in the Americas*, Minneapolis: MEP Publications, 1984, p. 103.

前，党的州组织可以举行大会。全国代表大会至少每两年举行一次，决定党的两个最高机构——全国执行委员会和全国监督委员会的驻地。这种组织结构是为了便于进行政治行动，便于参加地方、州和全国的竞选。

显然，拉萨尔派控制的社会主义工人党抛弃了1876年第一国际北美联合会同拉萨尔派统一时所确定的加强工会工作和在工人运动强大得能施加可以觉察到的影响时再开展政治行动的原则。左尔格等马克思主义者虽然退出了党，但许多主张加强工会工作的工会主义者仍留在党内，因此此后政治行动派与工会主义派的斗争时起时伏。

社会主义工人党在纽瓦克大会以后，全力准备在州和地方上参加1878年的春季竞选运动。在这次竞选中，它在芝加哥得到的选票与往年相比，由占总票数的12%增至14%，选出2名市参议员。在秋季竞选中，其在纽约得到4000张选票。在圣路易斯，有3名社会主义工人党人选进州议会。在芝加哥则选进3名众议员和1名参议员，在1879年春季竞选中，有3名社会主义工人党人选为市参议员。社会主义工人党取得这样的竞选成绩同党内工会主义者动员工会给予的支持分不开。在芝加哥、圣路易斯和纽约，党内的工会主义者虽然不同意拉萨尔主义者把选举箱看作同资产阶级进行斗争的唯一有效的武器，但却动员工会支持社会主义工人党的候选人。在1879年秋季竞选中，在芝加哥，工会主义者没有支持社会主义工人党候选人，结果其所得选票数与上次相比下降60%。党的全国书记范·帕顿也不得不承认："当今，工会组织是唯一可靠的基础。偶然的政治上的努力常常也取得暂时的成功，但是，唯一能检验政治力量的，是工会组织对政治运动支持的程度。"[1]不过，他并没有放弃他关于政治行动的主张。

1879年12月26日至1880年1月1日，社会主义工人党在宾夕法尼亚州的阿勒格尼城召开代表大会，有25名代表出席。全国执行委员会的报告没有谈及党的支部和党员的数目，这说明由于脱离工人运动，该党的力量有所削弱，所以其对党员人数讳莫如深。希尔奎特在他的《美国社会主义史》一书中估计，当时该党约有1500名党员。

大会通过了党的纲领。纲领指出，"进行劳动和创造财富的人们是社会最重要的组成部分，因而应当享有他们全部劳动成果"。而在当时的社会制度

---

① John R. Commons and Associates, *History of Labor in the United States*, Vol. II, New York: Oxford University Press, 1918, p. 284.

下，合理而公平地分配劳动成果是全然不可能的。当时的竞争工业体系把生产工具、分配和劳动成果集中于少数人手中，形成危及人民自由的巨大垄断。为此其声明："这些垄断恶魔和这种极度富有和极度贫困的情况都是得到阶级立法支持的工业体系自然产物。它们破坏一切民主，损害国家利益，并毁灭一切真理和道德。这种状况仍在继续，并得到现居于统治地位的政党的支持。……同时，鉴于工人阶级的解放必须由工人阶级自身争取，联合成为强大的工人政党，并从一切专制形式和不公正制度下解放出来，就成为工人阶级的任务了。"纲领写道，"工人争取解放的斗争是国际性的"，"工资制度已危害人类最高利益。为了废除这一制度，我们从建立合作生产和保障公平分配的观点出发，要求生活资料、生产资料、公共交通、通信事业尽快成为政府行政管理下的人民公共财产"。纲领还提出如下要求："（一）建立直接人民立法，全面修改美国宪法，使人民能够按照他们的意愿提出或否决任何法律，使自治得以保障；（二）绝对禁止剥夺普选权；（三）不分信仰、种族或性别，所有公民在法律面前一律平等；（四）设立全国劳工部；（五）废除一切旨在反对工人权利的居心叵测的法律；（六）国会应负责立即设立国家劳动统计局；（七）坚决在全国公共机构实行八小时工作日制。我们也要求通过美国宪法修正案，宣布八小时为一切工业各行业的法定劳动日；（八）在同一地区，对一切未耕土地征税，如同对已耕土地征税一样；（九）由政府统一发行货币，不得将这种权利转让任何银行和私人公司。"① 大会通过决议提出要组织全国工会、国际工会及工人联合会，党员要加入和帮助工会；在反对横行霸道资本的斗争中，对在任何形式下受压迫的工人给予衷心的同情和物质支持，要求废除把失业工人当作游民和把贫困定为罪行的违宪且不人道的法律；呼吁国会议员在国会内为废除铁路公司的特许状而努力，赠予铁路的土地要归人民占有；号召南方工人同北方工人联合起来。阿勒格尼城代表大会通过的纲领、要求和决议是拉萨尔主义的政治行动派和工会主义派之间妥协的产物，同上届代表大会的纲领相比，其已经比较重视工会工作。但纲领强调，为废除工资制度，"我们从建立合作生产和保障公平分配的观点出发，要求生活资料、生产资料、公共交通、通信事业尽快成为政府行政管理下的人民公共财产"的提法正是浸透了拉萨尔主义的观点。

---

① Oakley C. Johnson, *Marxism in United States before the Russian Revolution, 1876-1917*, New York: Humanities Press, 1974, pp. 160-163.

大会决定在纽约城创办一份社会主义日报《联合报》；决定把美国领土分为四个地理"鼓动区"，以便进行社会主义宣传。大会对党章只做了细小的修改。范·帕顿继任全国书记。全国执行委员会驻地迁往底特律。

这次大会花了许多时间讨论参加 1880 年的竞选问题。但在 1880 年的春季竞选中，社会主义工人党并没有取得多少成绩。党内工会主义者对此啧有烦言。

在 1880 年春季竞选后，社会主义工人党领导人放弃了原来独立提名党的候选人的做法，决定同绿背纸币党合作。社会主义工人党的著名人物范·帕顿、帕森斯、杜埃和麦圭尔出席了绿背纸币党于 8 月 9 日在芝加哥举行的提名候选人的大会。他们表示支持绿背纸币党的候选人。他们在会后要求社会主义工人党支持绿背纸币党的候选人，这加剧了党内的分歧，党内工会主义者的不满达到了顶点。工会主义者控制的芝加哥支部德语小组和斯堪的那维亚语小组，以 1880 年春季竞选中获选的社会主义工人党市参议员弗兰克·斯托伯被芝加哥的选举法官剥夺了议会席位为例，说明政治行动的无用，反对同绿背纸币党结盟。德文报纸《先驱》报的编辑保罗·格罗特卡和斯堪的那维亚文报《新时代》的编辑彼得森撰文反对同绿背纸币党合作。但芝加哥以说英语的党员为主的政治行动派支持同绿背纸币党合作。他们在芝加哥支部的全体党员大会上，争取多数人站在他们一边，并且把格罗特卡和彼得森开除出党。但芝加哥支部的德语小组和斯堪的那维亚语小组支持格罗特卡、彼得森，加剧了芝加哥支部内部的工会主义派与政治行动派的斗争。纽约的支部也反对社会主义工人党同绿背纸币党合作。但在这里，持反对意见的并非工会主义者，因为纽约原美国工人党内的工会主义者同麦克唐纳一起早于社会主义工人党成立时退了党。持反对意见的是最近加入党的、在德国于 1878 年《非常法令》颁布后来美国的无政府主义者和受他们影响的党员。

社会主义工人党于 1880 年 8 月中旬在党内就是否同绿背纸币党人合作问题进行了投票表决。除纽约支部、劳伦斯支部、新奥尔良支部和芝加哥支部的德语小组及斯堪的那维亚语小组外，其他支部都投赞成票。结果是 608 票赞成、396 票反对，该党决定支持绿背纸币党的候选人。1880 年秋季选举中，绿背纸币党候选人只得到 30 万张选票（在 1878 年曾获得 100 万张选票）。竞选活动一结束，社会主义工人党与绿背纸币党的联盟就瓦解了。

社会主义工人党内工会主义派和政治行动派之间的分歧削弱了党的力量。同时，由于美国经济开始复苏，工人对社会主义的热情减退，社会主工人党的报刊发行越来越困难，订户大量减少，只有 1878 年创办的德文《纽约人民报》尚能勉强维持下去。1881 年 2 月，德意志帝国国会的两名德国社会民主党议员 F.W. 弗里切和路易斯·维雷克来美国。他们是因德国社会民主党于 1880 年 8 月在维登堡代表大会上提出的，为了把党在"非常法令"下受迫害的情况告知德裔美国工人并为即将到来的德国国会选举募集基金而被派到美国的。他们在美国的东部和中西部进行了宣传社会主义的演说，受到社会主义工人党和一些工会、其他劳工组织的欢迎，但并没有为社会主义工人党吸引多少拥护者。社会主义工人党估计不能得到多少美国人的选票，决定不参加 1881 年的春季和秋季竞选。

　　1881 年 12 月，社会主义工人党在纽约城举行了第三次代表大会，出席大会的有 17 个支部约 20 名代表，其中多数来自纽约和布鲁克林。这次代表大会没有处理什么重要事务。范·帕顿在报告中承认，美国社会主义者多数没有加入社会主义工人党。范·帕顿继任全国书记。他之所以能够继任，按他于 1882 年 1 月 12 日给希林的信中所称，是因为在党内除他之外"难以找到一位能写正确英语的人"和会议的"融洽气氛"。①会后，全国执行委员会迁到纽约。社会主义工人党内的工会主义者在 19 世纪 70 年代后期和 80 年代初期，帮助建立了一些工会，诸如粗细木工人工会、缝纫工人工会、海员工会、雪茄制造工人工会、皮毛业工人工会和家具工人工会等。党内的拉萨尔分子在竞选失利后，也多少认识到工会的作用。党的全国书记范·帕顿和党内说英语的党员领袖彼得·麦圭尔对于当时美国重要的劳工组织——纽约中央劳工同盟的成立起了推动作用。纽约中央劳工同盟在 1882 年初由爱尔兰流亡者罗伯特·布利塞特召开旨在"向对英国地主所有制作斗争的爱尔兰工人致敬"的群众大会上诞生。纽约中央劳工同盟第一次会议于 1882 年 2 月 11 日召开，范·帕顿和麦圭尔出席了会议。麦圭尔在纲领的起草中起了很大的作用。纲领指出，"在现行工业制度下，劳资之间不可能和谐，原因很简单，近代性质的资本大部分是从生产者那里不公正地勒索来的租金、利息和利润组成的"，"不加入一切资产阶级政党，竭尽全力组织自己的工会，并为了在一切斗争中，即政治斗争或工业斗争中相互援助，把所有工会集中为一个坚强的团体，抵御统治阶级旨在侵害我们自由的一切企图，向我们土地上和地

---

① Howard H. Quint, *The Forging of American Socialism: Origins of the Modern Movement*, New York: Bobbs-Merrill, 1964, p. 19.

球上所有国家为同样的独立而进行斗争的工资收入者伸出我们友谊之手。这是每个可敬的劳动者的神圣职责"。①此外，纲领中渗透了拉萨尔主义的观点，主张由政府贷款、资助生产合作社就可以最终消灭资本主义。

当时，纽约中央劳工同盟是美国土生工人和外国生工人的组织，其曾领导了一些罢工和抵制运动，同劳动骑士团保持着良好关系。一些劳动骑士团的分会加入了纽约中央劳工同盟。社会主义工人党同组的几个德裔工人工会也保持着较密切的关系。在劳动骑士团和"美国及加拿大有组织的各业及工会联合会"逐渐壮大起来的时候，社会主义工人党企图渗入，但未能成功。

在19世纪80年代上半期，社会主义工人党没有取得多大的进展和成就。恩格斯指出，社会主义工人党"对美国来说在一定程度上是外来的，因为直到最近，它的成员几乎全是德国移民，他们用的是本国语言，并且大多数都不大懂得美国通用的语言"②。社会主义工人党的宗派主义使它脱离了土生的美国工人和黑人工人。拉萨尔主义在党内影响很大，其把主要力量放在政治行动，即竞选活动上，没有倾全力扎扎实实地开展工会工作，因而没有成为美国社会主义运动的核心。

第二节　左尔格等领导的国际劳工同盟

拉萨尔派控制了美国工人党，并力图在1877年12月的纽瓦克代表大会上修改美国工人党纲领的时候，左尔格、麦克唐纳和奥托·魏德迈等马克思主义者毅然退出了党。为了把技术工人和非技术工人都组织进工会，为了建立一个包括各个行业在内的全国性工会组织，他们与八小时工作日的鼓吹者艾拉·斯图尔德和乔治·麦克尼尔联合起来，于1878年初成立了国际劳工同盟。早在70年代中期，纽约的第一国际成员就与波士顿的八小时同盟有了联系。1876年底，八小时同盟的领袖艾拉·斯图尔德加入了美国工人党。当时，美国工人党本来有很好的机会在新英格兰地区这个美国工人运动的基地扎根，但是由于美国工人党在芝加哥的全国执行委员会受拉萨尔分子的控制，

① John R. Commons and Associates, *History of Labor in the United States*, Vol. II, New York: Oxford University Press, 1918, p. 442.

② 中共中央马克思恩格斯列宁斯大林著作编译局编译：《美国工人运动》，《马克思恩格斯选集》第4卷，北京：人民出版社，1972年，第261页。

轻视工会的作用，因而失去了在新英格兰地区开展工会活动的机会。这时，左尔格等不满拉萨尔主义的政治行动派在党内专横，与八小时同盟的领导人联合起来，以便推动一个新的美国工人运动。诚然，左尔格等马克思主义者与艾拉·斯图尔德的世界观是不同的。斯图尔德主张八小时工作日，认为工人劳动时间长，就没有时间考虑更多的要求。如果劳动时间减少，闲暇时间增多，工人就会产生新的愿望和要求。为了实现这些愿望和要求，就必须增加工资，八小时工作制的实现会促使工资的增长。他主张通过立法取得八小时工作日，实现八小时工作日就可以自然地消灭工资制度。所以，他在全国各地组织了许多八小时同盟，号召工人在竞选运动中给候选人施加压力，使候选人保证为制定八小时工作日法律而努力。左尔格等人并不幻想通过实现八小时工作日就可以自然地消灭工资制度。但是，左尔格认为斯图尔德领导的八小时工作日运动是"币制改革的乌烟瘴气的沙漠中的一个绿洲"。左尔格等人与斯图尔德联合的基础是双方都认为"走向劳工解放的第一步是缩短工作时间"。

国际劳工同盟的纲领是双方妥协的产物。纲领主张消灭工资制度和解放工人。纲领写道："工资制度是一种专制暴政。在这种制度下，挣工资的工人被迫按雇主规定的价格和条件出卖劳动。……由于世界的财富是通过工资制度来分配的，因此要实现财富更合理的分配，就必须争取更高的工资和更多的劳动机会，直到工资体现工人所应得的报酬而不只是他们的生活必需品时为止。这样来消灭从工人身上攫取利润，使合作制或工人自我雇佣的办法作为由工资奴隶制到达自由劳动制自然的、逻辑的步骤。走向劳工解放的第一步是缩短工作时间。"[1]国际劳工同盟的临时委员会提出要争取实现下列各项要求：缩短劳动时间，提高工资；建立工厂、矿山和工作间的视察制度；废除契约罪犯劳工和实物工资制；雇主对因机器失于检查而造成的事故负责；禁止雇佣童工；设立劳工局；劳工利用劳工报纸、劳工讲座和雇佣一般组织工作人员等办法，进行劳工问题的宣传，最终消灭工资制度。该同盟为了实现这些要求而采取了一些实际措施：一是成立一个劳工联合会，使任何行业的成员都可以在一个中心机构的领导下联合起来，并成为工会联合会的一个组成部分；二是筹措用于救济和保卫工人的总基金；三是把工人组织到工会中来，在没有工会的地方建立工会；四是成立包括所有工会在内的全国工会

---

① Anthony Bimba, *The History of the American Working Class*, Westport: Praeger, 1976, p. 171.

组织和国际工会组织。

国际劳工同盟的要求和实际措施是适应时代要求的，但它废除资本主义制度的理论不是科学社会主义。国际劳工同盟要求缩短工时，是认为缩短劳动时间、增加闲暇时间将改变人民的习惯，扩大需求，刺激希望，要求增加工资。国际劳工同盟要求工资不断增长，直到雇主的所有利润被吸收到工人的工资中去，这样资本主义社会就会逐渐消灭。这种观点是错误的，因为工资是劳动力的价值或价格的掩蔽形式。"整个资本主义生产体系的中心问题就在于：用延长劳动日的办法，或者用提高生产率，从而使劳动力更加紧张的办法等，来增加这个无偿劳动"。[①]

国际劳工同盟的建立及其组织非技术工人和加强非技术工人与技术工人团结的政策，是同美国当时工人运动的复苏相适应的。从1878年底到1879年初，美国经济度过了经济危机，又开始了"繁荣"时期。工人为了改善自己的劳动和生活条件，开始恢复工会活动。在这个时期，也就是从1879年开始，出现了近代的工会主义。雪茄制造工人全国同盟（全国主席是阿道夫·斯特拉瑟，纽约分会主席是龚帕斯）是现代美国工会主义的先驱。斯特拉瑟和龚帕斯的劳工哲学是承认现存的社会制度，反对推翻资本主义生产制度。工会主义的唯一目标是使所有各行业的技术工人组织起来，强大得足以同雇主们进行集体议价，保持势力的平衡，既使雇主有利可图，又使工人生活得好些。这种集体议价制度是近代工会主义的特点。这种集体议价改变不了美国工人阶级受剥削的地位。马克思指出，"劳动力的价值和劳动力在劳动过程中的价值增殖，是两个不同的量。资本家购买劳动力时，正是看中了这个价值差额。"[②]资本家凭借自己对生产资料的所有权而雇佣工人来进行生产，资本家付给工人任何数量的工资都不可能是工人全部劳动的报酬，否则资本主义生产方式本身就不能存在。工会通过集体议价所进行的斗争，主要是为了使雇佣劳动者争取得到比较有利的出卖自己劳动力的某些条件。集体议价正是在承认资本主义所有制、承认雇佣关系的基础上进行的。这个时期的工会运动中还有另一种倾向：劳动骑士团发展起来了。劳动骑士团于1869年成立时是一个秘密组织，开始几年并没有起重要作用，直到1881年才成为一个公开组织。它不是纯粹的工人阶级组织，它的领导人把当时的阶级笼统地、含糊

---

① 中共中央马克思恩格斯列宁斯大林著作编译局编译：《德国工人党纲领批注》，《马克思恩格斯选集》第25卷，北京：人民出版社，2001年，第25页。

② 马克思：《资本论》第1卷，北京：人民出版社，2004年，第225页。

地分为"生产阶级"和"非生产阶级"。生产阶级则混杂地把工人、制造厂主、农场主、种植园主都包括在内，而非生产阶级则包括银行家、商人乃至律师和医生。所以，劳动骑士团允许制造厂主入会，而禁止律师和医生加入。劳动骑士团实行阶级调和的政策，认为它的目标是"不同合法企业相冲突，不同必要资本相对抗"。它不主张阶级斗争，认为"我们要竭尽全力支持协调劳工和资本利益的法律"。它主张通过合作制来消灭工资制度，以及通过币制改革为合作制提供低息贷款，以达到解放劳工的目的。

国际劳工同盟提出建立以消灭工资制度为目的的工会联合会，提出缩短工时和提高工资的口号，开展旨在实现工人当前要求的运动，在19世纪70年代末和80年代初的劳工运动中代表了一种比较健康的工人运动潮流。

国际劳工同盟虽然力图将美国非技术工人组织起来，甚至主张把不同国籍、信仰和肤色的人都联合起来。但在国际劳工同盟中，占大多数的是北部的纺织工人。国际劳工同盟在1878—1880年期间，在新泽西州的帕特森和帕塞伊克，纽约州的克林顿和科霍斯，马萨诸塞州的福尔河以及北方的其他城市发动了纺织工人的罢工。1879年间，国际劳工同盟在福尔河领导的纺织工人要求增加工资和九小时工作日的罢工，是继1877年铁路大罢工以后的一次大罢工。这次罢工有约14000人参加，并得到各地的支持和捐款。罢工从6月28日开始，持续到10月16日，最后迫使雇主做出让步，增加了工人的工资。国际劳工同盟在其鼎盛时期，会员数达8000人。但是，它所领导的罢工大多都失败了。国际劳工同盟会员人数迅速下降。到1880年2月，会员不到1500人。1881年，国际劳工同盟就瓦解了。只有左尔格居住的新泽西州的霍博肯还剩有一个分会。到1884年，连这个分会也消失了。

国际劳工同盟瓦解的原因：一是它所领导的多次罢工遭到失败，会员纷纷退出；二是国际劳工同盟本身是左尔格等马克思主义者与八小时同盟的八小时工作日鼓吹者的联盟，后者主张争取通过立法来实现八小时工作日，对工人罢工斗争不热情支持；三是帕森斯、希林和芝加哥的其他社会主义工人党党员以及纽约城的杜埃等人在国际劳工同盟和社会主义工人党两个组织中都很活跃，时而反对政治行动，时而赞成政治行动，在国际劳工同盟的会员中造成了一定的思想混乱。例如，杜埃在1877年认为，美国的马克思主义者不应按德国社会民主党的模式进行竞选活动。他曾警告社会主义工人党："如果我们立即采取政治行动,我们党就会因充斥非无产阶级分子而衰落。"[1]但他不久改变了态度,他于 1880 年支持社会主义工人党与绿背纸币党人联合参加当年的总统竞选。国际劳工同盟内的思想混乱削弱了它的力量。

在国际劳工同盟瓦解以后,一些马克思主义者同龚帕斯和其他工会领导人合作,对美国劳工联合会的前身"美国及加拿大有组织的各业及工会联合会"的成立作出了贡献,对它的纲领和章程都产生了影响。例如,纲领规定,这个联合会只吸收工资工人为会员,否定金融改革和生产者合作社等社会改良主张,明确地指出产业资本家是工资劳动者的主要敌人。左尔格从社会主义运动中隐退,再没有公开参加任何社会主义政党。恩格斯在 1892 年 1 月 6 日给左尔格的信中说:"你们美国运动的发展时而出现高潮,时而出现低潮,使人常常感到失望,因而也容易引起悲观情绪。"[2]左尔格的退隐正是因为他悲观失望了。他认为在美国建立社会主义政党难以取得成功,在 80 年代写给马克思和恩格斯的信中,他常常失望地谈到德裔美国社会主义者对土生美国工人的宗派主义态度,使社会主义党在美国处于孤立状态。左尔格退隐以后,仍有一些工人领袖去拜访他,同他讨论工会和社会主义问题。晚年,左尔格收集美国工人运动的历史资料从事著述。1890—1895 年间他在德国社会民主党机关刊物《新时代》上连续发表一组论文《美国工人运动(1830—1892 年)》。恩格斯称赞说:"在我们所有论述美国运动的著作中,这些文章是最好的和唯一可靠的。"[3]他还编辑了《约·菲·贝克尔、约·狄慈根、弗·恩格斯、卡·马克思等致弗·阿·左尔格等书信集》。左尔格收集的珍贵历史资料现仍珍藏在威斯康星州历史协会和纽约公共图书馆里。左尔格晚年在宣传科学社会主义思想、总结美国工人运动和社会主义运动的历史经验方面又做出了贡献。

---

[1]　David Herreshoff, *The Origins of American Marxism: From the Transcendentalists to De Leon*, New York: Wayne State University, 1967, p. 100.

[2]　中共中央马克思恩格斯列宁斯大林著作编译局编译:《致弗·阿·左尔格(1892 年 1 月 6 日)》,《马克思恩格斯全集》第 38 卷,北京:人民出版社,1972 年,第 245 页。

[3]　中共中央马克思恩格斯列宁斯大林著作编译局编译:《致〈莱茵报〉编辑部(1895 年 5 月 22 日)》,《马克思恩格斯全集》第 39 卷,北京:人民出版社,1974 年,第 463 页。

第三节　无政府主义运动的兴起

在 1880 年竞选以后，社会主义工人党内公开地分为三派：一是政治行动派，二是芝加哥及中部城市的无政府主义工团主义派，三是纽约及东部城市的无政府主义派。

早在社会主义工人党成立后不久，党的全国执行委员会与党在芝加哥的支部就发生冲突。芝加哥支部大多数党员倾向于无政府工团主义。早在 1875 年，芝加哥的德裔社会主义者就组织了"智勇社"的工人武装组织，目的是当资产阶级政党在选举日以武力胁迫选民时给予反击。1877 年 7 月，家具工人罢工遭到警察的粗暴镇压，芝加哥的德裔社会主义者更感到有必要建立军事组织。后来，其他城市也仿效芝加哥的办法建立了军事组织，其成员多为社会主义工人党党员。党的全国执行委员会于 1878 年 6 月 13 日发出通告，说这种军事组织会使人们误解社会主义运动的目标和政策，使守法的选民对社会主义工人党敬而远之。因此，其要求解散所有社会主义工人党党员参加的军事组织。这一通告遭到了芝加哥支部党员的反对。芝加哥的《先驱》报支持军事组织，指出如果统治阶级敢于限制言论自由和集会自由，或者如果警察像在 1877 年那样再对罢工者施以暴行，这种军事组织是会有用的；"这是不关心被选入政府，但却关心立即改善工人物质生活的人们的看法"[1]。党的全国执行委员会在大多数支部的支持下，取消了《先驱》报作为党的机关报的资格，使全国执行委员会与芝加哥支部之间的矛盾加剧。1878 年 9 月，党的机关报《工人之声》等报因工人订户减少被迫停刊。范·帕顿为了在说英语的工人中进行宣传鼓动，需要创办一份英语机关报。芝加哥当时是美国社会主义运动的中心之一，芝加哥支部拥有 870 名党员，最有条件创办报纸。因此，范·帕顿主动同芝加哥支部和解，1878 年 9 月 14 日在芝加哥创办了名为《社会主义者》的新英文机关报。不久，在阿勒格尼城举行的 1879 年社会主义工人党的代表大会上冲突重启，芝加哥支部德语小组的代表对全国执行委员会于 1878 年 6 月 13 日发布的关于解散军事组织的通告提出抗议。但

---

[1] John R. Commons and Associates, *History of Labor in the United States*, Vol. II, New York: Oxford University Press, 1918, pp. 280-281.

是，多数代表支持全国执行委员会。最后，这个问题以妥协方法解决，大会赞扬了全国执行委员会所宣布的断绝党与军事组织正式联系的观点，但是不要求党员退出军事组织。不过，矛盾并没有得到根本的解决。

在 1880 年竞选以后，芝加哥支部的德语小组、波希米亚语小组和斯堪的那维亚语小组以及英语小组中的工会主义分子召开会议，致函全国各支部，建议选举新的全国执行委员会。这个会议制定了未来的行动计划，强调工会主义，同时要求建立军事组织，对资产阶级和资产阶级立法机关的专横进行武装抵抗；主张只有社会主义工人党有相当机会在竞选中获胜时，才进行政治行动。接着，芝加哥支部的中央委员会与武装组织常设委员会鼓动委员会向"全国所有革命者和工人武装组织"发出通告，指出"必须作好准备，武装抵抗资产阶级和资产阶级立法机关的侵害"。而芝加哥支部的英语小组多数党员则支持全国执行委员会，其在 12 月下旬举行会议，谴责号召武装抵抗的通告，宣称政治行动是工人唯一可靠的武器。

在纽约城，如同在芝加哥一样，社会主义运动分成两个对立的派别。从社会主义工人党中退出的一些人组织了以威廉·哈塞尔曼、M.巴克曼和贾斯特斯·施瓦布为精神领袖的社会革命俱乐部。费城也建立了同样的俱乐部，其成员多是为逃避德国"非常法令"移居美国的德国流亡者。在波士顿、密尔沃基等地也有这样的俱乐部。这种主张武装抵抗的俱乐部遭到社会主义工人党的反对。这些社会革命俱乐部起初同国际无政府主义者并无直接联系，也不是在他们的谴责直接影响下产生的。社会革命俱乐部的成员感到有产阶级是靠武力来维持其权力的，他们不满社会主义工人党通过议会途径缓慢地实现社会主义，他们希冀用武力和暴力来实现其目标。

1881 年 7 月，欧洲的无政府主义者在伦敦举行的代表大会上组成了无政府主义的国际劳动人民协会，即所谓"黑色国际"，吸引了美国的社会革命俱乐部的成员。纽约的社会革命俱乐部加入了黑色国际。为了把社会革命俱乐部成员在全国范围内组织起来，由纽约的社会革命俱乐部倡议，其于 1881 年 10 月 21 日在芝加哥召开了大会。有来自芝加哥、纽约、费城、波士顿、圣路易斯、路易斯维尔、奥马哈、密尔沃基、堪萨斯城、帕特森、泽西城和霍博肯的代表出席。在大会上起领导作用的是纽约的贾斯特斯·施瓦布、芝加哥的阿尔伯特·帕森斯和奥古斯特·斯皮斯等人。在大会上讨论政治行动问题时，施瓦布等纽约代表反对参加政治行动。芝加哥的斯皮斯和帕森斯等人认为，为了宣传的目的，还可以使用选票箱。在大会上，施瓦布的观点占了上风，其否定了在政纲中加上政治行动的条目。在工会问题上，芝加哥代表加强工会活动的意见取胜，大会支持国际劳动人民协会伦敦代表大会，宣称它赞成所有"准备武装抵抗对工人权利的侵害"的协会。[①]在这次大会上，成立了革命社会党的全国性组织。大会决定在芝加哥设立情报局，情报局中每一语种有一名通讯书记，以便进行联络工作。

在芝加哥大会上，革命社会党人之间没有就原则和策略问题达成一致。芝加哥的革命社会党人不满意大会完全否定政治行动，仍决定参加 1882 年春季芝加哥市的竞选。在这次竞选中，革命社会党人拒绝与社会主义工人党内忠于全国执行委员会的英语支部合作，提名乔治·希林为市长候选人，但竞选结果所得选票不多。这次竞选的失败使无政府工团主义者坚信政治行动是无用的，他们更加注意工会工作，认为强大的工会运动是夺取国家权力和建立"工人共和国"的先决条件。纽约的革命社会党人对大会也不满意。在 1882 年 12 月以后，它完全由新近移居美国的德国无政府主义者约翰·莫斯特所控制，不同意中西部特别是芝加哥革命社会党人通过工会开展暴力行动的政策。为了协调各个城市革命社会党人的行动，1883 年 10 月 19 日其在匹茨堡举行了大会。

匹茨堡大会在美国无政府主义的发展上具有重大意义。在这次大会上，美国的无政府主义运动真正形成。出席这次大会的芝加哥代表帕森斯和斯皮斯等人代表革命社会党中的无政府工团主义派。他们的观点得到圣路易斯、密尔沃基、克里夫兰、辛辛那提、奥马哈等西部地区城市代表的赞同。而纽约和东部城市的革命社会党人则是纯粹的无政府主义者，约翰·莫斯特是他们的代表。莫斯特认为，布鲁克林、费城、巴尔的摩和东部其他城市的代表都是他的追随者。莫斯特在来美国以前曾是德国社会民主党内的"左"倾机会主义者，因愤于俾斯麦的高压政策，其要求采取无政府主义的个人恐怖策略。他否定利用议会和合法机关的必要性，拼命鼓吹"愚蠢的密谋计划"[②]。马克思曾指责莫斯特的行径"是对整个德国工人运动的污蔑"[③]，其使党脱离

---

① John R. Commons and Associates, *History of Labor in the United States*, Vol. Ⅱ, New York: Oxford University Press, 1918, p. 292.

② 中共中央马克思格斯列宁斯大林著作编译局编译：《致弗·阿·左尔格（1879 年 9 月 19 日）》，《马克思恩格斯全集》第 34 卷，北京：人民出版社，1972 年，第 387 页。

③ 中共中央马克思恩格斯列宁斯大林著作编译局编译：《马克思致弗里德里希·阿道夫·左尔格》，《马克思恩格斯全集》第 34 卷，北京：人民出版社，1972 年，第 449 页。

群众，陷入孤立，实际上等于取消无产阶级政党和无产阶级革命。德国社会民主党在于 1880 年 8 月举行的代表大会上把莫斯特开除出党。莫斯特来到美国以后，很快成为东部无政府主义者的领袖。

在匹茨堡大会上，控制东部运动的莫斯特反对政治行动，认为立法和选举运动是欺骗。帕森斯和斯皮斯等中西部的代表也认为政治行动是无益的。东部和中西部代表都主张用暴力摧毁资本主义。他们意见不一致的地方在于，中西部代表认为工会是对资本主义作战的战斗单位，其主要武器是强制和暴力，而且工会还是未来社会的萌芽组织，是建立自由社会的基础。莫斯特则对工会不感兴趣。匹茨堡大会正式成立了美国的"国际劳动人民协会"。大会通过了主要由莫斯特起草的《国际劳动人民协会匹茨堡宣言》。宣言矢口不提工会，强调暴力是工资劳动者阶级与资本主义社会进行斗争的唯一手段，指出国际劳动人民协会的目标是："（一）用一切手段，即有力的、无情的、革命的和国际的行动，来摧毁现存阶级统治；（二）在生产合作组织的基础上建立自由社会；（三）各生产组织之间自由交换等价产品，没有商业和牟求利润的行为；（四）在世俗的、科学的和男女平等的基础上组织教育；（五）不论性别或种族，人人享有平等权利；（六）一切公共事务通过以联盟为基础的自治的（独立的）公社和协会之间的自由契约来处理。"宣言宣称"为了实现这伟大目标，我们需要的是组织和统一。对于统一，现在没有大的障碍。和平的教育工作和革命阴谋能够，也应该是并行不悖的"。[1] 莫斯特在于 1884 年写的小册子《财产野兽》集中反映了他的无政府主义思想。他认为，通过暴力推翻资产阶级统治以后，不需要建立无产阶级专政。他主张："一个自由社会是由自治的——即独立的公社所组成，通过自由签订的契约，而非独裁政府，形成的联系网来把所有公社联合起来。公共事务由有关公社或协会通过自由审议和判断来处理。男女两性人民常常在公园或适宜的大厅聚会，不是制定法律或束缚自己的手脚，而是对涉及公共事务的事一件一件地裁决。……"[2]

无政府主义在美国出现不是偶然的。在 19 世纪 70 年代和 80 年代，德国统治阶级始终采取暴力方法进行统治。"当这种方法盛行于德国的时候，这种

---

[1] Albert Fried ed., *Socialism in America: From the Shakers to the Third International, a Documentary History*, New York: Columbia University Press, 1970, pp. 208-212.

[2] Albert Fried ed., *Socialism in America: From the Shakers to the Third International, a Documentary History*, New York: Columbia University Press, 1970, pp. 213-220.

资产阶级管理方式的片面反应便是无政府工团主义思想或如当时所称的无政府主义思想在工人运动中的增长（90 年代初的'青年派'，80 年代初的约翰·莫斯特）"[1]。美国资产阶级统治者也更多地采取了暴力的统治方法。在内战以后，共和党代表铁路资本家、银行家和工业资本家的利益，对工人罢工采取了镇压措施，拒绝对工人运动做出让步。所以，美国的一些社会主义者接受了莫斯特的思想。与其同时，无政府工团主义在中西部发展起来。无政府主义者不懂得社会历史发展的客观规律，不懂得阶级斗争和国家消亡复杂而漫长的历史过程，企图用立即消灭国家的办法来解决一切社会问题。同时，无政府主义者用绝对自由的叫嚷来对抗无产阶级的集中和纪律。在思想上，无政府主义妨碍着无产阶级接受科学社会主义的理论；在组织上，其妨碍无产阶级组成独立无产阶级政党；在政治上，其妨碍无产阶级制订正确的斗争纲领，容易把无产阶级引向盲动主义道路。匹茨堡代表大会及其无政府主义的宣言给美国社会主义运动以破坏性的影响。

在匹茨堡代表大会以后，芝加哥派的斯皮斯和帕森斯在德文《先驱》报及英文《警钟》报上宣传无政府工团主义观点，称他们理想的未来社会是自愿的协会，"不必有宪法、法律或规章来联合人民。……我们认为一切规章条例只会干预自然法则而有损于人类"[2]。他们同时强调工会的重要性，称"工会是未来'自由社会'萌芽组织，每个工会是发展过程中的自治公社"。芝加哥派为了得到工人的拥护，也深入工会组织，因此，国际劳动人民协会在工会中有一定的影响。在芝加哥派帮助下于 1885 年成立的美国金属工人联合会同盟的原则宣言也反映了无政府工团主义思想。宣言写道："不论是通过劳动时间的调整或工资的安排，都不能实现劳工的解放。争取提高工资或缩短工时的要求和斗争，如果得到同意,也仅仅是短暂地改善工资劳动者的状况。"劳工运动应采取的准则是："完全摧毁现行社会制度，才能解放工人，代之以一种新的制度，这种新制度是建立在自由社会的生产合作组织之上的。"在芝加哥，金属工人工会有一个武装支部，其宗旨是"学习使用武器，准备革

① 中共中央马克思恩格斯列宁斯大林著作编译局编译：《欧洲工人运动中的分歧》，《列宁全集》第 2 卷，北京：人民出版社，1972 年，第 350 页。

② John R. Commons and Associates, *History of Labor in the United States*, Vol. II, New York: Oxford University Press, 1918, pp. 296-297.

命"[①]。芝加哥派参加了中西部大多数工人斗争。不过，他们始终强调直接行动，即暴力行动。1885 年 10 月，斯皮斯提出的芝加哥中央劳工同盟的决议宣称："我们紧急号召工资工人阶级武装起来，以便能向他们的剥削者提出唯一具有实效的论断即暴力。……"[②]同时，其支持美国劳工联合会倡议，再度掀起了八小时工作日运动。芝加哥的无政府工团主义者开始时对八小时工作日运动态度冷淡，认为这一运动实际上承认工资制度是对的；他们认为这一运动与为废除工资制所进行的斗争相比是渺小的，而且还会转移工人对推翻工资制度的斗争的注意力。但不久，当他们看到工人卷入这一运动，资产阶级把它看作洪水猛兽时，他们也加入了这一运动。这正如帕森斯后来解释的："首先因为它（指八小时工作日运动）是反对统治的阶级运动……其次，因为我们不能袖手旁观而为我们的工人伙伴们所误解。"[③]

　　1885 年，国际劳动人民协会有 7000 会员。1884 年开始并持续到 1886 年的新工业危机使大量工人失业。不少失业工人为无政府工团主义和无政府主义的宣传所迷惑，而加入了无政府工团主义或无政府主义运动，使得无政府主义的影响扩大了。

第四节　社会主义工人党同无政府主义者的辩论

　　在美国的无政府工团主义和无政府主义甚嚣尘上的时候，社会主义工人党的力量在削弱，只有 30 个支部，1500 名党员。1883 年 4 月 22 日，全国书记范·帕顿突然出走，给社会主义工人党以进一步打击。帕顿是美国生人，他不满意于社会主义工人党中德国人占多数的状况，认为他们"似乎不愿意让美国人了解他们"[④]。后来，他成为阿肯色州霍特斯普林斯的商人。

　　① John R. Commons and Associates, *History of Labor in the United States*, Vol. II , New York: Oxford University Press, 1918, p. 298.

　　② Philip S. Foner, *History of Labor Movement in the United States*, Vol.2: *From Founding of the American Federation of Labor to the Emergence of American Imperialism*, New York: International Publisher, 1955, p. 40.

　　③ Philip S. Foner ed., *The Autobiographies of the Haymarket Martyrs*, New York: Pathfinder Press, 1969, pp. 4-5.

　　④ Howard H. Quint, *The Forging of American Socialism: Origins of the Modern Movement*, New York: Bobbs-Merrill, 1964, p. 23.

　　当无政府主义在美国兴起的时候，范·帕顿努力不让社会主义工人党卷入无政府主义或无政府工团主义运动。他曾于 1883 年 4 月给恩格斯写信说："当一切党派在最近联合举行追悼卡尔·马克思大会的时候，约翰·莫斯特和他的朋友们却大吹大擂地说，莫斯特跟马克思的关系很密切，曾在德国把马克思的《资本论》通俗化，而马克思也同意莫斯特所做的宣传。我们非常尊敬卡尔·马克思的才能和活动，可是我们不相信他会同情莫斯特那种无政府主义的、破坏性的手段；我很想知道你关于卡尔·马克思对无政府主义跟社会主义相对立这个问题上的态度意见。莫斯特粗鲁、愚蠢的唠叨在这里使我们受到了极大的损害。"恩格斯于 1883 年 4 月 18 日给范·帕顿写了回信。恩格斯指出马克思主义者与无政府主义者对国家问题的不同看法："为了达到将来社会革命的这个目的以及其他一些更重要的目的，工人阶级必须首先夺取那有组织的国家政权，并利用它来镇压资本家阶级的反抗，重新组织社会。无政府主义者把事情弄颠倒了。他们说，无产阶级必须从废除国家这个政治组织开始。但无产阶级获得胜利以后，它所能找到的唯一现成的组织恰好就是国家。国家这个组织需要有很大的改变才能执行它的新任务。但是在这个时候破坏国家，就等于破坏了胜利的无产阶级能用以维护它新获得的权力、镇压它的敌人资本家和实行社会的经济革命的唯一机构，而没有社会的经济革命，整个的胜利结果一定会重新失败，工人群众又会大受屠杀，正像巴黎公社失败以后的情况一样。"恩格斯在信中指出马克思反对无政府主义的一贯态度，他和马克思鄙视莫斯特的"无政府主义和他的无政府主义策略"。恩格斯还表示，范·帕顿可以发表他的信。在范·帕顿出走以后，社会主义工人党的一些知名党员想同国际劳动人民协会结成同盟。但是，斯皮斯代表国际劳动人民协会，提出要社会主义工人党解散，作为自治团体加入国际劳动人民协会，双方没有达成协议。

　　社会主义工人党于 1883 年 12 月在巴尔的摩召开了第四次全国大会。出席的代表共 16 人，其中 4 人来自巴尔的摩，10 人来自纽约及其附近地区。大会决定，为了防止一些党员倒向无政府主义阵营，实行党的权力分散，取消了全国书记职务，缩小了全国执行委员会的权力，给予地方支部更多的自治权。大会发表的致美国工人的宣言中，一方面支持采用武力来实现社会主义革命，"环顾你的四周，重视历史的教训"，"历史向我们表明，不以武力强制，特权阶级几乎是从来不会放弃他们的特权的"。另一方面宣言反对无政府主义，"我们不同意那些把炸弹看作鼓动的最好手段的人的愚蠢念头"，"我们充分了解，革命必须在人们的头脑里和工业生活中进行，然后工人阶级才能取得永久的胜利"。宣言反对与约翰·莫斯特和无政府主义者结成同盟，认为"莫斯特是一个蛊惑民心的政客，他进行鼓动只是为了赚钱"①。

巴尔的摩大会以后，社会主义工人党增加了活动。1884 年开始的经济不景气促使不少人参加了社会主义工人党。所以，尽管受到国际劳动人民协会的干扰，社会主义工人党党员还是增加了两倍，支部增加了一倍。社会主义工人党还出版了新的刊物，如始则由约瑟夫·狄慈根、继则由 W. L. 罗森堡编辑的德文周报《社会主义者》。后来，当社会主义工人党的党员认识到巴尔的摩大会通过的关于党的组织上权力分散的做法不实际时，罗森堡担任了党的全国书记。

在 19 世纪 80 年代中期，社会主义工人党在纽约的德文报纸《纽约人民报》由亚历山大·约纳斯和泽尔热·舍维奇编辑。1884 年，由于《纽约人民报》影响较大，在党内占有重要的地位，因此全国执行委员会迁到纽约。在巴尔的摩大会以后，社会主义工人党与无政府主义者就社会主义和无政府主义问题展开了辩论。1884 年 5 月 24 日，保罗·格罗特考与约翰·莫斯特在芝加哥公开进行了一次大辩论。约纳斯和《纽约人民报》编辑部的其他三名编辑在党的执行委员会的安排下，在全国旅行演说，揭露无政府主义的错误理论。同时，全国执行委员会主持出版了一些小册子，反对无政府主义的运动，其中最重要的一本小册子是约纳斯于 1886 年写的《社会主义和无政府主义》。在秣市广场事件发生后不久出版的这个小册子指出，在报纸上共产主义和虚无主义、社会主义与无政府主义常常相提并论，然而社会主义和无政府主义没有共同之处，是互相敌对的，"它们追求相反的目标"。接着，小册子指出社会主义与无政府主义从不同观点批判资本主义，它们之间有很大的区别。

"诚然，正如现在所理解的，在理论上，它们都完全不满意人类社会的现状及其政治，它们都严厉地批评几乎所有的经济和政治制度、法律、学说和实践。但是，它们是从不同的观点出发这样做的。无政府主义者崇拜自由神。自由就是它的女神，它唯一的上帝，至少在理论上是这样的。它否定一切外来的、加于它的一切法律，只重视那些它自己制定的法律。它不要多数人的统治。除了它自己的意志外，它不屈从于任何意志。它不要纪律。它想象人

---

① Howard H. Quint, *The Forging of American Socialism: Origins of the Modern Movement*, New York: Bobbs-Merrill, 1964, p. 25.

类社会可以按下列方法改组：当足够的人皈依它的观点时，所有现在的机构，自然特别是国家、教堂、财产和法律就要被摧毁，然后可以由思想一致的、自愿组成的联合人群来进行改组。这些人群可以为特定的工作目的或享受而组成一些大一点的社区，这些社区可以为更为特殊的目的而与其他社区结合在一起。按此办理，直到所有人类自愿组织起来。由于人的思想、目标和兴致会变，各个人群、社区以及他们的联系会解体，并按他们认为合适的方式，另外重新组织起来，而彼此没有什么强制。""另一方面，社会主义同无政府主义恰恰相反。它认为人类社会是由远古时期最简单的社会开始，经过许多变化，发展成现在的样子。社会不可能解体和改组。如果社会要更新，这是必然的，并且总是逐渐更新的。它要遵循其天然的法则，单个人和团体的努力是不能使社会沿着别的方向发展，而只能沿着固有的和准备好的方向发展。这是最现代形式的社会主义基本学说，这一学说是马克思创立的，称为社会民主主义，并在德国和欧洲其他国家得到广泛的传播。""私人资本主义生产造成这样可怕的罪恶，以这样快的速度增长，政治家和自命为统治者的智慧是这样贫乏，社会不能沿着老路继续下去了。"一旦大多数工人有了社会主义的信念，"私人资本主义，连同工资、奴隶制、腐化和阶级统治注定要被废除，新形式的社会生活和政治实践就会在几乎没有分娩时剧烈阵痛情况下开始。……"小册子谈到社会主义工人党对暴力的立场："我们至少并不否认，我们不希求完全和平地更新社会和政治，不否认，为了拯救工人阶级免于遭受全然暴虐的奴役，我们可能必须进行战斗。但是，战争只能是强加在我们身上的，我们要竭力避免战争。虽然避免战争在大多数欧洲国家也许是不可能的。但是，我们确实认为，这在美国是可能的，并且在言论自由和新闻自由、和平集会的权利、进行组织的权利以及普选权（包括妇女的选举权）不受现行法律剥夺的一切地方，这都是可能的。我们完全把我们的思想和目标直言相告，我们进行的争取解放的工作是正大光明的，我们不为实现我们的目标而采取秘密组织。……"最后小册子写道："因此，我们抗议把我们同任何形式的无政府主义者混为一谈，和在任何方面同他们等同起来。"① 小册子虽然指出了马克思的社会主义与无政府主义的区别，但它对马克思的社会主义的理解是不准确、不全面的。

---

① Albert Fried ed., *Socialism in America: From the Shakers to the Third International, a Documentary History*, New York: Columbia University Press, 1970, pp. 230-233.

第五节　秣市广场事件和无政府主义运动的衰落

　　19 世纪 80 年代初重新开始的八小时工作日运动和无政府主义运动，在 80 年代中期发展到顶峰。争取八小时工作日的斗争早在 60 年代就开始，并取得了一些成果。1867 年有 6 个州通过了八小时工作日法令，一些城市也颁布了法令使八小时工作日的规定适用于国家机关的雇员。1868 年 6 月，国会通过了美国历史上第一个联邦八小时工作日法律，使政府雇员享有八小时工作日。但是，这些法律都没有真正得到施行。到 1876 年，美国最高法院宣布联邦政府可以与雇员就工作时间单独达成协议，从而实际上废除了这个法律。80 年代重新出现的争取八小时工作日的斗争，开始时仍然把重点放在争取立法机关通过八小时工作日法律，但不久，其强调要依靠工人自己的力量，乃至使用罢工手段，来实现斗争目标。1884 年美国劳工联合会的前身"美国及加拿大有组织的各业及工会联合会"，在其会议上通过了一项历史性的决议，宣称自 1886 年 5 月 1 日始，八小时定为每日法定劳动时长。1885 年，该联合会重申，八小时工作日制度在 1886 年 5 月 1 日生效。在 1886 年 5 月 1 日前的几个月里，成千上万的工人投入了争取八小时工作日的斗争。其时，约有 25 万产业工人投入了这一运动。芝加哥是鼓动八小时工作日的中心城市。芝加哥的无政府主义者积极地投入了这一运动，同时又宣传直接行动——暴力是解决工人所面临问题的万应灵药。

　　自 1886 年 2 月 16 日起，芝加哥麦考密克收割机公司的工人罢工。5 月 1 日，芝加哥发动了争取八小时工作日的罢工，麦考密克收割机公司的工人有一半参加。5 月 3 日下午，芝加哥的木材运输工人工会 6000 名会员在麦考密克收割机厂的附近举行群众大会。因为麦考密克厂多数被公司解雇的工人都是这一工会的会员，所以该厂有 500 名罢工工人参加了集会。在集会上，斯皮斯发表了演说，号召工人团结起来，不要在雇主面前退缩。蓦然，有 200 名警察冲过来，向工人袭击，至少有 1 名工人被打死，有 5 名或 6 名工人重伤。斯皮斯目睹警察的暴行，赶回《工人报》报社，起草了致芝加哥工人的通告。在通告中，他号召工人武装起来。通告写道：

　　　　复仇！复仇！工人们，武装起来。工人们，今天下午我们的剥削者的鹰犬在麦考密克杀害了你们六位兄弟。为什么要杀害他们？因为他们有勇气对你们的剥削者加于他们的命运表示不满。他们要求面包，但却答之以铅弹。注意这一事实：照这样做，人民会被引向沉默！因为已有许多许多年了，你们蒙受屈辱却不起来反抗。从早到晚受到压榨，丧失一切生计，乃至牺牲了你们的孩子，而所有这一切都填满了你们主人的金库。一切都被他们所攫取！当你们走到他们面前，恳求减轻你们的负荷，请他们答谢你们所做的牺牲时，他们却放出鹰犬——警察，用铅弹来医治你们的不满。我们以对你们具有神圣和价值的东西来恳求你们，对今日你们兄弟惨遭可怕的杀戮和明日你们可能遭到的杀害复仇。工人们，海洛立斯（指罗马神话中力大无比的英雄），你们已来到了十字路口。你们将做何抉择？是受奴役和蒙受饥饿，还是争取自由和面包？如果你们选择后者，那么不要浪费时光。人们武装起来。摧毁人形的野兽。他们称自己为你们的主人。无情地摧毁他们——这就是你们的口号。记住是英雄的鲜血铺平了走向进步、自由和人道的道路——不要辜负他们。[①]

这个通告后来称为《复仇通告》。当天晚上，工人们在俱乐部开会，讨论当时的局势，决定第二天晚上在秣市广场举行抗议集会。

5月4日晚上，约有2000至3000人出席了集会，斯皮斯于8点30分宣布开会。市长卡特·哈里森也出席了。斯皮斯讲话结束后，由帕森斯讲话，听众秩序井然。市长在听完帕森斯的讲话后离去。会议进行到近10点时，最后一个发言人塞缪尔·菲尔登讲话。眼看乌云密布，暴雨将倾盆而降，许多人纷纷离去，会场只留下200多人。突然有180名警察闯入，向菲尔登走去，下令解散集会。菲尔登反驳说，会议是和平的集会。

当他和斯皮斯走下充作讲坛的货车时，一颗炸弹在警察中间爆炸。有7名警察身亡，约60名警察受伤。警察向群众开枪，工人群众死伤许多人。事后，芝加哥笼罩在白色恐怖之中。资产阶级报纸和教会大肆鼓噪，要进行报复，毫无根据地指控是社会主义者和无政府主义者扔的炸弹。警察袭击工人住宅，逮捕知名的无政府主义者和社会主义者。劳工报纸被审查，工人集会的权利被废止，人身不可侵犯的权利被取消。在这种情况下，社会主义工人党的全国执行委员会没有伸张正义，只是被动地辩护该党与无政府主义无关。

---

① Friedrich A. Sorge, *Labor Movement in the United States: A History of the American Working Class from Colonial Times to 1890*, Westport: Greenwood Press, 1977, pp. 212-213.

5月27日，共有31人被控为谋杀警察的同谋，但其中只有8人受到审讯，他们是：奥古斯特·斯皮斯、迈克尔·施瓦布、塞缪尔·菲尔登、艾伯特·帕森斯、阿道夫·费希尔、乔治·恩格尔、路易斯·林格和奥斯卡·尼比。审讯于1886年6月21日开始，由主法官约瑟夫·加里主持。没有证据说明任何被告扔了炸弹，或说明被告与扔炸弹有直接联系，或同意或支持扔炸弹的行为，也没有证据说明集会上的演说者煽动采用暴力，或预谋采用暴力，但法庭完全抛下了民主的假面具，在没有任何证据的情况下，判处7人死刑，判处尼比15年徒刑。在判刑前，被告讲了话。他们的讲话达3天之久。斯皮斯大义凛然地在法庭上说，他是作为一个阶级的代表向另一个阶级的代表讲话的。他批驳了关于谋杀和阴谋的指控，指责国家阴谋使用秣市悲剧作借口来杀戮工人阶级的领袖；抨击雇主利用这一事件，通过杀害工人领袖来破坏八小时运动。他坚信这种阴谋是不能得逞的。他说："如果你们以为把我们吊死，你们就能扑灭劳工运动……扑灭这千百万在贫困和苦难中劳动的人们希望从中得到拯救的运动，如果这就是你们的想法，那么就把我们吊死吧！这里你们践踏了星星之火，但是，在你们后面，到处会烧起大火。这是地下的火，你们是扑灭不了的。"[①]

1887年3月，被告向伊利诺伊州高等法院上诉，9月14日，高等法院维持原判。向美国最高法院上诉也于11月2日驳回。在这种情况下，社会主义组织和工会组织发动了援救运动。社会主义工人党于1887年9月召开的第六次全国代表大会上通过决议，"社会主义工人党在布法罗召开的大会，虽然既不同意无政府主义者的策略，也不同意其原则，但宣布对八名无政府主义者的判决是不公正的，是由歧视和阶级仇恨所支配的。……普遍认为，被定罪的人没有扔过炸弹。……我们找不到一个人的学说与一个未知的人的行动之间有任何联系。事实是，甚至今日也无人知晓谁扔的炸弹。……根据证据，发生扔炸弹事件的那次会议，是一次和平的会议，如果不是警察非法干预，驱散会议，会议是会和平地结束的。因此，我们宣布这一裁决是对言论自由、人民自由集会的权利的攻击。这次裁决的施行将是一种合法的但却是不公正

---

① Philip S. Foner ed., *The Autobiographies of the Haymarket Martyrs*, New York: Pathfinder Press, 1969, pp. 8-9.

的死刑判决"①。美国劳工联合会也通过决议，要求宽大处理。美国劳工联合会主席龚帕斯说，"依照劳工事业的利益和用和平方法改善劳工状况及实现劳工的最终解放，我反对把他们处以死刑。这会玷污我们国家的荣誉"。劳动骑士团的领导人虽然没有参加这一援救运动，但许多地方支部抗议法院的判决。许多知名的美国人也提出了抗议。这一援救运动甚至越过了国界。威廉·莫里斯和萧伯纳在伦敦的抗议集会上发表演说。法国的议会、巴黎市委员会都打电报给伊利诺伊州州长提出抗议。在法国、荷兰、俄国、意大利和西班牙，工人集会提出抗议，许多工人还纷纷捐款，用作辩护基金。当执刑日期 1887年 11 月 11 日临近的时候，成千上万的工人签名的请愿书、抗议书和信函寄给了伊利诺伊州州长，要求宽大处理。芝加哥和纽约都派出了代表团向州长请愿。慑于国内外的抗议，施瓦布和菲尔登被减为无期徒刑。林格在行刑前一天在监狱自杀。帕森斯、斯皮斯和费希尔于 1887 年 11 月 11 日被处以绞刑。在芝加哥，估计有 15 万人至 50 万人参加送葬队伍。后来，工人们于 1893年 6 月 25 日在瓦尔德海姆公墓为他们建立了纪念碑。

争取释放菲尔登、施瓦布和尼比的斗争并未因帕森斯等 3 人被处绞刑而停止。这一斗争进行到 1892 年约翰·彼得·阿持格尔德任伊利诺伊州州长时才取得了胜利。1893 年 6 月 23 日，阿特格尔德释放了菲尔登等 3 人。他说，他不是赦免他们，因为他们是无辜的，他们和被处绞刑的人是歇斯底里和不公正的法官手下的牺牲品。不能证明被告犯罪，因为没有发现谁扔炸弹炸死警察，没有证据说明被告与扔炸弹者之间有任何联系。

秣市惨案和帕森斯等人被审讯以及被判处绞刑或徒刑，充分暴露了美国法制的资产阶级专政性质。秣市广场事件以后，在美国的无政府主义运动就衰落了。美国无政府主义运动代表了当时美国社会主义运动中的"左"倾机会主义思潮，是对资产阶级在 19 世纪 70 年代镇压工人罢工，特别是镇压 1877年铁路大罢工的仇恨而发展起来的。他们不承认革命需要主观上的充分准备，积聚力量，要研究是否具有革命的客观形势，他们否认无产阶级专政，使当时的社会主义运动蒙受了损失。帕森斯等人在资产阶级法庭上坚强不屈，随后慷慨就义，其英雄气概为后人所铭记。

---

① Howard H. Quint, *The Forging of American Socialism: Origins of the Modern Movement*, New York: Bobbs-Merrill, 1964, p. 34.

第六节 太平洋沿岸和落基山地区的
国际工人协会支部

社会主义工人党和美国的国际劳动人民协会在东部和中西部开展活动的时候，在太平洋沿岸和落基山地区出现了由土生的美国律师伯内特·哈斯克尔领导的社会主义运动。哈斯克尔于 1881 年领导成立了当时已解散的国际工人协会（第一国际）太平洋沿岸支部。因为它给每一个会员发一张红色卡片，表示与过去的第一国际在精神上的联系，又称为"红色国际"。哈斯克尔既反对参加竞选运动，也反对暴力行为，强调开展长期的社会主义教育和鼓动工作。他的最终目标是建立一种国家社会主义，不赞成像莫斯特和无政府主义者所主张的一种生产者自治团体的松散联盟。在组织上，他采取一种"秘密团体"制度：由 9 人组成的最早小组的每一个成员，可以另组新的 9 人小组，然后新小组的每个成员又可以组织一个 9 人小组，以此不断扩大。每一个成员只了解两个小组的人员，一个是他原属的小组，另一个是他另组的小组。太平洋沿岸国际工人协会加入了 1881 年在伦敦重新成立的无政府主义的国际劳动人民协会。它在劳动骑士团太平洋沿岸的会员中赢得了支持，并且它的影响扩大到了落基山地区。约瑟夫·布坎南是国际工人协会在落基山地区的领袖。国际工人协会在太平洋沿岸和落基山地区两个部分是完全自治的，会员主要是土生美国人，人数不超过 6000 人。

太平洋沿岸和落基山地区国际工人协会曾应邀出席 1883 年无政府主义者和无政府工团主义者在匹茨堡举行的代表大会。哈斯克尔在会上提出了社会主义力量与无政府主义力量联合的建议。但是，由于他否定暴力行动，他的建议遭到与会者的拒绝。

1884 年 4 月，国际工人协会的落基山支部通过了《人的权利宣言》，阐明了太平洋沿岸和落基山国际工人协会的方针和策略。这个宣言是天赋权利、杰斐逊民主思想和无政府主义思想的混合物。宣言分为序言和宣言两个部分。序言一开始就宣称："我们认为这些真理对所有关心人类幸福的人来说是不言自明的，一切男女是生而自由和享有平等权利的。他们呱呱坠地就被造物主赋予一些不可让与的权利作为生存的必要权利，并且是他们自己也不能抛弃的。这些权利包括生活的权利和享有生活资料的权利、自由和与自由相关的条件以及追求幸福的权利。"序言罗列了 20 条人的权利，诸如人民有权改变或废除不能维护人的权利的制度；有权获得其劳动的全部产品；每个人有权享有应得份额的土地、阳光、水和其他自然资源；有和平集会、信教、携带武器、不受无理搜查或逮捕、思想、言论和结社等的自由权利；有拥有自己生产出的私有财产的权利；对侵犯人民权利的政府，人民有起义的权利和责任；人民有自己管理自己的权利，人民选出的代表要代表选民的利益，对犯罪的代表严惩不贷；创造使人们能自由享有人的自然权利和发挥人的能力的条件；废除作为奴役人民的机器的政府，按平等原则改组社会；在新时代来临时，政府将是无用的；除关于原则和权利的一般而简单的宣言以外，要废除一切法令或习惯法；等等。

宣言部分主要是提出以管理合作制度来代替现行的工业竞争制度，认为红色国际同黑色国际联合的时刻已经到来；和平的教育工作与革命的密谋是并行不悖的。宣言写道："我们可以肯定，相信我们的责任是为即将来临的冲突做好准备。当冲突在我们面前发生的时候，要引导它，并竭尽全力把它引向一种结果，即建立起一种管理合作的合适制度。团结的日子已经来临。嗬！红色国际和黑色国际，它们的旗帜并排飞扬，让战斗的鼓敲得震天响。全世界无产者联合起来！你们失去的只是锁链，你们获得的将是整个世界。"[1]太平洋沿岸和落基山地区国际工人协会的领导人以及《人的权利宣言》都企图无原则地调和马克思、恩格斯的国际工人协会（第一国际）革命原则与国际劳动人民协会（黑色国际）的无政府主义，是非常荒唐的。在 19 世纪 70 年代和 80 年代，各种社会主义思潮涌现的时候，美国的土生的美国人接触到各种社会主义学说，也目睹了美国工人举行的大罢工，在一定程度上认识到了资本主义的弊病。但是，他们只了解马克思主义的某一方面，只了解新世界观的个别部分或个别口号和要求，而不能抛弃一般资产阶级世界观，特别是资产阶级民主主义世界观的一切传统思想。哈斯克尔和布坎南领导的太平洋沿岸及落基山地区国际工人协会在思想上和理论上是极为混乱的。哈斯克尔和布坎南企图调和马克思的国际工人协会革命原则与无政府主义所做的努力没有取得成功。1887 年，哈斯克尔的国际工人协会同社会主义工人党合并。

---

① Philip S. Foner, *We, the Other People*, Urbana: University of Illinois Press, 1976, pp. 121-127.

第九章　1886年纽约市长竞选

1886年，在纽约城工人运动中再度出现开展政治行动热潮的时候，社会主义工人党和一些工会以及其他劳工组织联合成立了统一劳工党，其提名享有国际声誉的庸俗经济学家、单一税论者亨利·乔治竞选纽约市长，把对亨利·乔治的支持作为劳工对资本进行的一场斗争。亨利·乔治获得的选票虽少于民主党候选人，却多于共和党候选人，显示了纽约工人的力量，也产生了国际影响。

纽约市长竞选结束后，亨利·乔治坚持完全以单一税理论作为统一劳工党的指导原则，取消社会主义原则，并把统一劳工党变成主要是中产阶级分子和各种改良派分子组成的党,把社会主义工人党党员从统一劳工党中逐出。社会主义工人党纽约及其近郊的支部与纽约和布鲁克林的工会及政治组织联合成立进步劳工党，开展地方竞选活动，同统一劳工党相对峙。同时，社会主义工人党内的工会主义者同亨利·乔治进行了辩论，驳斥了他的单一税理论。在1887年纽约秋季竞选中，统一劳工党和进步劳工党的候选人都落选，随即就衰落了。

1887年的竞选结果说明，没有强大的工人运动作后盾不可能取得竞选中的胜利。因此，社会主义工人党内以德文报《纽约人民报》为主的工会主义派同党的全国书记、拉萨尔派领袖罗森堡和布希等人为首的政治行动派的分歧加剧，最后导致该党的分裂。《纽约人民报》工会主义派在斗争中取胜，自此社会主义工人党基本上确立了加强工会工作的路线。

第一节　亨利·乔治竞选纽约市长

在19世纪下半叶，美国工人在经济斗争中受到挫折时，大都希望从政治行动中寻找出路。秣市广场事件以后统治阶级对工人运动疯狂进攻，争取八小时工作日的罢工和芝加哥建筑工人罢工等一系列罢工失败，工人运动中再度出现参加政治行动的情绪。纽约中央劳工同盟推动成立统一劳工党，提名亨利·乔治竞选纽约市长，正是在这个背景下出现的。

1886 年 3 月，卡尔·沙姆音乐师俱乐部（劳动骑士团第 49 区分会的一个地方工会）不堪乔治·西斯音乐厅压低工资，进行了抵制，侍者工会和酒吧服务员工会也参加了抵制活动。应这些工会的呼吁，纽约中央劳工同盟宣布对西斯音乐厅进行全面抵制。慑于工会的压力，西斯做出让步，付给抵制者赔偿费 1000 美元。不久，西斯向法庭控告抵制者对他"恐吓"和"勒索"。代表资产阶级利益的法官判处 5 名被告一年六个月至三年八个月不等的徒刑。

西斯抵制事件和八小时工作日运动遭到挫折，使纽约中央劳工同盟和其他一些劳工组织希冀从政治行动中找出路。7 月 11 日，中央劳工同盟举行例会。在社会主义工人党的赞同下，会上提议任命一个委员会，筹备成立独立的劳工政党。不久，委员会提出计划，拟邀请所有劳工组织、劳工改良组织、工会、劳动骑士团、绿背纸币党、社会主义组织、反垄断主义者、土地改良派等党派代表出席，于 1886 年 8 月 5 日在克拉伦敦大厅举行劳工大会。当时，有 402 名代表出席了大会，代表 165 个组织和 5 万名会员。社会主义工人党的代表也出席了大会。在大会上，鲁德维格·贾勃林诺斯基（社会主义工人党党员和雪茄制造工人工会会员）提出开展独立政治行动的建议。在经过热烈辩论以后，大会通过了开展独立政治行动的决议，并成立了一个委员会作为常设组织。委员会建议成立纽约及其近郊独立劳工党，后改名为统一劳工党。

9 月 23 日，统一劳工党在克拉伦敦大厅召开了提名市长候选人的代表大会，有 175 个组织的 409 名代表出席，亨利·乔治被提名为纽约市长候选人。

亨利·乔治是一位社会改良者，他被选为市长候选人是同他作为经济学家和社会改良者的国际威望分不开的。但是，社会主义者和工人组织积极支持他，并不是支持他的社会改良主张，只是把这种支持作为工人对资本所进行的一场斗争。亨利·乔治是当时美国资产阶级庸俗政治经济学的代表人物之一。1879 年他写了《进步与贫困》一书。这本书在他的全部著作中居重要地位，基本思想是把美国的经济危机和劳动人民的失业及贫困统统归罪于土地垄断。在他看来，土地问题是根本问题，"因为土地是人的住所，是人在其上取得其全部需要的仓库。……我们生在土地上，活在土地上，死在土地上。……把人由属于土地的全部东西分隔开来，人只是一种脱离肉体的精神"①。因此，他认为"人人都有使用土地的平等权利，正如人人都有呼吸空气的平等权利一样。……如果我们得到造物主的同样许诺来到人世，我们在这里就有享受自然恩赐的平等权利。……这是一种自然的和不可让与的权利……在地球上，没有任何权力能正当地承认独占土地的特权"②。从这一观点出发，他指出："财产分配不均的最大原因，在于土地所有权的不平等。土地所有权是最终决定人民的社会和政治以及文化和道德情况的最基本的事实。"③他把土地垄断说成是古往今来一切罪恶的根源，甚至把资本主义制度下的经济危机也说成是土地垄断和土地投机的结果。他说，19 世纪 70 年代，"土地投机显然是美国产业萧条的真正原因"④。恩格斯指出亨利·乔治理论上的错误："在亨利·乔治看来，人民群众被剥夺了土地，是人们分裂为富人和穷人的主要的、笼罩一切的原因。但从历史上看，这是不完全正确的。……现代阶级对抗和工人阶级的处境恶化，原因就是工人阶级被剥夺了一切生产资料，其中当然包括土地。"⑤亨利·乔治从土地垄断和土地私有是一切罪恶根源的观点出发，提出了使土地成为公有财产的土地纲领。他说，"消除罪恶的方法只有一个，就是清除它的原因。……要摆脱贫困，要使工资达到公正所要求的地步，即劳动者的全部收益，我们必须以土地共有制代替土地个人所有制。……这显然是纠正近代文明中财产不公平和不平等的分配，及由此产生的一切罪恶的方法，我们必须使土地成为公有财产"⑥。但他又认为使土地成为公有财产这种方法过激，于是提出了单一税纲领，使他的土地纲领具体化。"这就是通过赋税来征收地租。……这个建议的实用形式就是废除一切租税，单独征收地价税"⑦。这就是说，把地租变成交给国家的赋税，资本主义生产的一切弊病就会消失。恩格斯批判了亨利·乔治的通过资产阶级政府"确立土地的公有权"和单一税的土地纲领。他指出，"亨利·乔治既然宣布

---

① Henry George, *Progress and Poverty*, New York: Robert Schalkenbach Foundation, 1926, pp. 295-296.

② Henry George, *Progress and Poverty*, New York: Robert Schalkenbach Foundation, 1926, pp. 338-339.

③ Henry George, *Progress and Poverty*, New York: Robert Schalkenbach Foundation, 1926, p. 295.

④ Henry George, *Progress and Poverty*, New York: Robert Schalkenbach Foundation, 1926, P. 268.

⑤ 中共中央马克思恩格斯列宁斯大林著作编译局编译：《马克思恩格斯全集》第 21 卷，北京：人民出版社，1965 年，第 387-388 页。

⑥ Henry George, *Progress and Poverty*, New York: Robert Schalkenbach Foundation, 1926, p. 328.

⑦ Henry George, *Progress and Poverty*, New York: Robert Schalkenbach Foundation, 1926, p. 406.

土地垄断是贫穷困苦的唯一原因，自然就认为医治它们的药剂是把土地交给整个社会。马克思学派的社会主义者也要求把土地交给社会，但不仅是土地，而且同样还有其他一切生产资料。但是，即使我们撇开其他生产资料的问题不谈，这里也还有另外一个差别。土地如何处理呢？以马克思为代表的现代社会主义者要求共同占有土地和为共同利益而共同耕种，对其他一切社会生产资料——矿山、铁路、工厂等也是一样；亨利·乔治却只限于像现在这样把土地出租给单个的人，仅仅把土地的分配调整一下，并把地租用于公众的需要，而不是像现在这样用于私人的需要。社会主义者所要求的，是实行整个社会生产体系的变革；亨利·乔治所要求的，是把现在的社会生产方式原封不动地保留下来，实质上就是李嘉图学派的资产阶级经济学家中的极端派提出的东西，这一派也要求由国家没收地租"[1]。

亨利·乔治的书虽然在美国没有畅销，但在英国却被争购一空。当时，英国的社会主义运动同土地改革运动联系在一起。19世纪70年代的农业危机席卷西欧各国，爱尔兰农民运动日益高涨，爱尔兰的土地问题为全世界所瞩目。各国倡导土地改革的许多团体邀请亨利·乔治去演说，他于1881—1882年去过爱尔兰，1882年、1884年去过苏格兰和英格兰，鼓吹他的土地纲领，这使他在国际上名声大噪。他在爱尔兰裔美国选民中也享有威望，因为他们认为亨利·乔治批评土地垄断抓住了爱尔兰经济问题的根源。他强烈的反垄断态度吸引了工资劳动者的支持，特别是当时工人运动中的一些组织，如劳动骑士团内有不少分会是由小农场主、小手工业主组成的，中产阶级改革派势力很大，他们本来就企望采用社会改良的办法来实现其"经济平等"的要求。而在工人运动中，大量工人也长期受19世纪上半叶以来埃文斯的土地改良派主张的影响，因此，他们很容易接受亨利·乔治的土地纲领，聚集在亨利·乔治的旗帜之下。

当时的社会主义工人党正分为两派，一派主张加强工会工作，在工会运动有了巩固的基础时再开展独立的政治行动；一派是拉萨尔派，轻视工会，只热衷于政治行动。前者以德文报《纽约人民报》为代表，后者以党的全国执行委员会及其新创办的、由罗森堡领导的德文机关报《社会主义者》为代表。《纽约人民报》派在纽约中央劳工同盟中一直宣传以工会为基础来建立劳

---

① 中共中央马克思恩格斯列宁斯大林著作编译局编译：《美国工人运动》，《马克思恩格斯选集》第4卷，北京：人民出版社，1972年，第259-260页。

工党，他们不同意亨利·乔治的单一税理论，批评他忽视工业资本家和金融资本家对工人的剥削。但是，他们支持亨利·乔治竞选市长，将其看作工人反对资本的斗争。党的全国执行委员会开始时没有主动支持亨利·乔治，只是后来看到亨利·乔治竞选市长胜利在望，才给予支持。

正在纽约城工人支持亨利·乔治竞选市长运动开展的时候，1886 年 9 月，德国社会民主党的领袖威廉·李卜克内西和爱德华·艾威林博士及其夫人爱琳娜·马克思来到美国，在社会主义工人党的主持下，他们到全国各地旅行演说。艾威林夫妇写道："从 9 月 10 日至 10 月 1 日，纽约是我们的中心。我们向纽约及其郊区和邻近六七个市镇的广大听众演说。10 月 2 日我们离开纽约，作 12 周的旅行，访问了约 35 个地方。这次旅行包括新英格兰的市镇、沿湖市镇，远至堪萨斯城，并从那里返回纽约。""在所有这些城市，至少召开一次会，在一些地方，多达四次会。除了很少的例外，每次会都有众多的听众。在许多地方，成千上万的人还未能允许进入会场。毫无例外，听众都是专心听讲。我们从来没有遇到像美国人那样耐心、礼貌，那样努力弄清演讲的含义。如果说所有听众，或者至少大多数听众都同意我们的观点，是不确切的。但是，所有的听众有礼貌地聆听，至少大多数理解我们演讲的含义，则是真实的。事实是美国人民等待着倾听用英语讲什么是社会主义。至今，一般来说，社会主义的学说是用德语认真审慎地宣讲的。而用英语来系统而广泛地宣讲社会主义实际上是不存在的。这就是 1886 年旅行的真正意义。美国公众第一次面对面地倾听他们曾因不理解而嘲笑和谴责过的马克思原则。"[1] 在他们访问期间，许多城市的主要报纸报道了他们参加的会议和演说。他们在访问每个城镇时，公开或私下会见了许多工人组织的领导人和成员。李卜克内西和艾威林夫妇在美国的旅行演说，协助在说英语的工人中间传播了马克思的社会主义学说，有助于加强社会主义工人党内工会主义者的力量，在推动社会主义工人党 1886 年秋季工人运动中群众性政治高涨发挥了作用。

为了开展竞选活动，统一劳工党原来起草的纲领大体上包括社会主义工人党纲领中的"直接要求"的内容，并重申了《共产党宣言》中关于"工人阶级的解放只能是工人阶级自己的事情"。亨利·乔治在同意做统一劳工党的纽约市长候选人以后，重写了统一劳工党的纲领，强调单一税原则。纲领

---

[1] Edward Aveling and Marx Aveling, *The Working Class Movement in America*, New York: Swan Sonnenscheib & Co., 1969, pp. 8-9.

的七项条目中，有四项是关于单一税内容的。只是为了迎合社会主义者和反垄断主义者的情绪，提出了将铁路和电报归政府所有的要求。关于工人的要求只有一条，内容是要求改革法院程序，终止从单一阶级挑选大陪审官的惯例，废除普通陪审员的财产资格限制，终止警察对和平集会的不正当干预，执行关于房屋的安全和卫生视察的法律，废除公共工程中的契约劳工制和实行男女同工同酬。当时由于亨利·乔治威信高，竞选成功的希望大，因此甚至社会主义工人党也没有对纲领提出异议。社会主义工人党的党员日夜在街头为亨利·乔治的竞选进行宣传鼓动。当时，恩格斯密切注视着美国工人运动和社会主义运动的发展。他一方面批评了亨利·乔治在理论上的错误，指出亨利·乔治的纲领在现在这个形式下太狭隘，除了地方性的运动，它不能成为任何运动的基础。恩格斯说："任何一个运动，要是不始终把消灭雇佣劳动制度作为最后目标，它就一定要走上歧途，遭到失败。"另一方面，恩格斯赞成美国的社会主义者适当地支持亨利·乔治运动，指出："美国的运动正处在我们的运动在 1848 年以前所处的那种阶段上，真正有才智的人物首先应当在那里起共产主义者同盟在 1848 年以前在各个工人联合会中所起的那种作用。""每一个新参加运动的国家所采取的第一个重大步骤，始终是把工人组织成独立的政党，不管怎样组织起来，只要它是一个真正的工人政党就行。……这个党的第一个纲领还是混乱的和极不完备的，它还打着亨利·乔治的旗号，这都是不可避免的缺点，然而也是暂时的缺点。群众需要有时间和机会来发展自己，而只要他们有了自己的运动（不管这种运动采取什么形式，只要他们自己的运动），他们就会有机会，因此在这个运动中，他们将通过本身的错误。通过亲身经历的痛苦经验前进。"[①]

虽然统一劳工党的纲领是温和的，却也引起了资产阶级和天主教会的恐惧。他们迅即纠集力量，以图击败统一劳工党的候选人。资产阶级通过舆论工具大声疾呼警惕所谓无政府主义者和社会主义者阴谋夺取市政府，以图分化统一劳工党，恐吓群众，特别是恐吓中产阶级。民主党雇佣职业劳工领袖 W. A. 卡西组织了一个冒牌的独立劳工党，号召工人反对亨利·乔治和无政府主义者，支持所谓"劳动阶级的拥护者"——民主党。天主教的柯里冈大主教强调天主教神父不得支持亨利·乔治。因此，所有天主教神父，除麦克

---

① 人民出版社马列著作编辑室编：《马克思恩格斯给美国人的信》，北京：人民出版社，1986 年，第 428 页。

格林外，都撤回了他们对亨利·乔治的支持。资本家以解雇为手段，威胁工人不得支持亨利·乔治。但是，工人并未因受恐吓而畏缩不前。10 月 30 日晚，有两万多名工人冒着滂沱大雨游行，显示了工人反抗资产阶级的意志和力量。此外，资产阶级试图提名最强有力的、有当选希望的候选人来抵销亨利·乔治的影响。当民主党在候选人问题上陷于分裂时，资本家强迫民主党提名大钢铁制造主艾布拉姆·休伊特参加竞选。共和党提名当时的纽约州议员、大公司律师西奥多·罗斯福为候选人。

为了争取竞选的胜利，统一劳工党截至 1886 年 10 月 3 日为止在 24 个区中的 22 个区建立了竞选俱乐部。10 月中旬，俱乐部会员达 15000 人。有些俱乐部是由工会组成的。有些是由外国移民，如意大利裔人、德国裔人、法国裔人、犹太人、波希米亚裔人组成的。黑人也建立了竞选俱乐部。统一劳工党还于 10 月份创办了《导报》，为亨利·乔治竞选进行宣传鼓动。美国劳工联合会主席龚帕斯先是试图以过去工人运动中独立政治行动的失败教训阻止成立劳工党，后来改变了态度也支持竞选运动。劳动骑士团的总会长鲍德利则是迫于劳动骑士团广大会员的压力，迟至 10 月 30 日才出面支持亨利·乔治。

选举于 11 月举行。结果，亨利·乔治得到 68000 张选票，占总票数的 31%；休伊特得到 90000 票，占总票数的 41.4%；罗斯福得到 60000 票，占总票数的 27.6%。在共和党和民主党的联合抵制下，亨利·乔治未能获胜。

在纽约市开展竞选运动的同时，许多州的工人也成立了劳工党，提出竞选州长或市长的候选人。这些州的劳工党的纲领除了没有提出单一税主张外，同纽约的统一劳工党的纲领差不多。芝加哥的统一劳工党的竞选成绩仅次于纽约统一劳工党，一些州的劳工党在竞选中也取得了一定的成绩。

纽约的选举结果被亨利·乔治的支持者欢呼为一次胜利。这次竞选运动鼓舞了广大工人，增强了斗争的信心。同时，民主党和共和党不得不承认工人的力量，从而使 1887 年纽约的立法机关通过了一些有利于工人的法律。这次竞选运动也产生了一定的国际影响。恩格斯在 1886 年 11 月 29 日写道："美国 11 月的选举在欧洲发生了很大的影响。……运动这样明确地被强调为工人运动，而且发生得这么突然、这么强烈，简直把他们吓呆了。"[1]

---

① 马克思、恩格斯：《马克思恩格斯给美国人的信》，北京：人民出版社，1958 年，第 194 页。

第二节　亨利·乔治同社会主义者决裂

在竞选运动以前，社会主义工人党对亨利·乔治的单一税理论和土地纲领就持保留态度。在竞选运动以后，亨利·乔治及其追随者企图把统一劳工党完全变成以单一税理论为指导原则的党，这不可避免地引起统一劳工党的分裂。亨利·乔治关于地租国有化的基本信条，纯粹是一种资产阶级经济学家的观点。他愈醉心于他的地租狂想，就"必定压制一切社会主义的东西"[1]。

1886 年 11 月 6 日，即市长竞选运动结束的一天，追随亨利·乔治的人在库柏讲习所大厅举行了群众大会，成立了由麦克格林神父、约翰·麦克马金和《北美评论》的编辑詹姆士·雷德帕思组成的三人临时执行委员会。这个委员会不久组织了一些"土地和劳动俱乐部"。控制俱乐部的多是自由职业者和小企业主，俱乐部发表的文件是亨利·乔治的单一税纲领。11 月 9 日，纽约中央劳工同盟的区组织员碰头，决定于 1887 年 1 月 6 日召开统一劳工党县大会。这次大会选出了组织委员会和章程委员会。大会重申了统一劳工党克拉伦敦大厅召开的代表大会的纲领，坚持统一劳工党的名称不变。但新起草的章程中有一条规定：任何人"除了断绝与所有其他政党、组织和俱乐部的一切联系，才适宜当党员"[2]。这一条款为后来开除社会主义工人党的社会主义者提供了依据。

亨利·乔治为了扩大以他的单一税纲领为基础的统一劳工党的影响，于 1887 年 1 月 8 日创办了《旗帜报》并自任编辑。社会主义工人党的社会主义者则控制了统一劳工党的《导报》，由泽尔热·舍维奇任编辑。这样，一旦同单一税论者发生公开争论时，他们就有自己的英文日报作为喉舌。1887 年 3 月，麦克格林神父，一位在纽约市长竞选中以抵制主教命令而名声大噪的神父，成立了一个以宗教为基础的单一税组织"反贫穷协会"，使亨利·乔治运动迎合了中产阶级的宗教情绪。6 月份，《旗帜报》公开就统一劳工党这一名称中的"劳工"一词展开讨论。亨利·乔治厌恶这个字，认为它"只有狭隘

---

[1] 人民出版社马列著作编辑室编：《马克思恩格斯给美国人的信》，北京：人民出版社，1986 年，第 460 页。

[2] John R. Commons and Associates, *History of Labor in the United States*, Vol. II, New York: Oxford University Press, 1918, p. 455.

的含义,会破坏新的运动,使人认为这一运动只是一种阶级运动"[①]。7月末,《导报》发表社论,赞扬劳伦斯·格朗兰写的批评单一税理论的小册子——《亨利·乔治理论的缺陷》。这样,亨利·乔治与社会主义者之间的冲突与日俱增。

1887年7月,统一劳工党开始推选参加拟定于8月在锡腊丘兹召开的统一劳工党州代表大会的代表。由于7月中旬谣传单一税分子要在统一劳工党的州代表大会上把社会主义工人党党员从统一劳工党中逐出。因此,社会主义工人党的社会主义者要求统一劳工党的县执行委员会就社会主义工人党党员有权作为统一劳工党党员一事做出裁决。县执行委员会一致决定,社会主义工人党不算政党,它参加竞选活动只是为了宣传目的,因此社会主义工人党党员有权做统一劳工党的党员。同时,社会主义工人党的社会主义者为了巩固他们在统一劳工党内的地位,坚持主张在统一劳工党的名称中保留"劳工"一词,强调在纲领中体现工人要求。

亨利·乔治宣称即将召开的统一劳工党州大会的主要任务之一是确定党对"德裔社会主义者",即社会主义工人党的立场。他在1887年8月13日的《旗帜报》上说,那些认为"迫切的社会问题"不是土地税而是"废除一切生产资料私有财产"的人,在统一劳工党内是没有容身之地的。他说,"国家社会主义及其使一切资本成为国家的公有财产的观念……是外来的,是在欧洲条件下产生的,不能在美国的土壤上繁殖"。他在1887年8月6日和9月10日的《旗帜报》上宣称,排斥社会主义者是他争取中产阶级乃至大资产阶级计划的重要部分,因为这些人决不会支持容纳社会主义者和他们阶级斗争理论的独立政治运动。同时,单一税分子要求撤销县执行委员会的裁决。在8月5日(星期三)召开的县总务委员会的会议上,主席约翰·麦克马金迎合单一税分子的意愿,撤销了他曾批准过的县执行委员会所做的裁决,并做出了新的裁决:社会主义工人党党员没有资格作统一劳工党的党员。麦克马金的裁决在统一劳工党内引起了争端。社会主义工人党全国执行委员会于8月13日发表小册子,向"一切工会、社会主义者和社会主义工人党党员"发出呼吁,指出社会主义者是统一劳工党的真正缔造者。舍维奇在《导报》上解释说,社会主义工人党并非具有真正劳工党意义的政治组织,言下之意是,社会主义工人党党员可以加入统一劳工党。

[①] John R. Commons and Associates, *History of Labor in the United States*, Vol. II, New York: Oxford University Press, 1918, p. 457.

统一劳工党的州代表大会于 1887 年 8 月 17 日在锡腊丘兹召开。大会控制在亨利·乔治及其追随者的手里。大会一开始，他们选举了路易斯·波斯特为大会临时主席。接着，大会资格审查委员会提出两个报告，一个是由 15 人签署的"多数派报告"，建议取消现仍为社会主义工人党党员的 5 名代表的代表资格；另一个是由 8 人签署的"少数派报告"，其赞成社会主义工人党的社会主义者留在统一劳工党内。亨利·乔治及其追随者赞成多数派报告。亨利·乔治在大会上号召把社会主义者从党内逐出。他说，这个党面临的最大危险不是它的成员离去，而是在它的队伍内继续存在见解不一致的成员。在大会上有些人呼吁制止党的分裂，但大会最后以 91 票对 86 票把社会主义者逐出了统一劳工党。

大会通过了一个取消社会主义原则和把单一税作为中心内容的纲领。纲领中也包括货币改革和公共设备市政所有的要求，以及一些工人要求和民主要求。大会上，亨利·乔治被提名为党的候选人，于 1887 年 11 月竞选州秘书长。亨利·乔治及其追随者在大会上排除异己的专横做法，遭到了社会主义者的抨击。亚历山大·约纳斯于 1887 年 8 月 19 日在《纽约世界》上说，如果亨利·乔治通过排斥社会主义者来赢得农场主的支持，他就会铸成大错。这次大会以后，统一劳工党变成了主要由中产阶级和小农场主以及以往改良运动中遗留下来的改良派组成的党，成为鼓吹中产阶级改良和单一税的党。

在锡腊丘兹代表大会结束后，社会主义工人党的纽约代表返回纽约时，有数千工人在库柏讲习所大厅举行集会，听取代表们的报告。在这次集会上，决定成立一个与统一劳工党相对立的政党。9 月 8 日，纽约的社会主义者和工会主义者在韦布斯特大厅召开会议，出席的有社会主义工人党在纽约及其近郊的 15 个支部的代表，有纽约中央劳工同盟中反对亨利·乔治的工会主义者，以及来自纽约和布鲁克林的 56 个工会和 31 个政治组织的代表。他们在会议上成立了进步劳工党。党的纲领宣称，工人阶级的解放要由工人自己来实现。但实现这一最终目标的途径则正如劳动骑士团主张的那样，要通过建立合作机构，以合作工业制度来代替工资制度。纲领提出了一系列的具体要求，诸如交通运输和其他公共设施归政府所有，改革税收制度，对未开垦的土地征税和实行累进所得税以及满足一些工人要求。9 月 28 日，进步劳工党在韦布斯特大厅召开州代表大会，为参加 11 月份的选举提出了竞选州秘书长的候选人。

1887 年 9 月底，社会主义工人党在布法罗举行了第六次全国代表大会，出席的有 32 个支部的 37 名代表。大会除了讨论关于哈斯克尔领导的太平洋沿岸和落基山地区国际工人协会加入社会主义工人党的问题外，大部分时间讨论了政治行动问题。在这个问题上党内意见有分歧。拉萨尔派主张在社会主义工人党的旗帜下开展政治行动，不同意以进步劳工党的名义进行竞选。最后大会通过决议，"向党员说明，无论什么地方都有一个或几个劳工政党参加运动，要支持最进步的党，即这个党的纲领和原则最接近我们党的纲领和原则，至少承认资本和劳工之间的冲突，但是党员不允许建立新党，如果没有充分的理由相信这些党完全承认我们的原则的话"。

随着竞选运动的开展，社会主义工人党的社会主义者同亨利·乔治进行了论战。1887 年 10 月 25 日，社会主义工人党的泽尔热·舍维奇与亨利·乔治在矿工剧院就单一税与社会主义问题进行了辩论。辩论由美国劳工联合会主席龚帕斯主持，听众达 3000 人之多。舍维奇在辩论中说：

今晚讨论的题目是乔治先生的单一土地税来代替其他一切形式的税收的计划，按他提出的，能解决我们现代的社会和劳工问题。我想指出，这种单一土地税不仅不足以解决这些问题，而且，如果对它单独加以考虑，如果把它考虑为一种与其他一切社会改良无关的局部万应灵药，它对劳工是弊大于利的。第一，他指出，生产是由两种广泛的劳动工具来调节的：一是机器，二是土地。如果实行土地国有化，结果是一些属于私人的土地归社区所有。在土地上盖房子的人就不是向私人土地所有者，而是向社区缴地租。从长远来看，这地租比现在他所缴的不会少多少。如果实行土地国有化，工厂主就不再给私人土地所有者，而是给社区缴地租，那么，工人能因此得到高工资吗？怎么会呢？如果明天，新的机器造出来了，使一半人过剩，工厂会解雇一半工人，失业者会要求以低一些的工资为工厂工作。因此，不论土地属于社区还是属于个人，劳工之间的竞争仍将继续。第二，他指出，如果政府占有了广袤的土地，资本家仍然具有像现在所具有的对政府官员的同样权力。政府将掌握在工业垄断主义者手里，正如现在掌握在工业和土地的垄断主义者手里一样。第三，他指出，土地税计划不触及劳工问题。问题的关键在于那些占有劳动工具的人对劳工的掠夺。第四，他指出，土地税计划是一种乌托邦理论。那么，在上次竞选运动中为什么工人要支持他呢？这个城市的绝大多数劳动人民在去年支持乔治先生，不是因为他的土地理论，而是完全不考虑他的土地理论，是因为他写了一本题名为《进步与贫困》的书，是至今出版的对现行社会制度进行猛烈抨击的书之一。他书中的批判部分是很多的。每一个不满现行制度的人都会同乔治先生握手，劳动人民把他看作旗手，以为他会心胸坦荡地把他的渺小理论融于广阔宏大的劳工运动中去。一个能够把一种思想影响千百万人民的人，会成为一个派别的创始人，或者，如果他是一位政治家，则他会是政治机器的创始人。但是乔治永远不能成为伟大劳工政党的创始人了。在这次论战中，亨利·乔治只是进行了无力的辩解。[①]

与此同时，亨利·乔治在《旗帜报》上攻击社会主义者，谈及秣市广场事件时说，被判刑的无政府主义者得到了公正的审判。这暴露了他两面派的伪善面孔，因为他以前曾表示同情秣市广场事件的被告。这说明他为了得到中产阶级的支持，不惜完全脱离工人运动。亨利·乔治派在失去社会主义者、无政府主义者、劳动骑士团和爱尔兰裔工人的支持以后，在纽约的秋季竞选中只得到 72000 票，其中在纽约城得票 37000 张，比上次竞选所得的 68000 票少 31000 票，说明乔治的威望急剧下降。而民主党和共和党分别得到 480000 和 459000 票，进步劳工党只得到 5000 票。

统一劳工党在竞选运动中的失利，主要是因为两党制在美国已经形成。在纽约城基本上是民主党占统治地位，在民主党内又是塔马尼派占上风。在纽约州的农村各区，共和党人占上风，他们在立法机构中占统治地位，并在纽约城与民主党分配席位。这两个党通过法律把纽约城有影响的机关，如民选的城市委员会的权力分散到非民选的、大多由市长任命的一些委员会，如警察、公园、公共工程、学校、监狱和教养院的管理等。为了使市长不致都任命他所在党的党员担任委员而取得太多的权力，法律宣布这些委员会的委员必须由两党党员组成。许多年来，在纽约城，城市的最高警察机构——警察委员会都是由两名共和党人和两名民主党人共管的。当共和党或民主党担心第三党在竞选中可能夺去许多选票，就会千方百计给第三党的竞选制造障碍，甚至两党互相勾结起来挫败第三党，乃至命令警察进行干涉。1887 年 10 月 8 日，进步劳工党召开批准该党竞选候选人的会议，被警察粗暴地驱散。这种两党制的确立，两党之间在选举后分配官职和议席的做法，不限于纽约城或

[①] Albert Fried ed., *Socialism in America: From the Shakers to the Third International, a Documentary History*, New York: Columbia University Press, 1970, pp. 234-243.

其他局部地区，而是在全国各城市普遍存在。此外，两党在州议会上通过了一些法律，满足了统一劳工党这个第三党的纲领中所提出的某些要求，从而使统一劳工党在一定程度上失去了存在的必要。当时，多数州议会都通过了一些劳工保护法律。民主党和共和党在州议会提出和制定一些改良法律，目的都是为了攫取工人的选票。这种伎俩，后来成为民主党和共和党传统的策略。

　　1887 年的竞选后，统一劳工党渐渐衰落。乔治与麦克格林争夺党内最高领导权的斗争加速了党的瓦解。在这场党内斗争中，麦克格林取胜，乔治退出统一劳工党，后来投入了民主党。麦克格林的"反贫穷协会"后来成为共和党的附庸。进步劳工党没有起多大作用，最后并入社会主义工人党。恩格斯于 1887 年 9 月指出："乔治宣布与社会主义者断绝关系，我认为是一件不召自来的好事，它能在很大程度上纠正下述不可避免的错误：把乔治放在一个连他自己都不理解的运动的领导地位。乔治作为整个工人运动的旗手，是自欺欺人的；乔治作为乔治派的领袖，很快就成为历史遗物，成为像美国数以千计的其他宗派那样的一个宗派的首领。"[①]恩格斯的这段话对这个时期的美国工人运动和社会主义运动做了恰如其分的总结。

第三节　社会主义工人党内的斗争

　　在 1887 年竞选结束以后，进步劳工党迅即衰落，其他州和城市的劳工党竞选活动同样也没有取得多少成绩，这使社会主义工人党内在独立政治行动问题上的分歧加剧。以《纽约人民报》为中心的工会主义派根据近年来的经验教训，认为社会主义者参加政治行动的时机尚未成熟，要求党把注意力集中在工会运动方面。然而，拉萨尔分子则继续要求党开展独立的政治行动，他们认为成立进步劳工党是一种错误，只是为了对乔治及其追随者进行报复。

　　1888 年春季以后，党的全国书记罗森堡和 J.F.布希（他们是党的德文机关报《社会主义者》和英文《工人辩护士》报的编辑）开始谴责工会主义派及其政策。4 月 28 日，《社会主义者》和《工人辩护士》同时发表社论，不

---

　　① 人民出版社马列著作编辑室编：《马克思恩格斯给美国人的信》，北京：人民出版社，1986 年，第 481 页。

赞成开展工会活动，认为组织工会不会取得什么成果。6月2日《工人辩护士》发表社论，反对社会主义者建立劳工党，认为劳工党过去就没有用处。9月15日《工人辩护士》发表了由布希写的题为《我们在哪里立足》的社论，号召社会主义者为即将来到的秋季选举提出自己的候选人；社会主义工人党领导工资收入者阶级，包括律师、医生和教师等中产阶级并争取他们的支持的时刻已经来到。拉萨尔分子特别向党内的土生美国社会主义者呼吁采取独立的政治行动。他们认为，社会主义要向所有的人呼吁，不论其种族或阶级地位；马克思主义者把主要精力放在工会方面会失去各阶层群众的支持，因为工会只是纯粹为了保护有组织的工人。他们认为把社会主义直接同伴随工会行动而产生的罢工和抵制的失败相联系，是一种羞辱和灾难，应该避免把社会主义的命运系在工会上。

德文《纽约人民报》工会主义派强烈反对参加 1888 年纽约的选举。但是，土生美国人支部把社会主义者参加竞选的问题提到纽约支部的中央委员会进行讨论。社会主义工人党广大党员从党内团结出发，提名《纽约人民报》的实权人物亚历山大·约纳斯为竞选纽约市市长的候选人，爱德华·霍尔为州长候选人。与此同时，纽约的美国人支部于 1888 年 9 月向全国执行委员会提出在政治行动问题上修改党章的要求。修正的党章在党内通过，其中宣称：

> 鉴于美国社会主义工人党是一个宣传的党；鉴于参加市、州选举和国会选举是进行鼓动的好手段，兹决议：社会主义工人党宣称它是为这样的选举目的而建立的独立政党。决议：忠于社会主义工人党和断绝与其他政党的一切联系是社会主义工人党党员的条件，其他一切党应视为组成反动的一群。

这样，主张政治行动的罗森堡-布希集团暂时在党内占了上风。

这一年的秋季选举结果，社会主义工人党候选人在纽约州得到的选票不到 3000 张，其中 2500 张来自纽约城。社会主义工人党在密尔沃基和纽黑文两地也提名了党的候选人，选举结果也都令人沮丧。《纽约人民报》和党的一些领导人再次劝告暂不要参加政治行动。

社会主义工人党 1888 年秋季竞选失败了。但是，布希却攻击工会主义者，说他们在工会中的宣传工作失败了。他说，社会主义者的最大问题是通过政治手段来鼓动和教育广大群众。1889 年 1 月到 8 月之间，《纽约人民报》派和罗森堡-布希集团的矛盾激化。《纽约人民报》在党内占有强有力的地位，它强烈地影响着纽约城德裔美国人的社会主义运动，而德裔美国人的社会主义运动在纽约城又左右了社会主义工人党的组织。纽约支部的大部分党员站在《纽约人民报》一边。而且，按党章规定，纽约城的所有支部可以共同选举或罢免驻地在纽约的党的全国执行委员会。8 月份，《纽约人民报》派开始着手剥夺罗森堡及其支持者在党内的领导权力。纽约德裔美国人的一些支部组成中央委员会列举罗森堡和全国执行委员会委员阿道夫·格里克、约瑟夫·骚特尔和威廉·欣策的错误，指责他们同工会和劳工领袖对立，蓄意反对美国劳工联合会倡导的八小时工作日运动，并且特别指责罗森堡的专制作风、无能和欺诈行为等等。当罗森堡等四人拒绝下台时，纽约德裔美国人支部中央委员会宣布将他们罢免，并且选举舍维奇、奥托·赖默、C. 易卜生和R. 普拉斯特接替他们的职务，导致党的分裂。恩格斯在评论这一事件时说："你们那里发生的微不足道的革命十分有趣。可能，这是趋于健康的开始。"①党的司库和全国执行委员会委员赖因哈特·迈尔拒绝将党的资金交给罗森堡-布希集团。同时，《纽约人民报》在《工人辩护士》报和《社会主义者》报工作人员支持下，夺取了这两家报纸的领导权。这使罗森堡-布希集团处于不利地位。他们无法通过党的报纸发表他们对这一事件的看法，只得发表了致党员的宣言，说明他们与《纽约人民报》的分歧，不承认纽约德裔美国人支部中央委员会的决定，号召各地的社会主义工人党党员谴责"篡权者"。罗森堡等人坚持他们是党的全国执行委员会的领导人。这样，在党内就出现了两个全国执行委员会，都匆匆地在芝加哥召开党的全国代表大会。它们选择芝加哥这个中西部大都会为会址的目的，都是为了争取这个城市的社会主义工人党党员的支持。出席罗森堡派于 9 月底召开的代表大会的代表很少，而出席《纽约人民报》派于 10 月 12 日召开的代表大会的有 33 个支部的 27 名代表。这两个分别召开的代表大会都重申了各自的主张和策略。罗森堡派为了平息工会主义者的不满，在其代表大会上通过决议，号召支持工资收入者组织反对雇主戕害他们的利益和他们为争取缩短工时、增加工资所做的努力。但是，决议中仍然认为劳工的解放只有通过政治行动才能实现，才能进入社会主义社会。《纽约人民报》派在其代表大会上表示反对独立的政治行动，主张支持进步的劳工党。社会主义者有责任加入工会或帮助建立新的工会，使

---

① 人民出版社马列著作编辑室编：《恩格斯致弗·阿·左尔格（1889 年 9 月 26 日）》，《马克思恩格斯给美国人的信》，北京：人民出版社，1986 年，第 537 页。

工人了解剥削者与他们的受害者之间的冲突是不可调和的，无保留地支持劳工领袖为实现八小时工作日所进行的斗争。《纽约人民报》派代表大会上通过了由卢西恩·萨尼亚尔起草的新纲领。这个新纲领把《独立宣言》的观点与当时的现实相对照，以说明有必要消灭现行资本主义制度。新纲领写道：

> ……重申一切人对生活、自由和追求幸福的不可让与的权利。
>
> 我们和美利坚共和国的创立者抱有同样的意见，认为政府的目的是保证一切公民享有这种权利；但是，从我们的社会状况来看，我们还认为，在本质上是破坏生活、自由和幸福的经济不平等制度下不可能行使这种权利。
>
> 我们和本共和国的创立者抱有同样的意见，认为真正的政治理论是政府机器必须为全民所有并为全民所控制；但是，从我们工业的发展情况来看，我们还认为，真正的经济理论是生产机器同样必须属于全体人民。
>
> 显而易见，特权阶级的存在，该阶级统治下政治的腐败，公共财产、公共特权和公共职能之归该阶级所独占，以及各个最强大的民族卑微地依赖于该阶级的状况，所有这一切都可以追溯到这样一个明显的事实，即我们的经济专制制度是和我们的政治民主制度直接对立的。
>
> 而且民主政治堕落成为财阀统治的一部分，劳工被夺去纯由他们生产的财富，被剥夺自我劳动的手段，并且由于雇佣奴隶制的强迫怠惰，劳工甚至被夺去生活必需品。
>
> ……
>
> 社会主义工人党再一次声明反对这种制度。它再一次重申它的原则声明：生产的自然资源和劳动工具两者的私有制是一切经济奴役和政治从属关系的明显根源。
>
> 这样的时候快要来到了：在社会发展的自然过程中，这个制度一方面由于它的失败和危机的破坏作用，另一方面由于它的托拉斯和其他资本主义联合企业的建设倾向，将自取灭亡。
>
> 因此，我们号召美国雇佣劳动者和其他一切诚实的公民在社会主义工人党的旗帜下组成一个有阶级意识的团体，这个团体知道它的权利并决心用取得公共权力的方法来获得这些权利；所以只要在当前阶级斗争最困难的状况下以不屈不挠的团结一致的精神联合起来，我们就能消灭

阶级，把土地、一切生产资料、运输工具和分配手段交还给作为集体的人民，并以合作共和国代替目前的无计划生产、工业战争和社会混乱状态，从而迅速结束这个残忍的斗争；一切工人将在其中自由发挥才能并充分享受其才能的利益的一个共和国，势必由于一切现代文明的因素而繁殖起来。①

这一新纲领比过去历次社会主义工人党代表大会通过的纲领或原则宣言进了一大步，其明确提出"消灭阶级"，"把土地、一切生产资料和分配手段"归人民所有和建立"合作共和国"的主张，没有提出由国家帮助建立合作社的拉萨尔主义主张。嗣后社会主义工人党的代表大会都重申了这一纲领的主要内容。

由于《纽约人民报》派掌握了党的报纸，得到多数支部的支持，经过大约一年半时间，其取到了对罗森堡派的完全胜利。后来，罗森堡派的残余分子把他们的组织改称"社会民主联合会"，最后合并到了社会民主党中。

---

① Morris Hillquit, *History of Socialism in the United States*, New York: Funk & Wagnalls, 1971, pp. 299-300.

第十章　贝拉米空想社会主义
和基督教社会主义

　　在美国，随着自由资本主义向垄断资本主义过渡，不仅工人阶级同资产阶级的矛盾加剧，而且中小企业主和小生产者在大公司的竞争下生存受到威胁。中产阶级感到困惑、彷徨而又害怕暴力，对于怎样解决社会矛盾也提出了自己的方案。贝拉米的空想社会主义及其国家主义运动，以及基督教社会主义就这样应运而生。

　　贝拉米空想社会主义同以往小生产者企图恢复前资本主义生产关系的改良思想不同，也同 19 世纪上半叶的空想社会主义不同，它认为新社会将在资本主义社会中孕育而生。贝拉米设想国家组成一个大的企业公司，成为全国唯一的资本家、唯一的垄断组织，由国家统一管理生产部门，产品由全体公民共同享有。他认为，要实现这一新社会的理想，不是通过革命，而是依靠所谓"人类健全的理智""人类爱群的和慷慨的本性"，采取"辩论的方式"。贝拉米及其信徒为了实现这种空想的社会主义，成立了国家主义俱乐部，依靠中产阶级，开展了以宣传贝拉米的空想社会主义为主要任务的国家主义运动。基督教社会主义作为一种有纲领、有组织的运动，是企图依靠基督耶稣的精神，建立一个新的、"合理的""人人平等"的社会。后来，在英国创办费边社的影响下，基督教社会主义者成立了"波士顿费边社"，创办了《美国费边》杂志，宣传费边社的市政社会主义。而个别激进的基督教社会主义者则偏于"左"倾，后来开始支持尤金·德布斯领导的社会民主党。

第一节 贝拉米的空想社会主义

1888 年，美国作家爱德华·贝拉米出版了长篇小说《回顾 2000 年—1887 年》。虽然它是一部传奇小说，宣传的是社会改良的空想社会主义，却风行一时，在美国和英国各地销售约一百万册，并译成了许多国家的文字，其影响之广泛是空前的。他在书中先验地提出了一个解决美国社会和经济问题的救世良方。《回顾》一书讲的是名叫朱利安·韦斯特的一位年轻的波士顿人的故事。他在 1887 年经过催眠昏睡到公元 2000 年才醒来，由医生利特和他的女儿伊蒂丝介绍并目睹了一个新的世界。贝拉米在书中对劳动人民表示了同情，把贫富悬殊的资本主义社会比作一辆巨大的车子，劳动人民"在一条坎坷不平、布满沙砾的道路上艰苦地拉着车子前进"，"许多人拉着车子昏倒过去，陷在泥里受人践踏"①，而有闲阶级却舒服地坐在车上。他指出，"资本集中就像一种新的暴政那样威胁着社会，比社会此前所经历的任何暴政更为可怕"②。同时，贝拉米指出，资本主义"私人生产和相互竞争造成了巨大的浪费"，整个资本主义生产过程中，"作坊和车间就是无数个堡垒……各个堡垒的枪炮瞄准着四周的作坊和车间……暗中要把其他作坊和车间摧垮"③。危机像"旱灾和飓风那样，是没有办法加以防止或控制的"。但是，贝拉米同过去的小资产者和小生产者恢复前资本主义制度的社会改良思想不同，他指出"人类确实从未遭遇到比预料中的垄断集团暴政时期更为卑贱、更为可怕的命运"。同时也指出，"资本大量集中的制度大大提高了全国各种工业部门的生产效率，而且由于管理的集中和组织的统一，也大大地节省了费用。……仅仅作为生产财富的手段，资本的效率和它的集中程度成正比"④。他不主张历史倒退到小生产的旧制度中去，他认为"即使有可能恢复旧制度并把资本重

---

① Edward Bellamy, *Looking Backward 2000-1887*, Cambridge, Massachusetts:Dutton/Signet, 1967, pp. 17-18.

② Edward Bellamy, *Looking Backward 2000-1887*, Cambridge, Massachusetts:Dutton/Signet, 1967, p. 45.

③ Edward Bellamy, *Looking Backward 2000-1887*, Cambridge, Massachusetts:Dutton/Signet, 1967, p. 229.

④ Edward Bellamy, *Looking Backward 2000-1887*, Cambridge, Massachusetts:Dutton/Signet, 1967, pp. 46-47.

新分散，一方面固然可以使社会贫富又变得均匀一些，带来更多的个人尊严和自由。但另一方面，其所付的代价却是社会的贫困和物质进步的停顿"。他通过韦斯特的游历，描绘了他提出的生产资料公有制的理想社会方案。

在这个理想的社会中，工商业实行了国有化，而且到了 21 世纪初，顺乎自然地一切资本都由国家集中。"全国工商业不再由少数属于私人的、不负责任的大公司或辛迪加，以追逐私利为目的任意经营，而由一个唯一代表人民的辛迪加来经营，为全体人民谋福利。也就是说，国家组织成为一个大的企业公司，所有其他公司都被吸收进去。它代替了一切其他资本家，成为唯一的资本家，它是独一无二的雇主，并吞了所有以前较小的垄断组织，成为最后一个垄断组织。它的利润和各种节余由全体公民共同享受。"① 由于实现了工商业的国有化，整个国民经济分归十大生产部门，由国家统一领导管理，21 岁至 45 岁的人都要参加生产，产品由全体人民共同享受，社会成员不计其劳动贡献多少，都能得到相等的分配数额。商店、银行、货币和商品交易都取消了，国家货核直接分配产品。人民通过城乡方便的分配网领取自己需要的生活资料。

贝拉米描绘的新社会里，政治制度是崭新的，没有军队和监狱，国家的行政机构与生产管理系统是统一的，政府和官员的主要职能是指挥和监督生产。贝拉米还主张在各大洲实现社会主义后，建立全球性的自由联邦同盟，并逐步过渡到一个全世界单一的国家，整个地球都没有贫富的差别。

贝拉米所描绘的新社会的确是很美妙的。但对于如何实现的问题，他认为"根本没有任何暴力行动。大家早就预见到这种变革，社会的舆论已经成熟，全体人民都拥护这样做。因此，人们不可能用暴力去反对它，而只能采取辩论的方式"②，"这种制度似乎只是人类健全理智获得胜利的结果"③。贝拉米主张不是依靠无产阶级革命推翻资产阶级统治，而是通过和平过渡来实现社会主义。贝拉米在年轻时曾是一位资本主义社会的激进批评者。他在 20 岁时曾说："世界上的劳动群众已经深深地怀疑这个建立在对劳动群众奴役基

---

① Edward Bellamy, *Looking Backward 2000-1887*, Cambridge, Massachusetts:Dutton/Signet, 1967, p. 47.

② Edward Bellamy, *Looking Backward 2000-1887*, Cambridge, Massachusetts:Dutton/Signet, 1967,p. 48 and the Preface.

③ Edward Bellamy, *Looking Backward 2000-1887*, Cambridge, Massachusetts:Dutton/Signet, 1967,p. 48 and the Preface.

础上的社会的存在权利。革命的气氛已经存在。现在形式的社会为时不长了。"①他在 1879 年出版的《斯托克布里奇公爵》一书中曾表示了对谢司起义的同情。但是，1886 年的罢工、亨利·乔治竞选纽约市长运动和秣市广场事件等使贝拉米感到困惑，他否定了暴力革命。在《回顾》一书中，他借利特医生的口说："红旗党""只要他们存在一天，就会产生很大的阻碍作用。因为他们的言论使人听得厌烦了，因此那些经过深思熟虑的社会改造计划也没有人去听了。"他们"挥舞着红旗，大谈其放火、抢劫、杀人，想吓住胆小的人，以便阻止真正的改革"，"对于他们公然自认的那种主义来说，要想赢得一个朋友就会树立一个敌人"②。他认为由资本主义社会转到新社会，"根本没有任何暴力行动，大家早就预见到这种改革，社会舆论已经成熟，全体人民都拥护这样做"③。历史已经证明，这只是一种空想，因为以和平方式发展到社会主义是不可能的。虽然马克思说过："我们也不否认，像美国、英国……工人们可以采取和平手段达到自己的目的。"④不过，恩格斯指出，在谈及美国和英国用和平的和合法的手段来实现社会革命的时候，马克思"决没有忘记加上一句：他并不指望，英国的统治阶级会不进行维护奴隶制度的叛乱，就会甘心情愿屈服在这种和平和合法的革命之前"⑤。马克思发表这个意见是在 19 世纪 70 年代初，当时英美两国不存在军阀制度和官僚制度。美国南北内战于 1865 年春结束时，联邦军队是世界上最强大的军事力量。战后大部分官兵迅速复员。国会于 1866 年 7 月 28 日通过了和平时期军队的建制，为 45 个步兵团、10 个骑兵团和 5 个炮兵团，官兵总数为 54302 人。嗣后，军队人数又陆续减少，1869 年减为 37313 人，1876 年减为 27472 人。除正规军，还有民兵 3 万人。联邦军虽然不大，但却发挥了资产阶级国家机器的职能。在西部，其将 375000 印第安人赶到居留地，残酷地镇压了印第安人的反抗。与其同时，联邦军镇压了 1877 年的铁路大罢工。为了进一步镇压印第安人的反

① Albert Fried ed., *Socialism in America: From the Shakers to the Third International, a Documentary History*, New York: Columbia University Press, 1970, p. 260.

② Edward Bellamy, *Looking Backward 2000-1887*, Cambridge, Massachusetts:Dutton/Signet, 1967, p. 183.

③ Edward Bellamy, *Looking Backward 2000-1887*, Cambridge, Massachusetts:Dutton/Signet, 1967, p. 48.

④ 伊·布拉斯拉夫斯基编：《第一国际第二国际历史资料（第一国际）》，北京：生活·读书·新知三联书店，1964 年，第 158 页。

⑤ 马克思：《资本论》第 1 卷，北京：人民出版社，2004 年，第 35 页。

抗斗争和防范工人的罢工斗争，在 19 世纪 80 年代联邦军改组了军事部，加强了军事训练，从而进一步强化了联邦军作为资产阶级国家机器的作用。美国在 80 年代开始官僚制度。1883 年 1 月，国会通过了以俄亥俄州民主党参议员乔治·彭德尔顿命名的《彭德尔顿法》，规定经过考试选录官员。这一法案实施一年后，经考试录选的官员为 14000 人，在官员总数 11 万人中占 12.7%；到 1893 年，选录文官达 45000 人；到 19 世纪末和 20 世纪初达 10 万人；第一次世界大战时达 50 万人，即总数的 60%。所以，在贝拉米出版《回顾》一书的 80 年代末，美国的国家机器已经强化了。联邦军对 1877 年的铁路大罢工的镇压是空前残酷的，正如列宁指出的：“即使在最民主的共和国内，实际上也是资产阶级的恐怖和专政居统治地位，每当剥削者开始感觉到资本的权力动摇时，这种恐怖和专政就公开表现出来。”[1]

　　贝拉米的社会改良方案之所以是空想的，是因为不经过无产阶级革命，将资本家的资本转化为国家财产，是不会消除生产力的资本属性，只是资本家的全部社会职能改由雇佣的政府官员来执行罢了。这正如恩格斯指出的：“现代国家却只是资产阶级社会为了维护资本主义生产方式的共同的外部条件使之不受工人和个别资本家的侵犯而建立的组织。现代国家不管它的形式如何，本质上都是资本主义的机器，资本家的国家，理想的总资本家。它愈是把更多的生产力据为己有，就愈是成为真正的总资本家，愈是剥削更多的公民。工人仍然是雇佣劳动者、无产者。资本关系并没有被消灭，反而被推到了顶点。”[2]贝拉米观察分析社会问题的方法是超阶级的人性论。贝拉米通过书中的巴顿先生讲道，宣扬“摆在我们眼前的事实只不过意味着一种社会制度被另一种制度所代替而已；前者以自私的、虚伪的个人利益为基础，完全依靠人性中反社会和残酷的特性才能存在；后者以合理的、大公无私的真正个人利益为基础，完全靠人类爱群和慷慨的本性来加以支持”[3]。他否认人的阶级性，不懂得人的本质是一切社会关系的总和。在阶级社会中，一切人都是一定阶级关系和利益的负担者。他认为“人的本性是善的，而不是恶的。

---

　　① 中共中央马克思恩格斯列宁斯大林著作编译局编译：《取消议会制》，《列宁选集》第 3 卷，北京：人民出版社，2012 年，第 696 页。

　　② 中共中央马克思恩格斯列宁斯大林著作编译局编译：《社会主义从空想到科学的发展》，《马克思恩格斯全集》第 25 卷，北京：人民出版社，2001 年，第 407-408 页。

　　③ Edward Bellamy, *Looking Backward 2000-1887*, Cambridge, Massachusetts:Dutton/Signet, 1967, p. 199.

就人们天生的意愿和品质来说，他们是慷慨的而不是自私的，是慈悲的而不是残忍的，是富于同情心的而不是傲慢的"①。只是无数世纪以来，生活条件的长期压力，才使人性堕落的倾向掩盖了人性的优良的倾向。他对阶级社会中政治和经济地位根本不同的阶级的本性和行为不加区别，并为资产阶级的剥削行为辩护。"在那个尔虞我诈的社会里，为了争夺面包，最温和的人也会产生不顾死活的反常念头。为了养活那些依赖他生活的人，一个人不可能有其他的选择余地，而只能投入这个肮脏的战斗中去——哄诈、欺骗、诽谤、诈取、贱买贵卖，打破邻居养活子女的饭碗，诱骗人们购买不该买的东西，出售不该出售的东西，虐待工人，剥削债务人，欺骗债主。尽管有人含着眼泪用心寻找，也不容易找到一种维持生活、养育全家的方法，因此只得抢到软弱的竞争者之前，从他嘴里夺取食物"。所以，他认为"人类的遭遇之所以如此不幸，不能归罪于个人，也不能归罪于任何一个阶级，而是由于一种令人痛心的错误，一种使得世界变得黑暗无光的严重过失"②。这过失指的是"由于相互争夺以及工人之间缺少组织和协作，社会上五分之四的劳动力完全浪费掉了"③。他否认了资本主义社会里劳动人民的贫困是资本家剥削和压榨的结果，为资本家开脱罪责。他认为，在"生活条件的长期压力""这种条件一旦被消除以后"，"人类天生的崇高品质"，"就会像株弯倒的树木一样，又重新恢复了它原来那种挺直的姿态"。④并且，"一旦国家成为唯一的资本家和雇主，则不仅富裕代替了贫困，而且人奴役人的关系的最后痕迹也从世界上消失了"，"自由、平等、博爱的古老梦想……终于实现了"。⑤贝拉米在"后记"中也写道："凡是具有远见的人都会同意，现在的社会景象正是巨大变革的征兆。问题只是在于变好还是变坏。那些相信人性本善的人们，倾向于前一种看法了；那些相信人性本恶的人们则抱着后一种看法。就我来说，我却

---

① Edward Bellamy, *Looking Backward 2000-1887*, Cambridge, Massachusetts:Dutton/Signet, 1967, p. 207.

② Edward Bellamy, *Looking Backward 2000-1887*, Cambridge, Massachusetts:Dutton/Signet, 1967, pp. 236-237.

③ Edward Bellamy, *Looking Backward 2000-1887*, Cambridge, Massachusetts:Dutton/Signet, 1967, p. 237.

④ Edward Bellamy, *Looking Backward 2000-1887*, Cambridge, Massachusetts:Dutton/Signet, 1967, p. 268.

⑤ Edward Bellamy, *Looking Backward 2000-1887*, Cambridge, Massachusetts:Dutton/Signet, 1967, p. 207.

赞成前一种意见。黄金时代不是已经过去，而是在我们前头，并且也不遥远了。我们的孩子们无疑将会亲眼看见，而我们这些已经成年的男女，如果能以我们的信念和工作来作保证，也是可以看到的。"①贝拉米用抽象的人性、人道的观点来说明和解释历史，来看待由资本主义向社会主义的转变，尽管其对资本主义制度的批判显示了某些激动人心的力量，但总的来说，未能跳出社会意识决定社会存在的历史唯心主义的框框。在当时美国阶级斗争相当尖锐的情况下，他宣扬超阶级的人性和道德，只能起到欺骗工人的作用。

贝拉米在写作《回顾》一书时，并没有读过马克思、恩格斯或其他著名社会主义者的作品。1888 年夏天，他给威廉·迪安·豪尼尔斯的信中写道："从任何意义上讲，我从来不是社会主义文献的研究者，对各种社会主义方案，我能懂得的也不比报纸的任何读者多。"②他主要是受劳伦斯·格朗伦德于1884 年出版的《合作共和国》一书的影响，并且贝拉米的《回顾》一书与格朗伦德的书在内容上有相似的地方。

格朗伦德认为，一切国家可以自然地进化到社会主义。他在《合作共和国》一书中写道："你们可以看到，在一切先进的国家里，特别是我们国家和英国正在完全自然地进化到一种新的社会制度，一种社会民主制度。我们称这种制度为'合作共和'。"③他认为中产阶级特别是有教养的人肩负着建立新制度的使命，由他们来监督旧制度向新制度过渡，有几千个这样有思想的人就能在关键时刻拯救美国。他写道："唯一能把我们和我们的孩子从恐怖中，从十倍于法国革命的恐怖中拯救出来的和把我们从如同拿破仑那样的灾难打击下拯救出来的是作为革命头脑的少数人活动。"④他主张非暴力革命，"当革命将发生的时候，革命不一定是流血的革命。我们希望革命不是这样的一种革命，即暴力革命"⑤。他主张由这样的少数人来建立合作共和国，由他们把

---

① Edward Bellamy, *Looking Backward 2000-1887*, Cambridge, Massachusetts:Dutton/Signet, 1967, p. 243.

② Howard H. Quint, *The Forging of American Socialism: Origins of the Modern Movement*, New York: Bobbs-Merrill, 1964, p. 78.

③ Albert Fried ed., *Socialism in America: From the Shakers to the Third International, a Documentary History*, New York: Columbia University Press, 1970, p. 273.

④ Albert Fried ed., *Socialism in America: From the Shakers to the Third International, a Documentary History*, New York: Columbia University Press, 1970, p. 276.

⑤ Albert Fried ed., *Socialism in America: From the Shakers to the Third International, a Documentary History*, New York: Columbia University Press, 1970, p. 276.

生产资料国有化，消灭竞争的个人主义。他写道："合作共和国是未来的社会制度，它是目前制度的自然继承人。在合作共和国中，一切重要的生产工具都由集体控制；公民是自觉的工作人员，他们劳动是按其成果付给报酬。"[1] 他认为，"合作共和国不是被看作个人幻想的产物，而是看作历史的产物，看作全体人民不自觉地参与活动的产物。当产生社会合作的时机成熟……合作共和国就会出现。合作共和国将由最高尚的德行来管理"[2]。接着，他先验地构想和描述了合作共和国的社会主义社会。其与过去的空想社会主义的区别是他认为新的社会是在资本主义社会中孕育而生的。

　　格朗伦德的《合作共和国》出版以后，美国出现了无政府主义运动和1885年、1886年的罢工被镇压的情况，这使得许多中产阶级得出结论，社会的改良或革命不能通过暴力来实现。格朗伦德的书在中产阶级中获得了大量的读者，贝拉米是热心的读者之一。贝拉米的《回顾》一书以传奇小说形式生动地解释了格朗伦德的著作，1890年格朗伦德出版《合作共和国》修订版时写道："我这本书最令人欣慰的效果是，它间接地导致或不自觉地导致爱德华·贝拉米先生的《回顾》一书。"[3]

　　贝拉米的空想社会主义的出现并不是偶然的，它反映了19世纪80年代美国向垄断资本主义过渡中实际生活的矛盾，特别是中产阶级困惑和彷徨的状态。中产阶级不满于垄断和生产的集中倾向，深切地感受到走向垄断资本主义制度的重压。他们自发地渴望从这些重压下解脱出来，因而先验地构思出一个平等的新社会。中产阶级这个介乎大资产阶级与无产阶级之间的阶级，由于其阶级地位的不稳定性，不能同大资产阶级进行自觉的、一贯的、坚持到底的和不调和的斗争，只能仰仗于道德原则，乃至永恒的宗教观点，追求社会改良。这种思潮是当时的时代必然要出现的。在那个时代，群众在杰斐逊的民主传统教育中长大，欧文和傅立叶等空想社会主义曾在美国的土地上传播过。他们看到了垄断的罪恶，但不了解哪些社会力量能够消除那个由自由资本主义转向垄断资本主义的时代所独有的深重灾难。因此，最后企求通

---

① Albert Fried ed., *Socialism in America: From the Shakers to the Third International, a Documentary History*, New York: Columbia University Press, 1970, p. 282.

② Albert Fried ed., *Socialism in America: From the Shakers to the Third International, a Documentary History*, New York: Columbia University Press, 1970, p. 282.

③ Albert Fried ed., *Socialism in America: From the Shakers to the Third International, a Documentary History*, New York: Columbia University Press, 1970, p. 266.

过空想社会主义来实现自己的愿望。所以毫不奇怪，在贝拉米的《回顾》出版的同时，也出现了一些空想社会主义的小说，如约翰·马克尼著的《迪奥塞斯》和威廉·迪安·豪厄尔斯著的《阿尔特鲁利亚来的旅行者》等。所以，当时空想社会主义的思潮不是贝拉米等人个人的心血来潮之作，而是中产阶级在当时时代实际所处的一种生活条件下产生的。

贝拉米的空想社会主义对当时美国工人运动起了破坏性作用。恩格斯早在 1877 年在致左尔格的信中就指出："几十年来我们花费了许多劳动和精力才把空想社会主义，把对未来社会结构的一整套幻想从德国工人的头脑中清除出去，从而使他们在理论上（因而也在实践上）比法国人和英国人优越，但是，现在这些东西又流行起来，而且其形式之空虚，不仅更甚于伟大的法国和英国空想主义者，也更甚于魏特林。当然，在唯物主义的批判的社会主义出现以前，空想主义本身包含着这种社会主义的萌芽，可是现在，在这个时代以后它又出现，就只能是愚蠢的——愚蠢的、无聊的和根本反动的……"[①]

第二节　国家主义运动

贝拉米的信徒为了实现贝拉米的理想，开展了国家主义运动。国家主义运动的第一阶段是建立宣传组织——国家主义俱乐部，并按贝拉米的空想社会主义向公众进行宣传。1888 年 12 月，国家主义俱乐部在波士顿成立。在筹备成立这个俱乐部的过程中，《波士顿地球报》的劳工记者赛勒斯·菲尔德·威拉德和《波士顿先驱报》的社论作者西尔威斯特·巴克斯特起了重要作用。这个俱乐部主要由神智学的信徒和内战的退役军官组成。神智学在 19 世纪下半叶在美国传播。1875 年，海伦·布莱瓦茨基创立了美国的"神智学协会"，其"宗旨有三：一是不分种族、肤色或信仰，组成人类博爱的核心；二是推动对雅利安人经典和其他世界宗教经典的研究，阐述古亚洲文献即婆罗门教、佛教和波斯教哲学的重要性；三是从可能的各个方面调查自然的奥秘，特别是人身上潜伏的心理和精神的力量"[②]。神智学的信徒热衷于贝拉米的空想社会主义，是因为神智学的主要原则之一是普遍的博爱，这与贝拉米

---

① 中共中央马克思恩格斯列宁斯大林著作编译局编译：《马克思致威·布洛斯（11 月 10 日）》，《马克思恩格斯选集》第 4 卷，北京：人民出版社，1995 年，第 627-628 页。

② Helen P. Blavastsky, *Key to Theosophy*, Point Loma: W. Q. Judge, 1939, p. 39.

的《回顾》一书的精神相近。布莱瓦茨基写道："爱德华·贝拉米在他辉煌的《回顾》一书中所描述的社会组织极好地代表了神智学的思想，即什么是充分实现普遍博爱的第一步。"[1]退役军官热衷于国家主义运动则是因为他们对于贝拉米的《回顾》一书中关于按军事体制组织产业军的新社会蓝图很感兴趣。在俱乐部的会议上，贝拉米被选为俱乐部的副主席。1889 年 5 月，波士顿国家主义俱乐部出版了《国家主义者》杂志。

国家主义俱乐部之所以称为国家主义的，而不称为社会主义的，贝拉米做了解释："在我所表达的观点的激进性方面，我似乎超过了社会主义者。不过，社会主义这个词是我从来未能感到兴趣的词。这个词对一般美国人来说，有石油气味，它使人联想到红旗和所有形式的性的新奇，对上帝和宗教的亵渎口气。不管德国和法国的改良派怎样称呼自己，社会主义对于要在美国取得胜利的未来来说，并不是一个好名字。"[2]同时，贝拉米在《国家主义者》杂志 1889 年第一期上发表的题为《向前看》一文中也做了解释："国家主义把整个工业和社会的改革等置于广泛的全国基础上，不是从任何一个集团的立场或带着任何集团的偏见来看这个问题，而是从共同的公民、人性和道德的基础来看待。国家主义不是一个阶级运动，它是公民运动。它不是特别地代表男子或女子、北方或南方、黑人或白人、穷人或富人、受过教育的人或愚昧的人、雇主或雇员，而是平等地代表所有的人。它认为我们所有的人，不论叫着什么，都是现行野蛮的工业和社会秩序的受害者，肉体的、思想的或心灵的受害者，在这一方面受害或在另一方面受害。我们都同样地关心着打破缠住我们的罗网。它如果不是为了我们肉体的利益，就是为了我们道德上的利益。如果不是为了我们自己，就是为了我们的孩子，并且为了生存的标准提高到更高的、更崇高的、更幸福的水平而奋斗。"

1889 年 1 月，波士顿国家主义俱乐部通过了《原则宣言》，宣称：

> 人性的博爱的原则是决定世界进步的永恒真理之一，这使人性区别于兽性。
> 竞争的原则只是最强者和最狡诈者适存的兽性法则的应用。
> 因此，只要竞争继续是我们工业体系中的统治因素，个人的最高发

---

[1] Helen P. Blavastsky, *Key to Theosophy*, Point Loma: W. Q. Judge, 1939, p. 44.

[2] Albert Fried ed., *Socialism in America: From the Shakers to the Third International, a Documentary History*, New York: Columbia University Press, 1970, p. 265.

展就不能达到，人性的最高目标就不能实现。

真理不加以实际应用就不能起作用。因此，追求人类幸福的人们必须努力抑制建立在竞争的野蛮原则上的制度，代之以建立在联合的高尚原则基础上的另一种新制度。

但是，在努力把这种高尚和明智的原则应用于现代生活的变革情况中时，我们不主张急剧或者考虑不周的变革。我们不向个人开战，我们不是简单地、逻辑地中止这种错误的原则的方法来非难那些积聚大量财富的人。

人们目前啧有烦言的联合企业制、托拉斯和辛迪加表明了可以实践我们的联合的基本原则。我们只是追求把这一原则稍稍向前推进，由国家即组织起来的人民，即全体人民的有机统一，按大家的利益管理工业。

现行的工业制度本身由于它所产生的广泛弊病而证明是错误的。它本身由于大量地浪费能源和物资而证明是不合理的，而这种浪费则是伴随这种制度产生的。为了反对这种制度，我们要提出我们的抗议，为了废除这种制度所造成的和长久存在的工资奴隶制，我们誓将作出最大的努力。①

这一原则宣言混杂了神智学伦理观点和英国费边主义的经济理论。海伦·布莱瓦茨基直言不讳地说："在所有他们的俱乐部中……神智派和神智学会的影响是一清二楚的。因为他们把神智学教育的人的博爱作为他们的基础，作为他们第一原则和基本原则。在他们的原则宣言中，他们写道'人的博爱的原则是决定世界进步的永恒真理之一，这使人性区别了兽性。'"②

左尔格曾对国家主义俱乐部的原则宣言进行了批评。他指出国家主义同社会主义毫无共同之处，"你们原则宣言的第一段在各个方面都是虚伪的。社会主义者不懂得任何'永恒的真理'。……这整个段落和后面的大多数段落都是中产阶级慈善家的陈词滥调"。③ 恩格斯于 1889 年 10 月 12 日给左尔格的信中说："看到你在《工人辩护士》报上同'国家主义者'的通信，我很高兴，

---

① William Dwight Bliss, *Encyclopedia of Social Reforms*, New York: Funk & Wagnalls, 1897, p. 918.

② Helen P. Blavastsky, *Key to Theosophy*, Point Loma: W. Q. Judge, 1939, p. 45.

③ Friedrich A. Sorge, *Labor Movement in the United States: A History of the American Working Class from Colonial Times to 1890*, Westport: Greenwood Press, 1977, p. 36.

首先因为从通信中，人们在十英里以外就能认出老左尔格。"[1]

贝拉米后来又写了《平等》一书和许多文章，阐述他的国家主义。他的国家主义与英国费边主义是差不多的。他认为，从竞争的资本主义向"合作集体主义"的过渡，是逐步的、和平的。这种过渡是资本主义发展进化过程的结果，工业集中不断增长的趋向意味着现行制度的最终灭亡。他认为，待到一切工业都置于一个集中的全国政府直接控制和占有之下的时候，国家主义社会就会实现。他认为对资本主义企业不应采取充公的办法，在城市或国家接管私人工厂时，应对工厂主支付赔偿费。贝拉米和国家主义者否定阶级斗争。巴克斯特在 1889 年第一期的《国家主义者》杂志上撰文，说什么国家主义不同于马克思的社会主义，不主张阶级冲突，而应缓慢地通过市、州的改革，如对公共设施实行公共所有等来实现。国家主义者认为，只考虑一个阶级的利益，只能说明其观点的狭隘，缺乏对人内在善性的信念。他们认为应寻求所有阶级具有进步思想的人们的帮助和他们的善意。格朗伦德说，在美国，在"富有的和有闲阶级中常有高尚的心灵。他们真正同情劳动者，甚至有些人愿意作出牺牲来纠正他们的错误"。只有广泛的支持，才能公正地、和平地进入合作共和国。贝拉米认为，为了穷人的利益而谴责富人是不合理的，因为两者都是同一制度的产物。

从表态上，国家主义者似乎对富人和穷人采取了不偏不倚的态度，实际上，国家主义运动依靠的是中产阶级。一个密歇根的记者在 1890 年第 11 期的《国家主义者》报上报道说："国家主义者在这个城市有一些热情的鼓吹者，他们并不是穷人、愚昧的人或空想家，而是受过教育的、有才能的人，其中一些人是这个城镇的富户。"明尼阿波利斯的国家俱乐部书记凯特·戴维斯夫人对于俱乐部中包括了制造主、银行家、牧师和资本家而感到骄傲。芝加哥的国家主义俱乐部成员是由律师、银行职员、商人和其他中产阶级人士组成的。在波士顿国家主义俱乐部成立一周年的大会上，威拉德说，国家主义俱乐部的成员尽可能地限于"在现行的激烈竞争中获胜的人"[2]，这已是俱乐部组织的"不成文法"。贝拉米强调，领导国家主义运动的应是像贝拉米一样在美国度过几代的美国人。

---

[1]　人民出版社马列著作编辑室编：《恩格斯致弗里德里希·阿道夫·左尔格（10 月 12 日）》《马克思恩格斯给美国人的信》，北京：人民出版社，1986 年，第 539 页。

[2]　Howard H. Quint, *The Forging of American Socialism: Origins of the Modern Movement*, New York: Bobbs-Merrill, 1964, p. 85.

由于国家主义运动中产阶级的性质，国家主义者反对与社会主义政党合作，担心受到社会主义工人党"欧洲激进主义"的影响。他们对工人持有中产阶级的偏见，不信任工会及其领导人，特别反对工会采取罢工的斗争方法。贝拉米宣称，"不能以工会的自私性来代替资本家的自私性"[1]。不过，在现实的劳资斗争中，他们同情罢工。在19世纪80年代和90年代，争取八小时工作日运动是工人运动的主要内容，国家主义者多少支持了这个运动。1890年波士顿国家主义俱乐部在其年会上不主张国家主义者鼓吹八小时工作日，但与此同时其又通报全国的国家主义组织协助争取八小时工作日的立法。在1892年全国范围内的劳资斗争中，贝拉米的《新国家》杂志支持了荷姆斯特德的工人罢工，指责卡内基公司雇佣平克顿密探、工贼破坏罢工和州政府派民兵镇压罢工工人，谴责公司的经理亨利·克莱·弗里克太暴虐，是人民头上飞扬跋扈的压迫者，是工业混乱的推波助澜者。

国家主义运动一度发展得很快。1891年2月，其已发展到了165个国家主义俱乐部，达到了鼎盛时期。国家主义运动主要是宣传贝拉米的空想社会主义和国家主义。因为贝拉米的《回顾》小说是国家主义者的经典，因此撰写空想社会主义的小说成为宣传他们主张的一种手段。他们写的小说中，比较有名的有艾伯特·罗斯的《谈埃伦》和劳伦斯·格朗伦德的《我们的命运》。国家主义者还于1890年4月建立了国家主义教育协会，由贝拉米任主席，旨在出版宣传国家主义的著作。

国家主义运动虽然是温和的、和平的运动，却引起了垄断资产阶级及其代理人的恐惧。他们认为"《汤姆叔叔的小屋》引起了我们奴隶财产的崩溃"，担心《回顾》一书会引起"反对普遍财产和财产权的新讨伐"[2]。实际上，国家主义运动并没有给垄断资产阶级带来多少威胁。1891年4月《国家主义者》杂志由于财政困难而停刊。而且，由于神智学派控制了这家杂志，其不关心人民的日常斗争，只是侈谈人性和对未来美好社会的预言，许多参加国家主义运动的人不满这种脱离实际的倾向而纷纷离去。《国家主义者》杂志的停刊标志着国家主义运动第一阶段的结束。

国家主义运动的第二阶段是以贝拉米积极参加运动和国家主义者参与政治行动为标志的。贝拉米在运动的第一阶段并没有积极参加国家主义俱乐部

---

① Edward Bellamy, *Equality*, Cambridge: Fredonia Books, 1967, p. 209.

② Arthur E. Morgan, *Edward Bellamy*, New York: Columbia University Press, 1944, p. 247.

的具体组织工作，只是为宣传国家主义作演说和为《国家主义者》杂志撰文。1891 年 1 月 31 日，贝拉米亲自编辑发行《新国家》周刊。这个杂志的出版，是贝拉米努力实施国家主义纲领的重要步骤。这一周刊鼓吹公共设施和工业部门的国有化、市政化，首先是将电话、电报国有化，其次是将铁路国有化，再次是将煤矿国有化。国家主义者主张由各地市政府管理供水和供电等公共设施，他们认为公共企业一步一步地扩大，其快慢则由公共舆论来决定。

在对待政治行动问题上，贝拉米与神智派意见不一致。贝拉米把国家主义运动作为一种积极的政治力量，以进行社会改良。神智派不赞成参与政治。布莱瓦茨基写道："提问者：你参加政治吗？神智论者：作为神智学会，我们审慎地避免政治。……在对人性进行改良以前就试图实现政治改良，就像是旧瓶装新酒。……它的目标是改善人。……它绝对不参加任何全国性的政治或党的政治。"[①] 由于在对现实的政治行动问题上的看法上的分歧，神智派分子纷纷退出国家主义运动。

国家主义者首先在加利福尼亚和罗得岛开展了政治行动，贝拉米都给予了支持。1891 年 4 月，加利福尼亚的国家主义者参加了竞选活动，取得了这个州总选票数的 1.25%。罗得岛国家主义者获得的选票更低。1891 年 3 月 14 日的《新国家》周刊曾刊登了罗得岛国家主义党的竞选纲领，内容是主张将电话、电报系统、铁路、矿山和自然资源国有化，由城市控制市内交通、供水和供电的公司等。贝拉米在 1891 年 3 月 21 日的《新国家》周刊上发表了给罗得岛的国家主义者的信说："不论你们的成功是大是小，你们的党是未来的党。你们第一次提出竞选名单进行竞选，将是一件今后数年内可以夸耀的事。"这表明贝拉米期望通过国家主义党来实现其社会改良目标。

在人民党兴起的时候，贝拉米深表同情。他在 1891 年 5 月 30 日的《新国家》上发表文章说："国家主义者将同情这个新党。"同期还刊登了人民党的纲领。在 1891 年春天，有的地方的国家主义者与人民党合作，支持人民党竞选。由于贝拉米的《回顾》小说在农村影响很大，人民党的纲领中吸取了国家主义者的一些主张。1892 年 7 月 4 日，人民党在奥马哈举行代表大会，有许多国家主义者出席。贝拉米称赞人民党是国内唯一有资格称自己为全国性政党的党。此后，各地的国家主义者进一步支持人民党和人民党参加竞选的候选人。

---

① Helen P. Blavastsky, *Key to Theosophy*, Point Loma: W. Q. Judge, 1939, p. 231-232.

　　国家主义运动没有延续多久,到 1893 年经济衰退和随之而来的政治上的反动开始时,国家主义运动就渐渐销声匿迹了。国家主义运动不能持久开展下去是有原因的。第一,国家主义运动的参加者怀着各种不同的目的,意见不统一。例如,神智派感兴趣的只是宣传普遍的博爱,不赞成进行政治和经济改良,认为在进行政治改良以前需要有一个很长的人性改良时期,造成了国家主义运动的分裂。第二,国家主义运动只依靠中产阶级,企求统治阶级发慈悲来进行改革,不关心广大劳动人民日常的争取提高工资、缩短工时的斗争。在当时阶级矛盾尖锐的时期,诉诸人类的博爱,不能给人民特别是工人带来任何好处。第三,整个国家主义运动缺乏有力的领导。贝拉米体弱多病,不能肩负领导运动的重任。运动也缺乏集中的中央组织,只是通过《国家主义者》杂志和后来的《新国家》周刊进行宣传。在这两家杂志相继停刊后,国家主义运动的声势也就随之衰弱了。第四,人民党运动兴起以后,许多国家主义者加入人民党运动。在 1896 年的总统竞选中,由于民主党的威廉·布赖恩取得了大量的工人和农民的选票,人民党逐渐衰落,国家主义运动也随之衰亡了。

第三节　基督教社会主义和费边社会主义

　　贝拉米的空想社会主义在美国流行的时候,也出现了基督教社会主义思潮。基督教社会主义是新教中一些激进的社会改良分子,在 19 世纪八九十年代企图调和基督教与社会主义,调和劳资矛盾,按照基督耶稣的精神来解决美国工业化社会所产生的社会和经济问题,企图使宗教在劳资冲突中起一个所谓"公正"的仲裁者的作用。按基督教社会主义,任何人只要承认人们之间的相互依赖和相互责任,就可以称自己为社会主义者。基督教社会主义强调渐进主义,反对革命。一位基督教社会主义者菲洛·斯普拉格认为社会主义者是"进化论者,而非革命者"[1],认为社会主义是"作为社会进化的一种成长,一种发展和一个阶段而自然演进的"[2]。

---

　　[1] James Dombrowski, *The Early Days of Christian Socialism in America*, New York: Columbia University Press, 1936, p. 32.

　　[2] James Dombrowski, *The Early Days of Christian Socialism in America*, New York: Columbia University Press, 1936, p. 10.

美国的基督教社会主义是在基督教社会福音运动的发展中产生的。美国资本主义在 19 世纪下半叶的发展过程中，工人阶级受到残酷的剥削，阶级矛盾激化。教会站在资产阶级一边，反对工人运动，认为工人的贫困和苦难是人性的弱点，并不是现行经济制度不好。教会漠视工人利益和敌视工人运动的态度遭到广大工人、社会主义者，乃至一些中产阶级改革者的批评和抨击。他们批评教会把社会上存在的贫富差别说成是不可改变的上帝的旨意，谴责教会宣扬对权势的温顺服从而无理指责工人反抗压迫和社会不正义所进行的斗争，指责教会宣扬的博爱的道德观是伪善的和漠视现实经济上的不平等和不公正现象。教会为保持既得利益不可避免地成为资产阶级的工具。由于工人运动的压力，同时也由于进化论和其他自然科学的影响，在美国内战以后，在宗教界出现了社会福音运动，即宣扬新社会秩序的福音，企图调和宗教与自然科学。社会福音运动改变了过去把现实世界看作灵魂通往天国的暂时住所的看法，而主张在地球上建立"上帝的王国"，用基督的精神来解决工业化美国所产生的社会和经济问题。

刚开始，社会福音运动仍然是资产阶级公开的辩护士，其宣扬基督教，劝说穷人服从资本主义制度。例如，霍勒斯·布什内尔在 1869 年就反对在立法上给女工减少劳动时间，反对给工人增加工资，说什么不可能有法律确定的工资率，市场价格是男工和女工唯一可遵循的工资标准。他甚至说什么从立法上救助穷人，只会助长懒惰和浪费而惩罚勤俭。另一个社会福音分子爱德华·比彻则认为，财产所有者绝不希望把他们的财产分出一部分给那些游民、醉汉、寄生虫和罪犯。这些资产阶级公开的辩护士遭到了广大工人和劳动人民的反对。后来，社会福音运动中出现了一些比较激进的分子。他们受英国基督教社会主义和伦敦费边社的社会主义以及美国的亨利·乔治改良派和贝拉米的空想社会主义的影响，一方面反对马克思主义的科学社会主义；另一方面提出要建立以基督福音为原则的新社会，主张社会平等，鼓励建立合作制和劳资共同分享利润，主张国家制定广泛的社会和经济计划。他们认为，他们所主张的新社会中，集体主义体现社会主义，而在精神上是基督教的。他们把基督教精神与社会主义调和起来，反对阶级斗争，主张资产阶级应履行其社会责任来缓和劳资矛盾。他们主张教会应为那些终日劳作而收入低的人说话，但他们绝不是从根本上反对资本主义制度。例如华盛顿·格拉登曾目睹 19 世纪七八十年代的工人斗争，看出资本主义社会的一些弊病，指出工资制度以竞争为唯一基础的时候，是反社会的和反基督教的。他反对把工人作为一种在市场上贱买又以高价出售的商品。他认为资本主义虽存在一些严重的缺陷，但仍不失为是良好的制度。

基督教社会主义作为一种有纲领和有组织的运动是从威廉·德怀特·布利斯的活动开始的。布利斯是一位主教派教会的牧师，曾同情他教区的工人反对雇主的斗争，并作为工人代表参加 1887 年的劳动骑士团大会。他读了英国基督教社会主义者如查尔斯·金斯利和弗雷德里克·莫里斯的书、英国费边社分子的书以及基督教经济学家理查德·伊利和单一税论者亨利·乔治的书，特别是读了贝拉米的《回顾》一书，而成为基督教社会主义者。他的主张与英国费边社的社会主义大致相同，反对马克思的阶级斗争学说，主张公共设施市政所有制，把市政社会主义看作最重要的社会主义形式。1889 年，布利斯与其他一些基督教社会主义者和波士顿国家主义俱乐部的成员，在波士顿成立了"基督教社会主义者协会"。1889 年 4 月 15 日，该协会发表了原则宣言，阐述了他们的改良观点和最近的、长远的目标。原则宣言说明了建立基督教社会主义协会的原因："为了赞扬如下原则，即一切权利和权力均为上帝的礼物，非为接受者所专用，而是为大家谋福利；为了赞扬人类家庭的统一性和把人类提高到最高的尊荣地位，我们在基督教社会主义的名称下集合在一起。"[1]宣言规定了下列原则：

（一）我们认为，上帝是人类一切进步的源泉和指导者。我们相信一切社会的政治和工业的制度应本着上帝的父爱和人的手足之谊，按基督耶稣的精神和按基督耶稣的教义建立起来。

（二）我们认为，现行商业和工业制度并非这样建立起来的，而是建立在经济利己主义的基础上的，其结果是：

① 地球上的自然资源和人在机械方面的发明被用来不相称地增加少数人的利益，而非增加多数人的利益。

② 这种生产没有总的计划，因此产生商业的和工业的危机。

③ 企业的控制权集中在危险的财阀统治集团手中，而工资收入者的命运变得愈来愈依赖于少数工资支付者的意志和才智。

④ 因此，拜金主义、粗暴妄为、住房拥挤、酗酒、卖淫和犯罪等道德上的弊病大量应运而生。

---

[1]　Albert Fried ed., *Socialism in America: From the Shakers to the Third International, a Documentary History*, New York: Columbia University Press, 1970, p. 348.

（三）我们认为，统一的基督教必须反对建立在这样基础上的制度及其产生的这种结果，必须重建社会秩序。这种社会所采取的生产和分配方法是首先把有组织的社会作为一个整体，谋求社会的每个成员都平等地得到好处，将建立在"我们彼此都是一员"的基督教原则之上。

（四）承认目前企业向合并和托拉斯发展的危险趋向的同时，我们相信产生这种情况的经济状况必将造成下述的一种社会秩序的发展。这种社会秩序由于个人得到平等的、必要的发展，将会是真正的社会主义的，同时又是真正的基督教的。

（五）因此，作为基督教社会主义者，我们的目标是：

① 指明社会主义的目的是寓于基督教的目的之中。

② 使基督教徒警觉到这一事实，即基督耶稣的教义会直接导致一些上述具体形式的社会主义，因此，教会在这方面负有确定的责任，必须顺从基督，实现基督的社会原则。

（六）我们邀请一切赞同这一宣言的人积极地同我们合作。我们赞助在这国土上其他地方组成的同样的团体。①

这个原则宣言承认了在美国由自由资本主义向垄断资本主义发展过程中财产集聚在少数人手中、多数人贫困的事实，幻想建立一个新的"合理"的、"人人平等"的社会。但基督教社会主义者依靠的是基督耶稣，他们不理解资本主义社会的不平等和各种弊病是由资本主义生产关系及经济基础产生的；在不改变资本主义的生产关系和经济基础的情况下，建立合理公正的社会，只能是一种幻想和欺骗。

不久，布利斯在波士顿主编出版了《曙光》月刊，它的格言是"人为上帝工作，上帝为人工作"。在19世纪90年代，美国工人运动进一步发展，资产阶级更加暴露了狰狞面目，也推动了布利斯和一些基督教社会主义者的"左"倾路线行为。布利斯主张，在大公司武力镇压工人的时候，工人也有权武装自己。他在1890年9月的《曙光》上写道："如果公司有权武装私人侦探和以任何借口开枪，为什么有组织的劳工没有权利组织同样的机构，武装起来和进行操练，来保卫他们自己呢？"在1892年的荷姆斯特德的罢工中，《曙光》月刊抨击卡内基钢铁公司雇佣平克顿侦探和使用州民兵镇压工人，并

---

① Albert Fried ed., *Socialism in America: From the Shakers to the Third International, a Documentary History*, New York: Columbia University Press, 1970, pp. 348-349.

警告说："弄剑者必最终死于剑下。"1892 年 10 月号《曙光》月刊指出，十年来宾夕法尼亚的民兵不过是"弗里克先生的保镖。而弗里克却通过法律降低了工人的工资"。但与此同时，1892 年 11 月号《曙光》认为，正如罢工所显示的，工会不能控制方兴未艾的庞大垄断组织，工人"唯一的机会"是在投票箱上，幻想依靠资产阶级的选举制度来解决工人的问题。在两年以后，在普尔曼大罢工中，1894 年 7—8 月号《曙光》谴责资方的残暴，支持尤金·德布斯及其美国铁路同盟。但在 1895 年布鲁克林的罢工失败后，布利斯劝说工人通过宪政来实现社会主义。他在 1895 年 2 月号的《曙光》上写道："工人正在迅速地了解到美国的司法和法律主要是让工人处于低下的地位和保护财权，而资本家则可以肆意地违反法律。工人必须懂得，他们诉诸暴力或法律程序不能获得什么，他们唯一的道路是通过选举箱来取消全国的资产阶级所有制。"

　　1894 年，布利斯去欧洲旅行，特别在英国接触了英国费边社的社会主义者，阅读了他们的著作。同时，英国费边社的重要人物西德尼·韦布、爱德华·皮斯和珀西瓦尔·查布访问了美国。在英国费边社的影响下，布利斯完全成为费边社会主义的信徒。1895 年春，他成立了"波士顿费边社"，创办了《美国费边》杂志。根据布利斯的意见，《美国费边》的创刊目的是"联合社会改良者，走一条通向社会主义的广阔的、自由的、实际的足以包括一切有价值的人（不论他们来自何处）的道路。为了共同的利益，在改良者之间以合作来代替嫉妒。……思想狭隘的、小的和嫉妒的社会主义是永远不能、也不应该能赢得这个家"。① 1896 年 3 月，《美国费边》向美国费边分子提出了社会政治纲领，内容是：

　　　社会要求：（一）根据生产的发展相应地减少劳动时间；（二）美国国家占有一切铁路、电话、电报系统、运河及其他一切形式的交通运输工具；（三）市政机关占有一切地方渡船、电车、供水、煤气设施、电厂和一切需要由政府给予特许的工业；（四）宣布公共土地不可让与，不符合购买条款的土地要从私人和公司撤回；（五）各州将合法地把尚无全国组织的地方工会合并；（六）美国政府拥有发行货币的绝对权利；（七）国会制定法律，对森林和水道进行科学管理，消除国家资源的浪费；（八）

---

① Howard H. Quint, *The Forging of American Socialism: Origins of the Modern Movement*, New York: Bobbs-Merrill, 1964, p. 261, 121.

人人都可以发明创造，发明者由国家给予报酬；（九）实行累进所得税和对大地产征收继承税；（十）学校教育面向十四岁以下的所有儿童，通过在书籍、食品和衣服等方面给予公共资助，使教育成为义务的、免费的教育，并使所有儿童能够上学；（十一）废除一切贫民法、流浪者法、阴谋法和节约法令、无限制的企业合并的权利；（十二）实行正式的劳工情况统计，禁止学校儿童做工，禁止让妇女在有损健康和有伤风化的情况下做工，废除囚犯劳工契约制度；（十三）由各城市、州和国家雇佣失业者；（十四）以法定货币支付一切工资，男女同工同酬；（十五）制定职业伤残法和雇主对工人伤残事故负责的法律。

政治要求：（一）实行公民创制权和公民复决权；（二）废除行政长官在地方政府、州政府和全国政府中的否决权；（三）市政自治；（四）在一切选举中实行直接的和无记名投票，不论肤色、信仰或性别，实行平等的普选权；选举日应为法定假日，采用比例代表的原则；（五）可以罢免一切公职官员；（景）在全美国实行统一的民法和刑法，废除死刑。①

美国费边社的社会政治纲领是在资本主义制度的范围内进行改良，用改良来代替革命，企图把工人阶级引离科学社会主义，诱使工人阶级的视线从革命改造资本主义社会的全部政治制度和经济制度的根本问题上转移到地方自治等细小问题上。美国费边主义与英国费边社的社会主义是一脉相承的，其本质正如恩格斯在揭露英国费边社的社会主义时所指出的："害怕革命，这就是他们的基本原则。"②

在劳资矛盾尖锐和剑拔弩张的阶级斗争中，在当时美国资产阶级与其他国家的资产阶级相比更为残暴和贪婪的情况下，其不是接受阶级斗争的现状，支持工人的斗争，反对资产阶级及其代表他们的政府；就是站在资产阶级一边，起抚慰工人、劝说妥协的牧师职能，没有中间道路可走。由于布利斯和其他基督教社会主义者或美国费边社会主义者反对工人阶级建立自己的独立政党，反对领导工人运动，所以他们很快地丧失了原来的有限的战斗性。布利斯在 1894 年 3 月号的《曙光》上评论当时的社会主义工人党时说："我们

---

① Howard H. Quint, *The Forging of American Socialism: Origins of the Modern Movement*, New York: Bobbs-Merrill, 1964, pp. 122-123.

② 中共中央马克思恩格斯列宁斯大林著作编译局编译：《恩格斯致弗里德里希·阿道夫·左尔格（1 月 18 日）》,《马克思恩格斯文集》第 10 卷，北京：人民出版社，2009 年，第 643 页。

尊敬真正的无产阶级社会主义者。""他们的政纲就是我们的政纲。但是，我们认为无产阶级不应该走在一般人民的前面。"他反对党派性。他在 1895 年2 月号的《美国费边》上写道，社会主义工人党诚然主张社会主义，"但是不论其社会主义形式或是政治行动的方法"都不能争取到美国人。他认为，需要的是各地方无党派工人的政治教育俱乐部。在俱乐部里，尚未信仰社会主义的工人能为社会主义目标工作。他反对社会主义者对保守工会，如美国劳工联合会，采取"打入内部"的策略，反对社会主义工人党人托马斯·摩根在 1894 年的美国劳工联合会提出的比较革命的纲领。当时的社会主义工人党的新领袖丹尼尔·德里昂一针见血地指出了布利斯的要害。他说："布利斯要求富人为慈善事业而放弃他们的财产，呼吁市政的社会主义，而不是到穷人中去帮助他们组织起来。要求上帝、地主和投机家改弦易辙，这比让饥肠辘辘的狮子安静地蛰伏在羔羊身边还要荒唐。"[1] 由于基督教社会主义和费边社的社会主义在劳动人民中没有多大的市场，很快地就衰落了。1896 年布利斯辞去了《曙光》和《美国费边》的编辑职务。《曙光》不久停刊，《美国费边》苟延残喘到 1900 年也停刊了。

在基督教社会主义运动中曾出现过像乔治·赫伦这样激进的基督教社会主义者。赫伦开始时与其他基督教社会主义者一样，劝导富人行善。1890 年他第一次讲道，讲的题目是《耶稣向有钱人的致辞》。他提醒富人，他们是他们兄弟的爱护人，他们在地球上的使命是提高穷人的地位。这次讲道使他名噪一时。他还创办了名叫《王国》的刊物。在经济危机和工农运动的影响下，他开始采取较激进的行为，并与布利斯等人分道扬镳。他激烈地抨击资本主义，认为现行一切社会和宗教制度是错误的，因为它们建立在竞争、自私和物欲的基础上。他指出，这样的文明是没有道德和正义的，因为在这样的制度下只有弱肉强食。他不断地要求将托拉斯国有化。他把企业界的腐败看作国家的主要危险，是人类生活的最大敌人。他同其他的基督教社会主义者不一样，他直接抨击资本家。他要求基督教徒要承认阶级剥削事实，与劳工大众站在一起，反对人类生活的敌人。他说："我们称之为文明的东西不过是对普通劳工有组织和合法的掠夺。我们对下列事实要有革命化的理解，即我们的教会和政府，我们的艺术和文学，我们的教育和哲学，我们的道德和社交

---

① Howard H. Quint, *The Forging of American Socialism: Origins of the Modern Movement*, New York: Bobbs-Merrill, 1964, p. 126.

行为，或多或少是这种普遍掠夺的表现和变形，是靠下层的和无权的人的生命和身无分文的劳工及其窘迫的生活来过活。不认识到这一点，我们对于共同良好的或美好的社会的幻想和筹划不过是庸人的乌托邦，我们的社会和工业的改良不过是自我欺骗。"[①]赫伦还谴责教会与财阀的勾结，因而遭到教会的攻击。其他一些基督教社会主义者如布利斯也与他断绝了关系。赫伦自1892—1899年一直支持社会主义工人党。1899年，德布斯等人领导的社会民主党成立以后，他表示支持。1900年，他公开宣布他是社会民主党的党员。同年，他资助500美元协助社会民主党开展竞选活动。9月29日，他同德布斯一起在芝加哥中央音乐厅举行的社会主义者集会上发表演说。他在题为《我为什么是一个社会主义者》的演说中，谈到美国社会主义的三个问题，提出了他的激进的基督教社会主义的观点。第一，工人要有阶级意识。社会主义"要建立在这一基本事实上：靠出卖劳动给资本的人必须具有这样的阶级意识，即他们是地球合法的所有者和真正的生产者。这一生产阶级必须勇敢地、一致地从资本主义和消耗劳动的工业制度中取得自由"，"只有等到美国劳工具有了这样的意识，以致肩负人类赋予的重大任务，即从自然和历史的物质世界中组织一个有机的、自由的社会，在这个社会中每个人与其他人一样平等地继承资源和具有平等的机会，从而人类的灵魂享有生活的完整内容和快乐的时候，社会主义才能在美国建成"。[②]第二，他指出社会主义与18世纪民主传统的一致性。"社会主义不是破坏，而是实现自由、博爱和平等的理想。""个人主义只有在集体主义中才能得到实现。""在一切人获得自由之前，没有人能自由或应该自由。只要地球上还有一个奴隶，整个世界就仍在奴役中。自由是社会成就，必须由所有的人一起实现，而不是在相互竞争中实现"。[③]第三，他认为"在本质上，社会主义是宗教，它主张人的整个生活的和谐关系，它主张广泛地、集体地履行爱的法则"，"尽管社会主义的根源是唯物的，但当社会主义把人们集合到一个伟大的目标上来时，它就会很快地发展忠诚、宽恕、耐心、善意和人类最崇高的品德。当美国社会主义按这

---

① Albert Fried ed., *Socialism in America: From the Shakers to the Third International, a Documentary History*, New York: Columbia University Press, 1970, p. 334.

② Albert Fried ed., *Socialism in America: From the Shakers to the Third International, a Documentary History*, New York: Columbia University Press, 1970, pp. 370-371.

③ Albert Fried ed., *Socialism in America: From the Shakers to the Third International, a Documentary History*, New York: Columbia University Press, 1970, p. 371.

条道路前进时，就会变成精神上的热情；不是向权力呼吁，而是向基本的正义呼吁，是向人的天性呼吁，接受神圣的公共生活、集体英雄主义，并表明个人的生活只有与人类的整个生活联系起来，才能实现"，"它取代了往昔的个人英雄，而给你提供了一种英雄的共有生活的理想"。[①]

赫伦超过一般基督教社会主义者的地方，是他看到了工人阶级在组织新社会中的历史作用。但是，他不能摆脱宗教的世界观和资产阶级的民主思想，仍然陷于基督教社会主义的窠臼，因而错误地把社会主义与资产阶级民主混为一谈，并且从宗教角度解释社会主义。虽然他一度起了一点团结工人支持德布斯竞选的作用，但是在当时劳资矛盾和阶级斗争激化的条件下，他的基督教社会主义只会阻碍科学社会主义的阶级斗争和无产阶级革命理论的传播，把无产阶级引离科学社会主义。

基督教社会主义运动在 19 世纪八九十年代出现不是偶然的。在由自由资本主义向垄断资本主义过渡的时期，它具有中产阶级的阶级根源和背景，反映了这个阶级摇摆于大资产阶级和无产阶级之间的阶级特性和心理状态。这个阶级由于他们的阶级地位，容易受英国基督教社会主义和伦敦费边社的社会主义以及亨利·乔治和贝拉米等人的影响。中产阶级分子及其思想上的代表在激烈的阶级斗争形势下，害怕急剧的社会动荡，害怕无产阶级革命，倾向于与大资产阶级的妥协，热衷于关于和平、和谐和善意的说教，害怕以革命来解决社会矛盾。基督教社会主义者认识不到美国资产阶级政府不过是资产阶级的执行委员会，为了保护资产阶级利益，政府不惜动用一切专政工具。虽然不少基督教社会主义者在不同程度上同情工人和他们的贫困生活，甚至在一定程度上支持工人为改善劳动条件和生活条件所进行的斗争，但他们对工人的支持限于资产阶级的改良范围。在科学社会主义逐渐在美国传播、工人运动高涨的时期，从本质上说，基督教社会主义所起的作用只是蒙骗工人阶级，保持宗教在工人中的阵地，缓和工人阶级的反抗斗争，阻止工人阶级接受马克思主义的科学社会主义学说。基督教社会主义者中间的个别左派，则暂时成为无产阶级社会主义运动的同路人。

---

① Albert Fried ed., *Socialism in America: From the Shakers to the Third International, a Documentary History*, New York: Columbia University Press, 1970, pp. 374-375.

第十一章　社会主义工人党的分裂和社会民主党

19世纪90年代，美国的垄断资本得到进一步发展。这个时期劳动骑士团已逐渐衰落；美国劳工联合会则代表工人贵族的利益，实行阶级调和及改良主义路线。这个时期，丹尼尔·德里昂跃居社会主义工人党的领导地位，在一定程度上加强了党的集中领导，其对于当时在工人运动中虽已衰落但仍有一定力量的劳动骑士团和在工人运动中占据重要地位的美国劳工联合会，始则采取"打入内部"的策略，继则采取错误的双重工会政策，成立了"社会主义职工同盟"，企图从外部同美国劳工联合会进行斗争，批判龚帕斯的改良主义路线。但是，德里昂的双重工会政策是拒绝在美国劳工联合会中工作，把工人群众委弃给保守工会领袖的影响之下，使社会主义运动在工人运动中处于孤立地位。同样地，对于农村反对铁路垄断资本家和银行家的人民党运动，社会主义工人党采取了宗派主义态度。德里昂的双重工会政策引起了社会主义工人党的党内斗争，并导致了党的两次分裂，先是纽约城的迈耶·伦敦等著名犹太人党员因反对双重工会政策于1895年退出社会主义工人党，后是1899年纽约城以希尔奎特为首、以德文《纽约人民报》为核心的强大反对派，同党的全国执行委员会决裂。这两次分裂中，反对派都是从右的立场反对双重工会政策，主张在美国劳工联合会工作，争取工会会员和工人把他们选入政府和议会，以此来实现社会主义。此后，社会主义工人党又规定党员不得在单纯工会任职，删去了纲领中的当前要求，只抽象地号召为社会主义的长远目标而奋斗，脱离了工人群众。所有这一切导致社会主义工人党的逐步衰落。

领导过1894年铁路工人罢工的尤金·德布斯经过探索，接受了各种社会主义思潮的影响，宣称自己是社会主义者。他于1897年在美国铁路同盟的基础上，成立了美国社会民主主义党。党的主要目标是要实现一个空想的殖民计划，企图先在一个州内建立社会主义殖民区，然后扩大到全州，继之扩大到全国，从而最终实现社会主义。党内反对空想殖民计划的一派成立了社会民主党，主张在竞选阵地上开展和结束阶级斗争，以期对托拉斯实行公共所有制和对城市的公共设施实行市政所有制，即渐进的社会主义。

第一节   德里昂及其双重工会主义政策

在 19 世纪 90 年代初,社会主义工人党仍然是美国唯一的社会主义政党。社会主义工人党在 1890 年以前，党员约有 1500 人。1891 年，在党内一百个左右的支部中，德国移民占 88%，其次是犹太人，其中大多数是刚移民到美国的。党内土生的美国人很少，在全国执行委员会中只有两名委员说英语。党的力量主要在纽约城。社会主义工人党由于主要由德国移民所组成，具有宗派主义倾向，因此没有能在广大美国工人中扎根。这正如恩格斯于 1887 年指出的："这个党只有一个虚名，因为到目前为止，实际上它在美国的任何地方都没有作为一个政党出现。而且，它对美国来说在一定的程度上是外来的，因为直到最近，它的成员几乎全是德国移民，他们用的是本国语言，并且大多数人都不大懂得美国通用的语言。但是，如果说这个党是起源于外国，那么，它同时也就具备了欧洲多年来阶级斗争所取得的经验，并且具备对工人阶级解放的一般条件的理解，这种理解远远超过了美国工人迄今所达到的理解水平。这对美国无产者来说是一件幸事，因为这样一来他们就有可能掌握并利用欧洲的阶级伙伴在四十年斗争中所做到的智慧上和精神上的成果，从而加速他们自己的胜利的到来。"[①]恩格斯尽管认为社会主义工人党"只具有一个政党的虚名"，但仍承认"它毕竟是美国唯一的一个总的说来站在我们立场上的工人组织，它的七十多个支部分布在整个北部和西部，我是把它作为这样的一个组织，而且只是作为这样的一个组织承认它的"。[②]

在 19 世纪 90 年代，社会主义工人党发生了变化，与德里昂成为党的领

① 中共中央马克思恩格斯列宁斯大林著作编译局编译：《美国工人运动〈英国工人阶级状况〉美国版序言》，《马克思恩格斯选集》第 4 卷，北京：人民出版社，1995 年，第 393-394 页。

② 人民出版社马列著作编辑室编：《恩格斯致弗里德里希·阿道夫·左尔格（3 月 10 日）》，《马克思恩格斯给美国人的信》，北京：人民出版社，1986 年，第 451 页。

导人有密切的关系。德里昂加入社会主义工人党的时候，正是党内工会主义者与拉萨尔主义的政治行动派争论并发生分裂后不久。他对这两派的观点持不同见解，认为社会主义要在美国有所进展，必须在政治与经济两个领域开展斗争。他说："如果你只有经济组织，你只是用一只翅膀飞翔的鸭子；你必须有政治组织，否则你无地自容。……不要搞错，工人阶级的组织必须既是经济的，又是政治的。资产阶级是从政治、经济两方面组织起来的。你必须从这两方面攻击它。"①党内的卢西恩·萨尼尔、雨果·沃格特和亨利·库恩与德里昂持相同观点。他们强调阶级斗争，想把党改造成为一个革命的党，不妥协地反对资本主义。德里昂等人力图在组织上加强党的纪律和集中。他们到各地旅行演说，开展组织工作，开展全国性的竞选活动，创办全国性的英文刊物《人民》周刊，从思想上来统一全国党的组织，建立有效的全国性组织。他们开展对改良主义者的斗争，翻译和出版马克思、恩格斯和欧洲国家一些马克思主义者的著作，宣传马克思主义，参加对第二国际机会主义的斗争，密切与欧洲一些国家的左派进行联系。

1890 年，社会主义工人党拥有两家机关报，一是英文的《工人辩护士》报，由卢西恩·萨尼尔编辑；一是德文的《社会主义者》报，由雨果·沃格特编辑。《工人辩护士》只有四个版面。为了扩大社会主义宣传，该党于1891年 4 月创办了英文《人民》报，由纽约人民报公司发行，由卢西恩·萨尼尔任编辑。不久，萨尼尔因患眼疾，辞去编辑职务，由德里昂任编辑。虽然德里昂不是党的全国书记，但他通过编辑党报并具有雄辩的口才和坚毅的性格，而成为党内最有影响的领袖、党在理论上的代言人和党的政策的制定者。在1890—1900 年期间，德里昂是美国社会主义运动中的重要人物，他对无政府主义者、拉萨尔主义者和工会中的改良主义者做了一定程度的斗争，他支持工人罢工，反对阶级合作，主张不分种族、肤色联合所有工人，特别是非熟练工人；他用英语宣传科学社会主义，反对美国于 1898 年发动的美西战争，他反对党内德国移民的宗派主义。但是，与此同时，他也犯了许多原则错误：实行错误的双重工会政策，实行了自己的宗派主义，使社会主义工人党在工人运动中重又陷于孤立。他对国家和工会的错误观点是因其受到了拉萨尔主义和巴枯宁主义的影响。

在 1891 年，德里昂到各地进行宣传鼓动，推动建立了一些新的党支部。

---

① Daniel De Leon, *Revolution or Reform*, New York: The Industrial Union Party, 1943, pp. 31-32.

在这一年，党的全国书记本杰明·格雷奇辞职，德里昂的支持者亨利·库恩继任全国书记。

在 19 世纪 90 年代，社会主义工人党在劳工运动中面临着反社会主义的改良主义潮流，也面临着蓬勃开展的人民党运动。在劳工运动方面，德里昂的政策经历了两个阶段。第一阶段是 1894 年以前，德里昂采取了"打入内部"的政策。第二阶段是 1895 年以后，其实行双重工会政策，力图建立社会主义思想指导的产业工会运动，成立社会主义工人党领导的"社会主义职工同盟"，同时放弃了在保守工会中的斗争，丧失了在这些工会中的阵地，把工人委弃在保守的工会领导人的影响和控制之下，表现了"左"倾幼稚病。

在 19 世纪 90 年代，主要的工会组织是劳动骑士团和美国劳工联合会。关于劳动骑士团，恩格斯于 1886 年，也就是劳动骑士团处于鼎盛时期时指出："……这个团体的混乱的原则和可笑的组织看来是同他们自己的混乱情况相适应的。但是根据我所听到的一切来判断，'劳动骑士'已经成了一种真正的力量，特别是在新英格兰和西部地区，而且，由于资本家的疯狂反对，这种力量将日益增大。我认为，必须在他们中间进行工作，在这批还完全可塑的群众中培养一个核心，这一核心了解运动和运动的目的，因而在目前的'骑士团'必然发生分裂的时候，能把该团的领导权（至少一部分领导权）抓到自己手中。……"① 劳动骑士团在 90 年代初虽趋于衰落，但仍有一定的力量。德里昂、沃格特和库恩对劳动骑士团采取了"打入内部"的政策。社会主义工人党首先渗入了劳动骑士团最强大而最有影响的纽约第 49 区组织，以图控制劳动骑士团。德里昂于 1891 年 7 月加入了劳动骑士团，作为劳动骑士团第 1563 号混合组织的代表，出席劳动骑士团纽约城第 49 区组织的大会。1893 年，受社会主义思想影响的纽约统一希伯莱工会加入了这个区组织，壮大了它的力量。德里昂和社会主义工人党在这个区组织中具有较大的影响。同年，德里昂和其他几个社会主义工人党党员被选为代表，出席了骑士团 1893 年的全国大会。在大会上，詹姆斯·索夫林得到德里昂的支持，击败特伦斯·鲍得利，成为总会长。在 1894 年劳动骑士团的全国大会上，索夫林派与鲍得利派的力量旗鼓相当，德里昂所率领的 8 名社会主义代表举足轻重。他们同索夫林达成协议，以让萨尼尔担任骑士团机关报的编辑为条件，再次支持索夫

① 中共中央马克思恩格斯列宁斯大林著作编译局编译：《恩格斯致弗里德里希·阿道夫·左尔格（11 月 29 日）》，《马克思恩格斯选集》第 4 卷，北京：人民出版社，1995 年，第 677 页。

林，使他继任总会长。但不久，索夫林借口财政困难，拒绝萨尼尔任骑士团机关报的编辑。而真实原因是索夫林来自艾奥瓦的人民党，企图把骑士团纳入人民党的轨道。而德里昂和社会主义工人党一些领导人则反对人民党的货币改革纲领。索夫林领导的骑士团总执行委员会在 1894 年 5 月 10 日的《劳动骑士团报》上曾要求骑士团会员不要把那些"不承认人民具有控制和发行货币或美国的交换媒介的人选进国会"。德里昂则在 1894 年 5 月 20 日的《人民》报上回答说，当前真正问题不是人民党所主张的控制或发行货币的权力，而是实行生产资料集体所有。在 1895 年春夏两季，《人民》报和《劳动骑士团报》就人民党问题进行了激烈的争论和相互攻击。1895 年，骑士团召开全国大会，纽约城第 49 区组织又推选德里昂和其他 6 名社会主义工人党党员作代表。大会在索夫林的控制下，以 23 票对 21 票，否定了德里昂和第 49 区组织的其他 6 名代表的代表资格，造成了骑士团的分裂。第 49 区组织召开大会，谴责骑士团的全国领导，并退出了骑士团。退出的会员达 13000 人，骑士团只剩下 17000 人，自此就一蹶不振了。本来社会主义者在骑士团拥有一定的力量，如果长期在骑士团做工作，会不断扩大影响。退出骑士团，则不利于其争取广大工人，从而丧失了在骑士团的阵地。

社会主义工人党对美国劳工联合会开始也实行"打入内部"的政策，但由于没有坚持长期地、坚韧地做工作，也没有取得成功。德里昂领导下的社会主义工人党打入美国劳工联合会做工作的时期，正是美国劳工联合会开始实行阶级合作政策的时期。在劳联建立的初期，龚帕斯和劳工联合会的其他领导人尚没有对社会主义者持敌对态度，也不反对他们在劳工联合会中工作。龚帕斯本人自诩曾读过马克思的《资本论》。在 1888 年 12 月举行的劳工联合会全国大会上，代表们通过决议号召在 1890 年 5 月 1 日再次举行争取八小时工作日的全国性罢工。1889 年，第二国际的巴黎代表大会建议在 1890 年 5 月 1 日在整个欧洲同时举行争取八小时工作日的罢工和示威。但是，劳工联合会在 1889 年 5 月召开的全国大会上，它的领导人取消了总罢工的主张。1890 年 12 月，劳工联合会在底特律举行的全国大会上，社会主义工人党代表与龚帕斯之间发生了第一次大的冲突。大会就萨尼尔的代表资格进行了辩论，最后以 1699 票对 535 票否决了萨尼尔的代表资格，理由是劳工联合会不是一个政党，不能接纳任何政党的党员加入。对此，德里昂撰文对龚帕斯进行了抨击。龚帕斯曾于 1891 年 1 月 9 日写信给恩格斯，说明劳工联合会为什么不同意社会主义工人党的代表出席劳工联合会大会的原因，表明他对这一问题的处理是公正的。恩格斯没有回信，但他在 1891 年 1 月 20 日给《纽约人民报》编辑海曼·施留特尔的信中指出："同龚帕斯的争吵，我也是不理解的。据我所知，他的联合会是工联的，而且仅仅是工联的联合组织。因此，这些人有正式权力拒绝任何非工联的工人联合会的代表，或者拒绝那些接受这类工人联合会参加的联合组织的代表。从宣传的角度来看，使自己处于被拒绝的境地是否合适——关于这一点，当然，我不打算在此发表评论。但是，必然会遭到拒绝，这是毫无疑问的，而我至少不能对龚帕斯提出任何指责。"① 当时，恩格斯还想争取龚帕斯及其劳工联合会。他指出："当我想到今年要在布鲁塞尔举行国际代表大会时，我觉得最好还是同龚帕斯保持良好关系——不管怎样，支持他的工人要比支持社会主义工人党的多——以保证美国能有尽量广泛的代表参加，其中包括他的支持者。须知，他们在布鲁塞尔将会看到很多东西，使他们摆脱他们所固有的狭隘的工联主义观点；况且，如果您不以工联为补充自己队伍的来源，又打算从什么地方去找来源呢？"② 在劳工联合会的这次大会以后，社会主义工人党从劳工联合会的 16 个城市的中央工会团体中撤出了它的党员，这与从骑士团撤出社会主义工人党的党员一样，不利于扩大社会主义的影响和争取广大工人，反而有利于保守派对工会的控制。

对于德里昂要求社会主义工人党党员撤出劳工联合会的命令，不少党员持不同意见，仍继续在劳工联合会中工作。著名的社会主义工人党党员托马斯·摩根仍留在劳工联合会继续开展斗争。在 1893 年的劳工联合会全国大会上，他提出了 11 条纲领，其中第 10 条是要求生产资料和分配手段为集体所有。这一纲领以 2244 票对 67 票通过。这说明，在劳工联合会中社会主义的影响是比较大的。但在 1894 年的劳工联合会全国大会上，龚帕斯和其他领导人无视上届全国大会的选举结果，悍然否决了纲领中的第 10 条。劳工联合会中的社会主义者同矿工联合起来，选举了约翰·麦克布赖德为劳工联合会主席，取代了龚帕斯。但是，在 1895 年的劳工联合会全国大会上，龚帕斯又被选为主席。嗣后，劳工联合会变本加厉地举行阶级调和政策，反对社会主义。

龚帕斯与德里昂的社会主义工人党的决裂，表面上看是龚帕斯坚持劳工联合会不接纳任何政党加入，实质上是龚帕斯代表工人贵族利益，执行阶级

---

① 人民出版社马列著作编辑室编：《恩格斯致海尔曼·施留特尔（1 月 29 日）》，《马克思恩格斯给美国人的信》，北京：人民出版社，1986 年，第 36 页。

② 人民出版社马列著作编辑室编：《恩格斯致海尔曼·施留特尔（1 月 29 日）》，《马克思恩格斯给美国人的信》，北京：人民出版社，1986 年，第 589 页。

调和路线，反对德里昂主张的革命路线。德里昂在普尔曼罢工失败后不久于1894 年 7 月 29 日在《人民》报上发表社论指出，"希冀成功的工人工会必须承认：第一，在资本主义存在之时，不可能获得很好的生活，肯定境遇越来越差，必须废除工资制度和资本主义制度，代之以社会主义共和国或合作共和国。在这共和国中，生产工具将成为全民财产……第二，必须由工人阶级独立地在选举箱上取得公共权力"[①]。

在 1895 年的劳工联合会全国大会以后，德里昂放弃了"打入内部"的政策，认为不再可能改变劳工联合会的性质，认为其完全由"劳工骗子"所控制，只对日常斗争感兴趣，取消了社会主义的要求。因此，他认为需要建立完全新型的工会，即有阶级觉悟的、产业的、社会主义的工会，从外部与劳工联合会进行斗争，打垮劳工联合会。他在 1898 年 2 月 11 日在向新贝德福德纺织工人的讲话中回顾说："我们不能接触他们（指工人群众）。在我们与他们之间有一堵坚固的、由无知的、愚蠢的、腐化的劳工骗子造成的墙。……除了从墙上打破一个缺口，无他途可循。我们使用社会主义职工同盟这一破城槌，会打开一个通道。……"[②]美国劳工联合会当时有近 50 万人，大量的工人没有组织起来。德布斯于 1895 年领导成立了美国铁路同盟。诚然，社会主义工人党可以组织尚未组织起来的工人，成立新的工会。但德里昂的双重工会政策的错误在于放弃了对保守工会会员的争取工作和宣传工作，把社会主义者撤出保守工会，从而削弱和丧失了社会主义在保守工会中的影响，让保守的劳工领袖完全控制了这些工会。

1895 年 12 月 6 日由原劳动骑士团第 49 区组织发起，与由社会主义者所控制的纽约城中央劳工联合会、布鲁克林的社会主义劳工联合会、纽瓦克中央劳工联合会和统一希伯莱工会举行会议，决定于 12 月 13 日在纽约城的库柏讲习所大厅举行大会。届时，按德里昂的提议，建立了"社会主义职工同盟"。1896 年，社会主义工人党召开全国代表大会，通过了德里昂提出的关于社会主义职工同盟的决议。决议写道："鉴于美国劳联和劳动骑士团或者它们的残存部分，已毫无希望地落入无知而诡谲的领导人手中；鉴于这些团体已形成为资本主义的缓冲器。工人阶级为解放所作的每一次明智的努力都因此而破碎了；……鉴于……这些组织的领导人运用他们的权力来保护资本主

---

① Nathan Fine, *Labor and Farmer Parties in the United States*, New York: Rand School of Social Science, 1928, p. 147.

② Daniel De Leon, *Socialist Landmarks*, New York: New York Labor News Co., 1952, pp. 112-113.

义，出卖工人；鉴于没有一个工人组织按如下原则，即在资产阶级和工人阶级之间进行着不可抑制的冲突，这种冲突只能通过推翻前者和建立社会主义共和国来解决的原则，为工人做点事；鉴于这种冲突实质上是政治的，需要工人阶级在政治上和经济上做出努力。兹决定，我们极为高兴地欢呼社会主义职工同盟的建立，是向摆脱工资奴役制和资本家强盗阶级的桎梏迈出的巨大一步。我们号召这一土地上的社会主义者把社会主义职工同盟的革命精神渗透到所有的工人组织中去，从而把美国无产者巩固和集中在以经济组织之盾和社会主义工人党选票之剑武装起来的、不可抗拒的、具有阶级觉悟的大军之中。"① 决议中"把社会主义职工同盟的革命精神渗透到所有工人组织中去"一段，意思比较含糊，也可以理解为仍可坚持"打入内部"的政策。后来，德里昂在 1898 年 8 月 14 日《人民》报上撰文，进一步谈了他的看法："对现存的有些工会，社会主义职工同盟的人应留下，而对其他工会，他们应撤出，进行斗争。留下还是撤出按具体情况来决定。如果工会是由那些并非腐败的人控制的，并确信整个说来，能够施加影响使之变得更好，则职工同盟成员应留下，乃至尽量使这工会吸收更多的会员，对这样的工会不应开展斗争，进行教育就足够了。另一方面，如果单纯工会是由腐败的人控制，则职工同盟的人应该撤出，并以全力与之斗争。"

社会主义职工同盟的主要力量是在纽约城。它在成衣工人、雪茄制造工人、煤矿工人和纺织工人中开展工作。在纺织工人中，社会主义职工同盟与劳工联合会为争夺领导权进行了激烈的斗争。1898 年在马萨诸塞州的新贝德福举行的著名纺织工人罢工中，德里昂和龚帕斯都想把纺织工人争取到自己一边。虽然社会主义职工同盟未能取得对纺织工人的领导权，但从纺织工人中吸收了不少会员。1898 年 3 月纽约城的塞登堡雪茄工厂工人罢工。这家工厂既雇有社会主义职工同盟的会员，也雇佣了劳工联合会的会员。劳工联合会与雇主秘密达成交易，从而使社会主义职工同盟的会员被工厂解雇。

自 1898 年起，社会主义职工同盟开始衰落，原因是社会主义职工同盟的双重工会政策遭到来自社会主义工人党内外和社会主义职工同盟内外的反对。德里昂只强调工会的社会主义目标，而没有把工人为当前利益进行的斗争与长远的社会主义目标相结合，不重视提高工资、缩短工时、改善劳动条

---

① Socialist Labor Party, *Daniel De Leon: The Man and His Work, a Symposium*, third edition, New York: National Executive Committee, 1926, pp. 33-34.

件的斗争，从而脱离了广大工人群众。许多工人不愿意留在社会主义职工同盟这个力量单薄而不能保护他们当前利益的组织内。例如，纽瓦克和布鲁克林的酿酒工会既属于社会主义职工同盟，又加入了劳工联合会的全国酿酒工会。后来，它们退出社会主义职工同盟，却没有断绝与全国酿酒工会的关系。社会主义职工同盟在成立后的头三年有隶属工会 200 个，但到 1898 年社会主义职工同盟举行第三次全国大会的前夕，留在职工同盟内的只剩了不到一半。1898 年在布法罗召开的社会主义职工同盟大会上，许多代表在双重工会问题上与德里昂等人发生争吵，并且罢免了德里昂的追随者威廉·布劳尔的社会主义职工同盟主席职务，新选出的党的执行委员会也把德里昂排斥在外。大会主张停止对劳工联合会和其他保守工会的斗争，得到了龚帕斯的喝彩。这次大会后，纽约中央劳工联合会退出社会主义职工同盟，给社会主义职工同盟很大的打击。最后，1905 年社会主义职工同盟并入世界产业工人同盟。

1890—1896 年，人民党运动在西部、中西部和南部蓬勃开展。德里昂的社会主义工人党对人民党运动采取了宗派主义态度。人民党是 1891 年 5 月 19 日在俄亥俄州的辛辛那提举行的全国大会上成立的。人民党运动是农场主反对垄断资本主义的运动。1892 年 2 月 22 日在圣路易斯召开的人民党全国大会上通过的决议，主要是国库分库计划。计划要求政府为不易腐败的农产品提供仓库、扩大货币量、提供低息贷款等，使农场主生产谷物能有利可图。1892 年 7 月 4 日人民党在奥马哈大会上通过的纲领要求政府按人民利益占有和经营铁路、电报和电话系统，同时也提出了一些工人的要求，诸如缩短工时、废除契约劳工和废除平克顿侦探制度等。纽约城和纽约州的人民党则进一步提出社会主义口号，1894 年纽约州人民党提出的竞选纲领不仅重申了奥马哈大会的要求，而且提出"根据人民利益，产业合作应最终代替工资制度和垄断"，也提出不少工人的要求，诸如一切产业实行八小时工作日，依据法律仲裁一切产业纠纷，修改阴谋法，举办公共工程以给失业者提供工作机会，实行疾病和老年保险，宣布平克顿侦探为非法等。在中西部的农业地区，在政治主张方面，有些农场主保守，有些激进。人民党的左翼能在一定程度上接受社会主义的宣传。

一个真正的社会主义政党应该支持一切反对现存制度的运动。德里昂的社会主义工人党对人民党运动没有采取统一战线的方针，建立工农联盟，争取实行无产阶级对农民运动的领导，推动反对垄断资本主义的斗争，扩大社会主义的宣传，而是对人民党采取了反对的态度。1891 年 6 月 7 日的《人民》

报说:"把东部无产阶级运动合并到西部农场主运动中去将会是最大的不幸。"社会主义工人党的全国执行委员会于 1892 年通过的竞选宣言中,对人民党运动进行了抨击。宣言写道:"资本集中的旋风在一代人以前曾袭击了小工业生产者,最终又袭击小农业生产者,其结果是一样的。小农场主不能保持其财产,但他却认为他能保持其财产。为了实现这一奇迹,他大肆鼓噪,主要要求自由铸造银币……以及国库分库计划,靠这个他可以向山姆大叔典当他的农场产品。……为了这样做,他也必须进而控制政府。为了达到这一目的,他自称是工人阶级的特别的朋友。……但是农场主成群攻击那些主张农场工人八小时工作和提高他们工资的人。产业工人工资低,农场工人工资更低。小农场主的党与共和党、民主党竞争以攫取劳动人民的选票,使小农场主生活得舒服一些,而劳动人民将依然缺衣少食,辛勤劳作,汗流浃背。这是厚颜无耻。"[1] 1893 年,社会主义工人党修改党章,禁止与人民党合作。1894年,党的全国执行委员会开除了反对修改党章的党支部。1896 年,德里昂把人民党运动说成是"骗子运动……混淆了我们人民的视听,耗竭了他们的希望之泉,蚕食了他们的勇气"[2]。1896 年,在社会主义工人党的全国大会上,全国执行委员会做的报告指出,当人民党主义"在按其中产阶级运动的性质增长力量的时候","必须剥掉其社会主义的外衣",从而"它就不会再挡我们的路,阻碍我们党在西部州的发展。在西部州,人民党政治家的蛊惑宣传从工人阶级中获得了大量追随者"。[3]德里昂也承认在人民党运动中有激进的一翼。他说,保守的人民党人提倡"廉价通货"时,其他人民党人支持"更为真正的激进要求,注意到生产工具的公共所有"。人民党运动在发生分裂,"这种分裂愈来愈明显,愈来愈少地谈及按人口计算的货币量作为繁荣或苦难的原因,而转到真正的问题,即机器和所有其他生产必需品的私人所有制或垄断所有制上来了"。他还承认人民党运动中具有阶级觉悟的一翼"正在前进,并终将有一天与社会主义者肩并肩地站在一起"[4]。但德里昂并没有联合人民党运动中的左翼,而是继续实行宗派主义政策。

---

① Howard H. Quint, *The Forging of American Socialism: Origins of the Modern Movement*, New York: Bobbs-Merrill, 1964, p. 216.

② Daniel De Leon, *Socialist Landmarks*, New York: New York Labor News Co., 1952, p. 56.

③ Norman Pollack, *The Populist Response to Industrial America*, Cambridge: Harvard University Press, 1962, pp. 85-87.

④ Norman Pollack, *The Populist Response to Industrial America*, Cambridge: Harvard University Press, 1962, p. 89.

尽管社会主义工人党的全国领导反对人民党运动，但有些党的支部支持和积极参加了人民党运动，并施加了社会主义影响，在一定程度上与人民党结成了反对垄断资本主义的统一阵线。芝加哥的社会主义工人党领袖托马斯·摩根不同意德里昂反对人民党运动的态度，要求工会参加人民党运动，并在党内得到较广泛的支持。他同亨利·德马、雷斯特·劳埃德一起在伊利诺伊州帮助建立了工农统一阵线性质的劳工—人民党联盟。1894 年 5 月 28 日，一些社会主义工人党党员、人民党人、伊利诺伊州劳工联合会和其他团体在伊利诺伊州的斯普林菲尔德举行大会。而在第二天，在同一城市，伊利诺伊州人民党举行了大会。摩根和社会主义者对以人民党全国主席赫尔曼·陶本纳克为首的人民党内的右翼进行了斗争。摩根提出了他曾在劳联全国大会上提出的 11 点纲领。摩根坚持要求以社会主义原则作为工农联合的基础。大会除了否定了第十点，即要求生产资料集体所有外，接受了摩根提出纲领的其他条款和关于劳工的要求。1894 年 7 月 4 日，伊利诺伊州劳工联合会在斯普林菲尔德举行大会，摩根和劳埃德起了重要作用。当时，正值德布斯领导的美国铁路同盟举行总罢工，但德布斯支持这次会议，同意劳埃德和其他代表乘坐火车从芝加哥前往斯普林菲尔德参加大会。摩根在这次大会上再次提出他的 11 点纲领。在存在分歧的情况下，劳埃德提出了折中决议，并在大会通过。这一决议写道："我们建议，在这次大会上我们所代表的人们在下届大选中投票选举那些承诺这样原则的人民党候选人，即由人民集体拥有人民选举决定为共和国经营的一切生产资料和分配手段。"[1] 折中决议的通过，说明社会主义势力在人民党运动中具有一定的影响。社会主义工人党其他一些支部如密尔沃基、圣路易斯、克里夫兰和托莱多的支部，也同芝加哥的党支部一样，不同意党的全国领导反对人民党运动的态度，而倾向于与人民党进行合作。

社会主义工人党的一些支部与人民党的联合只是短暂的。1894 年 8 月 18 日举行的人民党库克县大会上，以摩根为代表的社会主义者与以埃尔特威德·波默罗伊为代表的人民党保守派展开了激烈的争论，并将争论的问题提交 1894 年 10 月在斯普林菲尔德举行的伊利诺伊州劳工联合会大会讨论。联合会支持了摩根。1895 年秋，人民党保守派控制了库克县的人民党机构，摩

---

[1]　Philip S. Foner, *History of the Labor Movement in the United State*, Vol.2: *From the Founding of the American Federation of Labor to the Emergence of American Imperialism*, New York: International Publisher, 1955, p. 318.

根遂决定退出人民党。

同样地，在其他州也出现了社会主义工人党的支部与人民党先则联合、后则破裂的局面。在威斯康星州，社会主义工人党支部、社会主义协会和密尔沃基联合工会委员会同人民党于 1893 年 10 月举行会议，经过讨论后，决定在即将来临的竞选中提出共同的候选人名单和带有一定社会主义色彩的纲领。但在 1894 年 7 月在密尔沃基举行的州人民党大会上，出现了社会主义者与保守的人民党人的冲突。经过争论，大会所通过的纲领不仅赞同 1892 年人民党奥马哈的纲领，而且承认 1893 年社会主义者在劳联的全国大会上提出的包括一切生产资料为人民集体所有的条款的纲领。但到 1896 年，由于保守的人民党人更加右倾，邀宠于商人和富豪阶级，破坏了社会主义者与人民党的联盟。1896 年在圣路易斯举行人民党大会后，代表保守的大农场主和银矿主利益的人民党右翼转向民主党，支持威廉·詹宁·布赖恩及其自由铸造银币的纲领，竭力排斥社会主义者和工人，使人民党由此而衰落下去。

摩根和其他社会主义者坚持以社会主义原则为基础的工农联盟，宣传了社会主义，扩大了社会主义影响。堪萨斯州的一位社会主义工人党党员曾说："同他们（指人民党人）一起工作，同时宣传我所理解的真理，使原来并非社会主义者的人民党人改变了观点，有了真正的信仰。……"[①] 后来许多不满保守领导人的人民党人脱离了人民党，参加了社会主义工人党，或者当社会民主党于 1897 年 6 月 18 日在芝加哥成立时，在密尔沃基等人民党活动中心，人民党人几乎全部加入了社会民主党，许多人民党人后来加入了德布斯领导的社会党。

第二节　社会主义工人党内部斗争和 1899 年的分裂

在 19 世纪 80 年代末，社会主义工人党党内工会主义派与拉萨尔主义的政治行动派决裂，开除了罗森堡-布希集团。德里昂于 90 年代初成为党的主要领导人以后，在围绕党对工会问题的政策上，党内斗争迭起。

社会主义工人党在纽约城的犹太人支部力量比较大，出版有《晚报》和

---

① Philip S. Foner, *History of the Labor Movement in the United State*, Vol.2: *From the Founding of the American Federation of Labor to the Emergence of American Imperialism*, New York: International Publisher, 1955, pp. 304-305.

《工人报》。这两家报纸都由工人报出版公司控制，编辑人员大多在纽约城东部犹太工人运动中很活跃。他们反对德里昂改变工会政策、建立社会主义职工同盟。1895 年，犹太人支部的一些重要的社会主义者，如莫里斯·温克夫斯基、亚伯拉罕·卡恩和迈耶·伦敦不同意德里昂攻击美国劳工联合会，反对德里昂对党的控制，退出了党。他们在德布斯成立美国社会民主主义党以后，在纽约城组成了该党的一个支部。

德里昂对党内的犹太人反对双重工会政策甚为恼火。1897 年冬季和第二年的春季，党的全国执行委员会通过全党党员投票，决定由党直接控制《晚报》和《工人报》。但是，犹太人反对派又创办了独立的《犹太每日前进报》。

党内的斗争愈演愈烈，斗争主要集中在党的双重工会政策上。纽约城是斗争的主要战场。以犹太人莫里斯·希尔奎特为首的反对派，包括加入社会主义工人党的工人领袖如劳联的印刷工人工会的马克斯·海斯、雪茄工人工会的马伦·巴恩斯等人，力图推翻德里昂、库恩、萨尼尔和沃格特在党内的领导地位。海斯和巴恩斯都是靠社会主义者的支持才取得在工会中的领导权，他们不同意社会主义者退出工会，从而削弱自己在工会中的地位。纽约城的由赫尔曼·施卢特尔编辑的德文《人民》报是反对派的主要报纸。

希尔奎特在 1895 年时就反对德里昂及其工会政策，正如他在传记中所说的，"当社会主义职工同盟成立并于 1896 年为党的全国大会正式批准的时候，我不能接受这一工会政策，并且没有积极参与党的活动。"[1]但他没有同迈耶·伦敦等一些重要的犹太人退出社会主义工人党。究其原因，按温克夫斯基的说法，是他"正集中全力开办他的律师事务所"，无暇顾及政治和党内斗争。在策略上，希尔奎特认为，"反对德里昂的犹太人在口头上和书面上抨击德里昂，向德里昂的领袖地位挑战，不足以解决问题"[2]。

以希尔奎特为一方和以德里昂为一方的党内斗争是在工会政策上展开的。德里昂认为劳联为腐败的"劳工骗子"所控制，已经不可救药了，必须同劳联和其他反社会主义的行业工会作斗争，建立包括非技术工人在内的工人运动。他主张，通过有觉悟的工人阶级把社会主义候选人选入国会和政府，来实现社会主义。希尔奎特和马克斯·海斯、马伦·巴恩斯等人反对德里昂的工会政策，坚持对劳联采取"打入内部"政策。希尔奎特相信，有说服力

---

[1] Morris Hillquit, *Loose Leaves from Busy Life*, New York: Literary Licensing, LLC, 1934, p. 47.

[2] Norma Fain Pratt, *Morris Hillquit, A Political History of an American Jewish Socialist*, Westport: Praeger, 1979, p. 30.

的社会主义宣传最终将会把劳联的领导人和劳联的会员争取到社会主义一边来。他说:"我认为他(指德里昂)的工会政策对党来说是自杀性的政策。"[1]他认为社会主义职工同盟在斗争方法上仍然是使用罢工和抵制,并无创新之处。而且,社会主义职工同盟的成立使美国工人阶级分裂为两个阵营。希尔奎特一派力图由同情劳联的人来代替德里昂一派的领导,实质上是从右的立场来反对德里昂错误的双重工会政策。

与此同时,两派在党的集中制问题上有分歧,德里昂认为美国这个资本主义国家没有封建主义因素,资本主义关系发达,进行社会主义革命的客观条件比任何其他的资本主义国家更为成熟。因此,他认为社会主义必然首先会在美国开始。为此,他主张提高美国无产阶级的阶级觉悟,在经济上和政治上把无产阶级组织起来,领导他们向美国资本主义进攻。因此,他要努力改组社会主义工人党。他在 1896 年 1 月所做的题为《改良还是革命》的报告中说:"如同在攻击堡垒时一样,要靠队伍的带头人,依靠信仰强烈的、原则上坚定的、行动上坚决的少数人,才能带领群众,攻击胸墙,攻占堡垒。这样的队伍的带头人必须是整个无产阶级队伍的社会主义组织……为了攻克资本主义部队,无产阶级这个队伍的带头人必须是受到无产阶级热爱、尊敬和信任的无畏的社会主义组织。"他说,在不久的将来要发生的巨大的社会变动中,一切小资产阶级和改良主义的组织将在旧世界的废墟中荡然无存,只有强大的社会主义工人党坚定地屹立在这废墟上,只有它才能领导群众。"但是,只有按革命路线,它才能成就这一事业;按改良的路线,它就永不能胜利"。德里昂对劳联的改良主义进行了无情的抨击。他指出,改良只是从外部形式上有改变,而内部实质没有改变。狮子狗虽然毛像狮子,但终究还是狗。美国的资产阶级了解改良所起的削弱无产阶级士气的作用。他们的政治家把改良作为一种安全阀,作为一种引诱工人掉入陷阱的诱饵。德里昂强调党内的纪律和党内的统一。他说:"现代革命者知道,为了取得成就或坚持原则,必须有行动的统一。……因此,你会看到,革命者要服从大多数人的意志。……你永远不会发现革命者把个人凌驾于组织之上。"他说,"个人的最高自由必须与集体的自由并行不悖,没有集中指导的权威,个人和集体自由都是不可能的"。同时,德里昂强调党的中央机关必须领导党的机关报,而过去在纽约有的党报并不是在党的中央机关直接领导下工作。在社会主义工人党成立后

---

① Morris Hillquit, *Loose Leaves from Busy Life*, New York: Literary Licensing, LLC, 1934, p. 47.

不久，在纽约城的德裔社会主义者决定创办党报。因为当时纽约的法律不允许政党出版报纸，因此一些党员成立了"社会主义合作出版协会"，出版德文《纽约人民报》。1891年，社会主义合作出版社又创办了党的英文机关报《人民》周报。德文《先驱》报作为《纽约人民报》的星期日版出版。德里昂编辑《人民》周报，沃格特编辑《先驱》报，但《纽约人民报》和社会主义合作出版社并不掌握在德里昂等中央领导人手里。《纽约人民报》有时不执行党的政策，在大选中给资产阶级政党的候选人刊登广告，来增加报纸的收入。1896年在纽约召开的党的全国大会上在党章中强调了党的纪律和统一，强调了党对机关报的领导。希尔奎特反对派则指责德里昂在党内专断独行，控制党报和全国执行委员会，动辄将持不同意见的党员开除出党。

希尔奎特派与德里昂派的斗争于1898年趋于激化，并在党报问题上爆发。党报在社会主义工人党内具有重要地位。德文《纽约人民报》的编辑人员及其支持者对德里昂编辑的英文《人民》周报成为居领先地位的党报感到不满。在1898年，《纽约人民报》是有4个版面的日报，发行量为18000份。《先驱》报是有8版的周报，发行量为10000份。英文《人民》周报有4个版面，发行量为10000份。希尔奎特与《纽约人民报》和社会主义合作出版协会的人员过从甚密，得到他们的信任。希尔奎特一派利用《纽约人民报》的威望和发行量大的条件，作为反对德里昂派的阵地，攻击德里昂和党的决议。在纽约的中央劳工联合会和德裔工人工会、犹太人工会于1898年退出社会主义职工同盟，使社会主义职工同盟趋于衰落时，希尔奎特派认为同德里昂派一决雌雄的时机已经到来。1898年12月14日的《纽约人民报》发表文章，攻击德里昂派在劳联外面领导一场"令人怀疑能否取得胜利的单独运动"。继后五个月里，《纽约人民报》攻击党的双重工会政策，认为这一政策阻挡了社会主义潮流，抨击党继续其自杀性的"敌对工会"政策。《人民》周报进行了反击，说反对社会主义职工同盟的社会主义者已把自己出卖给资本家了。他们只有两条道路可以选择：或是服从党的纪律，支持社会主义职工同盟；或是从党内滚开。希尔奎特派为了扩大反对德里昂派的宣传鼓动工作，利用《人民》周报和《先驱》周报的邮单，把《纽约人民报》的周末副刊寄给这两家周刊的订户。全国执行委员会对此提出抗议，但社会主义合作出版协会宣布它过去和现在都是《人民》周报和《先驱》周报这两家报纸和与这家报纸有关的一切财产的所有人，包括有权使用这两家报纸的邮单。

由于德里昂派的双重工会政策的失败，使反对派在纽约城得到了多数党员的支持，其急不可耐地准备夺取党的最高领导权。按照党章，社会主义工人党的全国执行委员会和党的全国书记由全国执行委员会的驻地纽约城所有支部组成的总委员会选出，只要控制了纽约城支部的总委员会，就可以控制全党及其机关报。1899 年 7 月初，在纽约城支部的总委员会的会议上，德里昂派与希尔奎特派争吵激烈，甚至相互动起武来。最后，希尔奎特派控制了会议厅，宣布于 7 月 10 日召开总委员会的特别会议。德里昂派对特别会议进行了抵制。希尔奎特派召开的特别会议宣布停止党的全国执行委员会的活动，停止亨利·库恩的党的全国书记职务，并选出亨利·斯洛博丁为新的全国书记，选出新的全国执行委员会。德里昂派的全国执行委员会于 7 月 15 日开会，开除希尔奎特反对派出党。这样，党内就出现了两个总部、两个全国书记和两个全国执行委员会，也出现了两个《人民》周报，希尔奎特派的《人民》周报设在威廉斯街，德里昂派的《人民》周报设在比克曼街。

社会主义工人党的多数党员当时不甚了解两派的斗争和争论。希尔奎特派虽得到纽约城多数党员的支持，但还没有得到全国党员的拥护。1899 年 8 月 13 日，希尔奎特派的党的全国执行委员会要求全体党员就永远停止德里昂派的全国执行委员会的职能进行投票表决。同年 9 月，投票结果是 790 票赞成，12 票反对。但这 802 票只代表党的全体党员总数的 11%。在纽约城以外地区的党支部中，托马斯·摩根的芝加哥支部反对德里昂。德里昂派的全国执行委员会由于开除反对派的所有党员，乃至对两派争论提出疑问的党员，致使一些原来对两派争论持中立态度的支部加入了希尔奎特派。截至 1899 年 10 月，希尔奎特派的党的全国执行委员会获得全党 7000 名党员中 45% 的人支持，两派的力量旗鼓相当。

在两派斗争中，德里昂的双重工会政策是错误的。但是，希尔奎特派不是从马克思主义的立场出发，而是从右的立场出发对德里昂派进行抨击的。后来，希尔奎特派于 1900 年 1 月 30 日在罗切斯特举行的社会主义工人党第十次全国大会上，在工会问题上通过的决议中毫不讳言地宣称，为社会主义奋斗并不是工会的职能，工会的作用是从雇主那里取得让步，从而保持现有的生活水平。决议认为党试图建立社会主义的工会来削弱当时的工会是愚蠢的。由于建立了敌对的工会，党会失去已有的行业工会在人数上和财政上的支持。因此，社会主义工人党应对一切旨在改善工人生活条件的工人经济组织一视同仁，一切社会主义者应加入这些工会组织，参与其活动。此外，决议宣称，党员要成为积极的工会会员，同时要承认他们的工会经济活动不能消灭资本主义剥削。由于雇主不断地雇用非技术工人，使得举行罢工来取得提高工资和缩短工时等有限目标都成了问题。因为工会经济活动的价值有限，社会主义者没有理由把主要力量投入建立和领导这些工会。他们在工会中的主要任务是在工人中间宣传社会主义思想。决议认为，要通过政治行动来赢得社会主义，就是把社会主义者选入政府。希尔奎特派从右的立场出发，认为劳联的政策已经显示了社会主义宣传的效果。在 1899 年 12 月的劳联大会上，社会主义工人党的代表们不仅建议地方工人组织独立地参加竞选，而且号召研究托拉斯和垄断的问题，以便在国有化问题上采取明智的立场；"这一号召实际上将劳联置于承认生产资料集体所有的地位。这打开了通向社会主义的大门"[1]。由于社会主义工人党的两个全国执行委员会将争议诉诸法庭，法庭判决德里昂派的全国执行委员会是唯一合法的社会主义工人党的全国执行委员会，希尔奎特派遂决定与社会民主党合并。

德里昂派于 1900 年 6 月 2 日至 8 日在纽约城举行了社会主义工人党第十次全国大会。全国书记代表全国执行委员会做了报告，讲述了两派斗争的经过，但仍坚持错误的双重工会政策。这次大会通过的党的纲领基本上沿袭了 1889 年和 1896 年党的全国大会上通过的纲领，重复了原党纲中提出的"生产的自然资源和劳动工具两者的私有财产制是一切经济奴役和政治依附的明显根源"，"因此，我们号召美国的工资工人和其他一切诚实的公民，在社会主义工人党的旗帜下组成一个有阶级意识的团体，这个团体知道它的权利并决心用取得公共权力的方法来获得这些权利；所以只要在当前阶级斗争最困难的状况下以不屈不挠的团结一致的精神联合起来，我们就能消灭阶级，把土地、一切生产资料、运输工具和分配手段交还给作为集体的人民，并以合作共和国代替目前的无计划生产、工业战争和社会混乱的状态。……"[2] 纲领中没有提出当时应为之奋斗的具体要求。

大会对党章中涉及党员条件的部分做了修改，规定禁止党员在任何单纯工会中任职，宣称"如果社会主义工人党的任何党员在单纯工会或劳工组织中任职，可视为对抗社会主义工人党，应予开除。如果单纯工会或劳工组织

① Ira Kipnis, *The American Socialist Movement, 1897-1912*, New York: Haymarket Books, 1952, p. 38.

② Socialist Labor Party, *Proceedings of the Tenth National Convention of the Socialist Labor Party*, New York: New York Labor News Company, 1901, p. 256.

的任何职员申请加入社会主义工人党，应予拒绝"①。这样的政策使得社会主义工人党孤立于美国工会运动以外。大会决定出版《人民日报》，该报于同年7月1日出版。此后数年中，社会主义工人党的力量和影响进一步削弱。1898年，社会主义工人党拥有约 6000 名党员，到 1905 年，只剩下 1400 名党员。1898 年，社会主义工人党在竞选中得到 82204 张选票。到 1900 年，在竞选中只得到 34191 张选票。社会主义工人党在美国社会主义运动中成了一个宗派。

第三节　社会民主主义党和社会民主党

在 19 世纪 90 年代末，社会主义工人党是美国主要的社会主义组织。但是，并非所有的社会主义者，包括信仰马克思主义的社会主义者都参加了社会主义工人党。1897 年，在尤金·德布斯和维克托·伯杰的领导下成立了社会民主主义党。

尤金·德布斯是美国著名的工人领袖、美国铁路同盟的主席。他在领导1894 年铁路工人罢工中，因所谓蔑视法庭禁令被判有罪，服刑 6 个月。他在获释后，曾支持人民党，支持人民党和民主党的联盟，希冀它们的胜利能打击垄断资产阶级。民主党候选人布赖恩在 1896 年竞选中失败，德布斯总结了经验教训，从 1897 年开始宣称自己是社会主义者。他在 1897 年 1 月 1 日美国铁路同盟的报纸《铁路时报》上发表的题为《目前情况和未来的责任》的社论中表明了他的新思想。他说他曾支持布赖恩和人民党人，错误地希冀他们的胜利能"挫钝金钱势力的毒牙"。他表示，现在很清楚，社会主义指明了劳苦大众摆脱建立在掠夺基础上的资本主义制度的出路。德布斯在 1902 年写的《我怎样成为社会主义者》一文中谈到他皈依社会主义的过程。他说，他在 1894 年组织美国铁路同盟时，"我几乎尚未闻及社会主义，实际上不知道这个运动。我所知道的一点点给我印象之淡薄，尚没有使我赞成社会主义。我致力于全面地组织铁路工人，并最终组织整个工人阶级。我的全部时间和精力都用于这一目的。我深信，只要他们在各部门组织起来，并一致行动起

---

① Socialist Labor Party, *Proceedings of the Tenth National Convention of the Socialist Labor Party*, New York: New York Labor News Company, 1901, pp. 211-213.

来，他们能纠正不公正的现象和改善就业情况"。他谈到，是阶级斗争，特别是普尔曼罢工使他转向社会主义。他说："接踵而至的最后的震动——普尔曼罢工——美国铁路同盟再次明显地、完全地胜利了。联合起来的公司瘫痪了，无援了。在这个关头，从完全未能预料的角落，一个个打击迅速降临，使我一度眼花缭乱，接着我睁开了眼睛——阶级斗争在刀光枪影中暴露出来。这是我的第一堂社会主义课，虽然当时我完全不知晓社会主义的名称。"罢工被镇压之后，德布斯被监禁在伍德斯托克，"正是在这里，社会主义逐渐地以不可抗拒之势控制了我。社会主义者邮来书籍、小册子和信函，我开始阅读、思考和分析解剖制度，在这个制度下，工人虽然组织起来了，但却会被打击，被摧毁，被粉碎。贝拉米和布拉奇福德的著作首先吸引了我。格朗伦德的合作共和国也给我留下深刻印象，但考茨基的著作清楚和具有结论性，我很快地不仅掌握其论点，也抓住其社会主义言论的精神"。他也提到维克托·伯杰曾来伍德斯托克探监，"仿佛是天意，送来了我曾听到的第一声社会主义的激动人心的启示，第一次'震撼了我的身心'，那一次访问的礼物是给我的藏书室增添了马克思的一卷《资本论》，由伯杰敬赠，我把它作为无价之宝珍藏着"。他谈道："美国铁路同盟被击败，但并未被征服，被压倒，并未被破坏。它在社会主义运动中活着，搏动着，它的失败照亮了经济自由的道路，加速了人类博爱的来临。"[①]

德布斯当时对科学社会主义的认识是肤浅的，还受其他社会主义思潮特别是空想社会主义思潮的影响。1895 年秋，由诺曼·华莱士·勒蒙德等空想社会主义者建立的合作共和国兄弟会，计划在人口稀少的西部州建立社会主义殖民区。他们认为，在一个州，一旦社会主义者在人数上超过非社会主义者，就可以选举通过社会主义宪法，成为一个社会主义的州，然后向其他各州扩大，直到整个美国成为社会主义国家。1897 年，德布斯加入合作共和国兄弟会，并成为它的组织者。美国铁路同盟也热烈支持合作共和国兄弟会，希望它能为失业者和美国铁路同盟的会员找到出路。

德布斯于 1897 年 6 月 15 日在芝加哥召开了美国铁路同盟的特别会议，并邀请了各种各样的人，诸如基督教社会主义者、单一税论者、自由铸造银币主张者、教会改革者、科学社会主义者等出席。德布斯在致辞中说，出席会议的代表并不是作为有组织的工人代表会集在一起，而是作为新的伟大的

---

① H. Wayne Morgan ed., *American Socialism 1900-1960*, New Jersey: Englewood Cliffs, 1964, p. 9-11.

人道主义运动的先锋队出席的，运动的目的是改善男人和女人的境遇。会议的目的是为新社会秩序和社会主义秩序奠定基础。会议决定将美国铁路同盟改名为"美国社会民主主义党"。

在这次会议上，以维克托·伯杰、杰西·考克斯、西摩·斯特德曼、查尔斯·马丁和弗雷德里克·希思等政治行动派与殖民派进行了四天的辩论，前者主张通过政治行动，即把社会主义者选入议会和政府，来赢得社会主义；后者主张通过建立社会主义殖民区，来实现社会主义。

最后，会议通过了原则宣言。宣言分析了资本主义的矛盾，指出美国人民的政治平等与经济不平等之间的脱节，经济上的暴虐制度与政治上的民主制度的直接对峙，是因为有一个阶级腐蚀了政府，攫取了公共财产，侵犯了公众的选举权和政府的职能，使这个伟大的国家依附于它。同样地，这个阶级使工人脱离了生产资料所有制，将他们的劳动成果的大部分占为己有，又把中产阶级成员降到无产阶级的地位。宣言提出了下列原则：

> 考虑到立即解救人民，我们要竭尽全力使失业者自谋就业。……为此目的，将决定选择一个州，把我们的支持者集中在那里，建立合作工业，并逐步扩大其范围，直到建立起全国性的合作共和国。
>
> 我们号召一切诚实的公民在美国社会民主主义党的旗帜下联合起来，通过行使我们的政治自由和掌握公共权力，来战胜资本主义。①

原则宣言还提出了当前的具体要求：（一）对垄断、托拉斯和联合企业控制的一切工业实行公共所有；（二）对铁路、电报、电话和一切交通运输工具、供水、煤气厂和电厂以及一切其他公用设施实行公共所有；（三）对金矿、银矿、铅矿、煤矿、铁矿和其他一切矿藏以及油井和天然气井实行公共所有；（四）减少劳动时间；（五）为失业者开办公共工程；（六）发明自由，国家要给发明者酬金；（七）建立邮政储备银行；（八）实现创制权、复决权和比例代表制。

在组织上，社会民主主义党控制在原来的美国铁路同盟的领导人手里。党的执行委员会由原美国铁路同盟、曾因参加普尔曼罢工被投入伍德斯托克监狱的五名成员组成，德布斯任主席。《铁路时报》改名为《社会民主主义》报。

---

① Nathan Fine, *Labor and Farmer Parties in the United States*, New York: Rand School of Social Science, 1928, p. 190.

　　会后，执行委员会任命了一个殖民委员会。德布斯对殖民计划持有幻想，但他的看法同殖民派不完全相同。他认为，社会民主主义党是一个党，殖民计划只是党的纲领的次要部分，目的是赈济那些贫困的人。他表示，即使殖民计划失败，也不会影响社会民主主义运动。

　　社会民主主义党的殖民计划遭到外界特别是社会主义工人党的批评。德里昂在《人民》周报上撰文指出，德布斯的计划的出发点是错误的。他说，他对德布斯的好心怀有敬意，但要充分认识这一计划的害处。他忠告美国无产者，不要骑上殖民计划这个怪兽。

　　社会民主主义党的主要力量在中西部，密尔沃基、芝加哥、圣路易斯、克里夫兰都是党活动的重要城市，在密尔沃基有维克托·伯杰领导的支部，在芝加哥有西摩·斯特德曼和杰西·考克斯建立的支部，在圣路易斯有党的副主席威廉、伯恩斯协助建立的支部，在克里夫兰其得到从社会主义工人党退出的人于1896年成立的"社会民主联合会"的支持。维克托·伯杰的德文报纸《威斯康星先驱》报和社会民主联合会的德文报纸《人民自治》都成了社会民主主义党的报纸。许多参加社会民主主义党的人是不满德里昂的政策而退出社会主义工人党的党员，其中最重要的是纽约城东部犹太人知识分子和工人领袖，如亚伯拉罕·卡恩、迈耶·伦敦和伊萨克·霍尔威奇等人。他们在退出社会主义工人党后创办的《犹太每日前进报》后来成为世界上发行量最大的犹太人报纸。1898年7月31日至8月2日，他们召开会议，声称代表1200名从社会主义工人党退出的党员和10000名工会会员，会议决议加入社会民主主义党。在社会民主主义党第一次会议以后，由理查德·欣顿、赛勒斯·威拉德和W. P.博兰着手实施殖民计划，坚持建立殖民区，来解决失业者的问题，并把它作为社会民主主义党的主要任务。政治行动派反对这一殖民计划，指责这完全是空想，是不能实现的。德布斯则持骑墙态度。

　　社会民主主义党第二次代表大会于1898年6月7日在芝加哥召开，两派再次进行了较量。大多数政治行动派来自纽约、威斯康星和马萨诸塞，殖民派主要来自芝加哥和西部玉米带和矿区。政治行动派以维克托·伯杰、伊萨克·霍尔威奇、古斯塔夫·赫恩、玛格丽特·黑尔和詹姆士·凯里为领导。殖民派由威廉·伯恩斯、赛勒斯·威拉德、J. S.英戈尔斯和约翰·劳埃德领导。

　　两派在党的纲领的问题上存在根本分歧，大会的纲领委员会提出了两个报告。伯杰和黑尔提出的报告是关于政治行动的，但也向殖民派做了一些妥协，提出要求一个州赠予土地用作殖民区，以解救失业者。殖民派的报告则强调建立殖民区作为实现合作共和国的办法，同时提出只在没有其他政党的地方开展政治行动。两派的辩论进行了一天，直到清晨 3 点钟才结束，殖民派在大会上占了上风。大会以 52 票对 37 票通过了殖民派提出的纲领，政治行动派的霍尔威奇跳上椅子，大声号召一切反对殖民派报告的人立即于清晨 8 点钟到对街的里维尔大厅举行会议。

殖民派控制的大会在政治行动派离开会场后继续开会，通过了新的党章。犹他州的前人民党领导人詹姆斯·霍根被选为党的主席，无政府主义者博兰被选为书记和司库。大会还发表了宣言，强调"我们是美国人，我们将采取符合美国思想和行动习惯以及美国法律制度精神的方法"。认为他们的胜利是"美国社会主义方法"对"实行阶级意识策略的老德国人的社会主义方法"的胜利。[1]同时，其表示要通过其他政党组织（不论它是否主张社会主义）来实现其政治目标，只是在没有其他党的地方，提出争取社会主义的实际步骤，提出竞选候选人。

大会以后，殖民派控制的《社会民主主义》报几乎每一期都攻击阶级斗争理论，指责这种理论不适合美国的理想和制度。威拉德的观点是有代表性的。他写道："我们不鼓吹阶级战争。阶级战争是不科学的。"阶级意识是"自我意识、自私的代名词"[2]。不过，《社会民主主义》报不久就因资金匮乏而停刊了。至于殖民计划，威拉德和英戈尔斯在 1898 年 8 月在华盛顿州购买了一块土地，建立了有 110 人的殖民区。这与他们想在一个州建立合作共和国的计划无疑是相差十万八千里的。

政治行动派于 6 月 11 日在里维尔大厅举行会议，一致同意把社会民主主义党改名为社会民主党，采纳了伯杰和黑尔曾为社会民主主义党所写的纲领。大会发表了告党员书，解释了分裂的原因，谴责了殖民派。大会休会 5 小时后，他们又在赫尔大厅复会。德布斯在病中，未能出席会议，但支持政治行动派。

会议制定了社会民主党的纲领和党章。社会民主党的纲领在本质上同社会民主主义党的纲领相同。纲领写道：

---

[1]　Howard H. Quint, *The Forging of American Socialism: Origins of the Modern Movement*, New York: Bobbs-Merrill, 1964, p. 315.

[2]　Howard H. Quint, *The Forging of American Socialism: Origins of the Modern Movement*, New York: Bobbs-Merrill, 1964, p. 317.

美国社会民主党声明，每个男人、女人和儿童的生活、自由和幸福是以平等的政治和经济的权利为条件的。

生产资料和财产分配的私人所有制，使社会分裂成两个明显的利益相互冲突的阶级，即少数资产阶级或剥削其他阶级劳动力的剥削者和大量的、人数不断增多的工资工人。

工会运动和独立的政治行动是工人阶级的主要解放因素，前者是工人阶级的经济一翼，后者是工人阶级的政治一翼。两者必须合作，以废除资本主义的生产和分配制度。

因此，美国社会民主党声明，它的目标是将一切生产资料和分配手段归还人民，由组织起来的社会本着全体人民的利益来管理，建立合作生产和分配的制度，把社会从资本主义的统治下完全解放出来。

纲领提出了一些要求："（一）修改我们过时的联邦宪法，以便为所有的人民，不论性别，充分地、完全地管理政府扫除障碍；（二）对由垄断企业、托拉斯和联合企业所控制的一切工业实行公共所有；（三）对所有铁路、电报、电话、一切交通运输工具、供水、煤气、电厂和其他一切公共设施实行公共所有；（四）对所有金矿、银矿、铜矿、铅矿、铁矿、煤矿和其他一切矿藏实行公共所有，对所有石油井和煤气井也实行公共所有；（五）根据不断增加的生产设备，按比例地减少工时；（六）实行公共工程制度，改善大量失业者的就业情况，并为此目的使用公共信贷；（七）一切有用的发明可由大家采用，发明者由国家给予酬金；（八）制定全国的劳工立法，而非地方性劳工立法。在有可能的地方制定国际劳工立法；（九）实行劳动人民涉及事故、失业和老年贫困的全国保险制度；（十）男子和女子享有平等的人权和政治权利，废除一切歧视妇女的法律；（十一）实行创制权和复决权以及罢免代表的权利；（十二）就美国而言，要废除战争，实行国际仲裁。"①

在当时的要求中，其还提出了五条农民要求：（一）联邦政府和州政府不再出售公共土地，这种土地应该或是用来为公共利益服务，或是出租给农民，每份额土地不超过 640 英亩（约合 2.59 平方千米），所有的森林和水道应由国家控制；（二）由国家建立谷仓、仓库和冷藏库，给农民租用；（三）统一邮政、铁路、电话和电报服务，将电话服务扩大到农民，由农民租用；（四）所

---

① Frederic Heath, *Social Democracy Red Book*, Terre Haute: Debs Publishing Company, 1900, pp. 132-133.

有铁路运输农产品实行统一价格；（五）将公共贷款扩大到县和镇政府，以改良土壤、公路、灌溉和排水。社会民主党提出农民要求，目的是争取农民在竞选中投社会民主党的票。

在工会问题上，纲领批评了社会主义工人党的双重工会政策，要求同现有的全国性和地方性工会组织建立密切而友好的关系，要求实行八小时工作日制和星期六工作四小时。

大会选举杰西·考克斯为党的代理主席，威廉·梅利为代理书记，A.S.爱德华为代理全国组织者。大会选举了执行委员会，由伊利诺伊州的杰西·考克斯和西摩·斯特德曼、印第安纳州的尤金德布斯、威斯康星州的维克托·伯杰和弗雷德里克·希思等人组成。芝加哥为执行委员会的驻地。几个星期后，西奥多·德布斯代替梅利任书记，爱德华辞去全国组织者的职务，全力编辑党的周刊《社会民主先锋》。

大会以后，对于纲领中的农民要求，党内发生了争议。《社会民主先锋》成为争论的阵地。反对者主要来自东部工业州，在那里农民在经济上和政治上的重要性已经不断下降。他们说，提出农民要求是适应资产阶级利益，是为了得到农民的选票。他们承认农民和小制造主受到托拉斯的压迫，但是他们认为社会民主党不应该保护注定要灭亡的农民阶级来延长资本主义的寿命，诸如租给土地和建立谷仓之类的措施只会使农民产生幻想，以为在资本主义下仍可以继续过好日子。他们认为，富有的农民会利用谷仓来囤积居奇，以待高价在市场出售，会大大增加工人的生活费用；而贫苦农民则不会从改良措施中得到好处。赞成者多来自中西部，以伯杰和斯特德曼为领导。他们与人民党主义有着思想上的联系，认为党如果忽视了农民的特殊情况，就不是科学的党。两种意见的争论持续了一年，最后党的领导人于 1899 年 7 月 6 日在芝加哥举行会议，由全党党员投票决定。投票结果是反对在纲领中列入农民要求的有 478 票，赞成的有 81 票。因此，该党从纲领中删去了关于农民的要求。

社会民主党机关报《社会民主先锋》发表了不少文章，阐述怎样在美国实现社会主义：一是认为托拉斯的产生意味着美国经济已变成"财阀社会主义"，是一种为少数人服务的社会主义。因此，需要把财阀社会主义变成民主社会主义，即托拉斯由大家所占有，为大家服务；认为需要发展和扩大托拉斯，托拉斯数量愈多，国家就愈接近完全的社会主义。因为，政府接管少量大的托拉斯比接管成千上万的小企业要容易得多。实现社会主义就是把邮政政府所有制的原则扩大到一切工业。同时，为了对一切生产资料和分配手段实行政府所有制，就得从地方上做起。因此，要扩大市政的权力，实行一切公共设施，特别是煤气厂和电厂、交通车辆和电话、电报的市政所有制。一言以蔽之，就是通过对托拉斯一部分一部分实行国有化和对公共设施实行市政化，来实现社会主义，即渐进的社会主义。二是社会民主党人虽然承认阶级斗争，但他们相信可以在竞选的阵地上结束阶级斗争。他们认为资产阶级已有了民主党和共和党，工人也必须有自己的政党，以通过明智地使用选票来控制政府权力，对托拉斯实行公共所有制。他们认为，过去阶级斗争表现在罢工、抵制等经济形式上，将来阶级斗争表现在不同政党之间的政治斗争上。他们认为当工人阶级在社会民主党的旗帜下联合起来，把党的候选人选入政府，就可以赢得社会主义。因此，社会民主党的主要任务是通过耐心而有力地鼓动宣传来说服群众和组织群众。其认为，党员需要加入现有工会，支持工会的经济斗争；但更重要的是教育工会会员加入社会民主党和让他们了解投社会民主党的票的必要性。

社会民主党从成立始，制定和执行的就是一条"右"倾的路线。经过党的机关报《社会民主先锋》的宣传工作和德布斯开展的组织工作，社会民主党在组织上有了稳定的发展。截至 1900 年 3 月，社会民主党在 32 个州里建立 226 个支部，共 4636 名党员，声称得到 24 种社会主义报纸的支持。《社会民主先锋》的发行量由 1898 年的 3000 份增加到 1899 年的 8000 份。社会民主党于 1898 年和 1899 年在诸如马萨诸塞、密苏里、威斯康星、印第安纳、纽约、马里兰和新罕布什尔等州参加了竞选活动。由于该党在竞选中热衷于宣传市政社会主义，忽视工人的提高工资等经济要求，因而没有得到工人的广泛支持，只有两名社会民主党人选入州议会。

第十二章 社会党的兴衰

社会党是于1901年由社会民主党和希尔奎特为首的社会主义工人党合并组成的。社会党并非新型的无产阶级政党,其成立时就存在改良主义倾向,主张在资本主义制度下对垄断公司控制的工业和对城市公共设施实行国有化,自然不可能改变资本主义的经济基础;它强调通过政治行动,即竞选活动来实现社会主义;在对待工会这个重大问题上,它主张不干预工会事务的中立政策。

社会党党内在对待阶级斗争、依靠无产阶级还是中产阶级、进行改革还是进行革命、对劳联的政策和对托拉斯采取赎买还是没收等一系列重大问题上发生分歧,而形成了右、中、左三派。

在 20 世纪初,出现了美国劳工同盟和世界产业工人同盟的产业工会运动。社会党内以德布斯和海伍德为首的左派同德里昂领导的社会主义工人党,是产业工会组织"世界产业工人同盟"的缔造者,其主张把包括非技术工人、黑人工人和女工在内的所有工人组织起来。世界产业工人同盟的成立,加剧了社会党的党内斗争。右派和中派控制的社会党于1912年罢免了海伍德在社会党全国执行委员会中的委员职务,引起了社会党的第一次分裂。

在第一次世界大战中,美国社会党发表了反对战争的宣言,但没有谴责第二国际大多数欧洲社会党的社会沙文主义行为。在帝国主义战争问题上,党内发生分化,有些党员公开支持协约国。在美国总统威尔逊积极备战和准备参战时,一部分社会党人赞成扩充军队;另一部分人,特别是德布斯,鼓吹国内战争,反对帝国主义战争。社会党在坚持反对帝国主义战争的左派的压力下,于1917年4月在圣路易斯召开的特别会议上,通过了比较激烈的反对帝国主义战争和反对美国参战的决议。美国参战后,美国政府对社会党进行的镇压大大削弱了社会党的力量。

在大战期间,左派发展壮大。社会党内的拉脱维亚语言联合会于 1915

年 10 月成立了"社会主义宣传同盟"。1919 年 2 月，纽约城成立了"社会党大纽约左派部分"。它的宣言受到许多城市和州的社会党组织以及社会党内 7 个语言联合会的支持。社会党右派为维持对社会党的控制和继续实行改良主义路线，采取卑劣手法，开除了密歇根、马萨诸塞、俄亥俄等州的党组织和 7 个语言联合会。左派在关于立即成立共产党还是夺取社会党的领导权，进而把社会党改造成革命的党的问题上发生分歧。结果，社会党的 7 个语言联合会和社会党的密歇根州组织成立了美国共产党。而纽约和波士顿等城市的左派参加了 1919 年 8 月的社会党全国大会，计划夺取社会党的领导权。但是，社会党的希尔奎特右派集团操纵了大会，把左派赶出大会，造成了社会党左派和右派在组织上的大分裂。纽约等城市的左派遂成立了"共产劳工党"。社会党在分裂后不断衰落下去。

第一节　社会党的成立

社会主义工人党于 1899 年分裂后，以希尔奎特为首的反德里昂派社会主义工人党在思想上和策略上接近社会民主党，希望同社会民主党合并。两个党的布鲁克林支部率先举行联席会议，说明两党在纲领上的一致性，要求社会民主党全国执行委员会派协商代表出席希尔奎特派社会主义工人党即将在罗切斯特召开的大会。两个党的克利夫兰支部也分别召开过会议，要求两党尽快实现统一。

希尔奎特的社会主义工人党于 1900 年 1 月在纽约州的罗彻斯特举行大会。有来自美国各地的 59 名代表出席。社会民主党没有派代表列席大会，只是给大会拍了电报。电报写道："衷心地邀请你们党的所有党员加入社会民主党，为从阶级统治和资本主义的奴隶制下解放人类和建立合作共和国而斗争。……"① 这个电报明确表示让希尔奎特的社会主义工人党合并到社会民主党来，而非通过两党平等协商来解决两党统一问题。

在罗切斯特大会上，希尔奎特派社会主义工人党（下称罗切斯特社会主义工人党）除了重申其反对双重工会政策的立场外，主要是制定了表明该党对两党统一问题立场的决议。决议指出，双方只有放弃野心，寻求制定公平

---

① Ira Kipnis, *The American Socialist Movement, 1897-1912*, New York: Haymarket Books, 1952, p. 82.

的协议，统一才有可能。为了推动实现两党统一，大会指定由 9 人组成"社会主义统一常设委员会"，其中包括希尔奎特、乔布·哈里曼和马克斯·海斯等人。这个委员会的委员被授权出席定于 3 月 6 日在印第安纳波利斯召开的社会民主党全国大会，并向这一大会提交关于两党统一的决议案；大会敦促社会民主党建立同样的委员会，由双方代表通过协商达成一致协议后提交两党的党员投票决定。

1900 年 3 月 6 日，社会民主党召开全国大会。当时社会民主党已有 5000 名党员，并在 25 个州中建立 226 个支部。社会民主党全国执行委员会的委员包括德布斯、伯杰、希思、考克斯和斯特德曼。罗切斯特社会主义工人党派希尔奎特、马克斯·海斯、乔布·哈里曼和 G.B. 贝纳姆出席了大会。

在大会上，社会民主党内对于同罗切斯特社会主义工人党统一问题存在意见分歧。一般说来，马萨诸塞、纽约和密苏里州的党员虽然意见不完全一致，但倾向于两党统一。威斯康星和伊利诺伊州的社会民主党的领导人坚决反对统一，因为他们控制了社会民主党的全国组织，担心两党统一会削弱他们在党内的领导地位，会加强东部地区党的领导人在党内的力量，会使党的重心由芝加哥转移到纽约，而且他们不信任罗切斯特社会主义工人党。伯杰等人对于《纽约人民报》集团于 1899 年开除罗森堡-布希集团的事件中起作用一事仍耿耿于怀。在大会上，虽然赞成两党统一和反对两党统一的双方争论激烈，但大会还是任命了由 14 人组成的委员会研究统一问题，然后向大会提出报告。这个委员会任命 4 人小组委员会，同罗切斯特社会主义工人党的 4 名代表协商。经过协商，小组委员会向委员会提交了报告。接着，委员会内因意见分歧，提交了两个报告。一个报告由委员会中的 9 人签署，称为多数派报告；另一个报告由委员会中的 5 人签署，称为少数派报告。这两个报告都主张大会任命一个统一问题工作委员会，但对统一后的党的名称持不同意见。多数派报告坚持两党统一后沿用"社会民主党"的名称，少数派报告认为党的名称不应成为两党统一的障碍。

大会就两党统一继续进行了辩论。维克托·伯杰、迈耶·伦敦、西摩·斯特德曼、F.G.R. 戈登、威廉·梅利和玛格丽特·黑尔等人强调保留"社会民主党"的名称，而斯夸尔·普特尼、詹姆士·凯里、G.A. 赫恩、约翰·蔡斯和 E.V. 普特南则支持少数派报告。出席大会的罗切斯特社会主义工人党代表希尔奎特和海斯也相继发言。希尔奎特说，如果多数派报告在大会上通过，他和社会主义工人党的其他代表就退出大会，表明协商应在平等的基础上进行。海斯在发言中也强调平等协商的原则。他们的发言对大会的代表产生了一定的影响，有些支持多数派报告的人转而支持少数派报告。德布斯支持少数派报告，他的态度在大会上起了决定性的影响。最后，多数派报告被否决。大会任命了由伯杰、希思、黑尔、斯特德曼、凯里、蔡斯、赫恩、威廉·布奇和威廉·朗纳根组成9人的统一问题委员会。

大会最后一项议程是推选参加大选的党的总统和副总统候选人。经过争论后，社会民主党的德布斯和罗切斯特社会主义工人党的哈里曼分别被选为总统候选人和副总统候选人。

在大会闭幕以后，希尔奎特等4名罗切斯特社会主义工人党代表同社会民主党的9名统一问题委员会成员会晤，做出安排，定于3月25日在纽约城举行协商会议。在这次会议上，双方就党名和党的总部驻地进行了讨论。在党名问题上，会议决定提出"统一社会党"和"社会民主党"两个名称由两党党员分别投票决定。关于党的总部驻地，会议决定马萨诸塞州的斯普林菲尔德为统一的党的总部驻地。这是双方的妥协，总部驻地既不在社会民主党内威斯康星-伊利诺伊集团势力大的芝加哥，也不在东部集团势力大的纽约城。会议赞成德布斯及哈里曼分别作为总统和副总统候选人。会议决定将协商结果提交两党党员分别投票决定。

但是，两党统一问题的解决并非一帆风顺。威斯康星-伊利诺伊集团控制的社会民主党全国执行委员会发表宣言，否定了两党在纽约城召开的联席会议，对罗切斯特社会主义工人党的代表希尔奎特和哈里曼等人进行了指责。社会民主党内主张两党统一的支部和罗切斯特社会主义工人党分别对这一宣言进行了反驳。双方争吵不休，最后德布斯给《社会民主先锋》报写的一封信使这一争吵暂时平息。他在信中表示，他不赞成两党立即实行统一，认为两党最终会统一。他建议统一问题在全国大选后再议，两党应在即将到来的总统竞选中结成统一阵线。1900年5月12日，社会民主党全国执行委员会公布了该党党员就统一问题进行投票的结果：1453票反对，1249票赞成。投票的过程和结果也表明，威斯康星州和伊利诺伊州的社会民主党人强烈反对统一。

为了摆脱困境，两党的统一问题委员会于5月20日在纽约城召开了另一次会议。这次会议同样没有解决分歧，而且社会民主党的代表中形成了对立的两派。斯特德曼、伯杰和黑尔认为这次会议是不合法的，理由是社会民主党全国执行委员会宣布的该党党员投票结果已否决了统一问题。但是，社会民主党其他代表认为社会民主党的统一问题委员会仍旧是合法的。希尔奎特认为第一次讨论两党统一的联席会议的协议仍可作为两党统一的基础。这样，社会民主党的代表凯里、蔡斯、朗纳根和布奇与希尔奎特等罗切斯特社会主义工人党的代表意见一致。斯特德曼、伯杰和黑尔在征得德布斯对他们的立场的同意后退出会议。留下的 4 名社会民主党代表决定避开社会民主党全国执行委员会，就两党统一问题直接诉诸全体党员投票决定，并任命布奇为代理书记，安排社会民主党党员投票的事和统计投票结果。会议在结束后发表了声明，指责社会民主党全国执行委员会成员企图为保持他们在党内的权力，保持他们对党报的控制和坚持党的总部设在芝加哥而阻挠统一。

布奇于 1900 年 7 月底公布了社会民主党部分党员的投票结果：1094 人赞成两党统一，13 人反对，同意两党统一后党的名称仍为"社会民主党"，确认德布斯和哈里曼为党的正、副总统候选人。康涅狄格州的威廉·朗纳根、马萨诸塞州的 S. M. 琼斯和约翰·蔡斯和纽约州的威廉·布奇被选为两党联合的全国执行委员会委员。罗切斯特社会主义工人党的党员投票结果是绝大多数赞成两党统一，大多数党员同意两党统一后的党的名称为"社会民主党"，少数人赞成采用"统一社会党"为党名。马萨诸塞州的 C.F.芬纳和 M.卡普兰、康涅狄格州的 W.E.怀特、纽约州的亨利·斯洛博丁和莫里斯·希尔奎特为两党联合的全国执行委员会委员。

这样，社会民主党分裂为二，一个总部在芝加哥，另一个在斯普林菲尔德。这两个党都支持德布斯和哈里曼为正、副总统候选人。1900 年秋季社会民主党的竞选纲领指出，"当前美国的最大的政治问题是工人阶级和资产阶级之间夺取政府权力的斗争"。宣称党"一旦取得政府权力，就要利用这些权力来摧毁工资奴隶制，废除生产资料的私人所有制，建立合作共和国"。竞选纲领指出，建立新的、更高的社会秩序是工人阶级的历史使命。竞选纲领指出，民主党、共和党和其他不赞成完全推翻资本主义生产制度的党，都是资产阶级的工具。"工人只有组成自己的政党，并且有别于并反对一切有产阶级的政党，才能最有效地在反对资产阶级集体权力的斗争中作为一个阶级来行动"。竞选纲领号召"美国的工资工人，不论肤色、种族、性别或信仰"，"同情工人阶级历史使命的所有公民，在社会民主党这个真正代表劳苦大众利益并向剥削阶级进行不调和斗争的党的旗帜下组织起来，直到废除工资奴隶制度和建立合作共和国为止"。①纲领还提出了 16 条当时要求。

当时另一个社会主义政党——德里昂领导的社会主义工人党也参加了
1900 年的大选。它的竞选纲领的内容与该党的 1900 年全国代表大会上通过
纲领相同。竞选纲领中也没有提出当时要求，因为德里昂等领导人认为提出
当时要求就会模糊了同中产阶级改良派的界限；真正的社会主义者只为废除
资本主义制度、建立合作共和国这个最终目标奋斗。

在 1900 年大选中共和党获胜，主要原因是共和党的内外政策适应大金融
资本家和大工业资本家的需要。美国对西班牙战争的胜利，共和党政府继续
执行高额关税率等政策，使大资产阶级的地位更加稳固。在大资产阶级支持
下，共和党得以继续执政。社会民主党的德布斯和哈里曼获得 94777 张选票，
与共和党的麦金莱和西奥多·罗斯福（7219530 张选票）以及民主党的布赖
恩和斯蒂文森（6538071 张选票）相比差距甚大。社会主义工人党得到的选
票更是微不足道。社会民主党和德里昂的社会主义工人党竞选中得票不多的
主要原因：一是社会主义运动各派势力的不团结和社会民主党内部的不团结；
二是民主党的布赖恩对麦金莱政府的帝国主义政策进行抨击，吸引了不少对
麦金莱政府政策不满的选民。同时，民主党竞选纲领吸收了社会民主党纲领
中改良性质的要求，使中产阶级乃至工人和农民对布赖恩存在幻想，而且许
多选民认为布赖恩最有希望击败麦金莱而投了他的票。

1900 年秋季大选以后，关于社会主义各派势力应该团结的呼声更高。社
会民主党的斯普林菲尔德全国执行委员会了解到芝加哥的全国执行委员会将
于 1901 年 1 月 15 日召开大会，于是发表了一封公开信，表达了团结统一的
愿望。这封信提请大家注意，德布斯曾提过在大选以后各社会主义势力尽快
统一的建议；表示要忘掉过去的龃龉，由社会民主党的两个派别举行联席会
议，共商统一大事。同时，公开信指出，如果陷于个人恩怨和争论，就不可
能达成统一。公开信建议以印第安纳波利斯为联席会议的会址。

芝加哥派于 1901 年 1 月 15 日举行大会。虽然多数代表反对统一，但是
党内广大普通党员对统一的要求愈来愈强烈。大会的代表不能完全不考虑广
大普通党员的意愿。因此，大会通过一项决议，号召于 1901 年 9 月 10 日在
印第安纳波利斯召开所有社会主义者参加的大会。

---

① Donald Bruce Johnson ed., *National Party Platform, Vol. I: 1840-1956*, Chicago: University of Illinois Press, 1978, pp. 127-128.

在两派党员绝大多数都赞同召开联席会议讨论统一问题的情况下，经过协商，两派的全国执行委员会最终同意于 1901 年 7 月 29 日在印第安纳波利斯举行大会。大会按期召开。出席大会的有芝加哥派的 49 名代表，代表 1403 名党员。斯普林菲尔德派的 72 名代表，代表 5155 名党员。此外，还有 7 名独立的社会主义者代表，代表 382 人。多数代表是年轻人，并且至少 4/5 的代表是在美国出生。这表明，美国社会主义运动限于移民的时代已经一去不复返了。

这次大会在讨论纲领时，就纲领是否包括当时要求进行了辩论。一般来说，芝加哥派多数赞成在纲领中列入当时要求，而斯普林菲尔德派则举棋不定。不过，斯普林菲尔德派中的希尔奎特、哈里曼、赫恩和摩根都赞成在党的纲领中列上当时要求。反对在纲领中列入当时要求的，主要是那些受德里昂理论影响的人。虽然德里昂的社会主义工人党没有派代表出席这次大会，但德里昂的理论在大会上却有反映。这是因为 1899 年从社会主义工人党中分裂出去的人有的虽然反对德里昂的双重工会政策，但在其他问题上仍持与德里昂相同的看法。这些人在大会上因反对在纲领中列入当时要求而被称为"不可能派"。他们认为在世界各国中，美国实现社会主义条件最成熟，认为美国资本主义制度已显示了崩溃的迹象，纲领中列入当时要求只会转移工人阶级的注意力，而推迟社会主义的到来。他们认为工人阶级不可能从资产阶级那里争得什么重要的东西。只要资本主义存在，工人不可能改变他们的境遇。他们强调党必须有一个革命纲领，目的是推翻资本主义，列入当时要求会改变党的纲领的革命性质，会使党降到资产阶级社会改良运动的水平。赞成在纲领中列入当时要求的人，认为合作共和国不会很快到来，单单侈谈社会主义的最终胜利是不可能吸引工人阶级的。他们强调纲领中列入当时要求，在为社会主义进行斗争中具有不可估量的价值。他们认为，提出当时要求可以把社会主义思想灌溉到工人中去，并教育工人加入为新的社会制度而斗争的行列；实现当时要求可以减轻工人阶级在资本主义下的困苦。总之，这一做法可以把工人吸引到社会主义旗帜下，并引导他们为实现社会主义而奋斗。希尔奎特努力调和这两种不同意见，"当时要求和社会主义最终目标两者在党的工作中都是必要因素"。大会最后就这个问题进行投票表决，结果是 5358票赞成，1325 票反对，决定纲领中列入当时要求部分。

大会对是否在纲领中列入农民要求也展开了辩论。赞成者如斯特德曼、伯杰和阿尔吉·西蒙斯，他们认为农民阶级一向站在美国激进主义的前列；

农业人口占全国人口的 40%，没有农民的帮助，社会主义就不会实现；赢得农场主的选票，是党的希望所在，没有他们的选票，就不可能进行市政改革，以实现社会主义；农场主具有同工人相同的利益，农场主不能控制其产品价格，工人不能控制其劳动力的价格和工资；大多农场主收入每年只 200 美元，不能称作资本家，同工人一样都希望获得他们劳动创造的全部果实。他们认为，农场主和工人都在资本主义制度下遭到剥削。农场主生产的产品价格低，因此农场主不可能从农业工人身上榨取剩余价值。他们认为，农场不会成为公司式的企业。他们主张党应制定符合农场主当前利益的纲领。反对在纲领中列入农民要求的人，如凯里、哈里曼和赫恩等，认为虽然农场主不像工业资产阶级那样富有，但他们经营的方向和性质仍是资产阶级的，农场主的利益与小制造主的利益是一致的，农场主雇工劳动其利益就不同于工人的利益；虽然农场主面临不少困难，但如果农场主从社会党的"人民党式"的改良中获得利益，这些改良对无产者是很少有好处的。他们认为，在社会党和人民党的思想联盟的基础上赢得的胜利只会削弱社会党，因此社会党应该保持为决不调和的工人阶级组织。这个党欢迎中产阶级的盟友，但条件是他们必须接受社会主义纲领。最后，大会在农民要求的问题上达成妥协，纲领中不列入农民的要求，但成立了一个由斯特德曼、伯杰、西蒙斯和哈里曼等人组成的委员会，起草了一个宣言，说明由于财政上和工艺上的变化，农场主的财产正在遭到剥夺，因此他们的利益与工资劳动者的利益是一致的。

　　大会通过投票表决，79 票赞成，19 票反对，决定统一的党取名为"美国社会党"。大会通过了社会党的纲领："宣布它的目的是把工人阶级和同情它的阶级组成一个政党，以期夺取政府的各项权力并利用这些权力来把现在的生产和分配手段的私有制改变为全体人民的集体所有制。"纲领指出，生产和分配手段的私有制"使资本家能支配产品并使工人处于从属地位"。这种私有制"把社会分成两个敌对的阶级——资本家和雇佣工人。曾经有势力的中产阶级正在互相竞争中迅速消失。现今，斗争在资本家阶级和工人阶级之间进行着。生活资料的占有使资本家得以控制政府、报刊、圣职和学校，并使他们能把工人在智力上、体格上和社会上降低到劣等地位，在政治上降到卑屈地位，在实际上降到被奴役的地位"。纲领指出，"资本家阶级的经济利益支配着我们的整个社会制度"，"国家之间酝酿的战争，不分青红皂白的杀戮受到鼓励，并准许毁灭整个种族，以便资本家扩大他们在国外的商业统治权和加强他们在国内的霸权"。纲领指出："使资本主义发展起来的同样的经济原因正导致社会主义，而社会主义则将消灭资本家阶级和雇佣阶级。造成这种新的和较高的社会秩序的积极力量是工人阶级。民主党、共和党、资产阶级主张公有制的政党和不主张完全推翻资本主义生产制度的其他一切政党，同样都是资产阶级的政治代表。工人能通过自己组成一个政党的途径在其反对资本主义集体力量的斗争中作为一个阶级最有效地发挥作用，而这个工人的政党是不同于并且反对有产阶级组成的一切政党的。"

纲领提出了当前要求，指出"一方面我们宣称经济条件的发展有助于推翻资本主义制度，另一方面我们承认向社会主义过渡的时间和方式也要视无产阶级所达到的发展程度而定。因此，我们认为，为了促进达到这个目的，支持工人阶级改善其状况和选举社会主义者担任政治公职的一切积极努力，对社会党来说是极端重要的"。纲领提出的当前要求共有7条："（一）不但垄断公司、托拉斯和联合企业控制的一切工业要实行公有，而且一切运输交通工具和其他一切公用事业也要实行公有。这样一些工业的收入的任何部分都不得用来削减资本家阶级的财产税，而是要全部用于增加职工的工资和缩短工时，用于改善服务事业和减少消费者的捐税。（二）为减少劳动产品中资本家的份额和增加工人的份额，要逐渐缩短工时和增加工资。（三）州和国家对劳动人民实行保险，以防不测事件、失业、疾病和老年生活困难；用于这方面的资金征自资本家阶级的收入，并由工人阶级监督管理。（四）为了使工人获得他们的全部劳动产品，创立公有工业制，并为此而使用国家贷款。（五）州和市教育机关供给全部书籍和衣食。（六）男女享有平等的公民权利和政治权利。（七）实行创制权、复决权和比例代表制，给予选民以罢免其代表的权利。"纲领最后指出，"在主张采用这些手段作为推翻资本主义和建立合作共和国的办法时，我们告诫工人阶级提防资本家为了更可靠地剥削其他工业而不是为了改善工人阶级状况，企图利用所谓公有制运动来获得政府对公用事业的控制"①。

大会讨论了黑人问题，并提出了决议草案，对黑人表示同情，邀请他们加入社会主义运动。希尔奎特反对这一草案，他说："没有更多的理由把黑人种族特别地提出来，而不提犹太人或德国人或其他民族和种族。"赞成这一决议草案的人指出，黑人的地位与白人的地位不同。黑人不仅受剥削，工资低，劳动时间长，而且特别遭到歧视，在国内许多地方被剥夺了公民权，经常面

---

① 莫里斯·希尔奎特：《美国社会主义史》（中译本），北京：商务印书馆，1974年，第296—298页。

临私刑的危险。大会通过了这项决议，谴责了对有色人种的暴力和非法行为，指出黑人工资劳动者的利益与工人阶级其他成员的利益是相同的。决议表示将邀请黑人工人加入社会党，以为实现经济和政治的解放和新的更好的社会制度而共同斗争。

大会讨论了社会党与工会的关系。关于工会的决议指出："每个工会的组成，不论其规模怎样小或怎样保守，都将会加强工人阶级的力量。工会开展阶级斗争，只能减少对劳工的剥削，而不能废除对劳工的剥削。只有当社会为了所有人民的利益而掌握了一切生产资料时，对劳工的剥削才会完全消灭。工人阶级及一切承认并同情无产者的经济和历史使命的人们通过独立政治组织和统一行动，才能实现社会主义制度或合作制度。要让工会会员了解社会主义原则，并引导他们为社会党工作和加入社会党。就同政治党派关系而言，工会是在中立的基础上根据经济和历史的必要性而组织起来的。"决议宣称，工会运动和社会主义运动是由同一目标产生的整个工人运动不可分割的部分，这两个运动在为劳工解放而进行的斗争中各自有其特殊使命，工会从事工人阶级的经济斗争。在这两个运动中任何一个运动在其活动范围内执行其任务，而不受另一运动的干预，则能最好地保持工人的利益。决议指出，社会党将继续给予有组织的劳工经济斗争以援助，而不论斗争中工会的党派性怎样。在工会运动的争论和冲突中，社会党将不站在任何一方一边，将继续同情和支持劳工的一切行业组织，而不允许党成为工会运动中一派的盟友而反对另一派。

这次大会上通过的关于工会的决议声称不干涉工会活动的原则，实际上是对劳联等保守工会做出的让步。后来，在社会党的右派和中派的影响下，这种不干涉工会活动的原则很快地成为默认劳联的阶级调和政策、不组织非技术工人的政策和反对产业工会的政策。这种对工会的不干涉政策，完全把对工会的领导权拱手交给保守的工会领袖。社会党自成立起就在工会运动的大是大非问题上采取了中立的立场，暴露了机会主义的性质。

大会决定将密苏里州的圣路易斯作为社会党总部的驻地，选举圣路易斯的利昂·戈林鲍姆为党的全国书记。

社会党并不是一个新型的无产阶级政党，而是"工人阶级和同情它的阶级组成的一个政党"。它要"夺取政府各项权力并利用这些权力来把现在的生产和分配手段的私有制改变为全体人民的集体所有制"。但把"选举社会主义者担任政治公职"作为向社会主义过渡的方式，而不是通过无产阶级革命夺取资产阶级政权，建立无产阶级专政，它主张对"垄断公司、托拉斯和联合企业的一切工业"，对"一切运输交通工具和其他一切公用事业实行公有"，但在资本主义制度下实行公有，并不会改变资本主义的经济基础，仍然只会是资本主义的。社会党对工会采取中立的、不干涉政策，而且认为任何一个工会"不管它是多么小或多么保守，都会加强工资劳动阶级的力量"，都带有右倾机会主义性质。同时，美国社会党的成立揭开了美国社会主义运动的新的一页。参加社会党的多为土生的美国人，改变了社会主义工人党中党员多数是移民的情况。在此后的十数年内，社会党在美国社会主义运动中占据中心地位。

1904 年 5 月 1 日至 6 日，社会党在芝加哥召开了第二次代表大会，有来自 35 个州和地区的 184 名代表出席，其中多数代表是土生的美国人。这次大会修改了党章。新党章规定，党的全国委员会由各州出一名代表组成。此外，每有一千名党员增加一名代表。全国委员会选出由 7 人组成的全国执行委员会，任期一年，至少每一季度开会一次，处理党的总部事务，并在全国委员会指导下，监督全国书记的工作。党的州组织管辖州的党员。党章规定："在任何州或地区，党员不得以任何借口干涉其他州的正常运动或有组织的运动。"

在 1904 年大会上通过的纲领与 1901 年社会党成立时通过的纲领在原则上没有什么差别，但有一个新的特点，即纲领一开头就宣称，社会党要维护美国建国时所阐明的自由和人民主权思想。纲领宣称，社会党是唯一主张"个人自由可以成为现实"原则的政治运动，是唯一的民主政治组织，其目的是使整个社会民主化。纲领指出，共和党和民主党已经背弃了这种思想，资产阶级控制了国家机关，对内限制人民的权利，对外征服弱小民族。资产阶级利用政治机构破坏"一切自由和机会赖以存在的'个人财产'"，"使人类大多数不能成为生活资料方面的私有财产的所有者"，"资本主义是真正私有财产的敌人和破坏者"。社会主义组织工业和社会，会保证"每个人的思想自由和行动自由赖以存在的生活资料方面的私有财产"。纲领宣称，要把人民从资本主义侵袭个人自由的情况下解救出来。

纲领指出，社会主义运动的诞生和发展归因于产生工人阶级和资产阶级区分的那种经济的发展，阶级斗争产生于生产资料或生产工具的私有制，在这两个阶级之间没有可能妥协，没有一致的利益。

纲领指出，资本主义已经在做垂死的挣扎。社会党的纲领是"为所有公民的共同利益来明智地、审慎地组织国家"。"社会主义意味着人民共同赖以存在的一切事物都由人民共同所有和共同管理","社会主义意味着生产工具将属于其创造者和使用者所有,一切生产品将由生产者直接使用。大家都将是工人。一切机会将平等地给予一切人"。

纲领指出,社会党保证在经济斗争和政治斗争中为实现工人阶级的当时利益而工作,如缩短工时,增加工资,工人事故保险,疾病保险和失业保险,工人养老金和退休金,交通设施和电话设施公有,收入、财产继承和土地实行分级课税,改善工人就业和工作条件,儿童接受充分的教育不去做工,处理罢工时不使用军事手段,建立实行诸如创制权、复决权、比例代表制、男女享有平等选举权、罢免权,以及地方政府成为不受州政府擅自干预的人民政府,等等。

纲领指出,被选入担任政府或议会公职的人的首要任务是为工人的当时利益而奋斗,为削弱资本家的经济权力和政治权力以及增加工人的权力而奋斗。

纲领最后指出:"我们使用这些补救措施作为争取合作共和国的伟大目标的手段。这种我们可能从资本主义夺得的补救措施只是工人为夺取政府整个权力所作的准备,以便他们以后掌握和合法继承整个工业系统。"[1]

这次大会一致提名德布斯和本杰明·汉福德为美国总统和副总统候选人。1904 年,社会党的竞选活动规模比以往要大,德布斯在各州竞选,一天演说达 6 至 10 次。在这次竞选中,社会党获得 40.8 万张选票。社会党这次竞选上的成就是与社会党主张维护美国建国以来传统的自由和人民主权思想、保护生产资料方面的私有财产、鼓吹地方改革等来吸引中产阶级的选票,以及对劳联的阶级调和政策采取迎合的态度来吸引有组织的工人选票分不开的。社会党的党员人数也有所增加,1904 年达 20768 人。党员人数增加的原因是其吸引了许多中产阶级分子入党,甚至一些参加了以破坏工会为目的的雇主协会的雇主也加入了社会党。

---

① William Mailly ed., *National Convention of the Socialist Party*, Chicago: National Committee of the Socialist Party, 1904, pp. 307-309.

第二节　社会党的右、中、左三派

社会党的成立大会在讨论党的各项政策时，就出现了严重的意见分歧，不久，党内形成了右、中、左三个派别。每一派都有一个全国知名的领袖，其观点和态度代表他所领导的那一派。右派以威斯康星州密尔沃基的维克托·伯杰为首，基本队伍是曾经反对与罗切斯特社会主义工人党实行统一的原社会民主党的成员。伯杰在威斯康星州和密尔沃基市成功地建立了得到工会支持的稳固的社会民主党组织。伯杰的《密尔沃基导报》也是密尔沃基联合工会委员会和威斯康星州劳工联合会的报纸。伯杰及其所代表的右派有一套比较完整的机会主义理论。伯杰认为，在美国没有立即过渡到社会主义的前景。革命首先将在最发达的资本主义国家发生。因为向社会主义的过渡是渐进的，每个国家要过渡到社会主义都需要两个条件，一是社会党赢得大多数人民的支持；二是工业的高度集中使实行集体生产成为可能。而在美国，托拉斯虽已成熟，但其他经济部门，包括农业，尚未成熟到可以采取集体生产的程度。他强调改良，被称为"美国的伯恩斯坦"，声称社会党人应该在资本主义制度下进行"社会主义改良"，这些改良将逐渐导致社会主义。他吹嘘他所领导的密尔沃基运动，即所谓在资本主义制度下进行的社会主义改良运动是卓有成效的；认为只要其他地方都采纳他的观点和政策，社会主义运动就会在美国取得进展。他认为，每一个改良的成功，自然会迫使他们为无产者提出新要求，取得新的利益，这将削弱资本主义制度。右派不赞成马克思主义，认为《共产党宣言》读得越少越好。他们反对无产阶级革命，认为无产阶级革命不会导致社会主义，而会导致凯撒的专政。伯杰在 1902 年 6 月 14 日的《社会民主先锋》上写道："社会党应当扫除像'社会革命'这类愚蠢的词和无意义的口号"。右派口头上承认美国存在阶级和阶级斗争，但认为阶级冲突并非意味着"阶级仇视"，资产阶级与工人阶级应该在选票箱上进行较量。他们认为，社会主义不是一种阶级运动，而是种族运动，因为社会主义会给整个种族带来好处。他们认为社会主义是整个人类的运动，社会主义不只是对工人阶级有好处，对所有的阶级都有好处。因此，所有的阶级，包括资产阶级在内，都应加入社会党。他们说，如果社会主义只是无产阶级的运动，那就不可能在美国取得胜利。他们认为工人阶级尚未成熟到能接受社会主义，寄希望于中产阶级，认为要有明智的人来指导社会主义运动，否则，愚蠢的、铤而走险的人就会试图采取武力和流血的办法来实现他们的目标。因此，中产阶级乃至富豪阶级有责任加入社会党，逐步进行社会主义改良，避免暴力的发生。伯杰为首的右派认为"革命"作为实现社会主义的手段会是"大灾难"，他们要依靠投票箱来实现社会主义。他们认为美国已存在部分的社会主义，并且每天都在增加，如有些地方对公共服务公司的红利的限制、邮局和市内交通的市政所有等，社会主义要靠逐步的发展过程来代替资本主义。他们认为无产者与农场主的联合，会在人数上大大超过资本家，从而有希望在投票箱上取得胜利。右派对托拉斯主张赎买。伯杰举内战为例，认为南北内战以前有人提出以赎买的办法来解放黑奴，但双方的"狂热者"都拒绝这种办法，结果四年内战耗费了大量财富。他认为应接受历史教训，对托拉斯实行赎买政策。伯杰在工会问题上，反对双重工会，他是劳联印刷工会密尔沃基地方工会的主席，长期以来是出席劳联代表大会的代表。他提出"双臂劳工运动"理论，即劳工运动拥有政治一臂和经济一臂。社会党是劳工运动的政治一臂，工会是经济一臂，它们在不同领域开展斗争，互不干涉。右派不赞成罢工，认为罢工的代价太高，而且没有成功的希望。他们认为工人支持社会党的候选人，即把唯一真正能对争取有利于工人立法的社会党人选上担任公职，会补充工会在经济领域所做的工作。伯杰在黑人问题和东方人的移民问题上与龚帕斯看法一样，都是种族主义的。

中派和左派多是原来总部在马萨诸塞州斯普林菲尔德的原社会民主党的成员。左派是以尤金·德布斯为代表。我们这里指的左派，并非说他们是马克思主义者，而是指激进的社会党人。德布斯是一位杰出的工人领袖，但他不是一位马克思主义者，在理论上是不成熟的。左派认为阶级斗争是个重要问题。左派认为帝国主义的美国，正如在一切资本主义社会一样，存在两个对立的阶级：资产阶级和工人阶级。资产阶级包括大托拉斯、大垄断企业主和那些希冀限制或消灭垄断以恢复自由资本主义秩序的小商人及小企业主。工人阶级同资产阶级这两部分人毫无共同利益。左派认为工人阶级在为争取提高工资和改善劳动条件的斗争中会逐渐产生阶级意识，并加入社会党，左派认为社会党人应教育工人，认识到美国政府正在被资产阶级用来帮助资产阶级剥削工人阶级。他们主张没收托拉斯。他们主张产业工会的组织形式，甚至赞成双重工会政策。左派虽然承认阶级斗争，承认依靠工人阶级来实现社会主义，但是他们不懂得马克思主义关于无产阶级革命和无产阶级专政的学说，仍然对美国民主制有幻想，主张走和平过渡的道路，即不采用革命暴力打破资产阶级的国家机器，希冀通过投票箱上的胜利和平进入社会主义。

中派以希尔奎特为代表。他在右派和左派的分歧中常常进行调和，但实际上是偏右的。例如，他口头上赞成产业工会这种工会组织形式，但在新组成的美国劳工同盟这个具有战斗性的、按产业路线组织起来的西部矿工工会开展反对劳联的斗争时，希尔奎特则是同右派伯杰等人站在同一立场，不支持美国劳工同盟。不过，在社会党成立后的最初两三年内，在表面上，左派和中派在一些问题的看法上接近。左派和中派都承认美国社会划分为两个对立的阶级，即占有生产资料的资产阶级和出卖劳动力的工人阶级。他们承认生产是社会化的，而生产资料则为私人所有，因此资本主义制度中的这种矛盾是现代社会一切问题的根源。中派和左派认为托拉斯形式的私人所有制增加了资本主义剥削、罪恶和腐败。但他们认为不应该破坏托拉斯，这样做会使生产下降，也不应该由政府来掌握托拉斯，因为政府是由托拉斯控制的。因此，解决托拉斯问题和资本主义带来的问题的办法是由人民政府没收托拉斯。左派和中派认为社会党的理论核心是阶级斗争观点，当工人认识到为争取提高工资和改善劳动条件所进行的斗争是总的阶级斗争的一部分时，他们就会具有阶级意识，并加入社会党。但左派和中派都没有认识到要打破旧的国家机器、建立新的国家机器的必要性。他们同意第二国际1893年大会上通过的关于对国家和政府的看法。第二国际这次大会上通过的一项决议，向工人建议争取政治权利，并在立法机关和行政机关中行使这些权利，以实现无产阶级的要求，占据目前还是资本主义统治工具的社会职位，从而变资本主义统治工具为无产阶级解放的工具。但决议对于有可能采取革命暴力夺取政权的方法、关于打破资产阶级国家机器和无产阶级专政问题却只字未提。这主要是由于当时欧洲一些社会主义政党在议会取得的成就使欧洲的社会主义者产生了对政权和平转入工人手中的幻想。美国社会党人同样也存在这种幻想。美国社会党的左派和中派相信，为了剥夺统治阶级的权力，必须夺取现有的政府机器，以便使生产工具成为一切人的共同财富。左派和中派相信，通过投票箱能达到这个目的，来实现社会主义。他们认为，一旦工人在人数上大大超过资本家，懂得了把经济上的阶级斗争转变为政治上的斗争，并在投票箱上与资本家进行较量，就会赢得社会主义的胜利。左派和中派都不主张革命暴力，认为革命并不一定意味着暴力和流血。当有组织的工人阶级通过竞选的胜利而控制政府时，社会主义就实现了，就能建立合作共和国。因此，他们努力说服美国人民投社会党候选人的票。左派和中派在市政所有制方面的看法是，市政所有制不是社会主义，因为资产阶级控制着全国政府。因此，公共所有制无论是全国性的，还是地方性的，都不过是资本主义的进一步的发展，国家资本主义或市政资本主义都不是社会主义。在资本主义条件下的公共所有制，不会解除无产者的贫困。他们认为，社会党人通过竞选控制了一个城市，可以利用他们的权力来改善教育措施和卫生系统，改善劳动条件，兴建好的住宅，防止警察干预罢工。只有工人阶级控制了整个国家，只有资本家丧失了一切政权，才能开始建立合作社和真正的公共所有制。

尽管左派与中派有许多共同的观点，但也有不少分歧。例如，在吸收党员和对待中产阶级态度上，两派观点截然不同。中派认为社会党要争取中产阶级的支持，乃至吸收资本家入党，认为党的领导人来自中产阶级和自由职业者。左派认为中产阶级是不可靠的，中产阶级分子是改良者，常常利用工人阶级来达到自己的目的，大量吸收中产阶级分子入党会削弱社会主义运动；认为社会党面临的最大危险是工人阶级运动会被大量吸收入党的中产阶级分子所淹没。

没有多长时间，中派和右派之间的分歧开始缩小。希尔奎特为代表的中派愈来愈多地接受了右派的观点。所不同的是希尔奎特常常用"革命"的词句来掩盖他右的本质。例如，中派不久完全接受了伯杰的"两臂劳工运动"理论，避免采取与劳工联合会敌对的行动，认为社会党对工会事务采取不干涉政策，能赢得龚帕斯和其他保守的工会领袖对社会党的好感。而且，其认为为了使这些工会领袖皈依社会主义，必须避免对他们的批评。但是，左派不赞成这种对工会的不干涉政策，谴责劳工联合会领导人对产业工会的敌视、参加"全国公民协会"和劳工联合会保守的、谨小慎微的罢工政策，谴责劳工联合会的所谓非党派性及其"奖励你的朋友，惩罚你的敌人"的口号，谴责劳工联合会反对社会主义的态度。左派主张社会党要帮助工会从事的斗争，认为如果社会党脱离工会活动，不领导工人反对工会官僚们的保守政策，就不能在工人的日常斗争中起积极作用。到1904年，中派逐渐同意右派的看法，认为罢工无用，赢得大罢工胜利的日子已一去不复返了；社会党是贫困工人的寄托，争取在投票箱上取得胜利，会获得上千次无用的罢工所不能获得的成果；社会党人在工会中应全力以赴地教育工人了解投社会党人的票的好处。

右派伯杰在威斯康星州的密尔沃基建立了稳固的社会民主党组织。它的改良纲领不仅得到有组织的工人的支持，而且得到厌恶当地民主党和共和党腐败的城市中产阶级和比较激进的德国移民的支持。伯杰和密尔沃基的社会民主党对中产阶级发起的"改革运动"采取迎合态度，认为这个"改良运动"标志着社会的觉醒，主张社会党人要站在"改革运动"的前列。伯杰认为，"改革运动"所主张的市政所有制和诚实的政府是向社会主义迈出了一步。伯杰向城市的中产阶级和工业资本家保证，投社会民主党（社会党）的票，就等于投票反对罢工。以希尔奎特为代表的中派赞赏伯杰在密尔沃基的成就，并想在纽约城按伯杰的模式建立社会党的组织。在1906年纽约的竞选中，中派赞同右派的迎合中产阶级的竞选主张。中派向中产阶级选民保证，社会党人并不想把一切财产社会化，而只是把大公司财产社会化。为了安抚中产阶级对革命的恐惧心理，中派像右派历来所侈谈的那样解释说，"革命"只是意味着一系列的改良，并最终改变社会制度。后来，希尔奎特和约翰·斯帕戈等人接受了右派的渐进社会主义理论，认为社会主义会逐渐来到，并且自然地实行公共设施国有化。不过，中派与右派不同的是，其仍然坚持说政府是资本家的工具，因此他们对右派关于国家所有制和市政所有制会不可避免地导致社会主义的说法做了补充。中派解释说，如果资产阶级政府镇压在新的国有化公共事业设施中工作的人，这些工人就会认识到投老政党的票是无用的。一旦工人投社会党人的票，社会党人担任公职，国有化的托拉斯就会自动地转化为社会主义的。

右派和中派迎合中产阶级乃至上层阶级的改良主义路线，遭到左派的批评。左派批评说，如果社会党只是主张市政所有制的党，而不是一个革命的党，那么它就会是中产阶级改良者和机会主义者所要支持的党。左派反对争取资本家的支持，指责伯杰等人的阶级调和政策，认为如果这种政策得逞，就会破坏社会党的革命性质。赫尔曼·泰特斯于1906年1月至3月在社会党报纸《社会主义者》上发表了以《革命社会主义和改良社会主义》为题的一系列文章，指出有两种社会主义，一种是改良社会主义，一种是革命社会主义。费边社会主义、基督教社会主义、乌托邦社会主义和市政社会主义等都是改良社会主义，是中产阶级反对垄断组织的产物，并非工人阶级反对资本的产物。文章指出，党缺乏对阶级斗争的认识，就会步人民党的后尘。因此，社会党应全力以赴地按科学社会主义原则来教育工人阶级和党员。文章说，改良社会主义和革命社会主义的划分是每个国家社会主义运动的特点。中产阶级分子试图利用党来争取改良，以加强其反对垄断的地位。社会党欢迎中产阶级分子皈依社会主义，但他们必须支持工人阶级的纲领。不过，文章仍然把实现社会主义寄托于选举箱，相信当工人阶级通过社会党在全国选举中取得胜利，就可以利用政府权力废除资本主义，建立社会主义。

第三节　社会党和工会

社会党于1904年5月在芝加哥召开的第二次代表大会，是在美国劳工同盟这一产业工会组织兴起的背景下召开的。因此，大会讨论和决定了对美国劳工同盟的态度。

美国劳工同盟是由西部矿工联合会组织起来的。西部矿工联合会于1893年成立，曾是劳联的一个工会。在1896年的利德维尔罢工中，劳联拒绝给予它帮助，西部矿工联合会遂退出劳联。在社会党于1901年成立时，西部矿工联合会曾致贺电支持社会党，它的两位重要领袖威廉·海伍德和爱德华·博伊斯加入了社会党。1898年，西部矿工联合会同西部一些小工会一起成立了西部劳工同盟。1902年6月，西部劳工同盟举行大会时，劳联的代表曾威胁说，西部劳工同盟必须加入劳联，否则就要加以摧毁。当时矿工代表要求出席大会的德布斯回答劳联的挑战，德布斯在发言中指出，他赞成统一，但是统一不能牺牲原则，只有劳联的头头退出全国公民协会，并承认政治行动的必要性，才能有统一的基础。西部劳工同盟不久改名为美国劳工同盟，宣布赞成政治行动，赞成社会党的纲领。1903年它有会员10万人。

在社会党的大会上，在讨论党对工会的政策时，一些代表要求社会党坚定地主张产业工会主义，谴责劳联和全国公民协会以及类似的协会沆瀣一气，背弃工人。但希尔奎特和海斯等人反对这一正确主张，认为这样做会影响按社会主义原则教育劳联会员。大会通过的关于工会政策的决议，一方面，承认工会是阶级斗争的产物，要求一切社会党人帮助工会进行经济斗争；强调工会活动与政治行动相比是次要的。虽然工会在反对剥削工人的斗争中具有很大的价值，但只有政治行动才能实现生产工具全民所有制。认识到这一道理的工会会员应加入社会党，以便开展政治行动，取得政府权力，废除工资奴隶制，建立合作共和国。另一方面，决议宣称"政治上的意见分歧和在其他方面的意见分歧都不能证明，在产业运动中劳工力量的分裂是正当的"。这显然是要迫使美国劳工同盟解散加入劳联，因为美国劳工同盟与劳联之间正是存在着政治上的分歧，存在着赞成产业工会还是赞成行业工会的分歧。德布斯对这一决议投了反对票，指出这一决议攻击了产业工会主义和美国劳工同盟。德布斯支持美国劳工同盟，认为它鼓舞了一切赞成产业工会主义和政治行动的人。他强调，只有在广大工人中工作和支持美国劳工同盟，才能在工会主义者中间赢得对社会主义的支持，这次大会关于工会的决议是一个右倾的决议。社会党的领导人从未积极支持过美国劳工同盟。社会党的全国书记戈林鲍姆本人就是劳联的组织者，他和党的全国执行委员会劝说美国劳工同盟加入劳联。

社会党的领导人不仅没有支持美国劳工同盟，而且自社会党成立以来也没有积极支持工人的罢工斗争。1902 年 5 月，宾夕法尼亚州发生无烟煤矿罢工。宾夕法尼亚州社会党州委员会呼吁全党捐款，帮助罢工工人，并在罢工地区建立社会党支部。但是，党的全国执行委员会却对宾州社会党人的活动表示不满，批评他们违背了党对工会的不干涉政策，只允许他们募款救济罢工工人，勒令他们停止在罢工地区组织社会党支部，并说什么社会党人要避免参加罢工，罢工“完全是工会的领域”。戈林鲍姆出席了 1902 年 7 月召开的联合矿业工人工会大会，拒绝向大会发表演说，说他只关心罢工救济。他和全国执行委员会肆无忌惮地干涉工会关于总罢工的讨论。戈林鲍姆利用他在出席联合矿业工人工会大会的社会党代表中的影响，反对总罢工，说什么总罢工是“破坏合同”，取消了联合矿业工人工会拟议中的罢工。社会党的多数报纸对这次持续 7 个月的罢工很少报道，只有德布斯等左派支持总罢工计划。

社会党奉行不干涉工会内部事务的政策，对劳联采取了妥协态度。社会党人在劳联的年会上，不宣传产业工会主义，不批评行业工会主义，没有提出组织尚未组织起来的工人，特别是组织非技术工人、黑人工人和女工的问题以及广大工人的团结问题。在移民问题上，社会党代表在劳联的年会上同劳联领导人一样都主张限制移民入境。在黑人的权利问题上，社会党的一些领导人，特别是右派都是种族主义者，因此毫不奇怪，出席劳联年会的社会党代表从未抨击过劳联对黑人工人的种族歧视。社会党在劳联年会上的目标是推动劳联信仰社会主义。在 1902 年的劳联年会上，社会党代表马克斯·海斯提出一个决议草案：“第 22 届劳联年会建议劳动人民组织他们的经济和政治的力量，以取得与他们的劳动相等量的产品，推翻工资制度，建立产业合作民主制。”海斯声称，如果这一决议在劳联年会上通过，就意味着劳联承认阶级斗争和社会主义的原则。威廉·威尔逊考虑到这一决议草案不易为劳联所接受，提出了一个妥协方案，删去了关于推翻工资制度和建立合作民主制的内容，只"建议劳动人民组织他们的经济和政治的力量，取得与他们的劳动相等量的产品"。海斯和作为密尔沃基联合工会委员会的代表出席劳联年会的伯杰支持这一妥协方案。虽然这个决议草案并非社会主义性质，但龚帕斯指责社会党人为了他们自私的目的，试图破坏美国劳工运动。最后投票结果，龚帕斯为首的反对这一决议草案的人以微弱多数否决了这一决议草案。

在 1903 年的劳联年会上，社会党代表又提出了同样的决议草案。龚帕斯对社会党人进行了恶毒攻击，明确地表示他反对社会主义："我要告诉你们，这些社会党人。我研究过你们的哲学，读过你们的关于经济学的著作……我严密地注视你们的原则达三十年之久……我要说，我完全不同意你们的哲学。……我不仅不同意你们的原则，而且不同意你们的哲学。在经济上，你们是错误的，在社会上，你们是错误的，在产业上，你们是行不通的。"[1] 社会党人提出的决议草案再次被否决了。在 1904 年的劳联年会上，社会党代表没有像前两次年会上那样提出有关社会主义的决议草案。伯杰提出的决议草案只是建议工会主义者应在他们的会议上讨论经济和政治问题。社会党改变了对劳联的政策，只是想推动劳联的会员学习和讨论政治和经济问题，放弃了社会主义者历来主张"打入内部"的方针，转而采取对劳联姑息的政策。

对于社会党是否支持工会组织劳工党的问题，社会党自 1901 年成立以来党内就有争论，多数人反对支持劳工党。1902 年 12 月，芝加哥的工会计划组织劳工党，当时有二百名社会党人出席了会议，竭力阻止成立劳工党，宣称社会党能代表工人的利益。

1902 年秋，当洛杉矶的社会党人赞成和支持工会劳工党，提出社会党、工会劳工党联合竞选的候选人名单的时候，社会党全国书记戈林鲍姆和全国执行委员会 5 名成员中的 4 人支持洛杉矶社会党人的做法，并建议其他州和地方的党组织采取相同的策略。社会党总部驻地的圣路易斯的党支部通过决议谴责戈林鲍姆等人，要求他们辞职。

1903 年 1 月 29 日，社会党全国委员会在圣路易斯开会，22 个州各派一名代表出席。会议以 16 票对 6 票，决定撤销戈林鲍姆和 4 名全国执行委员会委员职务，并选举了马萨诸塞州的威廉·梅利为全国书记。会议通过决议，

---

[1] Philip S. Foner, *History of the Labor Movement in the United States*, Vol.3: *The Policies and Practices of the American Federation of Labor, 1900-1909*, New York: International Publisher, 1964, p. 386.

宣称社会党不参与单纯工会的纠纷，社会党在任何情况下都不同任何其他政党联合、结合或妥协。决议指出，劳工党即使是由工会组织领导的，也是不能提出社会主义目标的，其只不过是资产阶级的附庸，并实际上会分散工人对社会党的支持。决议规定，社会党的支部在地方或全国的竞选中提出自己的候选人；社会党党员不得支持或选举任何其他党的候选人。违背这项原则就暂停党籍或开除出党。地方支部如果同任何改良党、激进党或劳工党联合，则撤销其证书。洛杉矶支部于 1903 年 1 月断绝了与工会劳工党的一切关系，服从了全国委员会的决议。

社会党 1904 年的代表大会上重申了社会党全国委员会的圣路易斯会议的决议，指出党的"州组织或地方组织在任何条件下不同其他任何政党或组织联合、结合或妥协，也不能为了有利于其他这样的组织的候选人而不提名候选人。社会党的任何候选人也不接受其他任何党或政治组织的提名或批准"。社会党当时对工会组织劳工党没有采取具体分析、具体处理的方法，而是一概反对。这是由党内的右派伯杰等人主张的"双臂劳工运动"理论所决定的。社会党的这种方针只会使社会党脱离工人的经济斗争和政治斗争。

第四节　世界产业工人同盟和社会党党内斗争

1905 年 6 月在芝加哥成立了世界产业工人同盟，促成世界产业工人同盟产生的因素很多。第一，20 世纪初，在钢铁工业和采矿业中掀起了风起云涌的罢工斗争，如 1901 年约 16 万人的钢铁工人罢工、1900—1903 年无烟煤矿区的矿工罢工，但都因劳联的龚帕斯和矿工联合会的约翰·密歇尔的出卖、全国公民协会的干预、雇主与政府的勾结、军队或民兵的镇压而失败。矿工和工人领袖企望有一个新的强大的全国性工人组织来领导工人斗争。第二，德布斯和许多激进的社会主义者认识到产业工会在反对组织严密的雇主协会的斗争中会比行业工会更有力量。同时，他们认为要推动保守的劳联皈依社会主义是不可能的，只有建立一个新型的、坚持社会主义方向的全国性产业工会组织，才能把广大工人团结起来，使工资劳动者摆脱"工资奴隶"的命运。第三，社会党中一些左派人士受法国无政府工团主义的影响，愈来愈感到争取在议会通过改良法案不会给工人带来多少好处，通过政治行动即竞选活动来实现社会主义也很渺茫，因而主张集中一切力量建立革命的工人组织。

他们相信，组织起来的工人在最近的将来可以举行总罢工，使整个资本主义国家瘫痪，成立由工会组织来管理工人的新国家。

出席世界产业工人同盟成立大会的有西部矿工联合会、美国劳工同盟、统一金属工人工会、统一铁路雇员兄弟会、社会主义职工同盟和密尔沃基统一酿酒工人工会，以及社会党和社会主义工人党的代表。在大会上，德布斯、海伍德和德里昂是3个主要领导人，其在不同程度上都主张双重工会政策，主张建立以阶级斗争的革命原则为基础的产业工会，反对行业工会，反对劳联的阶级调和政策。他们认为，建立强大的工人阶级的经济组织有助于推翻资本主义统治。

在这次大会上，大家主要讨论了由托马斯·哈格蒂起草的世界产业工人同盟的章程序言。序言是这样写的：

> 工人阶级与雇主阶级毫无共同之处，只要在千百万劳动人民中间存在着饥饿和匮乏，而构成雇主阶级的少数人却握有一切生活上的美好物品，就不可能有和平。

> 在这两个阶级之间，斗争必须继续进行下去，直到全球劳动者在政治领域中像在产业领域中那样团结起来，并且不与任何政党相结合，通过工人阶级的经济组织取得和占有他们的劳动所生产出来的物品时为止。

> 财富迅速积聚和工业管理权集中在愈来愈少的人手中，使行业工会不能同雇主阶级日益增长的势力相竞争，因为行业工会促成一种情况，使同一工业中的一部分工人反对另一部工人，从而促成彼此在工资斗争中失败。行业工会帮助雇主阶级引诱工人相信工人阶级同他们的雇主有着共同的利益。

> 要改变这些悲惨情况，要维护工人阶级的利益，就只有建立这样一种组织，以便不管在什么时候，只要任何一个部门中发生罢工或关厂事件，任何一个工业中的全体会员，或所有工业中的全体会员，都能在必要时停止工作，从而使人认识到对一个人的损害就是对所有人的损害。

在大会上，意见的分歧主要是在序言第二段，即不与任何政党相结合和工会直接掌握和管理工业的陈述上。这一段反映了哈格蒂和威廉·特劳特曼的无政府工团主义思想。社会党人阿尔吉·西蒙斯认为关于政治的提法太模糊，主张写上相信政治行动，特别是独立政治行动的原则。但是，哈格蒂代表章程委员会否定了西蒙斯的建议。他说，章程委员会已考虑到世界产业工人同盟要参与政治，但这种政治与政党无关。新组织欢迎不属于任何政党的工人，工人阶级不需要任何政党来为他们赢得自由，往投票箱投选票永远也不能实现工人阶级的解放。

德里昂在这次大会上第一次修正了自己对政治行动的看法。他承认改变了过去的看法，即完全依靠选举程序和议会行动来实现社会主义，工会要服从工人政党的领导和工会是党吸收工人入党的途径等看法。他说，他不再无限度地相信在资本主义制度下社会主义政党开展政治行动的有效性。他认为在竞选后面，在统一的政治行动后面，需要一种力量，这种力量在必要的时候单独能够取得和控制工业。他第一次宣称，必须通过工人阶级的经济组织来夺取工业，不能想象一个政党能夺取工业。工人的真正力量就在于有纪律的、有阶级觉悟的产业工会组织。他说："如果美国的资本家愚蠢到要挫败由选票结果所表现出来的工人的意志，那么……工人阶级会停止生产，从而使资产阶级陷于饥饿，使他们现存的经济手段和他们的一切战争准备绝对无用。"德里昂不赞同哈格蒂等人反对世界产业工人同盟与任何政党结合的观点，而主张同时开展政治领域和经济领域的斗争。德里昂关于工会的看法暴露了他的无政府工团主义的思想。

最后，大会通过了《组织世界产业工人同盟的宣言》。宣言指出，美国存在阶级斗争，机器代替了手工工艺和生产资料集中在少数人手里，增强了资本主义的力量，从而加剧了阶级分化和阶级对立，被剥夺了手工技艺的工人已成为工资奴隶。资本家组成了反对劳工的统一战线，通过雇主协会和暴力力图粉碎工人的反抗，并且通过全国公民协会来蒙骗群众。宣言指出，没有改善现行腐化制度的前景。因此，必须推翻工资奴隶制，建立产业民主制，即工人的合作共和国。宣言指出，行业工会不可能实现工人阶级的团结，只会阻碍工人阶级觉悟的提高，只会产生一种错误观点，即雇主和剥削者与雇佣奴隶之间利益是一致的。宣言指出，给工人阶级带来灾难的普遍的经济弊病，只能由广泛的工人阶级运动来铲除。这一运动必须由包括各种产业在内的、巨大的产业工会来组成，新的组织必须建立在阶级斗争的基础上，必须承认资产阶级与工人阶级之间存在不可抑止的冲突。新的组织必须是工人阶级的经济组织，不加入任何政党。总的来说，大会通过的章程序言和宣言主张产业工会主义，同时也流露了无政府工团主义思想。

世界产业工人同盟的成立对美国工人运动具有不可低估的历史贡献。它在劳联控制美国有组织的劳工运动的情况下，举起产业工会主义的旗帜，向不利于工人阶级团结的行会主义挑战，它主张要组织那些尚未组织起来的工人，特别是非技术工人，强调整个工人阶级的团结；它主张阶级斗争，反对阶级调和。但另一方面，世界产业工人同盟一开始就受到无政府工团主义思想的影响，其否认工人阶级进行政治斗争的必要性，否认党的作用和无产阶级专政。他们认为，工会不用革命，只要组织工人总罢工，就能推翻资本主义，取得生产的管理权。世界产业工人同盟在国际上主要受法国的无政府工团主义思想影响；在国内则是由于不满于劳联控制美国的工人运动，不满于美国政治的腐败，对资本家与政府相勾结残酷镇压工人罢工的深恶痛绝，对立法的改良也不抱希望。因此，其否定政治行动的作用，宣称争取社会主义的决定性战斗不是在投票箱上，而是在工厂的大门口，不是依靠政党，而是依靠总罢工来建立社会主义，并由工会管理新国家。世界产业工人同盟也不信任社会党。正如威廉·福斯特后来回顾他参加世界产业工人同盟时说："主要是厌恶社会党的小资产阶级领导和政策。……从社会党瘫痪的改良主义中不难得出结论，政治行动一般是毫无结果的，工人阶级的解放道路是战斗的工会行动，最后发展到举行大罢工。"[1]世界产业工人同盟对政治行动之所以采取片面的看法，正如列宁指出："是因为完全革命的、同群众有联系的无产者在政治上没有经验。"[2]

社会党内的右派、中派同左派对世界产业工人同盟的态度泾渭分明，意见的分歧后来造成了社会党的分裂。社会党的一些左派人士支持世界产业工人同盟，德布斯在1905年8月号的《国际社会主义评论》上撰文把世界产业工人同盟看作他参加过的"最伟大的劳工会"，这是因为大会代表们赞同在经济领域内、在一个承认和主张阶级斗争的革命组织中把工人阶级团结起来的伟大的重要原则。德布斯在1906年2月鼓励工人退出劳联，加入世界产业工人同盟。许多左派人士表示社会党有责任支持产业工会主义、反对行业工会主义。

社会党的右派一开始就反对，甚至谴责世界产业工人同盟。他们同劳联唱一个调子，说什么新的产业工会只不过是一些社会主义领袖策划的阴谋，来破坏劳联和拯救美国劳工同盟。社会党的中派希尔奎特等人也反对世界产

---

① William Z. Foster, *From Bryan to Stalin*, New York: International Publishers, 1937, p. 47-48.

② 中共中央马克思恩格斯列宁斯大林著作编译局编译：《关于共产国际第二次代表大会的基本任务的提纲（7月4日）》，《列宁选集》第4卷，北京：人民出版社，2012年，第248页。

业工人同盟，甚至抨击德布斯。虽然他们已放弃在劳联的年会上宣传产业工会主义，但却哄骗世人，胡说什么劳联正准备采取产业工会组织形式，而世界产业工人同盟的成立和德布斯对它的支持则严重地危害了在劳联中的产业工会主义运动。右派和中派还抨击德布斯，说由于他同德里昂结成联盟而损害了社会党。

德布斯对此给予反驳。他说，社会党不可能把劳联变成纯洁的产业工会。要改造由劳工骗子绝对控制的、腐败的劳联，就等于用玫瑰油喷洒污水池一样毫无用处。他说，德里昂"在工会问题上是正确的"，"对我来说，不论我是否喜欢他，在这方面，我是同他一致的"。[1] 他称赞德里昂在《人民报》和《人民》周报上刊登了大量关于世界产业工人同盟的活动消息，认为其在一些城市发表演说为世界产业工人同盟吸收了不少会员。

为了压制党内积极支持世界产业工人同盟的党员，社会党右派和中派相互勾结，在全国执行委员会中拼凑多数，撤销了威廉·特劳特曼在党内的职务。这是杀鸡儆猴。

1905年12月31日，爱达荷州州长弗兰克·斯特内贝格在他的官邸被害，西部矿工联合会的领袖查理·莫耶、威廉·海伍德和乔治·佩蒂伯恩被指控为谋杀者，未经审讯就被投入监狱。世界产业工人同盟、西部矿工联合会、社会党左派和社会主义工人党全力以赴地投入营救活动。德里昂在《人民》报上发表抗议文章，号召工人阶级行动起来，营救海伍德等人。社会主义工人党各支部发动了抗议运动。海伍德在监禁期间参加了科罗拉多州长的竞选，德里昂劝说科罗拉多州的社会主义工人党支部放弃自己的候选人名单，全力支持海伍德竞选。社会党左派德布斯于1906年3月10日在《诉诸理性报》上发表了《起来，你们奴隶们！》的文章，大声呐喊"他们的唯一罪行是忠于工人阶级"，"如果他们企图阴谋杀害莫耶、海伍德和他们的朋友，那么成百万的革命者将拿起枪来对付他们"。在许多城市，世界产业工人同盟、工会和社会党左派成立了莫耶、海伍德和佩蒂伯恩辩护委员会，以开展营救活动。社会党右派对营救海伍德等人无动于衷，伯杰把这件事轻描淡写地说成是西部矿工联合会与矿主之间的"边界冲突"，"假如社会党和有组织的劳工在行动上有所节制，不惹怒整个资产阶级，那么他们就会被释放"[2]。在右派和中

---

[1] Ray Ginger, *The Bending Cross: A Biography of Eugene Victor Debs*, New Brunswick: Truman State University Press, 1949, p. 240.

[2] Ira Kipnis, *The American Socialist Movement, 1897-1912*, New York: Haymarket Books, 1952, p. 323.

派控制下的社会党全国执行委员会否决了许多支部提出的召开社会主义者和劳工共同参加的全国大会，支持营救活动的倡议。在广大社会主义者和工人的声援下，海伍德、莫耶和佩蒂伯恩先后被释放。1907 年，第二国际斯图加特代表大会上通过决议，赞扬美国营救海伍德等人的过程表现了社会主义者和工人的团结。决议说："欧洲具有阶级觉悟的无产者把这种团结的行动所显示的巨大力量看作是未来的团结的保证，是美国无产者有希望在为彻底解放而斗争的过程中显示同样的团结和决心的保证。"[①]

世界产业工人同盟于 1906 年 9 月在芝加哥召开的大会上发生了第一次分裂，西部矿工联合会退出了世界产业工人同盟。德布斯考虑到世界产业工人同盟贬低社会主义政党的作用，也不再参与世界产业工人同盟的活动。1907 年 9 月，世界产业工人同盟第三次大会上，德里昂与特劳特曼和圣约翰的"直接行动派"对章程序言中有关"全国劳动者在政治领域中像在工业领域中那样团结起来"的一段发生争论。"直接行动派"要求删去"政治领域"字样，德里昂表示反对。在 1908 年世界产业工人同盟的第四次大会上，这一争论重启。"直接行动派"把德里昂逐出会议，把章程序言的第二段中的"政治领域"字样删掉，并给序言另加两段"去掉'做一天公平的工作，得一天公平的工资'的保守格言，我们必须在我们的旗帜上写上革命的口号'废除工资制度'。""推翻资本主义是工人阶级的历史使命。必须组织起生产大军，这不仅是为了同资本家进行日常的斗争，而且在资本主义被推翻的时候，能够进行生产。按产业组织起来，我们就会在旧的躯壳内建立新社会的结构"。章程序言经过修改，表现出更多无政府工团主义的思想倾向。

世界产业工人同盟的活动和社会党内不少人对它的支持，引起社会党内右派和中派的恐惧，他们力图阻止党员支持世界产业工人同盟。社会党于 1908 年在芝加哥举行的大会上，对党章做了两处重要的修改"任何党员反对政治行动作为有助于工人阶级取得其解放的武器，将开除出党"。加入社会党的所有人要在下列誓言上签字"我，签字者，承认资产阶级与工人阶级之间的阶级斗争，承认工人阶级的党是同有产阶级组成的一切政党有区别的，相对立的。为此，声明我断绝与其他一切党的联系，我赞成社会党的纲领和党章，包括政治行动的原则，并为此申请加入这个党"。这些条款明确地把开展

---

① William Haywood, *The Autobiography of Big Bill Haywood*, New York: International Publishers, 1983, p. 220.

政治行动作为社会党的既定政策，反对世界产业工人同盟主张总罢工等直接行动。

大会在讨论工会问题时，右派、中派与左派之间展开了争论。右派和中派提出的决议草案不赞成产业工会主义，坚持其"双臂劳工运动"的主张，强调教育劳工投社会党人的票。左派提出的修正案指出，社会党的任务是向工人说明产业工会组织最适合于发展工人阶级的团结，是有组织的劳工在当前生产方式下有效地开展斗争所需要的。但是，左派的修正案在大会上被否决。

在这次大会上，党内第一次在总统和副总统候选人提名上发生冲突。右派和中派领导人竭力阻止提名德布斯，指责德布斯支持世界产业工人同盟，不赞成他当社会党的总统候选人。但由于德布斯在社会党内和工人运动中的威望，他还是被选为总统候选人，中派的本·汉福德被提名为副总统候选人。在竞选中，社会党获得42.1万张选票，比1904年增加不多。

第五节　社会党进一步右倾

社会党1908年代表大会以后，中派和右派进一步联合起来，反对马克思主义。1908年2月，党的全国委员会曾指定3月14日为全国纪念马克思的集会日；在1908年5月召开的社会党代表大会的会场上还悬挂了马克思和恩格斯的画像。但是，1908年11月社会党参加竞选结束后，全国委员会取消1909年3月14日为马克思纪念日，约翰·斯帕戈说什么"再没有什么比培养对马克思的偶像崇拜对我们更有害了"。维克托·伯杰说什么"如果我们需要任何圣人，我宁愿加入罗马天主教会"。右派和中派丢开假面具，露骨地攻击马克思主义。乔治·唐宁在1908年1月的《国际社会主义评论》上发表的题为《生产的无计划性是经济恐慌的原因》一文中，认为剩余价值与经济萧条无关，资本家把利润进行再投资、资本的积累不会造成生产过剩，经济萧条的真正原因是资本主义经济的无计划性造成了一些地方生产过剩。约翰·斯帕戈否定马克思的价值理论，他在1910年的《美国社会学杂志》上写的《马克思对当代社会主义的影响》中说，在垄断经济中，许多商品的价值是由"它们的边际效用来决定的，不考虑实际物化在商品中的社会劳动或商品再生产的社会劳动"。斯帕戈否定无产阶级的历史使命，认为美国工人阶级是人口中的少数，因此社会主义运动要同时向中产阶级和工人阶级呼吁。他认为，社会主义运动现在要关注的主要是社会改良。为了迎合中产阶级，社会党的右派和中派说什么小资本家的利润并非剥削工人阶级的结果，因此这种利润实际是工资。希尔奎特认为"在社会主义条件下有三种类型的财产，一是对大的公共设施的托拉斯实行公共所有制，二是私有合作社经营的一些工业的所有制，三是竞争性工业的私有制"①。社会党右派和中派制造这种理论是为了消除反垄断的中小企业家对社会主义的恐惧，以便吸引他们支持社会党。

自 19 世纪末和 20 世纪初兴起的中产阶级的"改革"运动吸引了中产阶级乃至许多工人的支持。社会党的右派和中派企图把社会党建立在中产阶级支持的基础上，力图吸引"改革"运动的分子加入社会党，以取得中产阶级的选票。希尔奎特以伯恩斯坦为师。伯恩斯坦认为，中产阶级数量上在增长，中产阶级的存在是工业社会的长期现象。在将来，在经济上和文化上感到不满的中产阶级会被吸引到社会主义一边来。希尔奎特也认为中产阶级会转到社会主义一边来。他认为自第一国际以来，工人不再是唯一支持社会主义的人，在美国会有更多的中产阶级分子加入社会主义行列，因为社会主义吸引着"社会一切阶级的思想家，包括资本家中的思想家"。他认为"资产阶级思想家"加入社会主义运动，或是因为"他们在社会主义的崇高社会理想中看到可以实现正义和自由的前景，或者他们通过科学分析当代社会、经济发展趋向，而深信社会主义是不可避免的"②。与此同时，为了蒙骗广大工人，对社会党的改良主义加以粉饰，希尔奎特又侈谈社会党的改良路线不同于"改革"运动的改良路线。希尔奎特说，社会党同"改革"运动主张同样的改良措施，但"措施的真正性质和社会效果以及实施方法是完全不同的"。例如，就公共事业的州所有制和市政所有制而言，社会党提出这些改良要求是为了改善这些公共事业，减少费用，建立民主政府，而资产阶级或中产阶级的改良派相信"公共所有或市政所有主要是降低赋税的手段，而不会减少雇主在这些工业部门的剥削"。总之，"现在资本家的政府或中产阶级的政府手中的州所有制或市政所有制，只会加强这些阶级在政治上对工人阶级的优势"。另

---

① Morris Hillquit, *Socialism in Theory and Practice*, New York: Kessinger Publishing, LLC, 1912, p. 118.

② Norma Fain Pratt, *Morris Hillquit: A Political History of an American Jewish Socialist*, Westport: Praeger, 1979, p. 68.

外，他认为社会党的纲领中的改良要求是有机的统一体，而中产阶级改良派把"每一个社会弊病和坏事看作是孤立和偶然的现象"，"他们看不到它们之间的共同根源，只治症状而不治疗其病源"。①

在 1908 年社会党代表大会以后，右派和中派基本上控制了党的总部、许多城市和州的党组织的领导权。主要原因：一是他们控制了社会党的报纸，如西蒙斯编辑的芝加哥《社会主义日报》、伯杰出版的密尔沃基《社会民主先锋》报和希尔奎特的追随者编辑的纽约《号角》等。而其他报纸，如影响很大的《诉诸理性报》在党内斗争中持中立态度。二是社会党的许多左派人士积极支持和参加世界产业工人同盟的活动，放松乃至忽视了在社会党内的工作。而右派和中派联合起来，利用这个时机扩大他们的势力，控制党的组织，从组织上保证推行其改良主义政策。

世界产业工人同盟于 1906 年和 1908 年的两次分裂使同盟的力量削弱了。社会党的右派和中派相信世界产业工人同盟会很快衰落，从而放松了对它的攻击。所以，在 1910 年召开的社会党全国代表大会上，右派和中派没有把世界产业工人同盟作为集中打击目标，但在其他问题上同样坚持了右的立场。出席这次大会的除了各地方党组织的代表外，还有语言联合会的代表。语言联合会是社会党内非地区性的团体，是加入党的非英语移民的组织。

大会上主要讨论了两件重要的事：一是移民问题，二是党对农场主的政策。在移民的问题上，维克托·伯杰、埃内斯特·翁特曼等人提出多数派报告，约翰·斯帕戈提出少数派报告。多数派报告毫不讳言地反对 1907 年第二国际斯图加特大会上关于反对限制移民的决议，并且为了赢得劳联对社会党的支持，反对向美国移民。这个报告说："每个国家的工人阶级首先必须同它的统治阶级一起来处理事务。……民族自治的原则不允许社会党国际大会为施行所有社会主义者承认有效的一般原则（国际禁止排斥具体种族的决议）制定具体的规定。……任何不符合美国工人阶级当前利益的措施都是无效的和反动的。……这样的一个措施或一些措施会使社会党处于同美国有组织工人中的最富有战斗性和最明智的部分相对立的地位，而这部分工人的帮助是社会党取得政权所不可缺少的。""我们主张无条件地排斥这些种族（中国人、日本人、朝鲜人和印度人），这些种族不是真正的种族，不是具有确定心理特

---

① Norma Fain Pratt, *Morris Hillquit: A Political History of an American Jewish Socialist*, Westport: Praeger, 1979, p. 64.

点的民族。鉴于以上原因，这些民族在地球的一定地方生活，远远落后于现代工业的普遍发展。他们在经济上和心理上对我们工人阶级人口中最富有进取心的、最富有战斗性的、最明智的人的进步造成障碍和威胁。"[①] 这个报告纯乎是种族主义的叫嚣。约翰·斯帕戈等人提出的少数派报告写道："如果今天你投票排斥亚洲人，下次你将会投票排斥意大利人或希伯来人。"[②]

德布斯坚决反对多数派的报告。他在 1910 年 7 月的《国际社会主义评论》上撰文指出，多数派的报告"完全是非社会主义的、反动的，并且实际上是无耻的。我希望你们全力反对它"。他写道"排斥一些种族策略的借口，在号召全世界被压迫、被剥削工人为其解放而联合起来的国际运动赞助下而召开的无产阶级集会上，是无立足之地的"。他号召"取消这种排斥受剥削的、受苦难的奴隶的'策略'"，而这种策略"牺牲国际社会主义运动的根本原则"，因为它"闭门不纳最需要拯救的种族，窒息他们的希望"。他号召坚持"我们革命的、工人阶级的原则"[③]。语言联合会的代表也反对限制移民。善于进行调和、用"革命"词句掩盖右的实质的希尔奎特提出了一个取代多数派报告和少数派报告的决议草案，并在大会上通过。这一决议写道："美国社会党赞同一切旨在阻止输入罢工破坏者和合同劳工以及雇佣阶级为削弱美国劳工组织和降低美国工人生活标准而从外国大量进口工人的立法措施。社会党反对因种族或国籍而排斥任何移民，要求无论什么时候，美国都是那些因政治、宗教或种族原因而在他们国家遭到迫害的一切男人和妇女的自由避难所。"[④]

大会讨论了农场主问题。农场主问题之所以显得重要，是因为社会党在竞选中获得的选票，工业州大大少于以农业为主的俄克拉何马、得克萨斯、阿肯色、密苏里、内华达、爱达荷和华盛顿等州，其中，人口稀少的俄克拉何马州投社会党候选人的票最多，原因是那里的农场主把社会主义看作新形式的人民党主义。由于农村在社会党竞选中具有重要地位，因此，党对农场主的政策问题就显得很重要了。在这个问题上党内有分歧。右派如维克托·伯杰和阿尔吉·西蒙斯提出了以 1892 年人民党纲领为蓝本的一系列农

[①] Nathan Fine, *Labor and Farmer Parties in the United States*, New York: Rand School of Social Science, 1928, pp. 269-270.

[②] Nathan Fine, *Labor and Farmer Parties in the United States*, New York: Rand School of Social Science, 1928, pp. 269-270.

[③] H. Wayne Morgan ed., *American Socialism 1900-1960*, New Jersey: Englewood Cliffs, 1964, pp. 78-80.

[④] Nathan Fine, *Labor and Farmer Parties in the United States*, New York: Rand School of Social Science, 1928, p. 271.

场主要求，只是没有包括自由铸造银币的内容。这个建议被左派批评为中产阶级的万应灵药，忽视农业工人的利益。左派中有些人坚持对所有土地实行社会化。

大会通过的关于农场主的决议否决了左派中一些人要求实行所有土地社会化的主张。纲领写道："教条地宣称一切土地最终必须成为社会财产，是多少有点乌托邦的味道；要求把一切土地所有制立即实行社会化，使我们贻笑大方。"[1] 这个纲领提出了一些改良措施：要求将铁路、公共仓库国有化；鼓励成立合作社；扩大州的贷款，而不受私人银行的干预；在动物疾病、虫灾和其他自然灾害方面实行政府保险；对一切土地按其全部租赁价值征税，取得的收入用于建立工厂、加工农产品，以供消费，如建立包装厂、罐头厂、轧棉厂、谷物仓库、储藏库和市场设施等。决议中也包括对主张立即实行一切土地社会化的左派的让步："我们应在我们当前要求中包括由国家和州分别保持它们现仍拥有的土地以及以后因开垦、购买、征用或以其他途径获得的土地。这种土地要在资本主义发展情况下，尽可能实际地成立模范州农场和各种形式的集体农业企业。"[2]

在这次大会上，也讨论了党对工人运动的政策。两名左派人士提出的少数派决议案，主张社会党应坚持产业工会主义原则，反对行业工会原则。右派提出多数派报告，主张不干预工会事务。大会通过了多数派的报告，宣称："党既没有权利，也没有愿望去干涉在工会运动内部关于工业斗争中的组织形式问题上或行动方式问题上所存在的任何分歧，相信劳工组织本身能够解决这些问题，并循着不断加强团结的方向前进，在产业领域内采取更有效的行动。"[3] 德布斯对社会党右派和中派的这种不干预工会事务的政策早就提出了批评。他在 1909 年 12 月 7 日给威廉·英格利希·沃林的信中抱怨"社会党已经过分迎合美国劳联了。毫无疑问，应该要求终止这种迎合态度"[4]。

1910 年秋，维克托·伯杰作为第一个社会党人被选入美国国会。1911

[1] Nathan Fine, *Labor and Farmer Parties in the United States*, New York: Rand School of Social Science, 1928, p. 272.

[2] Nathan Fine, *Labor and Farmer Parties in the United States*, New York: Rand School of Social Science, 1928, p. 272.

[3] Philip S. Foner, *The Industrial Workers of the World, 1905-1917*, New York: International Publishers, 1980, p. 392.

[4] Philip S. Foner, *The Industrial Workers of the World, 1905-1917*, New York: International Publishers, 1980, p. 393.

年，社会党人乔治·伦恩在斯克内克塔迪被选为市长。社会党的右派和中派把竞选上的成就宣传为他们路线的胜利。但是，德布斯怀疑社会党取得的一些选举胜利的价值，于1911年1月在《国际社会主义评论》上题为《危险就在前面》的文章中写道："比社会党增加选票更为重要的是工人阶级的经济组织。工人应从这个高度来理解，并且只有从这个高度上来理解。在各自的产业部门组织起来并经受训练，社会主义运动才能前进，社会党才能巩固在选举中获得的成果。"

这次代表大会修改了党章，允许五百人以上的任何非英语社会主义团体加入党，并派一名译员常驻党的总部。这样，一些移民团体如南斯拉夫人、意大利人、斯堪的那维亚人于1911年，匈牙利人、波希米亚人于1912年，德国人、波兰人、犹太人和斯洛伐克人于1913年，乌克兰人、立陶宛人和俄罗斯人于1915年，相继成立语言联合会，并加入了社会党。1917年，各种语言联合会的党员数共32894人。

世界产业工人同盟并未如社会党的右派和中派所预言的那样急剧衰落，而是在威廉·海伍德等人的领导下组织了多次工人罢工斗争。特别是1912年初世界产业工人同盟领导的马萨诸塞州劳伦斯纺织工人的罢工，震撼了整个美国。在这次罢工中，世界产业工人同盟受到了广大工人和社会党内广大党员的尊敬。在这次罢工中，社会党及其支部也作出了一定的贡献。社会党全国执行委员会接受了该委员会委员海伍德的建议，给予罢工者"一切可能的援助"，开展了救济罢工工人的活动，帮助劳伦斯罢工工人的孩子迁徙和安顿到其他城市，以解罢工者的后顾之忧。社会党的费城支部和纽约城支部与世界产业工人同盟一起为到达那里的罢工者的孩子安排食宿。劳伦斯的罢工使海伍德成为著名的社会党人，也使社会党的党员人数大增。但是，社会党的右派和中派领导人很快意识到，劳伦斯的罢工使社会党内的左派人士威信提高，担心这会动摇他们在党内的统治地位和影响他们实行改良主义政策及渐进的社会主义。他们在1912年5月召开党的代表大会的前夕，一方面大肆鼓噪，贬低劳伦斯罢工的意义，并贪天之功据为己有，把这次罢工的一定程度的胜利说成是因为维克托·伯杰在国会里的帮助；另一方面，他们策划于密室，计划把海伍德从社会党全国执行委员会中赶走，以便消除海伍德和世界产业工人同盟在社会党内的影响。为了达到这个目的，希尔奎特带头攻击海伍德，于1911年11月12日给纽约《号角》报的信中，引用了海伍德撰写的题为《产业社会主义》的小册子中的一段话"在反对资本主义斗争中，工人绝对不尊敬利润牟取者的'财产权'，他将使用能赢得这一斗争的任何武器。他知道目前的财产权法律是资本家制定的，并为资本家服务的。因此，他会毫不犹豫地打破这些法律"。接着，希尔奎特指责海伍德说的话是"真正的无政府主义原则"，是"确实反对社会党的既定政策的"，"无论什么地方实施这种政策，无论称为'恐怖主义''行动的宣传''直接行动''破坏'，还是'无政府主义'，其结果是搅乱和破坏运动，把职业罪犯吸引到运动中来，使运动充斥特务，引导工人进行没有必要的、无谓的屠杀，并最终产生一种令人厌恶的反动精神"。

海伍德对希尔奎特的责难给予了驳斥。《号角》报于1911年11月29日刊登的海伍德的信中，声明他坚持他在《产业社会主义》小册子中所写的每一个字。他指责希尔奎特故意混淆"直接行动"与"破坏"和"无政府主义"的区别。他指出，选票是重要的、有效的，但选票本身并不能保护工人阶级。对于社会主义运动中的冲突来说，大家对产业工会主义的态度是一个关键。因此，海伍德向希尔奎特提出挑战："在产业组织这个问题上，我愿在任何方便的时候和方便的地点同希尔奎特进行辩论。"

海伍德和希尔奎特这两名社会党全国执行委员会委员之间的辩论于1912年1月12日在纽约城的库柏讲习所举行。他们辩论的题目是《社会党对工人的经济组织的态度》，辩论的重点是对待劳工组织的正确态度，社会党应该支持世界产业工人同盟，还是支持劳联。在辩论中，海伍德说，社会党只有通过支持世界产业工人同盟才能实现其目标。他说："一个主张阶级斗争的组织是社会党在任何时候都应赞成并为之工作的组织。"他指出，世界产业工人同盟就是这样的组织。他说，劳联已反动得无法改造了，是一个同社会党的原则毫无共同之处的劳工组织，社会党不应该承认它。海伍德最后指责希尔奎特不了解"产业工会主义"一词的含义，因为他只是简单地把产业工会主义看作"行业工会主义的扩大形式"，"我要对希尔奎特说，产业工会主义包含了社会主义所包含的一切；产业工会主义即是穿着工人服的社会主义"。希尔奎特辩解说，他承认产业工会主义无疑地比行业组织要优越，但真正的问题是社会党是否应该干涉工会的内部组织，是否只支持那些符合产业形式的工会。希尔奎特对这个问题的回答是否定的。他说："对劳工的产业工会形式进行特别的宣传并非社会党职务范围内的事。"他承认劳联是保守的，却坚持社会党人要广泛地打入劳联内部，因为社会党人在全国选票增多是在不小的程度上来自劳联的群众支持。社会党要是去帮助纯乎是无政府主义的组织，将是严重的错误。"劳联中谁会喜欢世界产业工人同盟呢？有组织的工人或没有组织起来的工人了解世界产业工人同盟吗？什么也不了解！"他最后还预言："我向你保证，在五年之内，时间不会太长，美国劳联及其广大会员将会是社会主义的。"[1]在这次辩论中，海伍德和希尔奎特各自谈了对世界产业工人同盟和劳联的看法，没有人对他们谁是谁非做出评论。

1912年5月12日至18日，社会党在印第安纳波利斯召开代表大会，讨论的主要问题是工团主义问题。在大会上，社会党内支持和反对世界产业工人同盟的两股力量展开了斗争。

大会开幕后，德国社会民主党的右派领袖之一卡尔·勒吉恩讲了话。他是由美国劳联的龚帕斯和美国社会党安排来美国旅行演说的。他说，德国社会民主党开除了所有持有工团主义倾向的党员，"在德国，类似工团主义和破坏的倾向是没有存在的余地的"[2]。他的讲话给社会党的右派和中派反对世界产业工人同盟起了助威作用。党的右派和中派伯杰、希尔奎特、哈里森和斯帕戈提出党章修正案，目的是从党内清洗海伍德和支持海伍德的左派人士。这一党章修正案的第2条第6款写道："任何党员反对政治行动或主张犯罪、破坏或其他暴力方法作为协助工人阶级争取解放的武器，将被开除出党。"关于政治行动的定义，大会上规定为"根据社会党的政纲确定的路线，参加公职的竞选和实际的立法和行政工作"。虽然这个党章修正案遭到一些左派人士的强烈反对，但最后经表决通过。后来，又经党内投票表决，在全党通过了这个党章。这样，反对世界产业工人同盟成为社会党的既定政策。右派和中派的下一个步骤，就是清洗海伍德和其他支持世界产业工人同盟的左派分子。

1912年12月1日，在由社会党纽约州第7支部庆祝劳伦斯罢工的领导人约瑟夫·埃特和阿图罗·吉奥瓦尼蒂无罪释放的集会上，海伍德发表了演说。纽约的《号角》报断章取义地发表了海伍德的演说记录，指责海伍德的演说违背了社会党1912年代表大会上通过的党章。社会党的纽约州委员会和新泽西州委员会动议撤销海伍德的党的全国执行委员会的委员职务。

1912年12月28日，社会党的全国总部急不可耐地从芝加哥向全体党员发出通知，说海伍德在纽约州集会上的演说鼓动工人使用直接行动和破坏方

[1] Philip S. Foner, *The Industrial Workers of the World, 1905-1917*, New York: International Publishers, 1980, pp. 396-397.

[2] Samuel Gompers, *Seventy Years of Life and Labor*, New York: Cornell University Press, 1925, p. 34.

法，违反了党章的第 2 条第 6 款。社会党的纽约州委员会认为海伍德不配当全国执行委员会的委员，建议根据党章撤销他的委员职务。这个通知要求全体党员就这一动议投票表决。

社会党内不少党员反对总部的通知。社会党内的 37 名在社会上有名望的党员签署了抗议声明，并发表在 1913 年 1 月 4 日的《号角》报上，指出这种反对海伍德的行动是"不明智的和没有根据的"，目的是"要在社会党群众中制造不和和仇视"。"我们知道海伍德同志相信政治行动，并且在帮助解决产业领域工人阶级所面临的困难问题上为党作出了重大贡献"。但是，右派对党内的抗议充耳不闻。在他们的操纵下，约有 25% 的党员投票表决，22000 票赞成，11000 票反对，撤销了海伍德的全国执行委员会委员职务。不久，许多赞成海伍德观点的和不满党内右派专横的党员相继退出社会党，达数千人之多。

社会党右派坚持分裂党的做法，继续不断地开除支持世界产业工人同盟的党员。1914 年，芬兰语联合会中被开除的和退出党的约有 3000 人。社会党右派的分裂行动，严重削弱了党的力量。1912 年 5 月，社会党召开代表大会前夕，党员数达 15 万人；到 1913 年 6 月，党员数下降到 78000 人。社会党右派的分裂行动给美国整个社会主义运动和工人运动造成很大的损害。社会党党章中第 2 条第 6 款，给美国政府在第一次世界大战期间镇压世界产业工人同盟会员和其他激进分子提供了口实。

第六节　美国社会主义政党在第二国际中的活动

在恩格斯的领导下，1889 年 7 月 14 日至 21 日，国际社会主义者大会在巴黎召开，建立了第二国际。美国社会主义工人党的代表 J.F.布希和纽约统一犹太工会的 J.E.米勒出席。这次大会上讨论了一些重要的涉及国际工人运动的问题，其中之一是关于"五一"国际劳动节问题。为了纪念美国工人 1886 年 5 月 1 日总罢工斗争和支援美国工人预定于 1890 年 5 月 1 日举行的总罢工，大会根据美、法两国代表的建议，通过了关于"五一"国际劳动节的决议。1889 年 10 月，社会主义工人党的全国代表大会正式赞同第二国际成立大会的这一决议。

后来，美国的社会主义工人党又派代表卢西恩·萨尼尔出席 1891 年第二国际布鲁塞尔大会；1893 年，社会主义工人党的德里昂和代表纽约及布鲁克林的中央劳工联合会的萨尼尔出席了苏黎世大会；1896 年，社会主义工人党派马修·马圭尔和萨尼尔出席了伦敦大会。

在恩格斯逝世以后，第二国际各国党内修正主义思潮日益增长，伯恩斯坦是这股思潮的代表。伯恩斯坦修正主义受到各国马克思主义者的激烈反对，德里昂领导的美国社会主义工人党虽然在国内犯了宗派主义和双重工会主义等错误，但在反对改良主义的同时，在第二国际内部斗争中，其始终坚持了阶级斗争，在一些根本的原则问题上，同欧洲的马克思主义者一起，与机会主义进行了斗争。特别是在 1900 年的巴黎大会上和 1904 年的阿姆斯特丹大会上，其与考茨基提出的所谓"橡皮"决议进行了斗争。但是，美国社会党则站在考茨基一边。

法国社会党右翼领袖亚历山大·米勒兰于 1899 年 6 月未经与党协商，参加了资产阶级反动政府，当上了工商部长，同屠杀巴黎公社社员的刽子手加利弗将军坐在一起，竭力帮助资产阶级分化和破坏工人运动。米勒兰的入阁博得了社会主义运动中右翼分子的支持，同时也受到了革命左派的谴责。在这种情况下，第二国际于 1900 年在巴黎召开了第五次代表大会。美国有卢西恩·萨尼尔率领的社会主义工人党代表团和希尔奎特率领的社会民主党代表团出席。在这次大会上，米勒兰事件是讨论的中心问题。在讨论这个问题的过程中，与会者围绕社会主义者如何对待资产阶级政府的问题，出现了三种意见：一派以盖德为首的不调和派，坚决主张对米勒兰的叛变行为予以制裁；另一派是以饶勒斯为首的右派，坚持社会党同资产阶级政党合作，赞许米勒兰的行为；第三派是以考茨基为首的"中派"，采取调和主义的立场。在考茨基起草的决议中，其宣称米勒兰参加资产阶级政府不是原则问题，而是策略问题，无须由大会做出决定，实际上支持了右翼分子。

在第九委员会（即国际政治政策委员会）投票表决时，24 票赞成，4 票反对，通过了考茨基起草的决议。美国的社会主义工人党投票反对考茨基决议，赞成盖德的决议。接着大会又以 29 票赞成，9 票反对，通过了考茨基的决议。在投票表决时，每个国家有两票，美国是社会主义工人党和社会民主党各有一票。社会主义工人党投票反对考茨基的决议，赞成盖德的决议；而美国的社会民主党则投票赞成了考茨基的决议。德里昂虽没有出席巴黎大会，但对米勒兰入阁持批评态度，他给 1900 年 10 月 22 日《人民》报写的社论中，指责米勒兰由于参加了内阁，应对血腥屠杀马提尼克和查朗的罢工工人负责。

他写道："'内阁政府'的理论是内阁的集体行动是一切内阁成员的个人行动。任何一名内阁成员的个人行动是一切内阁成员的行动。内阁部部长如果拒绝承担他同事的任何行动的责任，就应辞职；如他不辞职，表明他是同意的。"

巴黎大会上考虑到加强各国工人运动之间的联系，决定成立"国际局"，由出席第二国际的每一个国家选出两名代表组成，德里昂是美国的社会主义工人党参加国际局的代表，美国的社会党代表开始是乔治·赫伦，后来是希尔奎特。

巴黎大会结束后，美国社会主义工人党代表团返回美国，在纽约城的阿林顿大厅做了关于在巴黎大会上讨论米勒兰事件的报告。萨尼尔说："在第九委员会上，当这一决议（指考茨基提出的决议）宣读的时候……我说，同志们，我绝没有想到这是一位被认为是科学社会主义老练倡导者的作品。我们在美国是怀着深深的忧伤听到米勒兰接受部长职务的。我们怀着更深的忧伤听到法国社会党同意他接受部长职务。如果这一决议得以通过，我们的战斗者从大西洋到太平洋将会发出愤怒的呼唤，而资产阶级的党却将会弹冠相庆。……你们从上到下为贿赂和腐败敞开大门。你们在党内所确立的这类事情，是我们美国劳工运动中所严厉谴责的。这一决议否定了过去，玷污了社会主义的历史。"①

1904 年 8 月 14 日至 20 日，第二国际在阿姆斯特丹召开第六次代表大会，美国的社会主义工人党领袖德里昂出席，美国社会党的施留特尔和希尔奎特出席。大会主要的一项议程是"社会主义策略的国际原则"问题。1900 年巴黎大会后，修正主义者利用考茨基的"橡皮"决议，竭力篡改马克思主义的革命原则。因此，当时重新研究确认国际社会民主党人共同遵循的策略路线问题，就具有重要意义。在国际政治政策委员会上，盖德代表法国社会党提议把德国社会民主党德累斯顿代表大会反对修正主义的决议作为国际代表大会的决议。美国的社会主义工人党代表德里昂是国际政治政策委员会的成员，主张取消考茨基的决议。在这个委员会上，他对考茨基的发言进行了批评。他说："必须承认各个国家并非处于同样的社会发展阶段。我们知道多数国家仍受到封建条件的桎梏。适用于这些国家的具体策略并不适合于像美国这样的共和国。不过，考茨基决议的错误比那些更严重。考茨基说他的决议

---

① Eric Hass, *The Socialist Labor Party and the Internationals*, New York: New York Labor News Company, 1949, pp. 51-52.

只是考虑了极端的紧急情况——比如战争。他说他绝不可能或绝没有考虑到社会主义者同加利弗一起在内阁任职的事。他说过这样的事。我们必须相信他说过这样的事。……当他提出他的决议并投赞成这一决议的票时，他在想些什么，我们有他自己的、已正式记录下来的话，表明他了解那时其他人的想法。在我的公事包里有（德国社会民主党）德累斯顿代表大会的正式报告。他在他已记录下来的演说中说，德国代表团的发言人奥尔赞同考茨基的决议，并在赞同这一决议时说'我们，在德国，尚没有米勒兰；我们迄今还没有。但是我希望不久我们有米勒兰！'……这就是大家了解到的——米勒兰，加利弗的同伙……"[1]

德里昂还针对考茨基的决议，提出了他的决议案：

> 鉴于工人阶级同资产阶级之间的斗争是继续着的和不可抑止的冲突，是一种日趋剧烈而非削弱的冲突。
>
> 鉴于现在的政府是统治阶级的委员会，试图保卫套在工人阶级脖子上的资本主义剥削的枷锁。
>
> 鉴于 1900 年在巴黎召开的上次国际大会上采纳了一般称为考茨基决议的一项决议，这一决议的最后条款考虑到工人阶级在这样的资产阶级政府控制下接受官职的紧急情况，特别是推测到统治阶级政府在工人阶级同资产阶级之间的冲突中偏私的可能性。
>
> 鉴于在法国和在巴黎大会的情况下采纳上述条款——也许适用于尚未完全摆脱封建制度的国家——为关于阶级斗争的性质、资产阶级政府的性质以及在像美国这样的完全荡涤封建制度的国家里，无产阶级开展推翻资本主义制度的斗争所必要的策略等的错误结论辩护。
>
> 兹决议，第一，上述考茨基的决议应予撤销，并且同样地作为一般社会主义策略原则应予撤销。
>
> 第二，在充分发达的资本主义国家，如美国，工人阶级不可能担任政治职务而不背叛无产阶级事业，除非工人阶级占有政府并进行管理。[2]

德里昂提出的决议案被否决了。委员会上以 27 票赞成，3 票反对，通过

---

[1] Daniel De Leon, *Flashlights of the Amsterdam Congress*, New York: Socialist Labor Party, 1920, pp. 3-4.

[2] Daniel De Leon, *Flashlights of the Amsterdam Congress*, New York: Socialist Labor Party, 1920, pp. 148-149.

了法国代表盖德提议的德国社会民主党德累斯顿代表大会反对修正主义的决议，德里昂投了赞成票。德里昂说："我的提议被否决。……我只好投德累斯顿决议的票。……如果对德累斯顿决议投反对票，就会使美国社会主义工人党同饶勒斯同流合污；如果弃权，则是迂回地做同样的事。对于我的投票，我解释了我的立场，希望着重强调我对饶勒斯的政策和考茨基决议的谴责。"[1]

大会上投票表决，25 票赞成，5 票反对，12 票弃权，通过了德累斯顿决议，美国社会主义工人党和美国社会党都投了赞成票。

德里昂对考茨基决议的批判是不彻底的，他认为考茨基决议中的机会主义条款也许可以应用于"仍未完全摆脱封建制度的国家"，比如君主制的德国，在那里容克地主阶级掌握政权。在这些国家，"存在两个统治阶级的现象，因而同时存在着两种政治制度，陈旧的封建制度占统治地位……而年轻的资产阶级制度急迫地提出自己的要求。……在具有这种情况的国家里，现时流行的词语'阶级合作'是不能排除的……"[2]德里昂的这种看法显然是错误的。

在 1904 年阿姆斯特丹代表大会上，美国社会党的代表施留特尔和希尔奎特同荷兰、澳大利亚的代表一起提出了一项反移民的决议案，暴露了美国社会党的种族歧视和民族利己主义。他们的决议案写道："进一步考虑到资产阶级常常进口落后种族（中国人、黑人等）的工人，以便用廉价劳工来使土生工人的生活水平下降，考虑到这种甘愿受剥削的廉价劳工生活在公开的奴隶状态"，因此，"声明，社会民主主义必然竭尽全力同使用旨在破坏劳工组织，从而阻碍进步和最终实现社会主义的这种手段进行斗争。"[3]这个决议开始提交讨论时，把中国人、黑人等写成"劣等种族"，后来才改为"落后种族"。美国社会主义工人党代表德里昂等人批评了这一决议案。德里昂说："哪里有划分'劣等种族'和'优等种族'的界线？……社会主义不会在无产者中间有'劣等'和'优等'种族这类侮辱性的、不公正的划分。资本主义才煽动这种情绪之火，以阴谋分裂无产者。"[4]

大会经过辩论，否决了美国社会党提出的关于反对移民的决议案。但是，

---

[1] Daniel De Leon, *Flashlights of the Amsterdam Congress*, New York: Socialist Labor Party, 1920, p. 9.

[2] Daniel De Leon, *Flashlights of the Amsterdam Congress*, New York: Socialist Labor Party, 1920, p. 65.

[3] Daniel De Leon, *Flashlights of the Amsterdam Congress*, New York: Socialist Labor Party, 1920, p. 160.

[4] Daniel De Leon, *Flashlights of the Amsterdam Congress*, New York: Socialist Labor Party, 1920, pp. 117-118.

在右派和中派领导人的支持下，美国社会党的代表大会确立了种族主义的政策。1907 年 3 月，社会党的全国执行委员会会议通过了中派提出的调和右派和左派意见的妥协决议，并提交 1907 年的第二国际斯图加特大会讨论。这个决议采纳了劳联的反移民立场，要求所有的社会党以社会主义和工会主义教育移民，同时要求各社会党"以他们能拥有的一切手段，反对旨在破坏劳工组织、降低工人阶级生活标准，推迟社会主义最终实现的输入廉价外国劳工的行为"[①]。这个提案目的是排斥中国人和黑人迁居美国当工人。在大会上，许多代表谴责希尔奎特和美国社会党对亚洲人的歧视。但是，希尔奎特在大会上却说什么"移民问题是复杂而严肃的事"，美国社会党提出的决议案是"现实的"，而非歧视性的。大会否决了美国社会党提出的提案，斥责了排斥落后国家工人入境的民族主义倾向，号召加强无产阶级的国际团结。在斯图加特大会上，希尔奎特发言时承认了大会通过的不限制移民的决议，但后来又出尔反尔，在给国际局的信中写道："我们必须记住，第二国际大会上的决议仅是理论指导，而从不打算约束加入第二国际的各个党的策略工作和实际工作。"[②]

在 1907 年第二国际的斯图加特大会上，与会者也讨论了党与工会的关系问题，争论的焦点是工会中立、还是工会由党领导。许多年来，在法国和整个欧洲工人运动中风行着工会中立的机会主义思潮。美国社会党的代表希尔奎特和西蒙斯在大会上攻击世界产业工人同盟分裂了美国工人运动，提议对劳联采取"打入内部"的政策。其实，这是骗人的做法。在 1907 年劳联的年会上，社会党的伯杰要求社会党代表一致支持龚帕斯连任劳联主席。世界产业工人同盟的 F. W. 赫斯尔伍德指责美国社会党只是"争取选票的机器。……它只要能争得选票什么卑鄙勾当都干得出来。他们保卫劳联的许多工贼工会。在加利福尼亚，他们赞同谴责日本人的决议，要求把日本人从美国赶走。虽然我们发现日本人受到革命工会的教育极少，但较之劳联的神圣契约工贼，却是更好的工会会员"。他指出，社会党在同劳联的关系上采取的所谓"中立"，实质上是支持资产阶级在工会中的代理人。

在这次大会上，提到专门委员会上的 8 个决议草案，其中有美国社会主

① Norma Fain Pratt, *Morris Hillquit: A Political History of an American Jewish Socialist*, Westport: Praeger, 1979, p. 93.

② Norma Fain Pratt, *Morris Hillquit: A Political History of an American Jewish Socialist*, Westport: Praeger, 1979, p. 94.

义工人党和世界产业工人同盟共同提出的决议草案。这个决议案写道：

> 鉴于工人阶级有机组织起来的产业组织是劳工共和国或是社会主义共和国的萌芽，预示了这种共和国及其行政权力的有机形式；
>
> 鉴于在资本主义充分发达的情况下行业工会表明，财阀控制的纽约华尔街报赞赏龚帕斯和米歇尔的美国劳联，这个"资本主义社会的堡垒"，培养了美国资本家马克·汉纳所称谓的"资产阶级在工人中的代办"。
>
> 兹决议：
>
> （一）社会主义政党对工会采取中立态度就等于是对资产阶级的阴谋表示中立。
>
> （二）真正的或革命的社会主义运动需要有工人的政治组织和经济组织。前者是为争取选票进行宣传和斗争，后者则作为可信赖的支持争取选票的物质力量，没有这种物质力量，一切选票都是空谈。这种力量对于最终控制资产阶级是十分重要的。
>
> （三）没有政治组织，工人运动或社会主义运动就不能取得胜利；没有经济组织，运动会吸引和滋生出纯粹的政客，他们会腐蚀和出卖工人阶级；没有政治组织，运动会吸引和滋生内奸，他们会扼杀运动。[①]

这个决议案提出了以产业工会代替行业工会的问题，但也包含一些严重错误。首先，它把产业工会看作未来社会主义共和国的国家组织，这是无政府工团主义思想。其次，它在看待党和工会的关系上，只是把工会看作支持党争取选票的物质力量。

大会通过了以奥地利代表比尔的决议草案为基础的决议，肯定了工会与党必须有密切的联系，并且要进一步巩固这种联系，因而否定了风行欧美工人运动中的工会中立机会主义传统路线。

许多国家的社会主义运动处于分裂状态，美国同法国、俄国、英国和其他国家一样，都有相互对立的社会主义政党。在1904年的第二国际阿姆斯特丹大会上，后又在1907年的斯图加特大会和1910年的哥本哈根大会上，与会者都在呼吁各国社会主义运动的统一。但是，第二国际历次大会上通过的关于争取社会主义运动统一的决议没有指出达成统一的条件和基础。美国社

[①] Eric Hass, *The Socialist Labor Party and the Internationals,* New York: New York Labor News Company, 1949, pp. 83-84.

会主义工人党在斯图加特大会后举行了党的全国执行委员会会议，建议同美国社会党实行统一。在 1908 年 5 月的社会党大会上，代表们对统一问题进行了讨论。大多数代表担心德里昂利用统一问题来破坏社会党，认为 1908 年两党之间的分歧并不亚于 1899 年时社会主义工人党内两派之间的分歧，最后大会表决以 131 票对 48 票，反对采取步骤来实现两党统一。在 1910 年哥本哈根大会后，社会主义工人党又提出同社会党讨论哥本哈根大会号召的"仍处于分裂状态的国际各国支部尽快地恢复统一"的问题。但社会党的希尔奎特认为社会主义工人党已经"名存实亡"而拒绝谈判。在 1905—1916 年期间，社会党和社会主义工人党的有的州或地方组织曾达成统一的协议，但都未得到社会党全国总部的批准。在 1914 年德里昂逝世以前，社会党始终没有主动促进两党统一。1916 年，两党就两党统一问题举行了会晤，但因在工会问题上存在意见分歧，社会主义工人党谴责行业工会主义，赞成产业工会主义，而社会党不同意这种观点。因此，两党宣布因意见分歧，无法弥合，谈判破裂。

1912 年 11 月，第二国际在瑞士的巴塞尔举行了第九次非常代表大会，讨论了反对军国主义和战争危险的问题，并一致通过了著名的《巴塞尔反战宣言》。美国社会党和社会主义工人党都未派代表出席。

第七节 第一次世界大战期间的社会党

第一次世界大战是帝国主义战争。战争开始时，德国、法国和英国等国家的几个大的社会党的领导人支持本国政府，堕落为社会沙文主义者，使第二国际陷于破产。在这严酷时刻，各国左派英勇地起来反对帝国主义战争。但是，他们没有提出彻底革命的口号。只有以列宁为首的布尔什维克从大战一开始就采取了鲜明而坚定的无产阶级国际主义立场，揭露这次战争的帝国主义政策，声讨第二国际机会主义领袖的背叛行为，提出了"变现时的帝国主义战争为国内战争"[①]的口号。

大战爆发后，美国威尔逊政府以和平主义者的面目出现，利用"中立"地位让美国资产阶级大发战争财。美国公众强烈反对卷入战争，美国社会党

---

① 中共中央马克思恩格斯列宁斯大林著作编译局编译：《列宁选集》第 2 卷，北京：人民出版社，1995 年，第 574 页。

大多数领导人反对战争，但一般带有和平主义的性质，也没有谴责第二国际大多数政党的社会沙文主义行为。美国社会党全国执行委员会于 1914 年 8 月 14 日发表了第一次宣言，声称"美国社会党特此在欧洲的工人经受考验的时刻，在他们被野心勃勃的帝王、居心叵测的政客和诡计多端的资本家投入流血的、愚蠢的冲突的时候，向他们表示同情"，"我们要求他们考虑卷入冲突的各国的工人彼此并无争吵，他们蒙受的灾难——贫穷、匮乏、失业和压迫——并非其他国家的工人，而是他们自己的国家的统治阶级强加于他们的"，"美国社会党遵照国际社会主义运动的宣言，特此重申，反对这一战争和以任何借口发动的其他一切战争。……美国社会党特此表示，谴责欧洲的统治阶级……美国社会党特此号召居住在这个国家的所有外国生的工人……为了强调所有劳动人民的兄弟情谊和团结而不论其肤色、信仰、种族或国籍，召开共同的群众大会。……美国社会党特此保证忠诚地支持欧洲的社会党采取他们认为必要的措施，在人民中间促进和平和友好的事业。美国社会党特此呼吁政府立即开始进行调解和竭尽全力迅速结束灾难性的冲突，以证明其和平政策是真诚的"。[1]1914 年 9 月中旬，社会党全国执行委员会致电第二国际国际局的交战国社会主义政党党员及职员，督促各社会党为和平而工作。电报是由伯杰和希尔奎特等三人签发的。电文写道："在当前的危机中，在任何国家被完全击溃以前，社会党代表们应竭力影响各国的政府使交战国接受美国的调停。这样做并不会丧失威信。会议应在海牙或华盛顿举行。……"[2] 1914 年 9 月 19 日，美国社会党全国执行委员会呼吁欧洲各社会党举行国际会议，讨论和平问题。"美国社会党人向目前处于世界大战中的欧洲工人致以深切的同情和兄弟情谊。我们并不想对欧洲的我们的兄弟党的行为作出评价。我们了解，他们都是当前罪恶的工业制度、政治制度和军事制度的罹难者。了解到他们在目前情况下作出了他们所能作出的努力。我们以社会主义的名义向你们呼吁，我们要求你们，采取同你们自己的声明一致的行动，帮助中止这种群众性的屠杀……在斯图加特的国际大会上，通过了一项决议，国际社会主义运动不仅要保证竭尽全力避免战争的爆发，而且一旦战争爆发，要努力尽我们的力量使战争尽早结束。蒙受战争的欧洲国家的社会主义者按这决议的第一部分的精神，真诚而英勇地进行了工作……世界上的社会主义

---

[1]　Anthony Bimba, *The History of the American Working Class*, Westport: Hyperion Press, 1976, pp. 256-257.

[2]　Anthony Bimba, *The History of the American Working Class*, Westport: Hyperion Press, 1976, p. 257.

者现在必须立即着手实现这一决议的第二条款——为尽早结束战争而工作"。① 1914 年 11 月，社会党在竞选中提出的口号是"每一张投社会党人的选票都是对战争的抗议"②。社会党的宣言和呼吁虽然都谴责了战争，但在第二国际大多数政党支持本国政府进行的帝国主义战争，公开投入本国资产阶级怀抱，转向社会沙文主义的时候，美国社会党并没有谴责他们背叛社会主义的行为，相反却在世界工人阶级面前美化了这些叛徒。美国社会党还劝说世界工人接受发战争财的美国资产阶级政府的调停。因此，美国社会党的宣言和呼吁书带有机会主义性质。

同样的，社会党领袖之一的希尔奎特，不是谴责第二国际大多数政党的社会沙文主义的行为，而是把他们说成是发达的资本主义制度的受害者。他于 1914 年 9 月 6 日写的题为《社会主义者对战争的看法和他们为什么不能阻止战争》一文中说："欧洲凶恶的战争不过是凶恶的欧洲资本主义发展到不可避免的顶点。"欧洲资本家要通过战争来解决失业问题和推行帝国主义扩张政策。而社会主义者"无力阻止骇人听闻的灾难"，不能责备欧洲的社会主义者和有组织的工人。9 月 21 日社会党举行示威游行时，希尔奎特要求听众宽恕欧洲的社会主义者。他说："社会主义者不对这场战争负责。社会主义者曾站在战前和平运动的前列。"他最后说："国际社会主义团结的精神被战争所戕害，但国际没有死亡。"1914 年 9 月 22 日，希尔奎特负责为社会党全国执行委员会撰写的《致欧洲交战国的社会主义工人》的呼吁书中，继续为第二国际大多数政党的领导人的变节行为开脱，说他们是"推动各国相互残杀的战争邪恶工业制度和政治制度的受害者"。希尔奎特更是为德国社会民主党的机会主义头子的背叛行为开脱罪责。他在 1914 年 12 月 31 日给英国的 H. M. 海因德曼的信中说，"不同意你们或社会主义运动中我的其他许多朋友……把德国社会主义者的行为说成是'背叛的'"。他认为，德国社会主义者同交战国的其他社会主义者差不多一样行事，因此不能把德国人挑出来作为例外。希尔奎特于 1915 年 4 月在兰德社会科学学校讲话时说，德国党的议会党团投票赞成军事预算并非由他们自己的意志决定，而是由大多数人的意志决定。他说，德国的社会主义者这样做，是由于德国工人和选民在宣战以

---

① Anthony Bimba, *The History of the American Working Class*, Westport: Greenwood Press, 1976, pp. 257-258.

② Nathan Fine, *Labor and Farmer Parties in the United States*, New York: Rand School of Social Science, 1928, pp. 305-306.

后立即自发地支持他们的国家。可见，希尔奎特虽然表面上反对战争，但实质上是站在欧洲社会沙文主义的一边，特别是站在德国社会沙文主义者一边。

大战爆发后，美国社会党在战争的问题上发生了分化。有一些著名的党员，其中有的是战前的左派人士，一开始就公开地支持协约国。例如，威廉·沃林把英、法与德国的冲突看作一方为资本主义，另一方为半封建、军国主义、前资本主义之间的冲突。他认为，只有高度发达的资本主义才能为社会主义铺平道路。因此，击败德国军国主义和半封建主义符合社会党人的利益。后来，他又把欧洲的冲突，即英、法同德国的冲突看作民主和反动之间的冲突，把德国看作自由和民主的敌人。阿尔吉·西蒙斯也认为，战争逐渐变成进步与反动之间的冲突。约翰·斯帕戈和费尔普斯·斯托克斯也持这种看法。他们认为协约国的事业是正义的，英、法社会主义者支持战争是正当的。支持协约国的还有马克斯·伊斯门、查尔斯·爱德华·拉塞尔、杰克·伦敦和艾伦·本森。也有些人支持德国，如查尔斯·施泰因梅茨和罗伯特·洛伊。伯杰也同情德国。在社会党内德布斯明确反对帝国主义战争，主张社会革命的战争。他说："我不是一个资本主义的士兵；我是一个无产阶级的革命者。……我反对一切战争，只有一种战争我不反对，我全心全意地主张这种战争，这就是世界范围内的社会革命战争。……"[1]

由于第一次世界大战爆发以来，社会党内广大党员的反战情绪越来越强烈，纷纷要求社会党领导人制定明确的对战争的政策。1915 年 1 月 9 日，社会党在《社会主义者》报上发表了和平纲领，指出欧洲的资本家和帝国主义者要对战争负责，强调交战国的工人利益一致。纲领包括不索取赔款、不吞并领土、由国际法庭处理争端、由国际联盟来保持未来的和平、战略水域国际化和海域的中立化等条款。纲领还要求"通过一切国家的社会变革来消除战争的经济原因"，来扩大民主。这些社会变革包括国家资源、公共事业和基础工业的社会化及立即改善劳工境遇等。在这一和平纲领中，还有两条要求防止美国参战的条款："一是要求修改宪法，规定将来参加'进攻性'战争以前要诉诸公民投票；二是要求制定裁军纲领。在国际警察有足够的力量实施全面裁军之前，需要把军备冻结在目前的水平上。"[2]党内左派对这一和平纲

---

[1] Nick Salvatore, Eugene V. Debs, *Citizen and Socialist*, Chicago: University of Illinois Press, 1982, p. 275.

[2] Morris Hillquit, *Loose Leaves from Busy Life*, New York: Literary Licensing, LLC, 1934, p. 160.

领提出了批评，指出这一纲领对战争根源缺乏充分的经济分析，也没有采取战斗性的立场来反对美国进行的战备。路易斯·布丁在 1915 年 1 月的《新评论》中指责社会党全国执行委员会的反军国主义和反战立场是不真诚的，是"我们的机会主义领导人保持他们对党的决策权力的另一阴谋"。路易斯·弗雷纳在 1915 年 3 月的《新评论》中撰文指出，要警惕美国军国主义的威胁，指责党的全国执行委员会的纲领中没有坚决地反对军备和军国主义。左派特别批评党的领导对美国不断增强的军国主义情绪只是温和地加以反对。

1915 年 2 月，德国宣称在英伦三岛的海面划定了作战区域，要使用潜艇击沉在那里出现的敌方商船，中立国的公民与船只若开进这个区域将冒被击沉的危险。5 月，英国轮船"露西塔尼亚"号在爱尔兰海面被击沉，船上有 128 名美国人丧命。美国军国主义者抓住这一事件鼓吹与德国作战，社会党多数党员反对美国的军国主义鼓噪。德布斯代表了大多数社会党人的意愿，指出备战将会"把美国变成地球上最强大、最可恶的军事专制国家"①。他指责威尔逊总统提出备战是受华尔街的影响，这也抛弃了其原来的原则。海伍德则主张以革命的罢工来反对美国的备战。美国社会党全国执行委员会在 1915 年 5 月举行会议，发表了《致美国人民书》，谴责军国主义的鼓噪，"我们特别号召美国工人运用他们拥有的一切力量，反对战争和一切战争鼓噪。……""没有一个工人会为屠杀其他国家的工人兄弟而举起他的臂膀，也不会去生产杀人的武器或军需品！打倒战争！争取国际和平和世界范围内所有工人的团结！"在同一会议上，社会党全国执行委员会通过了"和平纲领"，要求没有赔款和割地的和平，建立世界的国际联合会，尽早地普遍裁军等等。全国执行委员会还向党员建议，通过全体党员投票表决在党章中增加新的一节："任何一个社会党员在被选担任公职期间，以任何方式投票赞成为军事目的或海军拨款，将开除出党。"这一党章修正案以 11141 票对 782 票通过，是党内坚决反对帝国主义战争的左派施加压力的结果。但是，党内也有一些人不同意这一和平纲领，支持美国备战。威廉·詹姆斯·根特说党的和平纲领是"党的自杀行为"。伯杰支持美国备战，他在《美国社会主义者》刊物上宣称，美国备战是既成事实，提议所有的年轻人服役一年，在这期间，应教育他们怎样使用机关枪。由于伯杰反对党的和平纲领，地方党组织曾要求撤销他在全国执行委员会中的职务。查尔斯·爱德华·拉塞尔也支持备战，因此，

---

① David A. Shanon, *The Socialist Party of America,* Chicago: MacMillan, 1967, p. 89.

在 1916 年，社会党党员没有提名他作党的总统候选人。

1915 年 12 月，党的全国执行委员会指派希尔奎特、詹姆斯·莫勒和德布斯向威尔逊总统提交社会党的反战和平纲领。希尔奎特在他的自传《忙碌生涯的片断》中回忆说，威尔逊向社会党代表团表示赞成中立，同意社会党的和平建议，特别是不吞并领土和不索取赔款的纲领。

从 1915 年末到美国参战前一年，威尔逊政府一方面打着"中立"的招牌"调停"欧战；另一方面处心积虑地进行扩大军备的活动，以便树立美国在国际政治中的霸权地位。德国潜艇增加活动，使美国参战的可能更大了。美国社会党全国执行委员会再次发表宣言，重申它的"反战的不变立场"，指责"这个国家的商业利益和银行家、华尔街集团，特别是军火制造商竭智殚虑地通过一切途径施加影响，以便使这个国家投入流血的大漩涡"。宣言"号召一切工人和反对战争的人们举行群众大会，以清楚明白的语言发出抗议，谴责要把美国人民投入他们不需要的战争中去的企图。我们号召人民要求这个国家不染指于欧洲的疯狂的场所"[1]。

在 1916 的总统竞选中，社会党的总统和副总统候选人是阿伦·本森和乔治·柯克帕特里克。竞选纲领重申社会党"坚持国际友爱、世界和平和工业民主的原则"，指出"战争是资本主义生产制度的自然结果"。竞选纲领指出了美国积极备战的原因：欧洲使"美国统治阶级有了积聚巨额利润的机会，结果过量的资本要求采取保护和扩大海外投资的帝国主义政策。因此，统治阶级竭力驱使美国陷于军国主义狂热之中"。竞选纲领指出，"工人阶级必须了解，反对外国侵略的备战叫嚣只是掩盖在国外实行帝国主义、在国内实行工业专制的卑鄙目的"，"因此，社会党反对军事准备，反对为战争或军国主义提供人力或拨款。……社会党献身阶级战争，鼓励工人在矿山、森林、火车、轮船、工厂和田野使用他们的经济和工业的权力，拒绝采煤、运送士兵、为军事目的提供粮食或其他物资，从而阻止统治阶级控制为对外实行侵略和对内实行工业专制所需要的武装力量和经济权力"[2]。竞选纲领提出了保证和平的措施，诸如立即废除一切旨在增加美国军事力量和海军力量的法律及拨款；要求剥夺总统把国家引向战争的权力；要求宣战前要诉诸全国公民投票；由美国政府召开一切中立国家参加的会议，在交战国之间进行仲裁，以便在

---

[1]　Anthony Bimba, *The History of the American Working Class*, Westport: Hyperion Press, 1976, p. 259.

[2]　Donald Bruce Johnson ed., *National Party Platform, Vol. I: 1840-1956*, Chicago: University of Illinois Press, 1978, pp. 207-210.

不索赔款或吞并领土以及在有约束力和可实施的国际协定的基础上实现立即的和平及持久的和平。

社会党的1916年竞选纲领中的反战和反对美国参战的立场比以往的宣言前进了一步。社会主义工人党1916年的竞选纲领对欧战和美国的参战问题一字未提，只是空谈以社会主义代替资本主义。

这一年的总统竞选中，社会党得到的选票比1912年少了大约1/3，原因是多方面的：一是本森不像德布斯那样影响大和具有号召力；二是美国的工会多支持美国备战，工会会员投社会党人的票大大减少；三是由于1912年和1913年许多工团主义者退出社会党，使社会党的力量有所削弱；四是欧洲的多数社会主义政党奉行社会沙文主义政策，背叛了社会主义事业，影响了社会主义在美国人民中的威信；五是威尔逊总统信誓旦旦地保证使美国置身于欧洲政局之外是"美国固定不移的传统政策"，提出"使美国避免战争"的口号，迎合了美国人民反对参战的情绪。

1917年2月1日德国恢复无限制的潜艇战，威尔逊总统召开国会非常会议，并于4月2日亲自发表他的战争咨文，4天以后，国会对德国宣战。

美国宣战后，龚帕斯等劳联的头子支持威尔逊政府，劳联的执行委员会于1918年2月宣称"这一战争是光荣的战争"。龚帕斯说什么"这是反对战争的战争。这是这次战争的实质。这是一次征战，是愤怒的人民保卫他们受到威胁的自由和民主而进行的战争。这不是资本主义的战争。……"[1]世界产业工人同盟则反对美国参战。1917年7月，世界产业工人同盟的总执行委员会在芝加哥开会讨论战争问题。会后，《团结报》编辑拉尔夫·查普林撰文，宣称"我们的组织从一开始就反对一切民族和帝国主义的战争。我们证明了，毫无疑问，战争是一个我们永远没有，也永远不想与之妥协的问题"，"世界产业工人同盟在反对战争方面和强烈地反对强迫它的会员投入不同民族的统治阶级的流血争吵及没有必要的争吵方面是有文载录的"，"我们常常坚持的劳工国际团结原则，使我们不可能参加寄生阶级的任何掠夺和争吵"。[2]

对于美国参战问题，社会党于1917年4月7日至14日在圣路易斯召开非常代表大会进行了讨论。在大会上，多数代表强烈地反对战争，特别是自

---

① Anthony Bimba, *The History of the American Working Class*, Westport: Greenwood Press, 1976, p. 251.

② William Haywood, *The Autobiography of Big Bill Haywood*, New York: International Publishers, 1983, p. 301.

1914 年欧战以来党内发展起来的新左派主张鲜明的反战立场。在大会上，左派在人数和精神上占优势。由于左派反战和反对美国参战的情绪高涨，也由于俄国革命的影响，推动了希尔奎特等右派和中派领袖在反战问题上采取了比过去较为坚决的态度。大会通过了由党内左派查尔斯·鲁登堡、阿尔杰农·李与希尔奎特共同起草的多数派报告，否决了路易斯·布丁起草的少数派报告和约翰·斯帕戈起草的支持美国参战的报告。多数派报告写道：

美国社会党在当前严重的危机中庄严地重申其忠诚于国际主义和全世界的工人的团结，声明始终不渝地反对美国政府刚宣布的战争。

现代战争一般来说是由不同国家的资产阶级的利益激发的商业的和金融的竞争和阴谋造成的，不论战争是直截了当地以侵略战争来进行的，还是伪善地声称是"防御"战争，都是由阶级来进行的，并由群众来打的。战争给统治阶级带来了财富和权力，但给工人却带来了灾难、死亡和道德败坏。

战争培育了一种狂热、非理性、种族仇恨和虚伪的爱国主义的邪恶精神。战争掩盖了工人为生活、自由和社会公正所进行的斗争。战争会切断这个国家与其他国家工人兄弟之间团结的重要纽带，破坏了他们的组织，剥夺他们的公民权利、政治权利和自由。

美国社会党始终不渝地反对由军事力量和虚伪的爱国主义所维护和加强了的剥削制度和阶级统治。因此，我们号召一切国家的工人拒绝支持他们参战的政府。相互竞争的各国资本家集团之间的战争是不关心工人的。工人正当地拿起武器来进行的唯一斗争是世界工人阶级为摆脱经济剥削和政治压迫而进行的伟大斗争，我们特别警告工人要反对所谓防御战争之类的圈套和欺骗。我们坚持国际工人阶级团结的理想，反对民族爱国主义的虚伪原则。我们不愿献出一条生命或一个美元来支持帝国主义，我们发誓为支持工人争取自由的斗争贡献我们的一切。

当前，震撼不幸的欧洲的疯狂的、大规模的死亡和破坏，是由欧洲国家的资产阶级利益的冲突引起的。

每个国家的资产阶级都竭力寻求国外市场，处理积累的"剩余"财富。资本家所拥有的巨额利润在本国继续投资不再有大利可图，因此他们努力寻求外国的投资场所。每个现代资本主义国家的地理边界对于资产阶级的工业和商业活动而言，已变得太狭窄了。

因此，所有的主要国家的资本家把他们的力量集中在控制世界市场上，帝国主义成为欧洲政治中的主调。获取殖民地和扩大势力范围成为外交阴谋的目标和国与国之间经常冲突的原因。

地球上资本主义强国之间尖锐的竞争，它们相互嫉妒和不信任以及惧怕工人阶级增长的力量，使它们武装到牙齿。这在战争爆发以前的数年里就导致了军备竞赛，使欧洲的主要国家成为拥有数百万常备军的兵营，在"和平"时期就为战争进行操练和装备起来。

这样，资本主义、帝国主义和军国主义为欧洲不可避免的总冲突奠定了基础。欧洲的可怕战争不是因为偶然事件引起的，也不是任何一个国家的政策或制度引起的。这是竞争的资本主义制度的逻辑结果。

多数派报告揭露了美国参战的帝国主义性质。

在比利时遭到侵略时，我们政府命令本国人民恪守保持中立的责任，这样清楚地表明，政府不关注"人类的良知"、小国命运和民主制度的命运。但是，当我们庞大的军火运输严重地受到威胁的时候，我们的政府号召我们团结起来，"保卫民主和文明"。

我们参加欧战是由美国掠夺成性的资本家煽起的。他们吹嘘从生产和出售军火和军需品中，从出口美国食品和其他必需品中获得75亿美元的巨额利润。他们对继续战争，对于通过给予协约国政府大量贷款和其他商业联系而促成的联军胜利颇有兴趣。正是同样的兴趣推动帝国主义竭力去统治西半球。

美国反对德国的战争不能因借口这是一场保卫美国权利或美国"荣誉"的战争而说成是正当的。虽然德国政府举行的无限制潜舰政策过去是、现在仍然是残暴的，但并未侵犯美国人民的权利，仅是干涉了美国某些资本家集团从欧洲交战国人民的流血和劫难中牟取冷酷利润的机会。

这不是一场反对主要列强军国主义政权的战争。军国主义永远不能用军国主义来废除。

这不是一场在欧洲倡导民主事业的战争。民主永远不能由外国用武力强加于任何国家。

说什么这场战争不是反对德国人民而是反对德国帝国政府的，这是虚假而伪善的。如果我们把武装力量派遣到欧洲战场，将杀戮大量德国人民，而非德国帝国政府。

我们在这个时刻参加欧洲冲突，只会增加战争的恐怖，增加死亡人数和破坏的程度，延续残忍的屠戮。它会给美国人民，特别是工人阶级带来死亡、灾难和贫困。它会给这个国家的反动势力以借口，来扼杀我们的权利，摧毁我们的民主制度，把这个国家永远拴在军国主义上。

我们把我们政府的宣战称作对美国人民和对世界各民族的犯罪。

在近代史上，没有比我们正在进行的战争更不正当了。

没有比资产阶级强使这个国家违背其意愿，强加在人民头上的耻辱更大了。

根据这些原则，社会党俨然否定这个建议，即在战时，工人应停止其为改善条件所进行的斗争。相反地，战争所造成的尖锐的局面，要求更猛烈地开展阶级斗争。我们向工人建议并保证忠于下列行动：（一）通过示威、群众请愿和我们能力范围内的其他一切手段，继续积极地、公开地反对战争。（二）不屈服地反对一切拟议的征兵立法或工业征募的立法。如果强加于人民头上，我们誓将继续支持为废除这种法律和反征募而开展的一切群众运动。我们誓将竭力反对通过对生活必需品征税，或发行会遗给下一代以负担的债券来筹款，以增加战争费用的企图。我们要求应对战争负责的资产阶级支付战争费用，让生火者出柴薪。（三）强烈地抵制一切反动措施，诸如审查报纸、邮件、限制言论自由、集会和组织的权利或对罢工进行强制性仲裁和限制罢工权利。（四）坚持不懈地宣传反对在公共学校进行军训和军国主义教育。（五）扩大在工人中的教育运动，把他们组织到强大的具有阶级觉悟的和紧密统一起来的政治及产业的组织中来，以统一的群众行动使他们能缩短这场战争，建立永久和平。（六）进行广泛的教育宣传，启发群众了解资本主义与战争的真正关系，发动和组织他们行动起来，不仅反对目前战争的罪恶，而且要防止未来的战争和消灭战争根源。（七）保护美国人民群众不致蒙受欧洲的战争给他们带来的和美国参战已加重的紧迫的饥饿的危险。

多数派还为此提出了诸如限制食品出口，防止食品投机者囤积居奇，对生产和销售食品及其他生活必需品的大工业实行社会化和进行民主管理等要求。多数派的报告最后指出，"只要资本主义工业制度存在，就有战争重演的危险。一旦全世界建立起社会化的工业和实行工业民主，战争将会结束。社会党号召所有的工人加入党的斗争，来实现这一目标，从而给这个世界带来一个新社会，在这个社会中，主要理想是和平、博爱和人类情谊"①。

这个多数派报告在大会上通过后，被称为社会党的圣路易斯决议。它明确地指出了第一次世界大战的帝国主义战争性质、战争的根源和美国参战的罪恶目的，坚定地表示了社会党的反对帝国主义战争和美国参战的立场，坚持了国际主义的原则，在国际上和美国国内都产生了影响。虽然圣路易斯决议没有提出变帝国主义战争为国内战争的口号，但在第二国际大多数政党公开转向社会沙文主义的时期，这一决议可以说是反对帝国主义战争的檄文。

圣路易斯决议在社会党内受到广大社会党党员的欢迎。德布斯虽然没有出席大会，但他写文章号召社会党党员支持这一决议。党内右派领袖伯杰曾一度赞成美国备战，这次也在决议上签了字。不过，党内也有一些人坚持支持美国参战的立场，反对圣路易斯决议，退出了社会党。在他们当中，有原属于左派的人，如威廉·沃林和查尔斯·拉塞尔，也有原属于右派和中派的约翰·斯帕戈及阿尔吉·西蒙斯。他们不仅公开地支持美国参战，而且抨击坚持反战的社会党人，甚至恬不知耻地向政府告密。阿尔吉·西蒙斯伙同威斯康星州前社会党州议员温菲尔德·盖洛德写信给威斯康星州的参议员赫斯廷斯，说什么圣路易斯决议具有"叛国性质"，建议采取措施防止这一文件的发行。他们还造谣说维克托·伯杰接受德国特务的津贴来办报，使《密尔沃基导报》关于战争的报道有利于德国。盖洛德向联邦政府提供了他认为社会党"叛国"的文件和信件。古斯塔夫斯·迈尔斯写信给威尔逊总统，说要揭露社会党的"危险的、阴谋的宣传"。约翰·斯帕戈在他写的题为《亲德的叫嚣》的小册子中，说"美国社会党的代言人希尔奎特支持德国霍亨索伦王朝厚颜无耻的要求"。查尔斯·拉塞尔在威斯康星州麦迪逊的演说中，说"那些反对战争的社会党人是肮脏的卖国贼，必须把他们赶出美国"。加利福尼亚州的威廉·根特恐吓社会党人停止他们的反战宣传。他说："没有一个正在经历战争严峻考验的国家能容忍在后方出现小战争。和平主义者、亲德派和铜头毒蛇必须抑制自己，否则会被镇压。"《诉诸理性报》于1917年末由路易斯·科佩林任编辑，改变了该报的反战立场，转而支持战争。一些支持战争的原社会党人还成立了"美国社会民主同盟"，后来于1917年10月成立了"国民党"，

---

① Nathan Fine, *Labor and Farmer Parties in the United States*, New York: Rand School of Social Science, 1928, pp. 310-316.

但没有什么作为，不久就销声匿迹了。

社会党在圣路易斯大会上由于左派的压力和影响，通过了鲜明的反对帝国主义战争和美国参战的决议。但是不久，社会党的全国领导就从圣路易斯决议的立场上后退了。社会党在号召 7 月 4 日国庆节举行群众集会抗议政府参战的宣言中，只是向政府提出两项要求：一是人民对征兵法进行复决投票；二是政府要阐明其战争目的和实现和平的条件。这个宣言没有坚持圣路易斯决议的战斗精神和鲜明立场。嗣后社会党也没有按圣路易斯决议的精神和具体措施积极开展活动。1917 年夏季和秋季，社会党的活动大多只限于举行集会，发出反对征兵和要求立即实现和平的呼吁。当时在俄克拉何马州爆发了农民自发地反战和反对征兵的群众运动——青玉米暴动。在俄克拉何马州的南加拿大河谷的植棉区，农民多为谷物分成制的佃农，生活贫困，反战情绪很高。他们对威尔逊政府不信守中立的诺言甚为愤懑，也不愿被征入伍。这些愤怒的农民计划在指定地点集合，向华盛顿进军，夺取政府，以停止战争。进军途中准备以青玉米充饥，所以后来把这次暴动计划称为青玉米暴动。俄克拉何马州的社会党组织同这次暴动计划没有关系，但少数社会党人以个人身份参与并推动这次暴动。青玉米暴动于 1917 年 8 月 3 日夜开始，但很快被政府所镇压，暴动者按间谍谋法治了罪。

社会党的右派和中派领导人伯杰、希尔奎特、詹姆斯、莫勒、阿尔杰农·李、乔布·哈里曼和诺曼·托马斯于 1917 年 5 月同一些和平主义者、改良主义者成立了"和平和民主人民委员会"，规定其目标是"通过协商实现和平"[1]。在 1917 年 6 月 15 日举行的组织委员会议上，希尔奎特丢弃了社会党圣路易斯决议的鲜明反战立场，强调这个团体不要制定激进的纲领，认为激进的纲领"对运动将是毁灭性的"。他建议，"我们的主要作用应该是影响公众的情绪"。尽管"和平和民主人民委员会"反战主张很温和，但美国政府还是进行了干预，劳联的龚帕斯任主席的"美国劳工和民主联盟"这个支持美国参战的组织对它进行破坏，使它未能存在多久。

在 1917 年 11 月的秋季竞选中，社会党矢口不谈社会革命和开展群众性的反战斗争。希尔奎特以社会党名义竞选纽约市市长。他的竞选纲领没有要求美国立即撤出帝国主义战争。他说："社会党人将是最后建议政府撤出战争的人。……我们确实要说的是，我们要迅速的、全面的、协商的和平。我们

---

① Morris Hillquit, *Loose Leaves from Busy Life*, New York: Literary Licensing, LLC., 1934, p. 172.

相信，在这一时刻我们政府的最有效、最明智的政策是循着这样的和平方向第一个行动起来。"[1] 他认为，采取这一行动的时机已经成熟，应立即协商停火。他还说，社会党人不主张违反法律。希尔奎特在竞选中的表白说明他偏离圣路易斯决议的精神已愈来愈远了。

1917 年 11 月，俄国爆发了列宁领导的无产阶级社会主义革命。苏维埃政府向全世界宣布了不割地、不赔款的和平纲领，废除秘密外交，并宣布废除临时政府缔结和批准的全部密约，而且把这些密约公之于众。苏维埃政府的和平呼吁和公布密约的行动，在整个资本主义世界引起了剧烈的震动。为了"抵销"布尔什维克的和平呼吁在世界人民中的巨大影响，为了美国垄断资本主义争夺世界霸权，美国威尔逊总统于 1918 年 1 月 8 日在向国会致辞中提出了被他称为"世界和平纲领"的"十四点"。对这个纲领的实质性的几条作一考察，就不难看出其帝国主义政策。例如，第二点，即公海航行自由，反映了美国对于做战争买卖的浓厚兴趣，为美国利用战争发财提供了保证。又如第三点，即撤销一切经济壁垒、国际贸易机会均等，反映了美国可以其雄厚的经济实力扼杀竞争对手，剥夺经济不发达的国家保护本国工商业的权利，以利于美国在世界范围内建立商业霸权。又如第五点，即解决一切殖民地纠纷时，要绝对公正，这反映了美国为了分享殖民地利益，反对老殖民国家独占殖民地利益。美国威尔逊总统的"十四点"和平纲领发表后，社会党的右、中、左三派都表示接受，连左派也没有认识到威尔逊和平纲领的帝国主义性质。左派的德布斯把"十四点"说成是"彻底民主的"，说它"值得每一个相信人民统治的人包括社会党人在内的绝对同意"[2]。希尔奎特在 1918 年 1 月 19 日《文萃》中评论说，威尔逊的和平纲领"整个说来，是全面地、真正地表达了这次战争中一切民主运动的希望"。

1918 年 2 月，德国恢复对苏俄的全线进攻。美国的多数社会党人，特别是东欧移民中的社会党人，改变了对战争的看法。他们相信结束战争的最好途径是支持威尔逊总统和协约国。希尔奎特宣称："现在比以往更清楚，普鲁士和奥地利的容克地主是自由和和平的敌人。"[3] 多数俄裔犹太社会党人鉴于德国继续进攻苏俄而要求党修改圣路易斯决议。1918 年 2 月末，芝加哥的波

---

① Morris Hillquit, *Loose Leaves from Busy Life*, New York: Literary Licensing, LLC., 1934, p. 180.

② David A. Shanon, *The Socialist Party of America*, Chicago: MacMillan, 1967, p. 119.

③ Christopher Lasch, *The American Liberals and the Russian Revolution*, New York: McGraw-Hill Book Company, 1962, p. 98.

希米亚裔社会党人通过决议，敦促党改变政策，支持对德、奥匈作战。4 月，
纽约城的 7 名社会党议员支持政府提出的第三次"美国自由贷款"。纽约城的
社会党议员阿尔杰农·李宣称，威尔逊支持美国和国外的社会主义者所赞成
的和平条款，因此就不需要反对战争了。6 月，马萨诸塞州的社会党人举行
会议，以 72 票对 46 票，支持苏俄和赞同威尔逊的"十四点"。知名的社会党
人乔布·哈里曼写信给希尔奎特，建议召开另一次社会党大会，重新制定社
会党对战争的政策。甚至党内的左派人士也要求修改党的圣路易斯决议，1918
年 3 月，左派知识分子如马克斯·伊斯门、弗洛伊德·德尔、约翰·里德和
路易斯·昂特迈耶创办新杂志《解放者》，声言这本杂志全力支持威尔逊总统
的战争目标。德布斯于 1918 年 5 月通过社会党总部的发言人声明，在社会党
党内存在"混乱的状态"①，要求召开另一次社会党大会。

　　社会党全国执行委员会于 1918 年 5 月 6 日开会，考虑到社会党举行全国
代表大会会遭到警察和司法部门的干预，决定暂不召开党的全国代表大会。
社会党于 8 月 10 日召开了全国执行委员会委员和各州党组织的书记以及各语
言联合会代表的联席会议。司法部派了观察员出席。会议开了 3 天，左派和
右派争论很激烈。会议通过了一项决议，表示支持俄国苏维埃政府，认为这
个政府是"工人的政府，工人治理的政府和为工人服务的政府"。在战争问题
上，决议只是指出，"在战前我们就反对德国皇帝，这个立场是始终不渝的，
并且将继续到德国皇帝被废黜为止。不论德国皇帝制度在哪里出现，我们都
将加以抨击，直到这种制度从地球上被消灭为止"②。

　　正是在社会党准备改变其反战立场的时候，美国政府加强了对社会党和
反战人士的迫害。美国统治阶级为了镇压国内反战运动，于 1917 年 6 月 15
日在国会通过了《间谍法》，规定任何干预征兵的言行，制造意在阻碍武装部
队获胜的谣言，或者企图煽动不忠的人，可以处以一万美元罚金或 20 年以下
徒刑。1918 年 5 月 16 日国会又修订了这个法案，称为《危害治安法》，把任
何阻碍推销政府公债；妨碍美国举办贷款或借款；煽动不服从、不忠或叛乱；
谈论、印刷、写作和出版任何有关对美国政府形式、宪法、武装部队或军服
的不忠的、亵渎的、粗鄙的或漫骂的语言；发表有意加以藐视、嘲笑、辱骂

---

① Ray Ginger, *The Bending Cross: A Biography of Eugene Victor Debs*, New Brunswick: Truman State University Press, 1949, p. 370.

② Nathan Fine, *Labor and Farmer Parties in the United States*, New York: Rand School of Social Science, 1928, p. 321.

或诋毁的语言；阻止战争必需品的生产，或者教唆、辩护或建议做任何这类事情的行为都包括在内。政府先后根据《间谍法》和《危害治安法》对社会党人进行了拘捕、审讯和判刑。其中最重要的审讯社会党人的案件是德布斯案件。德布斯于 1918 年 6 月 16 日在坎顿市发表了激烈的反战演说，指出"主人阶级总是宣战，从属阶级总得打仗；主人阶级获得了一切，什么也没有丧失；从属阶级则一无所获，丧失一切，特别是丧失了他们的生命"[①]。他被指控犯罪，处以 10 年徒刑。德布斯被判刑，引起了广泛的抗议。1920 年，他第五次被提名为社会党的总统候选人。他在亚特兰大监狱坐牢期间进行了竞选，获得近 100 万张选票。海伍德和 100 多名世界产业工人同盟成员也因为反战而在芝加哥被判处徒刑。在社会党人被审讯和判刑的同时，社会党的报纸也陆续被禁止邮寄，党的组织也受到袭击。1917 年 5 月，在印第安纳波利斯的印第安纳州社会党总部遭到洗劫。同年 9 月，在芝加哥的社会党全国总部为暴民占据 3 天，那里存放的文件、出版物、财务记录、信函卷宗以及其他资料都被抢劫一空。在克里夫兰的俄亥俄州党组织总部和其他州的党的机构也都程度不同地受到袭击。1918 年 1 月，南达科他州的社会党组织召开的大会遭到取缔。总的来说，社会党的组织受到严重的破坏。

1918 年 11 月战争结束后，美国出现了反社会主义的逆流。1919 年成立的美国退伍军人协会在反社会主义运动中起了不小的作用。宾夕法尼亚州雷丁的社会党人准备召开会议时，2000 名美国退伍军人在会议厅附近游行，使会议无法进行。1919 年 1 月，新泽西州的霍博肯市长屈服于美国退伍军人协会的压力，禁止地方社会党组织召开群众大会。这样的事在全国屡见不鲜。1919 年 3 月，米切尔·帕尔默任司法部部长，判处近 2000 名男女入狱，刑期最长的达 20 年。1919 年 4 月，国会举行特别会议，众议院借口当选议员的维克托·伯杰违反《间谍法》，而不让他就职。1919 年 12 月，伯杰再度当选议员，但国会再次不让他就职。1919 年 11 月，纽约州有 5 名议员只是因为是社会党人也不让就职。1919 年 11 月，纽约城的两名社会党人阿尔杰农·李和爱德华·卡西迪被选入市政府，同样地也不让就职。这些事实雄辩地说明了美国民主制的虚伪性。美国政府在战时和战后对社会党的迫害，大大地削弱了社会党的力量。

---

① Eugene V. Debs, *Writings and Speeches of Eugene V. Debs*, New York: Red and Black Publishers, 1948, pp. 417-433.

第八节　社会党的衰落

第一次世界大战期间和战后，美国政府对社会党的镇压虽然使社会党的力量大大削弱，却并没有摧毁社会党。引起社会党分裂并走向衰落的是党内右派的分裂行动。新的左派在第一次世界大战期间崛起，在 1917 年俄国十月革命的影响下发展壮大，其坚持革命的路线，同右派的改良主义路线分道扬镳，最后被右派开除。

俄国十月革命胜利的消息传到美国以后，社会党内左派和右派都程度不同地表示支持。社会党执行委员会于 1918 年 2 月 4 日发表的支持俄国十月革命的宣言中写道："他们带着无产阶级革命的信息来临了。我们为他们的成就和不可避免的胜利感到自豪。"[①] 1918 年 8 月 10 日至 12 日，社会党的州组织的书记和党的职员会议上发表了另一个声明，声称"自法国革命在世界上建立了新的高度的政治自由以来，在发展民主和社会公正方面，还没有什么进步能与俄国革命相比拟"[②]。党内的左派德布斯在 1919 年 5 月的《解放者》杂志上宣称"我从头到脚都是一个布尔什维克，并为此而感到自豪"。左派约翰·里德访问苏俄以后，写了题名为《震撼世界的十天》一书，在美国得到比较广泛的流传。与党内右派合流的中派领袖希尔奎特甚至在 1918 年 7 月的《解放者》杂志上写的《劳工和战争》一文中评论说："尽管我们反动的报纸和我们思想狭隘的政治家叫嚷着反对俄国的布尔什维克政权，但我们知道，这个曾是反动的、强大的、最黑暗的堡垒的伟大国家，今天却是民主和社会进步的先锋。它从上到下都是掌握在人民、工人阶级和农民手中。"右派詹姆斯·奥尼尔也驳斥了有些人对十月革命的责难，"他们说在俄国发生暴力。革命的暴力！试想象一下！他们以为革命是粉红色的茶会吗？"[③]虽然社会党内左派和右派都表示支持俄国十月革命，但两派在美国革命的问题上早就分歧很大。左派早就谴责右派主张的渐进地进化到社会主义的观点，反对在资本

---

① Theodore Draper, *The Roots of American Communism*, New York: Routledge, 1966, p. 110.

② Theodore Draper, *The Roots of American Communism*, New York: Routledge, 1966, p. 110.

③ Daniel Bell, "The Background and Development of Marxian Socialism in the United States", *in Socialism and American Life*, edited by Donald Egbert and Stow Persons, Vol.1, Princeton: Princeton University Press, 1952, p. 319.

主义制度范围内进行改良，反对政治行动只限于获得选票。俄国十月革命后，两派的分歧更加尖锐。左派认为俄国十月革命的胜利证明他们的观点正确，美国即将爆发革命，为了领导即将到来的革命，必须把社会党改造为真正革命的党，或者按照革命路线组织新党。

在第一次世界大战以前，海伍德和支持他的党员约占全党党员人数的15%，他们于1913年退出社会党。他们只是代表社会党内左派中的无政府工团主义倾向。许多左派人士虽然佩服世界产业工人同盟的战斗精神，但不赞成它的无政府工团主义思想，仍然留在党内。他们通过《国际社会主义评论》《新评论》和《群众》等杂志宣传他们的主张，逐渐积聚力量。《国际社会主义评论》是由芝加哥的查尔斯·克尔公司出版。克尔公司主要出版英文的社会主义经典著作。德布斯经常给《国际社会主义评论》撰稿。侨居美国的荷兰社会民主党的左派领袖 S. J. 拉特格斯曾在《国际社会主义评论》上发表评论，主张反对帝国主义战争，阐述列宁的观点。1916 年 1 月，《国际社会主义评论》刊登了列宁写的《社会主义与战争》（俄国社会民主党对战争的态度）的摘录。《群众》杂志创刊于 1911 年 1 月，原是右派的杂志，其反对世界产业工人同盟，但后来马克斯·伊斯门任编辑，自 1912 年 12 月始，改变了反对世界产业工人同盟的立场，左派虽然未能控制这家杂志，但常常给它撰稿。1913 年创刊的《新评论》是主要由左派发表文章的杂志。左派人士路易斯·弗雷纳是这家杂志的撰稿人，1914 年成为这家杂志的编辑委员会的成员。他在《新评论》上发表文章，谴责帝国主义战争，宣传列宁的观点。1915 年底《新评论》报道了列宁和齐美尔瓦尔德大会的消息。

在战争期间，社会党的左派力量，特别是在社会党的一些语言联合会中的左派力量有了进一步的发展。1915 年，14 个语言联合会的党员占社会党党员数的 1/3。在这些语言联合会中，首先是拉脱维亚语言联合会，长期以来左派占优势。20 世纪初，侨居美国的拉脱维亚社会主义者成立了拉脱维亚社会民主工党的支部。这个支部于 1908 年加入美国社会党，同时仍保持与拉脱维亚社会民主工党的联系。在欧洲，拉脱维亚社会民主工党的左派同列宁领导的俄国社会民主工党的左派有密切的联系，支持列宁领导的革命活动。拉脱维亚社会民主工党左派领导人之一弗里西斯·罗辛斯在被流放到西伯利亚后逃出，于 1913 年来到美国，侨居在当时拉脱维亚语言联合会的总部驻地波士顿。1915 年，他担任拉脱维亚语言联合会的机关报《工人》的编辑。拉脱维亚语言联合会中有左派和右派两个派别，左派控制了波士顿拉脱维亚工人协会，右派控制了拉脱维亚语言联合会的罗克斯巴利支部。拉脱维亚的左派和马萨诸塞州的社会党一些左派人士，曾于 1913—1914 年一度控制了这个州的社会党组织。但是，到了 1915 年，右派詹姆斯·奥尼尔担任这个州的社会党组织的书记，右派再度控制了州的党组织。自此，马萨诸塞州的社会党内，左派与右派的斗争愈加激烈。1915 年 7 月，马萨诸塞州的社会党召开大会，有 276 名代表出席，其中只有 16 名代表波士顿拉脱维亚工人协会。这个协会的代表在大会上提出了四个决议案：第一个决议案是禁止任何社会党人参军或参加海军及"任何其他的资本家的军事组织"；第二个决议案是号召欧洲和美国的革命的社会党人团结起来，组成第三国际；第三个决议案是向德国社会民主党中坚决反战的卡尔·李卜克内西致敬；第四个决议案是谴责美国准备发动对墨西哥的战争。这四个决议案都被否决了。在这次大会以后，拉脱维亚语言联合会的左派成立了"社会主义宣传同盟"，于 1915 年 10 月 9 日发表了宣言，主张革命的社会主义，反对机会主义；要求党内实行真正的民主；主张产业工会主义；主张社会党同社会主义工人党的团结；要求立即采取行动建立新的国际，主张抵制征兵。这个宣言通过加入俄国社会民主工党的拉脱维亚社会民主工党传到列宁那里。列宁于 1915 年 11 月 9 日写了《给"社会主义宣传联盟"书记的信》。①这封信表明列宁很重视美国社会主义运动中的新的左派，并对他们寄予希望。1916 年 11 月 26 日，社会主义宣传同盟举行会议，再次发表宣言，分析了资本主义社会，指出资本主义经济导致战争和军国主义；指出一个新的时代已经来临，阶级冲突趋于尖锐；主张产业工会主义，号召改组社会党，认为社会党的会议活动不应单纯地拉选票和进行资本主义的议会改良，要在产业领域和政治领域开展"统一的群众发动"。1917 年 4 月 22 日，社会主义宣传同盟的机关报《国际主义者》创刊，它成为社会党内左派的报纸。1917 年 5—6 月，左派又创办了《阶级斗争》月刊。1917 年，社会主义宣传同盟宣称在 12 个州中有 20 个支部。1918 年 11 月，社会党在波士顿的拉脱维亚语言联合会创办了《革命时代》杂志。同年年底，《革命时代》刊登了列宁的《给美国工人的信》。芝加哥也是左派集中的地方，1918 年 11 月 7 日，芝加哥的斯拉夫语言联合会成立了"共产主义宣传联盟"。在纽约城和纽约州的组织中，左派和右派都很强，势均力敌；右派控制着纽

---

① 中共中央马克思恩格斯列宁斯大林著作编译局编译：《给"社会主义宣传联盟"书记的信》，《列宁全集》第 21 卷，北京：人民出版社，1959 年，第 402-408 页。

约城和纽约州的党组织的领导权；左派在纽约城郊的三个行政区布鲁克林、布朗克斯和昆斯占优势，在曼哈顿也有一定的力量，纽约城的东欧语联合会在东欧国家的革命形势的影响下都有较激进的表现。

到美国来访的和旅居美国的一些俄国革命者参加了社会党的语言联合会的活动，对左派有一定的影响。1915 年末，列宁通过亚历山德拉·柯伦泰同美国的左派进行联系。柯伦泰夫人于 1915 年加入布尔什维克党，她自 1908—1917 年侨居国外，躲避沙皇政府的通缉。她接受社会党的德语联合会执行书记路德维希·洛尔的邀请，由斯德哥尔摩来美国旅行演说。她在美国介绍了齐美尔瓦尔德大会的左派情况，并在美国社会党的报纸上发表了三篇文章。1916 年底，布哈林来到美国，侨居纽约，在俄语联合会的机关报俄语《新世界》工作。俄语联合会是社会党左派的重要力量，于 1915 年成立，发展得很快，1918 年 3 月底只有 792 名党员，到 1919 年 3 月增加到 3985 名党员。1917 年初，托洛斯基来到美国，参加了《新世界》的工作，也通过路德维希·洛尔给德语联合会机关报《纽约人民报》撰写社论文章和进行演说。1917 年 1 月 14 日，在布鲁克林的路德维希·洛尔的家里，约有 20 名左派分子开会，其中有社会主义宣传同盟的代表布丁、洛尔·弗雷纳、和约翰·威廉斯，还有 5 名俄国革命流亡者，其中包括托洛斯基、布哈林和柯伦泰夫人。此外，还有日本的片山潜和荷兰的拉特格斯。这次会议讨论了社会党左派的行动纲领和在美国社会主义运动中组织激进力量的问题。布哈林主张美国左派要从社会党中分裂出来另行成立新的组织，托洛斯基主张左派留在社会党内。双方都赞成要创办左派自己的独立报纸。托洛斯基的意见在会议上得到多数人的支持。1917 年 2 月 17 日，"社会主义组织和团体国际会议"在纽约城召开，出席的除了社会主义宣传同盟的代表外，还有社会党的俄语支部、拉脱维亚语支部、乌克兰语支部、曼哈顿的立陶宛语支部、布鲁克林立陶宛语支部的代表和流亡在美国的俄国社会民主工党布尔什维克革命者。会议的主要成就是决定遵循列宁领导的齐美尔瓦尔德左翼运动。

第一次世界大战结束后，由于俄国十月革命的影响，战后美国工人运动迅即兴起，在 1919 年爆发了三起重要的罢工。在华盛顿州的西雅图，罢工一度使整个城市陷于瘫痪。在马萨诸塞州的劳伦斯，纺织工人的罢工使该城工厂关闭达 16 周之久。在蒙大拿的比尤特，罢工由大多数工会参加的"士兵、海员和工人委员会"领导。这些罢工大大鼓舞了社会党内左派的战斗热情，在对待革命问题上，其与右派的斗争进一步激化。

　　左派认为，俄国十月革命使俄国从一个封建主义国家一跃而成为社会主义国家，美国这个高度发达的资本主义国家已处于革命的前夜。不过，左派当时并没有认真研究分析美国是否具有直接革命的条件。当时的美国并不具有这样的形势：美国利用欧战大做军火生意，经济呈现繁荣；美国"进步时期"的改良立法多少给中小企业主、农场主乃至工人带来了一些好处；美国的工会，特别是在工会运动中占统治地位的劳联在政治上同政府沆瀣一气。当时，左派没有充分地考虑这些因素，为了领导他们所想象的即将来临的美国革命，他们主张把社会党改造为革命的政党，或者按革命路线组织新的政党。

　　1919 年 1 月初，纽约各支部的中央委员会举行会议。① 由于 1918 年春纽约的社会党市参议员投票赞成第四次自由贷款，左派要求惩罚这些社会党内的市参议员。但是，会议在朱利叶斯·杰默的控制下，没有做出决议批评支持战争的社会党内的市参议员。因此，昆斯的代表团和布鲁克林的代表团，以及曼哈顿和布朗克斯的一些代表退出会场，另行开会，组成了"十四人城市委员会"，选出马克西米利安·科恩为执行书记，决定由约翰·里德和伯特伦·沃尔夫起草宣言。1919 年 2 月 8 日，波士顿的拉脱维亚语言联合会的《革命时代》发表了里德和沃尔夫起草的宣言。宣言的全名是"美国社会主义运动左翼的宣言和纲领"，是纽约的社会党左派集团的重要文件。

　　这个宣言开宗明义地指出，"我们认为，在涉及党的政策和策略的观点上有着根本的分歧，并且我们相信分歧很大。从我们的观点看，党的政策和策略需要有根本的改变"，而"我们党的领袖和职员普遍地回避这个重要任务"。

　　宣言分别对资本主义、美国社会主义面临的危险、争取新的政策和策略、政治行动、参加选举、革命的产业工会主义、工团主义和议会主义等问题阐明了看法。关于资本主义，宣言对帝国主义和美国帝国主义做了分析。宣言写道："我们直接面临的许多问题，是从资本帝国主义中产生的问题。资本帝国主义是资本主义的、最后的、决定性的阶段。""帝国主义是这样阶段的资本主义，一个国家积累的资本或剩余的资本过于雄厚，不能再投资于国内市场或为国内市场所吸收。由于机器的改进和采取了有效的方法，工人阶级的生产率在提高，维持生计的工资只容许工人买回他们所生产的小部分产品。

---

　　① 威廉·福斯特《美国共产党史》说这次会议于 1919 年 2 月 15 日召开，这是把 1919 年 1 月初的会议与 2 月 15 日"社会党大纽约左派部分"成立的时间混淆。

这造成了积聚的产品不断增多，并转过来成为资本，必须投资到扩大生产中去。当资本主义达到了从不发达国家进口原料，再以制造品的形式出口的这个阶段，就发展到顶点了。""这个过程是普遍的。在资本主义工业和金融的急剧发展的情况下……民族资本家的统治为了不致崩溃，而打破其民族的藩篱，充分发展为各国资本家的联盟，以国际军队和海军来保持其霸权。"宣言指出，"这是社会党必须对待的新局势"，美国"正寻求新的市场、新的势力范围、新的保护国。不是单独地，不是同其他资本主义国家竞争，而是同它们合作，它们将瓜分世界。国联将是它们工作的工具"。宣言指出，美国统治阶级会采用资产阶级改良主义来引诱和腐蚀工人。"美国统治阶级不久将为其帝国主义的目的，利用有组织的劳工。……我们不久就会看到，统治阶级会以真正的俾斯麦方式，批准工厂法、医疗法、养老金、失业保险、疾病救济以及整个一套资产阶级的改良，使工人身心两方面适合于以最大的速度创造最大的利润。"

关于美国社会主义面临的危险的问题，宣言写道："有这样的危险，即美国社会党会利用这些纯粹的资产阶级改良来吸引工人的选票，宣称这些是社会主义的胜利，宣称这些是社会主义的政治行动赢得的。实际上，统治阶级的这些措施是防止工人提高阶级觉悟，使他们偏离革命目标。因此，社会党鼓动这些改良，就会上我们美国帝国主义的当。""因此，美国的社会党要在阶级斗争的基础上加以改造。必须在资本家目前正在进行调整的困难时期，准备同统治阶级进行斗争。要做到这一点，必须教育工人阶级，了解当前的真实情况；必须宣传革命的产业工会主义，推动工人把他们的行业工会变成产业工会，这是唯一能对付现代巨大资本权力的劳工组织形式；必须开展政治竞选运动，不仅是像过去一样作为把党的职员选入政府机关的手段，而且作为全年的教育运动，唤起工人进行有阶级觉悟的经济和政治的行动，使人民在心中永葆火热的革命理想。"

关于争取新的政策和策略的问题，宣言写道："我们相信，美国社会党采取下列行动的时机已经来临。抛弃议会机会主义，坚决支持俄国苏维埃共和国、德国的斯巴达克派和欧洲的革命工人阶级运动。这样……就会准备就绪来领导革命的无产阶级同资产阶级进行斗争，而不是以议会改良的治标办法来阻挡无产者斗争的道路；领导工人实现无产者的专政，这是建立合作共和国所必要的阶级斗争的最后阶段。"

关于政治行动问题，宣言写道："革命的社会主义与'温和的社会主义'

之间的重大区别在于它们对政治行动的不同看法。""因为我们坚持马克思说的阶级斗争实质上是政治斗争……阶级斗争不论表现在产业领域还是表现在直接为争取控制政府的斗争中，本质上都是为夺取和破坏资本主义政治国家所进行的斗争。……"

关于参加选举的问题，宣言写道："政治行动也更为普遍地用来指为取得议席的当前目标而参加选举运动。在这意义上，我们鼓励使用政治行动作为革命武器。""但在这样的政治行动的形式的性质和目标方面，革命的社会主义与'温和的社会主义'是完全不相同的。""我们认为，这样的政治行动是有价值的宣传手段，而且夺取议席是夺取政治国家的有效手段。但是，（在这里，'温和的社会主义者'停留在这一点上）我们认为，夺取政治国家只是为了破坏它。社会主义者的议会行动应该纯粹是破坏性的。""'温和的社会主义者'目标'只是掌握现成的政府机构并为自己所用'，即实现社会主义。因此，'温和的社会主义者'错误地相信议会活动是建设性的——它能最终以立法方法来实现社会主义。""这一错误导致两种错误的做法：（一）把议会活动本身作为目的；（二）实质上使破坏性的政治行动作为建设社会主义制度的工具。为了避免这些危险和加强劳工的政治一臂，社会党人的选票必须有'工人阶级的产业组织'的力量的支持。只有工人阶级的经济组织能在旧社会的结构中建立新的社会。"

关于革命产业工会主义，宣言写道："'温和的社会主义'经常忽视这一事实。我们必须继续提醒工人阶级，劳工的经济组织自然地是社会主义的学校。一切政党，毫无例外，不论它们的情况怎样，只是使工人阶级兴奋一时。工人只有通过它的产业组织，才能接受控制生产的训练。工人阶级正是凭借这一武器，将最终接管矿山、工厂。不是为了破坏它们，而是为了永远地管理和发展它们。这样，工人阶级的革命经济组织为工人阶级赢得高度发达的生产资料和分配手段这个唯一值得从资本主义社会获得和保持的东西。"

关于工团主义和议会主义，宣言写道："工团主义者以其特有的乌托邦形式，忘记了社会革命必须部分地'在资本主义的躯体内'生长，他们忘记了国家，资产阶级用来进行压迫的机器，必须由工人阶级夺取，加以破坏。主张单纯议会主义的'温和的社会主义者'同样地以其特有的乌托邦形式，忘记了……劳工的政治一臂不能用来作为从资本家手里夺取生产资料并为工人保持生产资料的手段。这样，乌托邦的工团主义者不能利用政治武器；20世纪的乌托邦社会主义者错误地使用政治武器，全然不使用产业武器。革命的社会主义有必要把这两种方法结合起来。"

"美国社会主义运动左翼的宣言和纲领中的纲领包括 7 点：（一）我们主张所有地方性和全国性的党的纲领要有一个统一的原则性宣言，取消目前纲领中包含的一切社会改良条目；（二）党必须完全为了推翻资本主义和通过无产阶级专政建立社会主义而进行教育、宣传和鼓动；（三）选入政府机关的社会党候选人要严格地遵守上述条款；（四）认识到政党不能改组和重建工人阶级的产业组织，认识到这是经济组织本身的任务。我们要求党把宣传革命的产业工会作为党的总的活动的一部分……鼓励和协助无产者采取更新的、更有效的组织形式和鼓励无产者采取更新的、更革命的行动方式，是社会主义运动的使命；（五）我们要求党拥有和控制党报；（六）我们要求党要拥有和控制正式承认的教育机关；（七）我们要求，为适应上述政策和策略，党要抛弃过时的印刷品，出版新的印刷品。"[1]

左翼的宣言表明社会党左翼在思想和理论水平上有了提高。他们在一定程度上认识到帝国主义的本质，认识到美国统治阶级改变统治手法、实行资产阶级改良主义及其对社会党造成的危险；宣言批评了社会党右翼的议会道路，批评右翼忽视工会运动和无政府工团主义者忽视政治行动的错误；大力提倡产业工会主义。但与此同时，宣言在国家和工会的作用问题上却表现出无政府工团主义的错误思想。左翼的纲领忽视了广大工人阶级改善劳动条件和生活条件的当时要求。

1919 年 2 月 15 日，纽约城 20 个左派支部举行大会，组织了"社会党大纽约左派部分"。"美国社会主义运动左翼的宣言和纲领"经路易斯·弗雷纳修改后在大会上通过。这样，纽约的社会党内，左派形成了有组织的力量。"社会党大纽约左派部分"及其宣言和纲领得到波士顿、克里夫兰、托莱多、阿克伦、旧金山、奥克兰、波特兰、费城、底特律、西雅图等城市和纽约城郊区的昆斯、布朗克斯和布鲁克林三个行政区以及俄罗斯语、立陶宛语、乌克兰语、波兰语、匈牙利语、南斯拉夫语和拉脱维亚语等 7 个语言联合会的赞同。1919 年 4 月，"社会党大纽约左派部分"又创办和出版了《纽约共产主义者》报，由约翰·里德任编辑。

为了推动世界革命运动的发展，列宁领导了新国际的筹建工作。1919 年

---

[1] Loren Baritz ed., *The American Left: Radical Political Thought in the Twentieth Century*, New York: Basic Books, Inc., 1971, pp. 138-144.

1月在列宁的主持下，俄、波、匈等8个共产党和共产主义团体的代表在莫斯科举行会议，通过了关于筹建共产国际的决议。会议向世界39个左派党和团体发出邀请信，美国被邀请的有4个：社会主义工人党、世界产业工人同盟、（德布斯和社会主义宣传同盟代表的）美国社会党的左派和工人国际产业联合会（原是德里昂领导的总部驻地在底特律的世界产业工人同盟，1915年9月改为此名）。社会党的左派向社会党总部提出一项决议案，要求社会党参加于1919年3月在莫斯科召开的共产国际会议，并诉诸全党投票表决。这一决议案得到全党多数党员的赞成。但是，控制社会党总部的希尔奎特把全党投票结果压到5月才发表，从而错过了参加共产国际大会的时间。只是旅居俄国的鲍里斯·莱因斯坦作为美国社会主义工人党的代表，荷兰社会民主党的代表拉特格斯也代表美国的社会主义宣传同盟出席了大会。

随着社会党内左派力量的不断增强，右派担心左派在全国范围内掌握对社会党的控制权，因此不惜采取卑劣的手法来摧毁左派的力量。1919年春，社会党全体党员投票选举党的全国执行委员会，左派取得了压倒右派的胜利，在总共15名委员中左派被选上了12名。而且，选入全国执行委员会的左派人士得票也比右派多。希尔奎特和伯杰所代表的右派故意不发表对他们不利的选举结果。为了团结社会党各地的左派力量，由路易斯·弗雷纳（社会党波士顿组织的书记）、查尔斯·鲁登堡（社会党克里夫兰组织的书记）和马克西米利安·科恩（社会党大纽约左派部分的书记）共同号召于6月21日在纽约城召开社会党的左派全国大会，指出"会议的目的是制定全国左派的原则声明，组织左派全国统一的表达意见的机构（成立一种总评议会，而不是成立分立的组织），并且集中我们的力量争取控制党，为革命的社会主义而奋斗"①。右派为了保持他们在党内的领导地位，企图把左派从党内清洗出去。希尔奎特在1919年5月21日的纽约《号角》报上气势汹汹地写道："有两个人数少的社会主义组织，每一个组织内部和谐一致，这要比一个被分歧和争吵所分裂的大党、一个虚弱的泥足巨人要好一百倍。行动的时刻已经临近，让我们清洗甲板吧。"1919年5月24日至30日，社会党右派按他们"清洗"党的预谋，在芝加哥召开了全国执行委员会会议。15名委员中有10名出席，希尔奎特虽因患结核病未出席，却是幕后指挥者。会上只有路德维格·凯特费尔德和艾尔弗雷德·瓦根内克特是左派。右派利用他们在会上的人数优势，

---

① 威廉·福斯特：《美国共产党史》（中译本），北京：世界知识出版社，1957年，第173页。

开除了密歇根的社会党州组织和俄罗斯语、立陶宛语、波兰语、拉脱维亚语、匈牙利语、乌克兰语和南斯拉夫语 7 个左派的语言联合会。会议决定于 8 月 30 日在芝加哥举行社会党的非常全国大会。不久，马萨诸塞和俄亥俄的社会党州组织、芝加哥的社会党组织和其他地方的一些支部也被开除。仅仅 6 个月，就有 2/3 的党员被开除。结果，社会党党员人数由 1919 年 1 月的 109589 人，减少到 1919 年 7 月的 39750 人。

在社会党的右派在党内对左派进行清洗的严重情况下，社会党左派于 1919 年 6 月 21 日在纽约城召开了左派大会，有来自 20 个大工业城市的 94 名代表出席。代表们立即成立共产党，但就即将于 8 月 30 日召开的社会党非常全国大会上夺取社会党的领导权问题发生分歧，并引起了左派的分裂。大多数代表，即 55 名代表，包括里德、鲁登堡和瓦根内克特，反对立即从社会党中分裂出去，主张把社会党内动摇的党员争取到自己一边来，不授人以柄，让社会党的机会主义领导人把分裂党的责任推诿给左派。持这种主张的主要是土生的美国人党员或说英语的党员，他们表示如果在社会党的全国大会上不能赢得大多数代表的支持，则另行成立共产党。少数代表，即 38 名代表，主张退出社会党，并于 1919 年 9 月 1 日在芝加哥召开全国大会,成立共产党。这是由底特律的丹尼斯·巴特提出的动议，得到密歇根、马萨诸塞和俄亥俄的代表以及 7 个语言联合会代表的支持。最后，大会否决了立即成立共产党的动议。8 月 30 日，社会党非常全国大会在芝加哥召开。以约翰·里德和艾尔弗雷德·瓦根内克特为首的党内左派中多数派集团的代表，未能达到其夺取社会党领导权的既定目的。芝加哥的警察应社会党的书记阿道夫·杰默的要求，把左派代表赶出会场。这些左派代表于 8 月 31 日在芝加哥召开了自己的全国大会，有 92 名代表出席，代表 1 万名党员。大会上决定成立共产劳工党，瓦根内克特被选为书记。

社会党左派中的少数派集团于 1919 年 9 月 1 日也在芝加哥举行大会,宣布成立了美国共产党，不久前加入少数派集团的鲁登堡被选为书记。共产劳工党和美国共产党之间并不存在根本的思想分歧，两个党的纲领都是以"美国社会主义运动左翼的宣言和纲领"为基础制定的，都在各自的全国大会上决议加入共产国际。1920 年 5 月，两党合并成为统一共产党。

社会党分裂后,党员人数很快地由 1919 年的 104822 人减少到 1920 年的 26766 人。自此，社会党逐渐衰落。

美国社会党的衰落的主要原因是第一，社会党自成立后，党内在思想上的分歧不断地削弱了党的力量。始则是党内有中派与左派在产业工会主义问题上的分歧，引起了 1912 年的第一次分裂，支持世界产业工人同盟的人退出了社会党。继则是 1917 年俄国十月革命后，右、中派与左派在党的一系列政策和策略上发生严重分歧，由右派首先发难，开除了左派，造成党的大分裂。第二，社会党的政策未能把长远目标与工人当前要求结合起来。右、中派侈谈渐进的社会主义和公共设施市政所有制。左派抽象地鼓吹社会主义和革命，不关注工人的实际问题。一战后左派错误地认为美国具有直接发动革命的形势，否定一切改良要求。社会党对美国工人，特别是移民工人和黑人工人的境遇，如居住在城市贫民窟的无产者的生活问题，从未提出过解决方案。第三，在国家机器问题上，右、中派走的是议会道路，而左派则持无政府工团主义态度，把工会看作未来新社会的萌芽，在一定程度上贬低了无产阶级政党的作用，这就难以加强党的建设，在社会主义运动中形成坚强的领导核心。第四，社会党未能赢得广大工人对社会主义事业的支持是社会党衰落的最重要原因。社会党的右、中派坚持工会中立主义，同保守的劳联领袖龚帕斯等相妥协，放弃了党对工人运动的领导。左派没有坚持"打入内部"的策略，在遭到龚帕斯等反对社会主义事业的劳工领袖的抵制时，丧失了争取有组织劳工的信心。尤金·德布斯的看法是有代表性的。他说："美国劳联作为一个组织……敌视社会党和工人阶级的革命运动。……我们不应该为了获得劳联及其分裂劳工和腐化的行业工会所有选票而在我们革命原则上作一点妥协。"他说社会党人希望有组织劳工的支持，但只希望"那些相信社会主义和准备为推翻资本主义而投票和同我们一起工作"的有组织的劳工。[1] 当时，保守的劳联和铁路兄弟会占美国有组织劳工人数的 90%。左派实行的双重工会主义把有组织劳工委弃在保守劳工领袖的影响之下。海伍德等左派人士曾大力开展过产业工会运动，发动过轰轰烈烈的罢工斗争，但由于持有无政府工团主义思想，加之政府的武力镇压，始终未能建立起稳固的产业工会组织。第五，社会党内存在着严重的种族主义。当时种族主义是"美国生活方式"的组成部分。美国统治阶级利用种族主义来分裂工人阶级。美国土生工人深受种族主义的影响，容易接受种族对抗而不易接受阶级斗争思想。移民工人和黑人工人为了保卫自己，也容易把自己看作某一种族集团或民族集团，而非看作

---

[1] Eugene V. Debs, *Writings and Speeches of Eugene V. Debs*, New York: Red and Black Publishers, 1948, p. 335.

某一阶级的成员，从而影响了整个工人阶级的团结。社会党内，特别是右、中派的种族歧视思想和政策，使党脱离了广大移民工人和黑人工人。第六，美国社会党总统候选人尤金·德布斯在1912年的总统竞选中获得全部选票的6%，曾一度展示了社会党发展的美好前景。但此后社会党再没有取得过这样大比例的选票。美国两党制作为一种政治制度，通过两大党之间既联合又斗争的手段来保证资产阶级最佳政治统治，早已很稳固了。在20世纪初以后，两大党具有极端实用主义的性质，往往审时度势，在自己的竞选纲领中适当地吸收社会主义政党和激进组织的某些要求，以吸引人民的选票。两大党在全国范围都有广泛的组织和竞选机构，有垄断资产阶级提供雄厚的竞选资金，都利用资产阶级所控制或支持资本主义制度的人所控制的报纸等舆论工具，开展竞选宣传。社会党缺少资金和广泛的地方组织来进行竞选活动。社会党内各派在思想上和政策上的分歧，也使全党在竞选时不能采取统一行动。美国选民往往喜欢具有个性的竞选者。德布斯比其他社会党的总统候选人取得较多的选票是同他的献身精神和能言善辩的个性分不开的。德布斯于1920年在亚特兰大监狱坐牢期间作为社会党总统候选人参加竞选，获得不少选票，主要是因当时许多具有反战情绪的美国选民把他当作反战英雄而投了他的票。

　　社会党总的来说是一个改良主义的党，但广大党员在阶级斗争中曾支持过工人的罢工斗争，也同劳联的龚帕斯等保守的工人领袖做过斗争；在第一次世界大战期间，其在反对帝国主义战争和美国参战方面作出过一定的贡献。社会党分裂后，由于脱离工人运动，其逐渐成为一个影响愈来愈小的宗派。

第十三章　美国社会主义运动史学述评

从 19 世纪末和 20 世纪初，美国国内外的学者就对美国社会主义运动及其未能成功的原因进行了研究。从德国学者维尔纳·佐姆巴特和弗里德里克·特纳的"边疆学派"开始，到 20 世纪 50 年代"新保守主义学派"的路易斯·哈兹都强调"美国例外论"。威斯康星学派的约翰·康芒斯和塞利格·珀尔曼提出了"美国工人运动和社会主义运动例外论"，断言美国的社会主义运动注定要失败。他们这样武断地下结论，在一定程度上适应了垄断资产阶级维护其统治的需要，也是他们形而上学的世界观和方法论所使然。其他学派，诸如资产阶级进步学派戴维·香农和约翰·拉斯莱特，以及新左派的詹姆斯·温斯坦等人，在不同程度上强调了美国历史发展中不利于美国社会主义运动发展的特殊因素，但忽视了美国这个资本主义国家也受资本主义普遍规律的制约，漠视了美国资本主义社会中生产的社会化与生产资料私人所有制的根本矛盾这个长期起作用的因素。老左派史学家如威廉·福斯特和艾拉·基普尼斯承认在美国存在着不利于社会主义运动发展的外部因素，但他们更强调诸如宗派主义和机会主义等内部因素是美国社会主义工人党或社会党衰落的主要原因。美国各个资产阶级学派断言美国社会主义运动注定失败。美国社会主义运动未能取得成功与注定失败，是两个不同的概念。美国社会主义运动要经过持久的合法斗争，不断聚集力量，准备最后推翻资本主义，是一个相当长期的任务。

美国社会党在第一次世界大战后就衰落了，美国的社会主义运动未能取得成功。美国史学各学派，特别是美国工人运动史的各个学派，对美国社会主义运动的解释，主要集中在为什么社会主义运动在美国未能成功这个问题上。对这个问题的解释，也同 20 世纪初以来美国史学思潮的变化有密切的联系。

第一个通过专著系统地论述在美国为什么社会主义运动未能取得成功

的，是一位名叫维尔纳·佐姆巴特的德国学者。他曾旅居美国数年，亲自观察了美国的社会和美国工人的状况，并同欧洲国家，特别是德国进行了比较。他的专著《为什么美国没有社会主义？》成书于 1906 年，书中提出了美国例外论的观点。

佐姆巴特在书中从美国工人的政治地位、经济地位和社会地位三个方面来解释为什么美国社会主义运动会失败。

首先，他论述了美国的"政治生活的特点"。第一，"美国确是唯一具有真正民主政府制度的大国"，"说它具有真正的民主政府制度是指现在合众国的每个州普遍存在的普选权"。① 第二，美国"两大党的垄断"。"几乎同样强大的两大党控制了美国的公共生活"②，原因在于它们有"必要的财政来保持庞大的选举机器的运转"③，"直接或间接地收买选票"④，而且大党在竞选获胜后，给其支持者分配官职。在两党制垄断下，美国人，包括美国工人，把自己同两个党中的一个党联系起来，希图借助这个党的帮助来推动改良。而且，他们都愿意支持能获得竞选胜利的大党。第三，第三党总是要失败的。"美国大的老党可以与控制巨额资本和支配各地供销的巨大公司相比拟，以致第三党是不可能同它们进行竞争的"⑤，因此"美国第三党历史是不断失败的悲惨历史，没有给未来展示希望"⑥。美国工人"对宪法有感情，好像宪法是神圣的东西，不会受到致命的批评"，这就是"对宪法的偶像崇拜"⑦。美国人民，包括工人，感到他们可以当家做主。与此密切相连的是"公共舆论"的重要性，行政、立法和司法部门都要倾听公共舆论，所以"在美国，工人

---

① Werner Sombart, *Why is There No Socialism in the United States?*, New York: Palgrave Macmillan, 1976, p. 29.

② Werner Sombart, *Why is There No Socialism in the United States?*, New York: Palgrave Macmillan, 1976, p. 34.

③ Werner Sombart, *Why is There No Socialism in the United States?*, New York: Palgrave Macmillan, 1976, p. 34.

④ Werner Sombart, *Why is There No Socialism in the United States?*, New York: Palgrave Macmillan, 1976, p. 41.

⑤ Werner Sombart, *Why is There No Socialism in the United States?*, New York: Palgrave Macmillan, 1976, p. 55.

⑥ Werner Sombart, *Why is There No Socialism in the United States?*, New York: Palgrave Macmillan, 1976, p. 56.

⑦ Werner Sombart, *Why is There No Socialism in the United States?*, New York: Palgrave Macmillan, 1976, p. 57.

有权利自豪地挺起胸膛"①。

其次，佐姆巴特论述了美国工人的经济地位。他对美国工人的收入与欧洲国家特别是德国工人的收入做了比较，指出美国工人比欧洲工人富裕得多，比德国工人收入高一至两倍。美国工人只就饮食习惯而言，"更接近于德国中产阶级，而不能与德国工资劳动阶级同日而语"。"美国工人的服饰最清楚不过地表明，在生活水平上，他可以与德国资产阶级同属一类，而不是同德国工人归于一类。"②他下结论说："烤牛排和苹果馅饼使一切社会主义空想成为子虚乌有。"③

再次，佐姆巴特论述了美国工人的社会地位。第一，对于美国工人来说，"'自由'和'平等'并非像欧洲的工人阶级所能受到的那样是空洞的观念或模糊的梦想"④。"美国工人在外表上、在举止上，在态度上，同欧洲工人截然不同……他同中产阶级成员一样，开朗、欢乐之情溢于言表。他身上没有受压抑或屈辱的痕迹。他在现实中而非在理论上平等地与人们相处"⑤，美国的公共生活富有民主作风。美国工人不像欧洲的工人兄弟那样在"上层阶级"面前处于卑屈地位。他并不感到他属于"下层"阶级。第二，"即使在美国的资本主义企业内部，也存在权利的平等"。"雇主在工人面前并不摆老爷架子，要求工人服从他们。而在具有封建传统的欧洲，雇主摆老爷架子则是常事"⑥，"雇主关心工人的福利"。资本家在心理上影响工人，使他们认为他们"不是资本主义的敌人，而是资本主义的推动者"⑦。办法是利润分享计划。其鼓励工人对技术进步作出贡献，并让工人从技术进步中直接或间接地得到好处，给

---

① Werner Sombart, *Why is There No Socialism in the United States?*, New York: Palgrave Macmillan, 1976, p. 93.

② Werner Sombart, *Why is There No Socialism in the United States?*, New York: Palgrave Macmillan, 1976, p. 67.

③ Werner Sombart, *Why is There No Socialism in the United States?*, New York: Palgrave Macmillan, 1976, p. 106.

④ Werner Sombart, *Why is There No Socialism in the United States?*, New York: Palgrave Macmillan, 1976, p. 109.

⑤ Werner Sombart, *Why is There No Socialism in the United States?*, New York: Palgrave Macmillan, 1976, p. 110.

⑥ Werner Sombart, *Why is There No Socialism in the United States?*, New York: Palgrave Macmillan, 1976, p. 111.

⑦ Werner Sombart, *Why is There No Socialism in the United States?*, New York: Palgrave Macmillan, 1976, p. 112.

工人一定比例的利润即股票，以"收买工人"①。第三，虽然美国资本主义使工人处于奴隶状态，特别是在经济萧条时期，美国工人的生活受到影响。但美国工人可以"逃往自由"，迁徙到西部的自由土地上去，"成为独立的农场主"②。

佐姆巴特最后说："这些大致是为什么美国没有社会主义的理由。不过，我现在的看法是，所有这些迄今阻碍美国社会主义发展的因素将会消失，或转化到它们的对立面。其结果是在下一代，在美国，社会主义将可能大大扩大其吸引力。"③

佐姆巴特的《在美国为什么没有社会主义？》一书出版后不久，就遭到社会主义者的批评。1906 年 10 月 9 日，德国社会民主党的报纸《前进报》批评道："人们必须自问，为什么在这样的环境中，众多的美国工人'逃往自由'，即离开资本主义烦嚣的地方，在迄今未开垦的土地上安家落户。如果资本主义对他是那么好，他会在它的统治下特别感到安居乐业。然而，截至 1900 年的一代人的时间里，由东部州投奔西部自由的近五百万人。佐姆巴特把这一事实看作是扼制社会主义发展的最有力的诠释。显然，这是大有矛盾的。"美国社会党左派掌握的《国际社会主义评论》杂志刊登了佐姆巴特这本书的第一章英语译文后就不再续登了。编辑在 1906—1907 年第 7 期上指出，"我们意识到他关于工人的胡言乱语时，我们停止续登"。针对佐姆巴特的"烤牛排和苹果馅饼使一切社会主义空想成为子虚乌有"的说法，不少学者提出异议，指出工人生活水平提高了就会反对社会主义运动是不能令人置信的。德国社会民主党的发展壮大时期，同自《非常法》废除至第一次世界大战时期为止的德国工人阶级相对富裕是并行不悖的。

佐姆巴特的"逃往自由"，即美国工人可以在经济萧条时期迁徙到西部自由土地的理论，在弗·杰·特纳的边疆学派的著作中得到充分的阐述。特纳于 1893 年发表了著名的《边疆在美国历史上的重要性》的论文，后来收在他的《美国历史上的边疆》一书中。他论证说，美国西部的"自由"土地的殖

---

① Werner Sombart, *Why is There No Socialism in the United States?*, New York: Palgrave Macmillan, 1976, p. 113.

② Werner Sombart, *Why is There No Socialism in the United States?*, New York: Palgrave Macmillan, 1976, pp. 115-119.

③ Werner Sombart, *Why is There No Socialism in the United States?*, New York: Palgrave Macmillan, 1976, pp. 115-119.

民化过程在美国历史上具有决定性的意义，并提出了"安全阀"理论。特纳的边疆学派是在 19 世纪末和 20 世纪初美国社会的阶级矛盾趋于尖锐，工人运动和社会主义运动方兴未艾时期形成的。特纳说："现在美国各个政党日益在涉及社会主义问题的各个争论点上对峙起来。"[①]他说，由于对社会主义的恐惧，人们把社会主义看作一种"严重的不幸"。[②]特纳正是出于对社会主义的恐惧，而为美国资本主义粉饰太平。他认为长期存在于美国历史上的不断移动的"边疆"，调节了美国社会经济的发展，是使美国社会保持和谐并缓和社会矛盾的"安全阀"，使美国社会可以"无冲突"地发展。由此，他得出了美国社会发展不同于欧洲国家的"美国例外"的结论。他说："这个广袤的地区几乎免费的土地不仅吸引移民，而且为所有人提供可开辟谋生之道的机会。广阔的田野一直为贫困而不满现状的人、受压迫的人敞开逃生之路。如果东部的社会状况趋于固定，阿利根尼山脉的那边却有自由。"[③]特纳认为，西部"自由"的土地会使东部的工人不会接受低工资，不会长久地安于低下的社会地位。这就保证了美国社会是一个"经济平等……并包含着政治平等"的社会。[④]边疆学派的学者之一弗雷德里克·帕克森更露骨地宣传"安全阀"理论："当边疆仍然存在时，它是阻止社会压迫或阶级对抗达到危险点的社会安全阀。农场土地不仅在美国西部边缘，而且在每个州都是免费的或廉价的，土地的丰裕使一代又一代扩大移居地区和建立新房舍。对社会不满的人不可能变得人数众多或成为不祥分子。任何神智健全并有勇气的青年都有希望在三十岁以前变成独立的农场主。在这样的社会里不可能形成受压迫的下层阶级。"[⑤]这些论述暗示了在"经济平等"，乃至"政治平等"的美国社会里，是没有社会主义运动存在的余地的。

特纳承认国内的边疆已经消失，代之而起的是美国领土以外的"新边疆"。它将同样起"安全阀"的作用。他写道："美国从政治和商业上扩大到海外的地区。美国发展的一个周期已经完成。……我们发现美国重新卷入世界政治之中，这是不足为奇的。"[⑥]言下之意，有"新边疆"作为"安全阀"，美国资

---

① J. Turner, *Rise of the New West*, New York: Harper & Brothers, 1906, p. 246.

② J. Turner, *Rise of the New West*, New York: Harper & Brothers, 1906, p. 309.

③ J. Turner, *Rise of the New West*, New York: Harper & Brothers, 1906, p. 308.

④ J. Turner, *Rise of the New West*, New York: Harper & Brothers, 1906, p. 212.

⑤ Frederick L. Paxson, *Recent History of the United States, 1865-1927*, Cambridge: Bente Press, 1928, pp. 157-158.

⑥ J. Turner, *Rise of the New West*, New York: Harper & Brothers, 1906, pp. 245-246.

产阶级统治可以长治久安，社会主义运动在美国怎么能够兴起和发展呢！

特纳的边疆学派的理论在 20 世纪 30 年代受到路易斯·哈克和阿瑟·施莱辛格等学者的批评，他们雄辩地说明特纳的所谓西部"自由"土地充当"安全阀"和提供平等机会的观点是不符合历史事实的。他们以历史统计资料为佐证，说明由东部迁徙到西部的费用昂贵，东部工人以工资收入为生，难以积蓄足够的钱去西部建立农场；他们指出主要是农民而非工人移居西部；在经济危机和萧条时期向西迁居的人较经济繁荣时期少得多。因此，边疆不可能缓和经济危机时期东部工人的困境，不能起"安全阀"作用。这些说明边疆学派关于美国社会发展的例外论和边疆起消除社会矛盾及保持社会和谐的说法是缺乏历史事实根据的。

在 19 世纪末和 20 世纪初，美国出现了研究美国工人运动史的威斯康星学派，又称康芒斯学派，代表是约翰·康芒斯。他是美国制度经济学派的代表人物之一，而美国制度学派是一种庸俗经济学流派。它认为资本主义社会不是"自然的""均衡的"和"调和的"，强调资本主义有必要加以改良，加以调节，并且可以通过调节来消除社会的弊病。这是美国制度经济学派最基本的理论特征。康芒斯认为社会的主要矛盾是不同的资本主义之间的矛盾，而不是工人阶级与资产阶级的矛盾，不是工人受资本家的剥削。工人运动的产生是生产的周期性技术变化引起劳动力市场的供求变化。他认为，资本家和工人原来作为劳动力的买方和卖方享有平等的权利。雇主和雇工"他们共同承担企业的责任和利益"[①]。雇主和雇工平等地进行供和求的交换。按康芒斯的说法，工人失业是市场关系的破坏。失业问题可以借助有经验的经济学家、统计学家和其他方面专家的帮助，对工业进行"科学管理"来加以消灭。

康芒斯从庸俗经济学的观点出发，进而提出了美国工人运动和社会主义运动的例外论。他提出美国社会主义失败归因于 5 个最重要的因素：美国社会纯粹的中产阶级性质、男子的普选权、政府的总统制、美国政治传统中反中央集权下的经济统治和特殊的社会情况使工人很难具有阶级觉悟。他把美国工人强烈的个人主义特性说成是社会主义在美国必然失败的主要原因。他说在宅地法颁布以后，"贫苦而勤劳的人们"能逃往"广袤的自由的土地上去"，"这使美国工人运动具有个人主义特点而非社会主义的特点"。美国男子享有普选权。美国工人"没有经过斗争就比欧洲的工人早两三代获得男子普选权"，

---

① John Commons, *Industrial Goodwill*, New York: Mcgraw-Hill Book Company Inc., 1919, p. 51.

这给予"北方的工匠和劳动者平等地分享自主权",从而在很大程度上排除了尖锐的阶级差别。而在欧洲,工人则为争取选举权进行了艰苦的斗争。美国制度的权力分散的性质(减少联邦的权力、扩大州和地方的权力以及美国反中央集权下经济统治的思想传统)使美国工人运动期望工业,而非企望政府来提高美国工人的地位。美国宪法强调平等的机会和平等的权利也加强了美国工人的个人主义性质。[①]

威斯康星学派的著名学者塞利格·珀尔曼进一步发挥了康芒斯的观点,说美国工人缺乏阶级意识,因此不会接受社会主义思想。他提出美国工人缺乏阶级意识的三个原因:第一,美国缺少一种"完全'固定'的挣工资的阶级";第二,"慷慨恩赐的选举权,很早就作为杰克逊民主运动的副产品给予了劳工";第三,不间断地来到美国的移民浪潮,对受雇于工业中的工人是竞争威胁,因此"工人的'职业意识'使他们不是对发起或推动新的移民浪潮的雇主,而是对来夺去他们工作的移民怀着最强烈的仇恨"。所以,"总的来说,美国工人的唯一能接受的'意识'是'职业意识','有限的'目标是'控制工资和职业'"[②]。

威斯康星学派鼓吹美国工人运动和社会主义运动的例外论,以说明美国无产阶级没有必要组成独立的社会主义政党,只需要在竞选中支持资产阶级两大党中能维护工会具体要求的候选人就行了。塞利格·珀尔曼说:"两党进行竞选,以致劳工掌握着权力的平衡,这种方法诚然是最有效的。"[③]

在第二次世界大战以后,美国史学界出现了宣传"一致论"的新保守主义学派,代表人物是路易斯·哈兹和理查德·霍夫施塔特。他们宣扬美国社会的发展没有存在过对立思想传统的斗争,强调美国历史的特点是它的一致性、连贯性、亲和性和无冲突性。路易斯·哈兹在他的《美国的自由传统》一书中,强调自由的美国没有封建传统和严格的阶级结构,有广袤的环境和一种占统治地位的思想,说明美国是一种例外的社会,并由此下结论说,美国社会党和美国社会主义运动的失败是不可避免的。他在这本书中开宗明义

---

① John Commons, *History of Labor in the United States*, Vol. I , New York: Oxford University Press, 1926, pp. 4-5.

② Selig Perlman, *Theory of the Labor Movement*, New York: Augustus M. Kelley Pubslishers, 1928, pp. 167-169.

③ Selig Perlman, *Theory of the Labor Movement*, New York: Augustus M. Kelley Pubslishers, 1928, p. 173.

地说："美国居住着逃离旧世界的封建压迫和教权压迫的人们。……美国共和国是自由的共和国。荒谬的是美国历史学家无止无休地重复说美国是从欧洲的过去摆脱出来而建立起来的，却未能按这个事实解释我们的历史。"① 他说："美国罕见地缺乏封建传统，也罕见地缺乏社会主义传统，这并非偶然。西方到处有的社会主义思想其渊源可以在封建社会中找到。"② 所以，他认为"在欧洲，在考茨基的德国，同样地在麦克唐纳的英国，社会主义大大地受到并非来自资本主义而是来自封建制度本身的阶级精神的鼓舞"③。哈兹认为，美国社会主义政党的失败，是因为它们不了解美国，"坚持采用马克思主义的欧洲概念"，用于社会结构截然不同的美国④。他又说："再者，所有的马克思主义者本能地趋向于这样不相信思想因素，使他们纯粹在心理上对非封建的问题所产生的许多后果熟视无睹。难道'美国主义'的整个思想不是思想问题吗？'美国主义'的整个含义是美国是一个具有自由、平等和机会的特殊的国家。难道不是这样？"⑤ 因此，他下结论说，"美国世界使社会主义陷入孤立"⑥。这就是说，因为美国没有封建因素，是自由平等的国家，社会主义就失去了"发展的正常基础"。因此，哈兹认为，社会主义永远不会在美国取得成功。

哈兹认为美国缺乏严格的阶级结构，"由于把农民和无产者淹没在'小资产阶级'体系中，美国防止社会主义以任何有效的方法向自由的改革挑战。同时，自由'改革'限于民主资本主义的霍雷肖·阿尔杰⑦的梦想"。⑧

新保守主义学派认为美国人，包括工人，缺乏阶级意识，他们是实用的、反乌托邦的，是资本主义的和个人主义的。哈兹说，美国人之所以具有忽视

---

① Louis Hartz, *The Liberal Tradition in America*, New York: Harcourt, Brace, and World, Inc., 1955, p. 4.

② Louis Hartz, *The Liberal Tradition in America*, New York: Harcourt, Brace, and World, Inc., 1955, p. 6.

③ Louis Hartz, *The Liberal Tradition in America*, New York: Harcourt, Brace, and World, Inc., 1955, p. 234.

④ Louis Hartz, *The Liberal Tradition in America*, New York: Harcourt, Brace, and World, Inc., 1955, p. 235.

⑤ Louis Hartz, *The Liberal Tradition in America*, New York: Harcourt, Brace, and World, Inc., 1955, pp. 291-292.

⑥ Louis Hartz, *The Liberal Tradition in America*, New York: Harcourt, Brace, and World, Inc., 1955, p. 401.

⑦ 霍雷肖·阿尔杰（1834—1899）写了许多小说，宣传这样的思想：每个男孩子只要通过艰苦劳动和勤俭诚实就可以致富。

⑧ Louis Hartz, *The Liberal Tradition in America*, New York: Harcourt, Brace, and World, Inc., 1955, p. 10, 264.

理论的倾向，是"实用主义"的自由思想不可避免的产物。美国人务实，所以"一切问题都是以技术问题出现"，"实用主义……美国对哲学传统的伟大贡献容许政治领袖和政党特别灵活地改变政策，以吸引各种利益集团，因为他们除了恪守美国主义以外，不受任何其他思想的束缚"。①他说，社会主义争取平等、自由和财富的公平分配等能吸引美国人的东西，已是"美国主义"所固有的。同时，因为社会主义是有阶级意识的运动，因此对美国来说是不相容的。新保守主义学派在分析美国社会党时，说美国社会党在"进步时期"能取得选举上的好成绩，是因为社会党人是改良者；此外，美国社会党失败，则是因为社会党人太激进，而同美国的经验不相容。

在 20 世纪 50 年代，新威斯康星学派的丹尼尔·贝尔的影响较大。他在鼓吹社会主义不适合于美国资本主义社会方面与路易斯·哈兹异曲同工。他认为，佐姆巴特和珀尔曼论述的美国社会主义失败的几个原因只是"条件"而不是"原因"。这些因素"即使是真实的……也只是硬币的一面"。问题的根本原因是社会主义运动"同社会不相容"，社会主义"运动的社会特点明确地说明了它不能适应变化着的现实。在美国，社会主义运动的失败是根源于它不能解决道德和政治的困境。社会主义运动所提出的目标，整个地否定资本主义，不能把它同此时此地的、平等交换的政治世界的具体问题联系起来。总之，它为一种它生活在这个世界，却又不属于这个世界的不愉快的问题所困扰。"②

在谈及美国社会党的衰落问题时，他认为美国社会党在 1912 年就衰落了。他说，从历史进度看，"美国社会主义的黯然失色发生于 1912 年"，而"以后数年是飘曳的半明半暗的影子"③。他认为，特别是美国社会党反对竞争，奉行"处于冒险主义边缘的政策"，"使它完全孤立于美国政治生活的主流之

---

① Louis Hartz, *The Liberal Tradition in America*, New York: Harcourt, Brace, and World, Inc., 1955, p. 10, 264.

② John Laslett and Seymour Lipset, *Failure of a Dream*, Now York: Abchor Press/Doubleday, 1974, pp. 88-89.

③ Daniel Bell, "The Background and Development of Marxian Socialism in the United States", *in Socialism and American Life*, edited by Donald Egbert and Stow Persons, Vol.1, Princeton: Princeton University Press, 1952, p. 271.

外"。①他认为，美国社会主义从来就不是可行的政治运动，而它一度享有盛誉只是偶然的环境造成的。他把第一次世界大战以前美国社会主义运动的成就归因于"尤金·德布斯的浪漫主义和救世主精神"②。

在美国工人运动史学中，20世纪30年代出现过资产阶级进步学派。这一学派的学者最早批评了威斯康星学派关于美国工人运动的理论，批评了龚帕斯的行业工会主义，写了不少美国工人运动史的专著。到了50年代，进步学派的史学家如霍华德·昆特和戴维·香农等写了关于美国社会主义运动史的专著。戴维·香农撰写的于1955年的《美国社会党》一书，从社会党本身及其外部条件，即美国社会说明社会党衰落的原因。他首先指出美国社会党本身的问题。第一，在社会党的"一些分裂中，诚然，派别之间的意见分歧太大而不能妥协"。他说，1912—1913年，工团主义者同政治行动主义者之间的分歧和1919年共产主义者分裂出去，都是不可避免的。第二，"社会党另一弱点是党不能赢得有组织劳工对它事业的支持"。但他又认为，这绝不完全是社会党人的错误。劳工回避社会党人有一些重要原因，是社会党人无法改变的。

香农着重说明了社会党和社会主义运动衰落的外部原因。他认为美国社会党的失败主要归因于美国社会的基本传统和条件：

第一，美国政治制度的许多特点阻碍了任何不论是社会主义的还是非社会主义的第三党的发展。美国的两党制强大，以致没有一个真正的第三党能成功地发展成为主要政党之一。大多数州的选举法使第三党难以取得选票。第三党难以拥有竞选运动所需的大笔资金。大党窃取小党政纲中能孚众望的内容纳入自己的政纲。两党制在美国选举习惯中已根深蒂固，许多选民不愿选举那些没有获胜希望的候选人，不愿浪费自己的选票。美国政治中强调总统竞选也对第三党不利。说明第三党的困难尚不足以解释为什么社会主义会失败。美国社会主义不能像其他国家那样强大的主要原因是"在美国，阶级意识比在其他西方国家差得多。社会主义者致力于'工人阶级''无产者''工人'，但一般来说，这个阶级的成员并不认识他们的阶级地位。……这不

---

① Daniel Bell, "The Background and Development of Marxian Socialism in the United States", *in Socialism and American Life*, edited by Donald Egbert and Stow Persons, Vo1.1, Princeton: Princeton University Press, 1952, p. 328.

② John Laslett and Seymour Lipset, *Failure of a Dream*, Now York: Abchor Press/Doubleday, 1974, pp. 96-97.

是说，在美国没有社会阶级，也不是说不曾有过社会阶级，也并非不承认社会阶级。这是说，在美国，阶级意识和阶级团结比英国或西欧要相当薄弱些"。美国工人阶级意识比较薄弱的原因是"美国缺乏封建传统。这大部分是由于在这个大陆上具有广袤土地的新文化的结果。这无疑是美国人民比欧洲人民不能发展阶级觉悟的主要原因。当现代资本主义生产制度在美国发展的时候，它并没有像旧世界那样，替代掉大量的、已有的工匠阶级"。"没有财产的美国人，无须为公民权和政治代表制而战斗……这倾向于混淆阶级界线。美国工人较早地较容易地获得公民权，在美国，工人同有产者之间只有比政治界限不那么确定的社会和经济的界线"。同样地，因为从来没有过牢固确定的贵族，中产阶级无须经过大的斗争来维护其优势。

第二，"在扼制社会主义运动方面，美国资本主义的相对成功，比缺乏封建主义遗产这一因素更重要。虽然产品的分配并不公平，但产品总量大，以致美国的生活水平高于大多数欧洲国家，随着美国经济的巨大发展，富人变得更富，但穷人长期以来并没有变得更穷。工业资本主义无疑地扩大了最富的家庭与最穷的家庭之间的鸿沟，但一般说来，除了在经济萧条时期，穷人回顾他们祖父辈和父辈的境况时，觉得他们的物质享受更多了，而且普遍地认为，将来会有更多的物质享受。这种乐观主义不利于阶级团结的发展"。再者，"美国经济的发展也造成较高程度的阶级流动性"，使工人阶级中许多有能力的、有雄心的年轻人取得较高的经济地位。霍雷肖•阿尔杰的小说中主人公由穷变富的故事成为美国人信仰的一部分。不论这种信仰是否实际，现实和梦想的结合产生了在当时制度下改善自己境遇的乐观主义。这种乐观主义也妨碍了阶级意识的发展。

第三，"在美国历史上另一个阻碍阶级意识发展的因素是美国工人种族组成的多样性"。美国工人倾向于把自己看作某种族集团的成员，而非看作某阶级的一员。移民的不断流入使组织美国工人的工作更难了。

第四，"妨碍社会主义成功的另一个美国条件是广泛持有的对生活的实用观念，即要求可以见到的和实际的结果，并且愈快愈好。而社会主义的大部分内容对于那些持有这种观点的人是没有吸引力的"。香农的结论是："这是美国历史击败了社会主义者。"[①]

资产阶级进步学派的学者约翰•拉斯莱特对于资产阶级思想长期保持主

---

① David A. Shanon, *The Socialist Party of America*, Chicago: MacMillan, 1967, pp. 260-268.

宰地位，使社会主义未能在美国取得成功，提出三个重要因素和四个次要因素来解释。拉斯莱特提出的三个重要因素是：第一，美国奴隶制使美国黑人隔离在南方的种植园。在奴隶制废除后，虽然黑人是工人阶级中最受剥削的一部分，但在工业化的重要的几十年内其仍隔离在南方。在第一次世界大战以前，他们同北方工人阶级中最先进的部分只有很少的接触。结果在他们迁徙到工业城市后，他们的反抗传统仍然是以种族意识而非以阶级意识为基础的。第二，边疆的遗产。虽然边疆作为安全阀并没有起多大的作用，但在美国劳动人民中间产生了地域上迅速流动的传统，产生了具有主要是个人主义的、创业的、单个家庭的农场传统的农村激进运动，阻碍了社会主义的劳工-农场主联盟的兴起。第三，从欧洲和亚洲来的大量移民。他们初来美国时，像黑人一样，常常为雇主分而治之。他们过去乃至现在，在一定程度上把种族忠诚视为高于阶级的忠诚。

拉斯莱特提出的 4 个次要条件是：第一，美国的民族主义深入人心。美国的民族主义根源于美国革命所产生的爱国热情，"忠诚于自由国家的资产阶级价值"。第二，在杰克逊时代公民权的扩大和两党制的发展，促进了有广泛基础的、以自由联合为方向的政党的发展，阻碍了对资产阶级统治提出挑战的第三党的发展。第三，同欧洲大多数国家相比，在美国缺少可以同大多数欧洲国家比拟的革命知识分子，缺乏乐此不疲地献身于发展真正的"美国"形式的社会主义。第四，美国强大的资本主义不断地取得了成功，虽然财富的分配甚至比欧洲更加不公平，但掌握政权的人从来不会容许社会上任何潜在的强大部分长期得不到报偿，以致造成卓有成效的争取革命变革的运动。

拉斯莱特还提出了其他阻碍美国社会主义运动发展的小的因素，诸如：第一，美国人对国家和政权的不信任，导致了无政府主义或无政府工团主义，而非社会主义。第二，美国清教徒传统有助于解释个人依靠自己的力量，进行社会和经济的自救，这在美国社会制度中仍具有重要性。而且，美国缺少国教，大多数新教教派划分并非像英国和其他欧洲国家那样，宗教感情同阶级感情相一致，在美国反社会主义的天主教组织对美国信天主教的工人产生了极为强大的影响。第三，马克思主义的知识分子同劳工运动之间缺少联系，部分是由于"美国培植起来的重视物质价值，反对唯理智论的普遍风气"。第四，美国工会中脱产职员与工会会员的比例大大地高于欧洲国家的工会，工会职员的工资也大大地高于欧洲工会的职员，这阻碍了工人的抗议运动。

拉斯莱特在论述了上述许多因素以后，下结论说正是这些因素，使得自由主义成为"大多数美国人的占支配地位的思想","美国工人阶级总是没有觉察到社会主义的航船"①。

在美国工人运动史学中，老左派史学的史学家如安东尼·比姆巴、菲利普·福纳和威廉·福斯特等写了不少美国工人运动史和社会主义运动史的著作。福斯特在于 1952 年出版的《美国共产党史》一书中，分析了美国社会主义工人党和美国社会党衰落的原因。他在总结这些党的历史教训时，着重指出了这些党本身存在的问题。他说社会主义工人党"在建立二十五年之后，变成了一个空架子，它的成员主要是外国出生的工人，它只是抽象地宣传社会主义，很少进行同美国工人阶级日常生活有关的活动。在美国进入帝国主义阶段，工人阶级开始了广泛的群众斗争之后，社会主义工人党落后于时代要求的老毛病更加明显了。在这种情况下，社会主义工人党显然不能作为工人阶级的先锋政党"②。福斯特分析社会党的衰亡原因时指出："尽管社会党在早期有相当大的成就，它仍然没有担负起历史交给它的任务，具体地说，这就是它诞生时期的帝国主义时代交给它的任务。它不是适合要求的新型的党，而是按照机会主义者所控制的德国社会民主党的模型建立起来的。它一开始就被小资产阶级的领导所摧毁，它的主导思想是资产阶级思想而不是马克思社会主义思想。事实表明，党的改良主义领导到底不能对工人阶级在经济上和在政治上起必要的领导作用。左派强烈的宗派主义和工团主义的倾向也使党遭到损害，因而也就大大地阻碍了党的发展。""机会主义的领导使社会党不能成为工人阶级的先锋队，这就不可避免地在党内产生了一个强有力的左派，为真正的阶级斗争政策而奋斗。这个左派的成长孕育了共产党。……"③

福斯特也谈到阻碍社会主义运动发展的客观因素。他承认"美国工人阶级的观念形态的发展，长时期内被美国资本主义发展中的许多情况（这些情况是重要的但不是基本的）的影响阻滞了。这些因素有助于在工人中间培养小资产阶级幻想，并且引导他们相信在资本主义制度范围之内可以解决他们

① Seweryn Bialer and Sophia Sluzer ed., *Sources of Contemporary Radicalism*, New York: Columbia University Press, 1977, pp. 89-92.

② William Z. Foster, *History of the Communist Party of the United States*, New York: International Publishers, 1952, p. 178.

③ William Z. Foster, *History of the Communist Party of the United States*, New York: International Publishers, 1952, p. 179.

的经济和政治问题"。他指出："第一，由于缺少封建政治的残余及 1776 年、1861 年比较彻底的资产阶级革命，美国的工人，除了黑人之外，争取到了比欧洲大陆工人广泛一些的民权。在这一方面特别重要的是比较广泛的选举权。这种情况有助于在美国工人中间培养普遍深入的关于美国资产阶级民主的幻想，尽管他们进行过长期斗争来争取组织工会的权利，争取妇女选举权，争取普及教育，争取社会保险和争取其他人民自由权利……第二，美国工人阶级的组成长期以来缺乏一致性，这又是一个历史上的重要因素，妨碍了我国无产阶级觉悟和社会主义观念的发展……第三，在美国建国后的第一个世纪里，有大片政府所有的土地，不费很大力气就能领到小块土地，特别是在 1862 年《农户份地法》通过之后。在好几十年里，这种自由土地成了阶级斗争的一种安全调节器和阶级觉悟发展的阻碍。农庄成了工人们追求的目标，所有早期的工会都异常关心土地问题……第四，对美国工人阶级觉悟发展的另一个长期障碍是，工业和农业的广大和飞快的发展，使有些工人能够置备财产，转到中等阶级的行列里去。不少人甚至成了大资本家。总有一天可以建立自己的小本经营这种指望在工人里是很平常的，这就使他们用资本主义的观点来看问题。第五，经常阻滞我国工人发展社会主义思想的最强有力的因素是劳动力的高度缺乏，这是因为美国资本主义是在异常有利条件下发展起来的。这就使得工人，特别是熟练工人，得到的工资率远远高过其他重要资本主义国家。美国的较高的货币工资……妨害了他们具有充分阶级觉悟和革命思想。第六，美国发展了一个很大的工人贵族阶层。……特别是随着帝国主义的发展，在这个劳工贵族的基础上就产生了腐败的工人官僚阶层。……在历史上，这班人是阻滞工人阶级思想发展的有力武器。……"[1]福斯特认为，"在今天，上面这些阻碍工人的阶级觉悟和社会主义前景发展的因素，不是已经完全消失就是到了消失的前夕"[2]。

老左派史学家艾拉·基普尼斯于 1952 年出版了他的专著《美国社会主义运动，1897—1912 年》。他主要研究和论述美国社会党的历史，着重论述了美国社会党衰落的原因，概括起来就是一条：社会党内的机会主义葬送了社会党的前程。他说美国社会党的"右翼对运动的失败负主要责任"，是"他们

　　[1] William Z. Foster, *History of the Communist Party of the United States*, New York: International Publishers, 1952, pp. 582-584.

　　[2] William Z. Foster, *History of the Communist Party of the United States*, New York: International Publishers, 1952, pp. 582-584.

控制了党和决定政治及行动。正是他们把党变成了他们自称的机会主义政治组织，竭力为其领导人赢得公职"①，"很快地社会党堕落成争取选票的机器"。②

美国工人运动史新左派史学的崛起是 20 世纪 60 年代的"新左派"运动影响下产生的。新左派史学家写了不少美国工人运动史的著作。他们批评威斯康星学派只注意有组织的劳工，把美国工人运动史写成工会史和局限于在经济范围叙述工会史，忽视了整个工人阶级和广大工人群众的历史，忽视了工人的文化。新左派的美国工人运动史的著作着重研究美国工人阶级的文化，研究工业城镇工人的历史发展过程。新左派史学家中研究美国社会主义运动的有詹姆士·温斯坦和沃伦·弗兰克等人。温斯坦于 1967 年出版了题为《社会主义在美国的衰落，1912—1925 年》一书，也写了一些关于美国社会主义运动史的文章。他批评了路易斯·哈兹等人所认为的社会主义运动与美国国情不相容的观点，指出美国社会党自成立以后是不断发展的，只是到了第一次世界大战和战后，由于政府的镇压和党的分裂，社会党才衰落的。他批评了丹尼尔·贝尔和艾拉·基普尼斯关于美国社会党在 1912 年就衰落了的说法。他以史料为根据，说明 1912—1917 年社会党的组织仍然是稳固的。温斯坦特别批评了丹尼尔·贝尔所认为的社会党反对战争，奉行"处于冒险主义边缘的政策"而"使它完全孤立于美国政治生活的主流之外"的说法，指出社会党的反战并非不得人心。他认为社会党的衰落与党的反战政策没有关系。③美国社会党在 1919 年的衰落是由于威尔逊政府镇压的结果。④同时，社会党的衰落也是美国共产党的成立所引起的社会党分裂和俄国布尔什维克坚持西方立即起来革命的方针所造成的。温斯坦说："实际上，通过开除七个语言联合会以及密歇根和马萨诸塞州的组织，右翼制造了分裂，却是左翼奉行的政策使分裂成为不可避免。⑤由于布尔什维克坚持俄国革命只是即将推翻世界资本主义的第一步。正如我们所看到的，俄国人不仅企望西方的革命，而且相信如果西方不发生革命，他们就不可能生存下去。在他们革命后的三

---

① Ira Kipnis, *The American Socialist Movement, 1897-1912*, New York: Haymarket Books, 1952, p. 425.

② Ira Kipnis, *The American Socialist Movement, 1897-1912*, New York: Haymarket Books, 1952, p. 427.

③ James Weinstein, "Socialism's Hidden Heritage", *Studies on the Left*, 1963.

④ James Weinstein, "Anti-War Sentiment and the Socialist Party, 1917-1918", *Political Science Quarterly*, 1959.

⑤ James Weinstein, *The Decline of Socialism in America 1912-1925*, New York: Rutgers University Press, 1967, p. 331.

年里，他们号召所有的社会主义者立即起来夺取政权……"[1]温斯坦认为，"政治民主传统、相对的社会流动性和自内战结束至 20 世纪 20 年代中期的美国资本主义的扩大使生活水平普遍增长"，"使美国的社会主义不能成为多数人的政治运动"。[2]

美国史学各学派特别是美国工人运动史的各个学派，对美国社会主义运动的历史进行了研究，总结了造成美国社会主义运动未能成功的各种因素。学者们从学术上进行这样的探讨是可贵的，为我们进一步探讨 20 世纪 20 年代初以前美国社会主义运动未能取得成功的原因和美国社会主义运动的历史教训提供了可资参考的资料和观点。应该肯定，美国的历史发展中有不同于其他各国的具体特点，而美国社会主义运动的兴衰同这些具体特点有密切的联系。不过，有些学派，如边疆学派、威斯康星学派和新保守主义学派强调美国历史发展中的某一个或某几个因素及特点，诸如没有封建主义、工人具有职业意识而缺少阶级意识、民主制和两党制、美国思想文化上的自由主义和美国主义、边疆的安全阀作用和工人的个人主义等，形而上学地加以绝对化，把这些因素或特点看作永恒的，从而得出"美国例外论"或"美国工人运动和社会主义运动例外论"的结论。在他们看来，在美国，社会主义运动是注定要失败的。他们这样武断地下结论，在一定程度上适应了垄断资产阶级维护其统治的需要，也是他们形而上学的世界观使然。

美国的历史发展具有特殊性，但美国是资本主义国家，生产关系具有资本主义的属性，美国并非处于资本主义的普遍规律之外，它存在着生产的社会化与生产资料私人所有制的矛盾，存在着资产阶级与工人阶级的阶级斗争，因此，其出现社会主义运动是必然的。至于社会主义运动能否取得成功，则要依据主客观条件是否成熟。诚然，史学家提出的美国的民主制和两党制、美国工人的种族复杂性、工人工资较高、西部存在自由土地、宗教的影响、工人的流动性和工人的个人主义等因素确实曾给美国社会主义运动的发展带来困难。但是，所谓"美国例外论"或"美国社会主义运动例外论"则是错误的。美国社会主义运动未能取得成功与美国社会主义注定失败，是两个不同的概念。美国社会主义运动需要经过持久的合法斗争，利用议会讲坛，开展经济和政治的罢工，组织工会和教育工人，不断聚集力量，准备最后推翻

---

[1] James Weinstein, *The Decline of Socialism in America 1912-1925*, New York: Rutgers University Press, 1967, pp. 328-329.

[2] James Weinstein, "Weinstein Exchanges Views with Gerald Friedberg", *Studies on the Left,* 1962.

资本主义。对于在 1920 年以前，美国社会主义运动为什么未能取得成功，我们要把影响美国社会主义运动的各种主客观因素放在具体的历史条件下进行研究，必须如实地把各种因素看作既相互联系、又相互矛盾的统一体，不是其中任何一种因素，而是所有这些因素在复杂的交互作用和矛盾冲突中考察美国社会主义运动未能成功的原因和历史教训。只要坚持按照马克思主义的基本原理，深入了解美国社会主义运动的历史事实，进行长期的研究，总能找到比较科学的答案。

附　录

大事年表

1845 年

9 月　　德国"真正的社会主义者"赫尔曼·克利盖来美国旅居。

1846 年

1 月　　克利盖创办《人民论坛报》。

5 月　　布鲁塞尔的通讯委员会会议上通过了马克思和恩格斯起草的《反克利盖的通告》的决议。

12 月　　威廉·魏特林来美国旅居，但不久返回德国参加 1848 年革命。

1849 年

5 月　　魏特林再次来美国旅居。

1850 年

1 月　　魏特林创办《工人共和国》。

4 月　　在魏特林领导下，纽约成立了"联合的各行业中央委员会"。

10 月　　德裔美国工人工会在费城召开第一次全国代表大会，成立了德裔美国工人总同盟，通过了魏特林关于劳动交换银行的方案。

秋　　　卡尔·海因岑移居美国。

1851 年

11 月　约瑟夫·魏德迈抵达美国纽约。

1852 年

1 月　魏德迈创办《革命》月刊。
4 月　魏德迈任《改革》报编辑。
夏　魏德迈和阿道夫·克路斯领导成立了共产主义者同盟美国支部。
下半年　无产者同盟成立。

1853 年

3 月　美国工人同盟成立。

1854 年

2 月　共和党成立。
3 月　美国工人同盟通过了魏德迈起草的谴责堪萨斯-内布拉斯加法案的会议。

1857 年

10 月　纽约共产主义俱乐部成立。
11 月　工人总同盟成立。

1859 年

7 月　铁铸工同盟成立。

1860 年

5 月　芝加哥的"德国人之家"举行各德国移民组织和共和党俱乐部代表会议。

1861 年

魏德迈等许多德国社会主义者参加联邦军，与南方同盟作战。

1862 年

9 月　　林肯颁布解放奴隶宣言。

1864 年

9 月　　第一国际（国际工人协会）成立。

1865 年

11 月　　拉萨尔分子在纽约成立德裔工人总工会。

1866 年

8 月　　魏德迈病逝。
全国劳工同盟成立。

1868 年

1 月　　纽约共产主义俱乐部与德裔工人总工会合并，组成纽约及其近郊社会党。

1869 年

纽约及其近郊社会党以纽约第五号劳工同盟名义加入全国劳工同盟。
全国劳工同盟派安德鲁·凯默隆为代表出席第一国际巴塞尔大会。
劳动骑士团在费城成立。

12 月　　纽约及其近郊社会党改组为第一国际美国第一支部。

1870 年

8 月　　第一国际美国第二支部（法国人支部）成立。

12 月　　美国的德国人支部、法国人支部和捷克人支部组成国际工人协会北美中央委员会。

1871 年

9 月　　国际工人协会北美中央委员会参加在纽约举行的争取八小时工作日的游行示威和集会。

11月　第一国际总委员会通过《关于国际工人协会美国各支部中央委员会的决议》。

北美中央委员会分裂为第一委员会和第二委员会。

1872 年

第一国际在美国纽约、波士顿等许多城市的支部召开多次声援巴黎公社社员的大会。

3月　第一国际总委员会会议上通过了马克思起草的《关于合众国联合会的分裂的决议》。

7月　第一委员会在纽约举行代表大会，支持总委员会的决议，并成立国际工人协会北美联合会。第二委员会在费城举行代表大会，成立了独立于伦敦的总委员会的国际工人协会美国同盟。

9月　第一国际海牙大会上决定把总委员会驻地迁往纽约。

1873 年

2月　国际工人协会北美联合会创办德文机关报《工人报》。

9月　第一国际在日内瓦举行最后一次代表大会。

1873 年

11月　北美联合会参与领导了美国各城市失业工人的斗争，直到 1874 年 1 月。

12月　拉萨尔分子领导的伊利诺伊州工人党成立。

1874 年

1月　北美联合会支持、由纽约的安全委员会组织，在汤普金斯广场举行失业者示威游行。

4月　北美联合会在费城召开第二次代表大会。

5月　退出北美联合会的拉萨尔分子成立北美社会民主工人党。

左尔格辞去总委员会总书记职务，卡尔·斯派尔接任总书记。

1875 年

7月　北美社会民主工人党召开第二次代表大会。

1876 年

7 月　　第一国际总委员会在费城召开会议，宣布解散第一国际。

北美联合会召开第三次，也是最后一次代表大会。

北美联合会、北美社会民主工人党、伊利诺伊州工人党和辛辛那提社会民主劳工协会在费城召开统一代表大会，统一组成美国工人党。

1877 年

7 月　　铁路工人开始大罢工。

美国工人党全国执行委员会发表告工人书，声援罢工工人。在芝加哥和圣路易斯，美国工人党领导了工人罢工。

12 月　　美国工人党在新泽西州的纽瓦克召开代表大会。在拉萨尔派控制下修改了党的纲领，并把党的名称改为社会主义工人党。

1878 年

初　　　左尔格等人领导下成立国际劳工同盟。

2 月　　绿背纸币党在俄亥俄州的托莱多举行大会，成立绿背纸币劳工党。

1879 年

12 月　　社会主义工人党在宾夕法尼亚州的阿勒格尼城举行第二次代表大会。

1881 年

在伯内特·哈斯克尔领导下，在太平洋沿岸地区成立了国际工人协会太平洋沿岸支部。

10 月　　无政府主义者和无政府工团主义者成立了革命社会党。

11 月　　"美国及加拿大有组织的各行业及工会联合会"（美国劳工联合会的前身）成立。

1882 年

初　　　纽约中央劳工同盟成立。

德国无政府主义者约翰·莫斯特来美国旅居。

1883 年

10 月 无政府主义者和无政府工团主义者在匹茨堡召开大会,成立了美国的"国际劳动人民协会"。

12 月 社会主义工人党在巴尔的摩召开第四次全国代表大会。

1886 年

5 月 秣市广场举行抗议警察暴行的群众集会上,发生爆炸事件。事后 8 名无政府主义者被审讯和判刑。

8 月 在纽约成立统一劳工党。

9 月 德国社会民主党领袖威廉·李卜克内西和爱德华·艾威林及其夫人爱琳娜·马克思在美国进行了为期 15 周的旅行演说,宣传科学社会主义。

12 月 美国劳工联合会成立。

1887 年

8 月 统一劳工党在锡腊丘兹召开代表大会,亨利·乔治等单一税论者把社会主义者逐出统一劳工党。

9 月 社会主义工人党在纽约州的布法罗召开第六次代表大会。

太平洋沿岸和落基山地区国际工人协会支部并入社会主义工人党。

进步劳工党成立。

1888 年

爱德华·贝拉米出版长篇空想社会主义小说《回顾 2000—1887》。

12 月 波士顿成立国家主义俱乐部。

1889 年

1 月 波士顿国家主义俱乐部发表《原则宣言》。

4 月 在波士顿成立了"基督教社会主义者协会"。

9 月 社会主义工人党内以《纽约人民报》为中心的工会主义派与拉萨

尔主义的罗森堡-布希集团分裂。

罗森堡-布希集团召开社会主义工人党代表大会。

10 月　《纽约人民报》为中心的工会主义派召开社会主义工人党代表大会。

1890 年

4 月　国家主义者成立国家主义教育协会。

丹尼尔·德里昂加入社会主义工人党。

12 月　劳联在底特律举行年会，在龚帕斯操纵下，否决了社会主义工人党的卢西恩·萨尼尔的代表资格，引起劳联与社会主义工人党关系的破裂。

1891 年

5 月　人民党在俄亥俄州的辛辛那提举行的大会上成立。

1892 年

1 月　德里昂任英文《人民》报编辑，并成为社会主义工人党内最有影响的领袖。

宾夕法尼亚州荷姆斯特德的卡内基钢铁公司工人进行罢工斗争。

1893 年

社会主义工人党修改党章，不允许同人民党合作。

1894 年

伊利诺伊州普尔曼公司工人大罢工，接着德布斯领导了铁路工人大罢工。

1895 年

春　在威廉·德怀特·布利斯领导下，成立波士顿费边社。

11 月　劳动骑士团的全国代表大会上，在詹姆士·索夫林操纵下，否定德里昂等社会主义工人党党员的代表资格，引起劳动骑士团的分裂。

12 月　在德里昂领导下，成立了双重工会组织"社会主义职工同盟"。

社会主义工人党在纽约城犹太人支部中的一些重要人物，如亚伯拉罕·卡恩和迈耶·伦敦反对德里昂的双重工会政策而退党。

1896 年

社会主义工人党的代表大会上批准了社会主义职工同盟。

1897 年

6 月　在德布斯领导下，成立了美国社会民主主义党。

1898 年

6 月　社会民主主义党第二次代表大会上，殖民派与政治行动派分裂。政治行动派举行会议，把社会民主主义党改名为社会民主党。

1899 年

7 月　社会主义工人党内德里昂派与希尔奎特派分裂，出现两个社会主义工人党。

1900 年

1 月　希尔奎特派在罗切斯特举行社会主义工人党第十次代表大会。

3 月　社会民主党在印第安纳波利斯举行全国代表大会。

　　　希尔奎特派的社会主义工人党与社会民主党举行关于两党统一问题的协商会议。

5 月　两党再次举行两党统一问题协商会议。会议上社会民主党的代表中形成对立的两派。

6 月　德里昂派在纽约举行社会主义工人党第十次代表大会。

7 月　社会民主党内支持两党统一的人和希尔奎特的社会主义工人党成立了两党联合的全国执行委员会，从而形成两个社会民主党。

1901 年

7 月　两个社会民主党在印第安纳波利斯举行代表大会，讨论两派统一问题，成立了美国社会党。

1904 年

5 月　社会党在芝加哥召开第二次代表大会。

1905 年

6 月 在尤金·德布斯、威廉·海伍德和德里昂领导下，世界产业工人同盟在芝加哥成立。

12 月 爱达荷州的州长被刺身亡,西部矿工联合会领袖威廉·海伍德等人被捕,随即社会党左派、社会主义工人党、世界产业工人同盟和西部矿工联合会开展了营救活动。

1906 年

9 月 世界产业工人同盟发生第一次分裂,西部矿工联合会脱离世界产业工人同盟。

1908 年

世界产业工人同盟发生第二次分裂。德里昂及其支持者退出。

社会党在芝加哥举行的代表大会上,修改了党章,反对世界产业工人同盟。

1912 年

1 月 希尔奎特与海伍德就工会组织问题进行了辩论。

5 月 社会党在印第安纳波利斯召开代表大会,修改党章,把反对世界产业工人同盟作为党的既定政策。

世界产业工人同盟领导了马萨诸塞州的劳伦斯纺织工人大罢工。

1913 年

社会党撤销海伍德的全国执行委员会委员职务,引起党内分裂。

1914 年

8 月 社会党全国执行委员会发表宣言,反对战争,但没有谴责欧洲多数社会党的社会沙文主义立场。

9 月 美国社会党致电第二国际国际局各交战国的社会主义政党,敦促各社会党为和平工作。

1915 年

1 月　　社会党发表和平纲领。

5 月　　社会党全国执行委员会召开会议，发表《致美国人民书》，谴责美国的军国主义鼓噪。

10 月　　社会党的拉脱维亚语言联合会的左派成立"社会主义宣传同盟"，发表宣言，反对社会党的机会主义政策。

11 月　　列宁写了《给"社会主义宣传同盟"书记的信》。

1916 年

布哈林来美国，侨居纽约。

1917 年

托洛斯基来美国，侨居纽约。

1 月　　在社会党的德语联合会执行书记路德维希·洛尔的家里，举行左派分子会议，有俄国、日本和荷兰的革命流亡者参加，讨论社会党左派的行动纲领。

2 月　　在纽约城召开"社会主义组织和团体国际会议"，决定遵循列宁领导的齐美尔瓦尔德左翼运动。

4 月　　社会党在圣路易斯召开非常代表大会，通过了鲜明的反对帝国主义战争和美国参战的决议。

5 月　　社会党右派和中派领导人如维克托·伯杰和希尔奎特等人成立"和平和民主人民委员会"。

1918 年

1 月　　威尔逊总统在向国会致辞中提出了被他称为"世界和平纲领"的"十四点"，社会党右、中、左三派都表示赞同。

6 月　　德布斯在坎顿市发表了激烈的反战演说。

年底　　社会党的拉脱维亚语言联合会创办的《革命时代》杂志刊登了列宁的《给美国工人的信》。

社会党的斯拉夫语言联合会成立了"共产主义宣传同盟"。

1919 年

2 月　　社会党的纽约城二十个左派支部举行大会，组织了"社会党大纽约左派部分"，并通过了《美国社会主义运动左翼的宣言和纲领》。

5 月　　社会党右派按他们清党的预谋，召开全国执行委员会会议，开除了密歇根的社会党州组织和由左派控制的 7 个语言联合会。

6 月　　社会党左派在纽约城召开了左派全国代表大会。

8 月　　社会党在芝加哥召开非常全国大会，右派公开同左派分裂。社会党左派中的多数派集团成立共产劳工党。

9 月　　社会党左派中的少数派集团成立美国共产党。

1920 年

5 月　　共产劳工党和美国共产党合并成为统一共产党。

部分译名对照表

A

Abendlatt　《晚报》

Alarm　《警惕报》

Alger, Horatio　阿尔杰，霍雷肖

Allen, Henry　阿伦，亨利

American Confederation of the International Workingmen's Association 国际工人协会美国同盟

Ameikanischer Arbeiterbund　美国工人同盟

Anti-Poverty Society　反贫穷协会

Appeal to Reason　《诉诸理性报》

Arbeiter　《工人》

Arbeiter-Stimme　《工人之声》

Arbeiter Union　《劳工同盟》

Arbeiter-Zeitung　《工人报》

Arthur, Peter　阿瑟，彼得

Association of United Workers of America　美国联合工人协会

Atgeld, John Peter　阿特格尔德，约翰·彼得

Aveling, Edward　艾威林，爱德华

B

Bachmann, M.　巴克曼

Banks, Theodore　班克斯，西奥多

Barnes, Mahlon　巴恩斯，马伦

Baxter, Sylvester　巴克斯特，西尔威斯特

Beecher, Edward　比彻，爱德华

Bellamy, Edward　贝拉米，爱德华

Belletristisches Journal und New Yorker Criminal-Zeitung　《美文学杂志和纽约刑法报》

Benson, Allen　本森，艾伦

Benham, G. B.　贝纳姆

Berger, Victor　伯杰，维克托

Blair, George　布莱尔，乔治

Blavatsky, Helen　布莱瓦茨基，海伦

Bliss, William Dwight　布利斯，威廉·德怀特

Blissert, Robert　布利塞特，罗伯特

Bolte, Fred　博尔特，弗雷德

Boudin, Louis　布丁，路易斯

Boyce, Edward　博伊斯，爱德华

Braun, Charles　布朗，查尔斯

Briggs, Sam　布里格斯，山姆

Brotherhood of the Cooperative Commonwealth　合作共和国兄弟会

Brower, William　布劳尔，威廉

Buchanan, Joseph　布坎南，约瑟夫

Burns, William　伯恩斯，威廉

Busche, J. F.　布希

Bushnell, Horace　布什内尔，霍勒斯

Butscher, William 布奇，威廉

C

Cahan, Abraham 卡恩，亚伯拉罕

Cameron, A. C. 凯默隆，安德鲁

Camp Fremont 弗里芒特阵线

Carey, James 凯里，詹姆斯

Carl, Konrad 卡尔，康拉德

Carsey, W. A. 卡西

Cassidy, Edward 卡西迪，爱德华

Central Committee of the International Workingmen's Association for North America 国际工人协会北美中央委员会

Central Committee of United Trades 联合的各业中央委员会

Central Labor Union of New York 纽约中央劳工同盟

Chaplin, Ralph 查普林，拉尔夫

Chase, John 蔡斯，约翰

Chubb, Percival 查布，珀西瓦尔

Claflin, Tennessee 克拉夫林，田纳西

Cluss, Adolf 克路斯，阿道夫

Cohen, Maximilian 科恩，马克西米利安

Communist Propaganda League 共产主义宣传联盟

Conzett, Conrad 康泽特，康拉德

Corrigan, Archbishop 柯里冈大主教

Cosmopolitan Conference 世界主义大会

Cox, Jesse 考克斯，杰西

D

Dawn 《曙光》

DeLeon, Daniel 德里昂，丹尼尔

Dell, Floyd 德尔，弗洛伊德

Deutsches Haus 德国人之家

Die Reform 《改革报》

Gompers, Samuel　龚帕斯，塞缪尔
Gordon, F. G. R.　戈登
Green Corn Rebellion　青玉米暴动
Greenbaum, Leon　戈林鲍姆，利昂
Grenell, Judson　格里内尔，贾德森
Gronland, Laurence　格朗伦德，劳伦斯
Grottkan, Paul　格罗特卡，保罗

H

Hagerty, Thomas　哈格蒂，托马斯
Haile, Margaret　黑尔，玛格丽特
Hall, Edward　霍尔，爱德华
Haller, William　哈勒，威廉
Hanford, Benjamin　汉福德，本杰明
Harriman, Job　哈里曼，乔布
Harrison. Carter　哈里森，卡特
Haskell, Burnette　哈斯克尔，伯内特
Hasselman, William　哈塞尔曼，威廉
Hayes, Max　海斯，马克斯
Haywood. William　海伍德，威廉
Heath, Frederic　希思，弗雷德里克
Heinzen, Karl　海因岑，卡尔
Herron, George　赫伦，乔治
Hintze, William　欣策，威康
Hoehn, Gustav　赫恩，古斯塔夫
Hogan, James　霍根，詹姆斯
Hourwich, Isaac　霍尔威奇，伊萨克
Hubert, B.　休伯特

I

Ibsen, C.　易卜生
Illinois Staats Anzeiger　《伊利诺伊州导报》

Lingg, Louis　林格，路易斯

Lloyd, Henry Demarest　劳埃德，亨利·德马雷斯特

Loan and Homestead Society　贷款和宅地协会

London, Jack　伦敦，杰克

London, Meyer　伦敦，迈耶

Lonergan, William　朗纳根，成廉

Lore. Ludwig　洛尔，路德维格

Lowie, Robert　洛伊，罗伯特

M

Maguira, Mathew　马圭尔，马修

Mailley, William　梅利，成廉

Martin, Charles　马丁，查尔斯

Marx, Aveling　马克思，艾威林

Masses　《群众》

Maurer, James　莫勒，詹姆斯

McGuire, R. J.　麦圭尔，彼得

McNail, George　麦克尼尔，乔治

Meyer, Reinhardt　迈尔，赖因哈特

Miller, J. E.　米勒

Milwaukee Leader　《密尔沃基导报》

Mitchel, John　米歇尔，约翰

Morgan, Thomas　摩根，托马斯

Most, Johann　莫斯特，约翰

Moyer, Charles　莫耶，查尔斯

Myers, Gustavus　迈尔斯，古斯塔夫斯

N

National Civic Federation　全国公民协会

Nationalist　《国家主义者》

Nationalist Club　国家主义俱乐部

Neebe, Oscar　尼比，奥斯卡

New Democracy　《新民主》
New England Labor Reform League　新英格兰劳工改革同盟
New Review　《新评论》
New Yorker Volkszeitung　《纽约人民报》
New York Staats-Zeitung　《纽约州报》
North American Federation　北美联合会
Novy Mir　《新世界》
Nye Tid　《新时代》

P

Palmer, Mitchell　帕尔默，米切尔

Parsons, Albert　帕森斯，艾伯特

Patten, Van　帕顿，范

Peace, Edward　皮斯，爱德华

People　《人民》报

Petersen, C. A.　彼得森

Pettibone, George　佩蒂伯恩，乔治

Pomeroy, Eltweed　波默罗伊，埃尔特威德

Powderly, Terence　鲍得利，特伦斯

Praast, R.　普拉斯特

Proletarierbund　无产者同盟

Progressive Labor Party　进步劳工党

Putnam, E. V.　普特南

Putney, Squire　普特尼，斯夸尔

R

Reed, John　里德，约翰
Reimer, Otto　赖默，奥托
Republik der Arbeiter　《工人共和国》
Revolution　《革命》月报
Revolutionary Socialist Party　革命社会党
Rosenberg, W. L.　罗森堡

Rosa, Robert 罗萨，罗伯特

Rozins, Fricis 罗辛斯，弗里西斯

Russell, Charles 拉塞尔，查尔斯

Ruthenberg, Charles 鲁登堡，查尔斯

S

San Antonio Zeitung 《圣安多尼报》

Sanial, Lucien 萨尼尔，卢西恩

Sauter, Joseph 骚特尔，约瑟夫

Schevitsch, Serge 舍维奇，泽尔热

Schilling, George 希林，乔治

Schlegel, Edward 施列格尔，爱德华

Slobodin, Henry 斯洛博丁，亨利

Schlueter, Hermann 施留特尔，海曼

Schnaubelt, Rudolph 施瑞贝耳特，鲁道夫

Schwab, Michael 施瓦布，迈克尔

Schwab, Justus 施瓦布，贾斯特斯

Seliger, William 塞利格，威廉

Simons, Algie 西蒙斯，阿尔吉

Social Democracy 《社会民主主义》报

Social Democracy of America 美国社会民主主义党

Social Democratic Herald 《社会民主先锋》

Social Democratic Workingmen's Party of North America 北美社会民主工人党

Social-Demokrat 《社会民主主义者》报

Sozialist 《社会主义者》报引

Social Party of New York and Vicinity 纽约及其近郊社会党

Socialist Propaganda League 社会主义宣传同盟

Soziale Reform Verein 社会改良协会

Social Revolutionary Club 社会革命俱乐部

Society of Christian Socialism 基督教社会主义协会

Solidarity 《团结》报

参考书目

（一）专著

A. E. Zucker, *The Forty-Eighters* (New York, 1950).

Adolph Douai, *Better Times* (New York, 1877).

Alan Dawley, *Class and Community: The Industrial Revolution in Lynn* (Cambridge, Massachusetts, 1976).

Albert Fried ed., *Socialism in America: From the Shakers to the Third International, a Documentary History* (New York, 1970).

Anthony Bimba, *The History of the American Working Class* (Westport, 1976).

Arthur E. Morgan, *Edward Bellamy* (New York, 1944).

Charles Beard and Mary Beard, *Rise of American Civilization*, Vol. II (New York, 1927).

Christopher Lasch, *The American Liberals and the Russian Revolution* (New York, 1962).

Daniel Bell, "The Background and Development of Marxian Socialism in the United States", in *Socialism and American Life*, edited by Donald Egbert and Stow Persons, Vol. 1 (Princeton, 1952).

Daniel Bell, *Marxian Socialism in the United States* (Princeton, 1967).

Daniel De Leon, *Flashlights of the Amsterdam Congress* (New York, 1920).

Daniel De Leon, *Revolution or Reform* (New York, 1943).

Daniel De Leon, *Socialist Economics in Dialogue* (New York Labor News Co., 1935).

Daniel De Leon, *Socialist Landmarks* (New York, 1952).

David A. Shanon, *The Sociation Bart America* (Chicago, 1967).

David Herreshoff, *The Origins of American Marxism: From the Transcendentalists to De Leon* (New York, 1967).

David Montgomery, *Beyond Equality: Labor and Radical Republicans, 1862-1872* (New York, 1967).

Donald Bruce Johnson ed., *National Party Platform, Vol. I: 1840-1956* (Chicago, 1978).

Edward Aveling and Marx Aveling, *The Working Class Movement in America* (New York, 1969).

Edward Bellamy, *Equality* (Cambridge, 1967).

Edward Bellamy, *Looking Backward 2000-1887* (Cambridge, Massachusetts, 1967).

Edward McChesney Sait, *American Parties and Election* (New York, 1939).

Eric Hass, *The Socialist Labor Party and the Internationals* (New York, 1949).

Ernest L. Bogart, *Economic History of the American People* (New York, 1959).

Eugene V. Debs, *Writings and Speeches of Eugene V. Debs* (New York, 1948).

Friedrich A. Sorge, *Labor Movement in the United States: A History of the American Working Classfrom Colonial Times to 1890* (Westport, 1977).

Frederic Heath, *Social Democracy Red Book*, (Terre Haute, 1900).

Frederick Jackson Turner, *The Frontier in American History* (New York, 1920).

Frederick L. Paxson, *Recent History of the United States, 1865-1927* (Cambridge, 1928).

Gilbert C. Fite and Jim E. Reese, *An Economic History of the United States* (Atlanta, 1973).

H. Wayne Morgan ed., *American Socialism, 1900-1960* (Englewood Cliffs, N. J., 1964).

Harkmut Kaolble, *Historical Research on Social Mobility* (New York, 1981).

Helen P. Blavastsky, *Key to Theosophy* (Point Loma, California, 1939).

Henry George, *Progress and Poverty* (New York, 1926).

Herbert Aptheker, *Laureates of Imperialism* (New York, 1954).

Herbert Gutman, *Work, Culture & Society in Industrializing America* (New York, 1976).

Herbert Spencer, *Social Statics* (New York, 1897).

Herman E. Krooss and Charles Gilbert, *American Business History* (New Jersey, 1972).

Hermann Schlüter, *Die Anfang der Deutgchen Arbeitersbewegung in America* (Stuttgart, 1907).

Hermann Schlueter, *Die Internationale in America* (Chicago, 1918).

Hermann Schlueter, *Lincoln, Labor and Slavery*, (New York, 1950).

Howard H. Quint, *The Forging of American Socialism: Origins of the Modern Movement* (New York, 1964).

Howard Zinn, *A People's History of the United States* (New York, 1980).

Ira Kipnis, *The American Socialist Movement, 1897-1912* (New York, 1952).

J. Turner, *Rise of the New West* (New York, 1906).

James Dombrowski, *The Early Days of Christian Socialism in America* (New York, 1936).

James Sylvis, *The Life, Speeches, Labors and Essays of William H. Sylvis* (Philadelphia, 1972).

James Weinstein, *The Decline of Socialism in America, 1912-1925* (New York, 1967).

James Wright, "The Ethno-Cultural Model of Voting: A Behavioural and Historical Critique", in Allen Boque ed., *Emerging Theoretical Models in Social and Political History* (Beverly Hill, 1973).

John Bodnar, *Immigration and Industrialization* (Pittsburg, 1977).

John Commons, *History and Labor in the United States*, Vol. 1 (New York, 1926).

John Commons, *Industrial Goodwill* (New York, 1919).

John Laslett and Seymour Lipset, *Failure of a Dream* (New York, 1974).

John R. Commons and Associates, *History of Labor in the United States*, Vol. 1 (New York, 1918).

John R. Commons and Associates, *History of Labor in the United States*, Vol. 2 (New York, 1918).

John R. Commons ed., *A Documentary History of the of American Industrial Society*, Vol. 4 (Cleveland, 1910).

Jonathan Philip Grossman, William Sylvis, *Pioneer of American Labor* (New York, 1973).

Joseph Rayback, *A History of American Labor* (NewYork, 1966).

Loren Baritz ed., *The American Left: Radical Political Thought in the Twentieth Century* (New York, 1971).

Louis Hartz, *The Liberal Tradition in America* (New York, 1955).

Louis M. Hacker, *Triumph of American Capitalism* (New York, 1940).

Morris Hillquit, *History of Socialism in the United States* (New York, 1971).

Morris Hillquit, *Loose Leaves from Busy Life* (NewYork, 1934).

Morris Hillquit, *Socialism in Theory and Practice* (New York, 1912).

Nathan Fine, *Labor and Farmer Parties in the United States* (New York, 1928).

Nick Salvatore, Eugene V. Debs, *Citizen and Socialist* (Chicago, 1982).

Norma Fain Pratt, Morris Hillquit, *A Political History of an American Jewish Socialist* (Westport, 1979).

Norman Pollack, *The Populist Response to Industrial America* (Cambridge, 1962).

Oakley C. Johnson, *Marxism in United States before the Russian Revolution, 1876-1917* (New York, 1974).

Paul Kleppner, *the Third Electoral System, 1853-1892: Parties, Voters and Political Cultures* (Chapel Hill, 1979).

Philip S. Foner ed., *The Autobiographies of the Haymarket Martyrs* (New York, 1969).

Philip S. Foner, *History of the Labor Movement in theUnited States, Vol.1: From Colonial Times to the Founding of the American Federation of Labor* (New York, 1947).

Philip S. Foner, *History of the Labor Movement in the United States, Vo1. 2: From Founding of the American Federation of Labor to the Emergence of*

American Imperialism (New York, 1955).

Philip S. Foner, *History of the Labor Movement in the United States, Vol. 3: The Policies and Practices of the American Federation of Labor, 1900-1909* (New York, 1964).

Philip S. Foner, *History of the Labor Movement in the United States, Vol. 4: the Industrial Workers of the World, 1905-1917* (New York, 1965).

Philip S. Foner, *The Formation of the Workingmen's Party of the United States* (New York, 1976).

Philip S. Foner, *The Great Labor Uprising of 1877* (New York, 1977).

Philip S. Foner, *The Workingmen's Party of the United States: A History of the First Marxist Party in the Americas* (Minneapolis, 1984).

Philip Taft, *Organized Labor in American History* (New York, 1964).

R. H. Tawney, *The American Labor Movement and Other Essays* (London, 1979).

Ray Ginger, *The Bending Cross: A Biography of Eugene Victor Debs* (New Brunswick, 1949).

Robert V. Bruce, *1877: Year of Violence* (Indianapolis, 1959).

S. M. Tomasi and M. H. Engel ed., *The Italian Experiencein the United States* (Statten Island, 1970).

Samuel Bernstein, *The First International in America* (New York, 1965).

Samuel Gompers, *Seventy Years of Life and Labor* (New York, 1925).

Selig Perlman, *Theory of the Labor Movement* (New York, 1928).

Seweryn Bialer and Sophia Sluzer, ed., *Sources of Contemporary Radicalism* (Columbia University, 1977).

Socialist Labor Party, *Daniel De Leon: The Man and His Work*, a Symposium (New York, 1926).

Socialist Labor Party, *Proceedings of the Tenth National Convention of the Socialist Labor Party,* (New York, 1901).

Stanley Lebergott, *The Americans: An Economic Record* (New York, 1984).

Stuart Bruce Kaufman, *Samuel Gompers and the Origins of the American Federation of Labor, 1848-1896* (Westport, 1973).

Susan Hirsch, *Roots of the American Working Class* (Philadelphiia, 1978).

Theodore Draper, *The Roots of American Communism* (New York, 1966).

W. G. Sumner, *The Challenge of Facts and Other Essays* (New York, 1914).

Werner Sombart, *Why is there No Socialism in the United States?* (New York, 1976).

Wilhelm Weitling, *Das Evangelium des Armen Sünders* (Hamburg, 1971).

William Bross Lloyd, *The Socialist Party and Its Purposes* (Chicago, 1918).

William Dwight Bliss, *Encyclopedia of Social Reforms* (New York, 1897).

William Graham Sumner, *What Social Classes Owe to Each Other?* (New York, 1883).

William Hay wood, *The Autobiography of Big Bill Haywood* (New York, 1983).

William M. Dick, *Labor and Socialism in America: The Gompers Era* (Washington, 1972).

William Mailly ed., *National Convention of the Socialist Party*, (Chicago, 1904).

William Z. Foster, *From Bryan to Stalin* (New York, 1937).

William Z. Foster, *History of the Communist Party of the United States* (New York, 1952).

（二）论文

Bruce Dancis, "Social Mobility and Class Consciousness: San Francisco's International Workmen's Association in the 1880's", *Journal of Social History* (Fall, 1977).

Bryan Strong, "Historians and American Socialism, 1900-1920", *Science and Society* (Winter, 1970).

Charles Leinenweber, "The American Socialist Party and the New Immigration", *Science and Society* (Winter, 1968).

Clarence Danhof, "Farm-Making Costs and the 'Safety-Valve': 1850-1860", *Journal of Political Economy* (June, 1941).

Daniel Mason, "The Origins of Marxism in the United States", *Political Affairs* (August and September, 1975).

David Shannon, "The Socialist Party before the First World War: An

Analysis", *The Mississippi Valley Historical Review* (June, 1951).

Gabriel Kolko, "The Decline of American Radicalism in the Twentieth Century", *Studies on the Left* (September-October, 1966).

Gerald Friedberg, "Sources for the Study of Socialism in America", *Labor History* (Spring, 1965).

Glen Seretan, "The Personal Style and Political Methods of Daniel De Leon", *Labor History* (Spring, 1973).

Hal Draper, "Joseph Weydemeyer's Dictatorship of the Proletariat", *Labor History* (Spring, 1962).

James A. Stevenson, "Daniel De Leon and European Socialism, 1890-1914", *Science and Society* (Summer, 1980).

James Gilbert, "The American Fabian: An Introduction and Appraisal", *Labor History* (Summer, 1970).

James Stevenson, "Letters to Daniel De Leon: The Intra Party Constituency for his Policy of Strict Party Descipline, 1896-1904", *Labor History* (Summer, 1977).

James Weinstein, "Anti-War Sentiment and the Socialist Party, 1917-1918", *Political Science Quarterly* (June, 1959).

James Weinstein, "Socialism's Hidden Heritage", *Studies on the Left* (Fall, 1963).

James Weinstein, "The I. W. W. and American Socialism", *Socialist Revolution* (September-October, 1970).

John Laslett, "Reflections on the Failure of Socialism in the American Federation of Labor", *The Mississippi Valley Historical Review* (March, 1964).

John Laslett, "Socialism and the American Labor Movement: Some Reflections", *Labor History* (Spring, 1967).

Joseph Conlin, "The I.W.W. and the Socialist Party", *Science and Society* (Winter, 1967).

Karl Obermann, "The Communist League: A Forerunner of the American Movement", *Science and Society* (Fall, 1966).

Leonard Rosenberg, "The 'Failure' of the Socialist Party of America", *The Review of Politics* (July, 1969).

Melvyn Dubofsky, *"Success and Failure of Socialism in New York City"*, *Labor History* (Fall, 1968).

Michael Bassett, "The American Socialist Party and the War 1917-1918", *The Australian Journal of Politics and History* (December, 1965).

Miriam Frank and Martin Glaberman, "Friedrich A. Sorge on the American Labor Movement", *Labor History* (Fall, 1977).

Paul Gates, "The Role of the Land Speculator in Western Development", in Gerald Nash ed., *Issues in American Economic History* (Boston, 1964).

Philip S. Foner, "Samuel Gompers to Frederick Engels: A Letter", *Labor History* (Spring, 1970).

Ronald Radosh, "The Success of Socialist Failure", *Reviews in American History* (September, 1975).

Sally Miller, "Socialist Party Decline and World War Ⅰ: Bibliography and Interpretation", *Science and Society* (Winter, 1970).

Samuel Bernstein, "American Labor and Paris Commune", *Science and Society* (Spring, 1951).

William Gleberzon, "'Intellectuals' and the American Socialist Party, 1901-1917", *Canadian Journal of History* (April, 1976).

作品简介

美国社会主义运动史是整个国际社会主义运动史的重要组成部分。本书运用历史唯物论的观点，论述了美国自 19 世纪 50 年代初科学社会主义在美国的传播至第一次世界大战结束后美国社会党的衰落为止这一重要历史时期的社会主义运动的历史进程，考察了其中的许多重要问题和经验教训。美国社会主义运动史是包括社会、经济、政治和文化等在内的整个美国历史的一部分，因此，对美国社会主义运动史的研究不能脱离美国的社会、经济、政治和文化的背景。作者在美国特定的历史背景下分析美国社会主义运动的历史进程，既说明了这一运动与欧洲国家的社会主义运动相比较所具有的共同性，又指出了它的特殊性。作者还分析了美国当时的经济发展状况和阶级关系，以及美国社会主义运动的实况，实事求是地论证了在南北战争以前科学社会主义在美国的传播和影响是很有限的。作者寻根究底，深入探讨与研究各种非马克思主义的社会主义思潮，并且用辩论的方法论述了各个历史时期的社会主义政党，抓住了美国社会主义运动为什么没能取得成功这一中心问题。

作者简介

陆镜生，1937 年生，江苏南通人。南开大学历史学院美国历史与文化研究中心（现为美国研究中心）与教育部人文社科重点研究基地南开大学世界近现代史研究中心教授、博士生导师。1961 年毕业于南开大学西方语言文学系英国语言文学专业。曾在中国社会科学院等单位工作。1981 年调入南开大学历史研究所，从事美国史的教学和研究，始则研究美国社会主义运史和美国工人运动史。1983 年 8 月至 1984 年 8 月在美国明尼苏达大学历史系做访问学者，回国后撰写并出版《美国社会主义运动史》一书，获 1987 年天津市社科优秀成果（专著类）一等奖。又同张友伦教授合撰《美国工人运动史》一书。参加杨生茂教授等主编的《美国通史丛书》第二卷的写作。继则同杨生茂教授合作撰写《美国史新编》（此书由陆镜生执笔撰写，由杨生茂通审修订）。1993 年 3 月至 11 月，在美国威斯康星大学研究美国思想史，写作并出版《美国人权政治：理论与实践的历史考察》一书，亦发表涉及美国思想史的论文多篇。曾担任南开大学历史研究所美国史专业的学术带头人。